Alla scoperta dell'Antico Testamento

Storia e fede

Editore, Alex Varughese
Robert D. Branson • Jim Edlin • Tim M. Green

Casa Editrice Nazarena

Copyright © 2021
Beacon Hill Press of Kansas City

DIGITAL PRINTING

ISBN 978-1-56344-942-0

Originally published in English
Discovering the Old Testament
By Alex Varughese, Editor, Robert Branson, Jim Edlin, Timothy M. Green
Copyright © 2003
Published by Beacon Hill Press of Kansas City
A division of The Foundry Publishing
Kansas City, Missouri 64108 USA

Questa edizione è pubblicata previo accordo con The Foundry Publishing. Tutti i diritti riservati.

Questa edizione è stata prodotta e distribuita dalla
Casa Editrice Nazarena

Traduzione italiana di
Giovanni D. Cereda, ThD

Se non altrimenti indicato tutte le Scritture sono tratte dalla Sacra Bibbia, Nuova Riveduta 2006, 2011 Società Biblica di Ginevra

Crediti fotografici

Illustrazioni
Keith Alexander: 287
Gustave Doré: 235, 240, 251 (top), 283, 288, 312, 326, 329, 334
Gary Mowry: 65, 73
Sharon Page: 106

Fotografie
Steven Allan: 21, 36, 61, 67,119(top), 127,163,173,174,209,269,276
Bill Aron: 98, 129,271,278
Diamar Interacive: 16,18,46,92,212,234,246,268,280,282,338
Digital Stock: 217
Sonia Halliday Photographs: 307, 367
HIP/Art Resource, NY: 207
Reed Holmes/Holms Photography: 181(top), 264, 309, 320
Illustrated Bible Life/Brad Elsberg:1,3(I),11,13,17,24,25,28,35,42,47,52,57,60,80(top),85,86,94,95,97,101,106,107,123,126,133, 141(top), 142, 148,157, 160,164,165(both),167,169,171 (bot.),181 (bot.), 183,257, 260,266,281,285,291,300,352,360,363,366,372,381,396
Illustrated Bible Life/Richard Houseal: 3 (c&r),9,15,20,56(bot.),59,102,111,116,119(bot.),130, 141(bot.),147,151,225,236,303,305,317, 324,349,378.
Illustrated Bible Life/ Greg Schneider: 134,135,140,213,218,237,241,327,351,357.
Index Stock Imagery/Photo by Stephen G.Mako:346
Erich Lessing/Art Resource, NY:204,226,265,375
Susan Meiselas(Magnum Photos: 251(bot.)
Nazarene Publishing House: 31,132
Sharon Page: 335
PhotoDisc:261

Robert D. Branson, Ph.D.	Professore di Letteratura biblica e direttore del Dipartimento di Religione e Filosofia della Olivet Nazarene University, Bourbonnais, Illinois
Jim Edlin, Ph.D.	Professore di Letteratura biblica e Lingue e direttore del dipartimento di Religione e Filosofia della MidAmerica Nazarene University, Olathe, Kansas
Tim. M. Green, Ph.D.	Professore di Antico Testamento e Decano della Scuola di Religione della Trevecca Nazarene University, Mount Vernon, Ohio

Comitato Consultivo per
Alla Scoperta dell'Antico Testamento

Rev. Kendall Franklin	Pastore, Hutchinson First Church of the Nazarene Hutchinson, Kansas
Ray Hendrix	Direttore della Letteratura della Missione Mondiale Chiesa del Nazareno, Kansas City, Missouri
Tom King, Ph.D (Alternate)	Direttore degli Studi Teologici/biblici Nazarene Bible College, Colorado Springs, Colorado
Rev. David Roland	Sovrintendente distrettuale del Northeastern Indiana District, Chiesa del Nazareno, Marion, Indiana
John Wright, Ph.D.	Professore associato di Teologia, Point Loma Nazarene University, San Diego, California

INDICE

PREFAZIONE 23
Unità 1 31
   1. Storia biblica: un'introduzione   **33**
   2. L'Antico Testamento come Scrittura   **39**
      La formazione dell'Antico Testamento.................................... 41
      La canonizzazione dell'Antico Testamento 44
      Traduzione della Bibbia 45
   3. L'interpretazione dell'Antico Testamento   **49**
      L'interpretazione cristiana - I primi 1800 anni 52
      L'interpretazione biblica- Il periodo moderno 53
      Un metodo induttivo di studio di un testo dell'Antico Testamento . 55
   4. Il mondo dell'Antico Testamento   **61**
      Il vicino Oriente antico.. 62
      L'Enuma Elish 63
      La Valle mesopotamica... 63
      La regione Siro-palestinese 65
      La Terra della Palestina 68
Unità 2 71
   5. La visione del mondo di Israele: Genesi 1-11   **73**
      Titolo e paternità 74
      Contenuto 74
      ▪ Le tradizioni primitive di Israele (1:1-11:32)...................... 76
      Il Peccato dell'umanità (3.1-24).. 82
      Il Peccato e la grazia... 84
      Caino e Abele: l'umanità fuori dal Giardino (4:1-16)............ 84
      L'Iddio che soffre (4:17- 9:29).. 84
      Un'umanità dispersa e confusa (11:1-9) 86
   6. Il Patto di Dio con Abraamo: Genesi 12-25   **89**

Contesto 90

Contenuto 90

7. La famiglia del Patto: Genesi 26-50   99
- Le storie di Giacobbe ed Esaù (25:19-28:22)........................ 100
- Il ritorno di Giacobbe a Canaan (32:1-36:42) 102
- Le storie di Giuseppe (Genesi 37-50).................................... 103

8. La nascita di una nazione: Esodo 1-18   107
Titolo e paternità 108

Contesto 108

Contenuto 109

9. La comunità del patto: Esodo 19-40   117
- La comunità del Patto (Esodo 19:1-24:18)............................ 118
- Istruzioni sul Tabernacolo (25:1-31:18)................................ 122
- Il peccato di Israele e la restaurazione (32:1-34:35) 125
- La costruzione del Tabernacolo (35:1-40:38) 126

10. Israele nel deserto: Levitico e Numeri   129
Il libro del Levitico 130

Contesto 130

Contenuto 130

- Varie offerte e sacrifici (1:1-7:38)... 131
- L'ordinazione dei Sacerdoti (8:1-10:20) 131
- Purezza ed impurità (11:1-15:33).. 132
- Il Codice di Santità (17:1-26:46)... 133

2. Il libro dei Numeri... 134

Titolo e Autore 134

Contesto 134

Contenuto 135

- Preparazione e partenza dal Sinai (1:1-10:10) 135
- Mormorio e ribellione (cc. 10:1-14:45; 16:1-17:13)............. 136

- Leggi varie (cc. 15:1-41; 18:1-19:22) 137
- Viaggio da Cades a Moab (cc. 20:1- 21: 35) 137

Gli oracoli di Balaam (cc.22:1-24:25) 138

- Israele sulle pianure di Moab (cc. 25:1-36:13) 138

11. Istruzioni per la vita nella Terra Promessa: Deuteronomio 141

Titolo e paternità 142

Contesto 142

Contenuto 143

- Il primo Sermone di Mosè (1:6-4:43) 144
- Il secondo sermone di Mosè (5:1-28:68) 144
- Il terzo sermone di Mosè (29:1-30:20) 148
- Epilogo (31:1-34:12) 149

Unità 3 151

12. Israele nella terra promessa: Giosuè 153

La storia deuteronomistica 154

La teologia deuteronomista 157

Il libro di Giosuè 157

Contesto 157

Contenuto 158

13. La crisi morale e spirituale di Israele: Giudici e Rut 165

Il Libro dei Giudici 166

Titolo ed autore 166

Contesto 166

- Introduzione: Stranieri in una terra straniera (1:1-2:23) 167
- Gedeone e Abimelec (6:1-9:57) 169
- Tola, Iair e Iefte (10:1-11:40) 170
- Ibsan, Elon, Abdon e Sansone (12:1-16:31) 170
- Narrazioni varie: Gli ultimi giorni dei giudici (17:1-21:25) 171

Il libro di Rut 172

Titolo e paternità 172

Contesto 173

Contenuto 173

- Naomi e Rut (1:1-22) 173
- Boaz e Rut (2:1-23) 174
- Il piano di Naomi (3:1-18) 174
- Boaz sposa Rut (4:1-21) 174

14. La transizione alla Monarchia: 1 Samuele — 177

Titolo e autore 178

Contesto 178

Contenuto 178

- La nascita e la vocazione di Samuele (1:1- 4:1) 179
- La sconfitta e la vittoria di Israele (4:2-7:17) 180
- Saul, il primo re di Israele (8:1-15:35) 181
- Saul e Davide (16:1-31:13) 183

15. Un Regno con una casa reale: 2 Samuele — 187

Titolo e autore 188

Contesto 188

Contenuto 188

- L'istituzione di una dinastia (1:1-8:18) 189
- Fedeltà al patto e sua rottura (9:1-12:31) 192
- I problemi familiari di Davide (13:1-18:33) 193
- Restaurazione del regno di Davide (19:1-24:25) 194

16. Il Regno diviso (Parte 1): 1 Re — 197

Titolo e autore 198

Contesto 198

Contenuto 198

- La selezione del successore di Davide (1:1-2:46) 199
- Il regno di Salomone (3:1-11:43) 200

- La rivolta del nord (12:1-33) 203
- I regni divisi (13:1-16:34) 204
- Le voci profetiche (17:1-22:53) 206

17. Il regno diviso (parte 2): 2 Re — 211

Titolo ed autore 212

Contesto 212

Contenuto 212

- La fine di una dinastia (cc. 1:1-12:21)[1] 212
- La caduta del regno del nord (13:1-17:41) 214

Il conflitto giudeo-samaritano 218

- Ultimi riformatori del sud e distruzione di Gerusalemme (18:1-25:30) 218

18. Esilio e Restaurazione — 225

L'esilio di Giuda.[1] 226

I sopravvissuti in Giuda 227

Rifugiati in Egitto 227

Estratto del Salmo 137 227

La crisi teologica e le sue conseguenze 228

Declino di Babilonia 229

La conquista persiana di Babilonia 229

Il cilindro di Ciro 229

Libertà per i deportati giudei 230

La ricostruzione del Tempio 230

I Giudei sfuggono alla distruzione 231

La riforma di Esdra 231

Riedificazione delle mura 231

La fine del Regno persiano 232

Sfide di restaurazione 232

19. La storia rivisitata: 1 e 2 cronache — 235

Autore e data 236

Le Cronache come storia sacerdotale 237
Contesto 237
Contenuto 237
- Genealogie (1:1-9:44) 238
- Regno di Davide (10:1-29:30) 239
- Il regno di Salomone (2 Cronache 1:1-9:31) 241
- I regni degli altri re di Giuda (10:1-36:23) 242

20. Edificare la comunità di fede: Esdra, Neemia e Ester   245

Esdra-Neemia 246
Contesto 246
Contenuto 247
- Ripristino della purezza (Esdra 7:1-10:44) 249
- La ricostruzione delle mura (Neemia 1:1-7:73) 249

Matrimoni misti 249
Le mura distrutte di Gerusalemme 250
- Ripristino della Legge (Neemia 8:1-13:31) 251

Ester 251
Autore e data 252
Contesto 252
Contenuto 253
La storia di Ester può essere così suddivisa: 253
- Il contesto (1:1-2:23) 253
- Il conflitto (3:1-5:14) 254
- Il culmine della storia (cc. 6:1-7:10) 255
- La soluzione finale (8:1-10:3) 255

Unità 4 259

21. La poesia e la sapienza in Israele   261

La poesia ebraica 262
Cos'è la Sapienza? 264

Categorie di Sapienza 264
La condivisione della Sapienza 266
La sapienza come forma d'arte internazionale 266
Scopo della letteratura sapienziale 267
Interpretare i libri sapienziali – Alcune linee guida 268

22. La sofferenza del giusto: Giobbe   271

Autore, data e composizione 272
- L'Introduzione in prosa (1:1-2:13) 274
- Il primo ciclo dei discorsi (3:1-14:22) 275
- Il secondo ciclo di discorsi (cc. 15:1-21:34) 276
- Il terzo ciclo di discorsi (22:1-27:23) 278
- Il poema sulla Saggezza (c.28:1-28) 278
- La risposta finale di Giobbe (cc. 29:1-31:40) 278
- Il discorso di Eliu (cc. 32:1-37:24) 279
- La risposta di Dio (cc. 38:1- 41:34) 279

Conclusione (c. 42:1-17) 280

23. I canti di lode di Israele: i salmi   283

Autore e data 284
Tipi di Salmi 286
Inni 286
Lamenti 287
Canti di ringraziamento 291
Altri tipi di Salmi 293

24. Istruzioni di vita: Proverbi, Ecclesiaste e Cantico dei Cantici   297

Proverbi[1] 298
Autore e data 298
Contenuto 299
- Poemi sulla Via della Sapienza (1:1-9:18) 299
- Proverbi di Salomone ed altri detti del Saggio (10:1-29:27) ... 300

- Materiale conclusivo (30:1-31:31) 301
Ecclesiaste 301
Autore e data 302
Contenuto 302
- Soprascritta e Prologo (1:1-11) 303
- La futilità della vita (1:12-11:6) 303
- Epilogo (11:7-12:14) 306
Cantico dei Cantici 306
Autore e data 307
Contenuto 307

Unità 5 311

25. Le voci profetiche d'Israele — 313

Chi sono i profeti da Mosè in poi? 315
Quando emerge la profezia, in Israele, come attività ininterrotta? 315
Profeti di corte e del Tempio 316
Termini ebraici e loro significato 316
I profeti sono persone chiamate da Dio 317
I profeti sono motivati da un forte senso di missione 317
I profeti sono predicatori e proclamatori della Parola 318
I profeti e le loro affermazioni sulla fine dei tempi 318
I profeti adoperano una varietà di forme per comunicare la Parola di Dio 319
La stesura di un libro profetico 320

26. Isaia — 323

Storia personale di Isaia 324
Scenario 324
Contenuto 325
La grazia di Dio nel giudizio 325
- Ribellione e giudizio (cc. 1:1-39:8) 326
La redenzione da Babilonia (cc. 40:1-55:13) 330

La salvezza universale (cc.56:1- 66:24) 333

27. Geremia e Lamentazioni — 339

Geremia 340

Storia personale di Geremia 340

Contesto 340

Contenuto 340

- Oracoli di giudizio (cc. 1:1-29:32) 341
- Oracoli di speranza (cc. 30:1-33:26) 347
- Racconti biografici e storici (cc. 34:1-45:5) 348
- Appendice storica (c. 52:1-34) 350

Lamentazioni 350

Autore e Contesto 351

Contenuto 351

- Nessun conforto per Gerusalemme (c. 1:1-22) 351
- L'ira di Dio (c. 2:1-22) 351
- Un lamento personale (c. 3:1-66) 352
- Il salario del peccato (c. 4:1-22) 352
- Una preghiera di misericordia (c. 5:1-22) 352

28. Ezechiele — 355

Storia personale di Ezechiele 356

Contesto 356

Contenuto 357

- La vocazione e missione di Ezechiele (cc. 1:1-3:27) 357
- Oracoli di giudizio contro Giuda (cc. 4:1-24:27) 358
- Oracoli contro le nazioni (cc. 25:1-32:32) 363
- Promessa di restauro (cc. 33:1-39:29) 363
- La nuova Gerusalemme (cc. 40:1-48:35) 366

29. Daniele — 369

Data 370

Daniele l'eroe 372

Contenuto 373

Storie di Daniele (1:1-6:2) 373

30. Osea, Gioele, Amos e Abdia   **379**

Osea[1] 380

Storia personale di Osea 380

Contesto 380

Contenuto 380

- Osea, Gomer ed i figli (cc.1:1-3:5) 381
- Peccato, giudizio e pentimento (cc. 4:1-8:14) 381
- Il risultato del giudizio (c.9:1-10:15) 382
- Israele – Il figlio prodigo di Dio (c. 11:1-11) 382
- Un invito al pentimento (cc. 12:1-13:16) 382
- La promessa di guarigione ed amore (c. 14:1-9) 383

Gioele 383

Storia personale di Gioele 383

Contesto 383

Contenuto 384

- Lamento per le calamità naturali (c.1:2-20) 384
- L'esercito di Dio sta per arrivare (c.2:1-11) 384
- Invito al pentimento e la risposta di Dio (c.2:12-27) 384
- Restaurazione spirituale (c. 2:28-32) 385
- La valle della decisione (c. 3:1-21) 385

Amos 385

Storia personale di Amos 386

Contesto 386

Contenuto 387

- Introduzione (c.1:1-2) 387
- Giudizio sui vicini di Israele (cc. 1:3-2:3) 387

- Giudizio contro Giuda ed Israele (c. 2:4-16) 387
- Oracoli di giudizio contro Israele (cc. 3:1-6:14) 388
- Le visioni di Amos (cc. 7:1-9:10) 388
- Ricostruzione e restaurazione (9:11-15) 389

Abdia 389
Storia personale di Abdia 389
Contesto 389
Contenuto 391

31. Giona, Michea, Naum e Abacuc — 393

Giona 394
Storia personale di Giona 394
Contesto 394
Contenuto 395
- Giona disubbidisce a Dio (c. 1:1-16) 395
- Giona nel ventre del pesce (c. 1:17-2:10) 395
- Giona si reca a Ninive (c. 3:1-10) 396
- L'ira di Giona e la risposta di Dio (c. 4:1-11) 396

Michea 396
Storia personale di Michea 396
Contesto 397
Contenuto 397
- Accusa di Dio contro Samaria e Gerusalemme (c. 1:2-16) 397
- Giudizio sui capi corrotti (c. 2:1-13) 398
- La vera conduzione (c. 3:1-12) 398
- La restaurazione di Sion (4:1-5:4) 398
- Sconfitta dell'Assiria e dei nemici di Israele (5:5-15) 398
- Processo di Dio contro Israele (6:1-16) 399
- Il lamento e la preghiera di Michea (7:1-20) 399

Naum 400

Storia personale di Naum 400

Contesto 401

Contenuto 401

- L'ira e la bontà di Dio (c. 1:2-15) 401
- Guai alla città sanguinaria (c. 3:1-19) 402

Abacuc 402

Storia personale di Abacuc 402

- Contesto 403

Contenuto 403

- Perplessità di Abacuc (cc. 1:1-2:1) 404
- La risposta (c. 2:2-4) 404
- Minaccia all'oppressore (c. 2:5-20) 404
- Preghiera di Abacuc (c. 3:1-19) 405

32. Sofonia, Aggeo, Zaccaria e Malachia   407

Sofonia 408

La storia personale di Sofonia 408

Contesto 408

Contenuto 408

- Il giorno del Signore (c. 1:1-2:3) 408
- Oracoli contro le nazioni (c. 2:4-15) 409
- Contro Gerusalemme (c. 3:1-8) 409
- Salvezza per tutti (c. 3:9-20) 409

Aggeo 409

Storia personale di Aggeo 409

Contesto 410

Contenuto 410

- Primo messaggio e risposta (c. 1:1-15) 411
- Secondo messaggio (c. 2:1-9) 411
- Terzo e quarto messaggio (c. 2:10-23) 411

Storia personale di Zaccaria 413

Contenuto 414

- Invito al pentimento (1:1-6)... 414
- Otto visioni (cc. 1:7-6:8) 414
- Un atto simbolico (6:9-15) 415
- La gioia dell'era messianica (cc. 7:1-8:23) 415
- Trionfo dell'età messianica (9:1-14:21) 415

Malachia 417

La storia personale di Malachia 417

Contesto 418

Contenuto 418

- Disputa sull'amore del Signore (c. 1:1-5) 419
- Dispute sulla debole conduzione spirituale (cc. 1:6-2:9) 419
- Disputa sulla mancanza di fede (c. 2:10-16) 419
- Disputa sulla giustizia nel paese (cc. 2:17-3:5) 419
- Disputa sulle decime e le offerte (c. 3:6-12) 419

Appendice   **423**

La storia del Giudaismo dal 331 al 63 a.C. 423

Conclusione 425

Note 427

Contenuti

Prefazione

Nota dell'editore agli studenti

Note dell'editore

Riconoscimenti

Unità I
Pronti a scoprire l'Antico Testamento

1
Storia biblica: Un'introduzione

2
L'Antico Testamento come Scrittura

3
Interpretazione dell'Antico Testamento

4
Il mondo dell'Antico Testamento

Unità II
Alla scoperta del Pentateuco

5
La visione del mondo di Israele: Genesi 1-11

6
Il patto di Dio con Abraamo: Genesi 12-25

7
La famiglia pattuale: Genesi 26-50

8
La nascita di una nazione: Esodo 1-18

9
La comunità del patto: Esodo 19-40

10
Israele nel deserto: Levitico e Numeri

11
Istruzioni per la vita nel paese: Deuteronomio

Unità III
Alla scoperta dei libri storici

12
Israele nella terra promessa:
Giosuè

13
La crisi morale e spirituale di Israele:
Giudici e Rut

14
Il passaggio alla monarchia:
1 Samuele

15
Un regno con una casa reale:
2 Samuele

16
Il regno diviso (parte 1):
1 Re

17
Il regno diviso (parte 2):
2 Re

18
Esilio e restaurazione

19
La storia rivisitata:
1 e 2 Cronache

20
Edificare la vita comunitaria:
Esdra, Neemia e Ester

Unità IV
Alla scoperta dei libri poetici e sapienziali

21
La poesia e la sapienza in Israele

22
La sofferenza del giusto:
Giobbe

23
I canti di lode di Israele: i Salmi

24
Istruzioni sulla vita:
Proverbi, Ecclesiaste e Cantico dei cantici

Unità V
Alla scoperta dei libri profetici

25
Le voci profetiche di Israele

26
Isaia

27
Geremia e Lamentazioni

28
Ezechiele

29
Daniele

30
Osea, Gioele, Amos e Abdia

31
Giona, Michea, Naum e Abacuc

32
Sofonia, Aggeo, Zaccaria e Malachia

Appendice
Storia del giudaismo dal 331 al 63 a.C.

Note

Indice per soggetti

Indice dei nomi

PREFAZIONE

L'antico Testamento svolge un ruolo importante nella fede e nell'istruzione cristiana. Praticamente tutti i cristiani affermano che l'Antico Testamento è un testo ispirato e parte della Parola di Dio. Tuttavia, l'Antico Testamento è un libro chiuso per la maggioranza dei cristiani. Le storie di Noè, Abraamo, Giuseppe e Davide sono insegnate ai bambini delle scuole domenicali ma raramente cristiani adulti si impegnano in uno studio serio dell'Antico Testamento. Le antiche usanze, la strana geografia, le azioni e le parole occasionalmente violente di Israele, confondono i lettori. Il risultato è che mentre, teoricamente, dichiariamo l'Antico Testamento un libro ispirato, praticamente lo ignoriamo.

Abbiamo certamente bisogno di una migliore comprensione dell'Antico Testamento se vogliamo che abbia un impatto benefico su di noi. Questo libro, *Alla scoperta dell'Antico Testamento: Storia e fede*, può aiutarci a comprenderlo meglio. È progettato perché sia un libro chiaro, conciso, di facile lettura e pedagogicamente adeguato a fornire una conoscenza introduttiva dell'Antico Testamento. Questo volume, nondimeno, può divenire un'ottima risorsa per il lettore generico e gli studenti adulti dell'Antico Testamento. Le immagini, le mappe e le barre laterali colorate incuriosiscono i lettori che sono visivamente stimolati. Lettori giovani abituati a testi che adoperano ausili tecnologici moderni si sentiranno a loro agio.

Sul mercato sono presenti molte introduzioni all'Antico Testamento. Una caratteristica specifica di *Alla Scoperta dell'Antico Testamento* sono le finestre di approfondimento teologiche, ermeneutiche, archeologiche, culturali e storiche. Queste offrono informazioni concise che aiutano il lettore a comprendere meglio l'Antico Testamento come Parola di Dio. Le finestre storiche informano su eventi storici significativi e su sviluppi di concetti importanti del mondo antico. Quelle culturali illustrano usanze e pratiche religiose di Israele e di altre culture del Vicino Oriente Antico. Quelle archeologiche ci aggiornano sulle importanti scoperte archeologiche che chiariscono il testo biblico. Le finestre ermeneutiche ci forniscono quei principi di interpretazione dei vari tipi di letteratura dell'Antico Testamento come quella narrativa, legale, sapienziale, poetica e profetica. Le finestre teologiche affrontano temi teologici anticotestamentari importanti.

Gli studenti e gli insegnanti troveranno degli utili sussidi pedagogici. Ogni capitolo propone obiettivi didattici, elenchi di vocaboli, domande guida e risorse utili per studi ulteriori. I quattro autori insegnano corsi introduttivi sull'Antico Testamento in Istituti di Studi umanistici ed università. Ogni autore è uno specialista ben qualificato, a livello dottorale, nell'area di sua competenza. Posso confermare che gli studenti di questi insegnanti, giungono al Seminario con una chiara conoscenza della Scrittura ed una fede vivente e ben informata.

Molti testi di introduzione all'Antico Testamento si concentrano sul contenuto introduttivo dei libri ponendo poca attenzione a temi teologici importanti. Sono proprio questi temi che stanno al centro della dichiarazione cristiana che l'Antico Testamento è la Parola di Dio ispirata. Pur se *Alla scoperta dell'Antico Testamento* non è una teologia anticotestamentaria, ogni suo capitolo conferma la convinzione dei suoi autori che Dio agì nel popolo e negli eventi descritti nell'Antico Testamento. Le prospettive wesleyane sul peccato, sulla salvezza, sulla grazia, sulla fede, la santità e la speranza del credente impregnano ogni capitolo e sono riassunte nelle finestre teologiche.

Alla scoperta dell'Antico Testamento immergerà, sia gli studenti che gli insegnanti, nel messaggio dell'Antico Testamento. Spiegazioni chiare e concise, riassunti di facile lettura e sussidi visivi attraenti risponderanno a domande e risolveranno incomprensioni che impediscono a molti credenti di leggere e godere dello studio dell'Antico Testamento. La mia preghiera è che il vostro amore per la Scrittura e la vostra relazione con Dio si approfondisca sempre più grazie allo studio di questo libro.

Roger L.Hahn

General Textbook Editor

Beacon Hill Press of Kansas City

NOTA DELL'EDITORE ALLO STUDENTE

Benvenuti al viaggio che vi porterà alla scoperta dell'Antico Testamento in modo nuovo e fresco. Da lettore e studente delle Sacre Scritture affronterai questo viaggio come un'avventura nuova ed eccitante. Lo scopo del libro è di equipaggiarti con una mappa chiara e strategicamente ben disegnata per rendere questo viaggio un'esperienza di apprendimento incredibile.

In questo viaggio attraverserai diversi incroci importanti nella storia e nello sviluppo della fede del popolo anticotestamentario di Dio - Israele. I vari capitoli sono preparati in modo da aiutarti a comprendere il significato di questi eventi storici e delle tradizioni religiose che diedero forma alla storia di Israele. Ogni capitolo è attentamente preparato per descrivere eventi e idee religiose ma anche, mediante "segnali ed indicatori," per aiutarti a navigare, senza troppe difficoltà, attraverso i capitoli. Ti invitiamo a prendere del tempo, inizialmente, per meglio conoscere questi "segnali ed indicatori" prima di "imbarcarti" per questa avventura alla scoperta dell'Antico Testamento.

Obiettivi

All'inizio di ogni capitolo troverai una lista di obiettivi. Questi spiegano ciò che dovresti essere capace di fare come risultato dello studio di ogni capitolo. Ti suggeriamo, durante la lettura e lo studio, di tenerli sempre a mente. Sottolinea o evidenzia le sezioni nel capitolo dove trovi descrizioni di temi che ti aiutano a raggiungere gli obiettivi.

Termini chiave da comprendere

Ogni capitolo contiene delle spiegazioni o delle definizioni di termini e identificazioni di persone e luoghi chiave. Questi termini sono posti all'inizio ed identificati con lettere in grassetto. La tua comprensione di questi termini e l'abilità di identificarli o descriverli sono aspetti essenziali per il buon esito del tuo viaggio attraverso l'Antico Testamento.

Domande da considerare durante la lettura

All'inizio di ogni capitolo troverai anche due o tre domande. Queste intendono preparare l'ambiente per la lettura e lo studio del soggetto in questione. Prima di iniziare la lettura, scrivi le tue risposte alle domande. Questo esercizio ti aiuterà a pensare in anticipo e ad essere preparato per la presentazione degli argomenti teologici e storici.

Frasi riassuntive

È naturale per ogni lettore di un libro o di un capitolo di un libro porre la domanda: "Qual è il punto centrale?" Aggiungiamo alcune frasi significative alla fine di ogni capitolo che riassumono i punti essenziali dello stesso. Adopera queste frasi riassuntive per rivedere ciò che hai imparato e poi torna alle sezioni che puoi aver trascurato.

Domande di riflessione

Ogni capitolo si conclude con alcune domande. Queste ti aiuteranno a riflettere ancora sui temi, sugli eventi e sulle idee religiose trattati. Lo scopo di queste domande non è soltanto quello di guidarti a valutare ciò che hai imparato ma anche di stimolarti ad applicare le lezioni nella tua situazione vitale.

Risorse per studi ulteriori

Non pretendiamo che questo libro risponda a tutte le tue domande sull'Antico Testamento. Pur se molto lavoro è stato svolto per la produzione di questo libro, riconosciamo la provvidenza della Grazia di Dio mediante altri studiosi che contribuiscono alla nostra comprensione della Sua Parola. Ogni capitolo si conclude con una lista di tre o quattro commentari biblici o risorse che riteniamo siano utili al tuo studio continuo dell'Antico Testamento.

Finestre

In ogni capitolo abbiamo incluso delle finestre colorate con brevi ma utili informazioni su argomenti collegati a interpretazioni bibliche, alla teologia, alla storia, alla cultura del vicino oriente antico e all'archeologia. I simboli ed i colori, con i loro diversi significati, sono qui riprodotti:

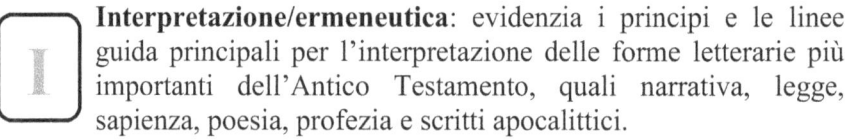 **Interpretazione/ermeneutica**: evidenzia i principi e le linee guida principali per l'interpretazione delle forme letterarie più importanti dell'Antico Testamento, quali narrativa, legge, sapienza, poesia, profezia e scritti apocalittici.

Teologia: tratta temi teologici significativi dell'Antico Testamento.

 Storia: rivela aspetti dello sviluppo dei concetti religiosi ed altri argomenti storici correlati a particolari temi.

 **Cultura**: illustra abitudini culturali e idee religiose di Israele e del Vicino Oriente Antico.

 **Archeologia**: spiega il significato di importanti scoperte archeologiche che proiettano nuova luce su testi biblici selezionati.

Sussidi visivi

In questo libro abbiamo inserito immagini, mappe e foto che ti aiuteranno a studiare. Siamo convinti che "un'immagine parli più di mille parole". Ti incoraggiamo a studiare le mappe ed a tentare di superare la distanza geografica che ti separa dalla reale localizzazione degli eventi biblici.

Concludendo, confidiamo che tu possa trovare utili questi "segnali ed indicatori" mentre inizi il viaggio di scoperta dell'Antico Testamento.

NOTA DELL'EDITORE ALL'INSEGNANTE

Lo scopo principale di questo volume è presentare un testo chiaro, conciso, di facile lettura e pedagogicamente utile per corsi di studio che offrono una panoramica introduttiva all'Antico Testamento, come parte importante del curriculum accademico di istruzione generale nei College e nelle Università. Ogni capitolo del libro tratta argomenti pedagogici cruciali per poter ben padroneggiare il contenuto come anche la sua valutazione ed applicazione. Il metodo teologico seguito include obiettivi di studio, elenchi di vocaboli, domande per gli studenti per ben orientarsi nel materiale di ogni capitolo, panoramiche sui libri dell'Antico Testamento, affermazioni riassuntive, domande per ulteriori riflessioni, valutazione ed applicazione delle lezioni imparate e tre o quattro risorse fondamentali per la lettura e lo studio.

In ogni capitolo, abbiamo anche incluso numerose finestre che trattano temi ed argomenti vari. Queste finestre colorate - classificate come interpretative/ermeneutiche, teologiche, storiche, culturali ed archeologiche - sono poste in luoghi strategici nel capitolo. Le finestre interpretative offrono al lettore linee guida ermeneutiche per interpretare il materiale anticotestamentario. Quelle teologiche si concentrano sull'analisi approfondita di temi teologici fondamentali e sulla loro importanza ed applicazione per il lettore cristiano dell'Antico Testamento. Le finestre storiche, culturali e archeologiche offrono informazioni supplementari che aiuteranno il lettore a porre l'Antico Testamento nel suo contesto appropriato. La nostra speranza è che queste finestre siano una risorsa importante per una più approfondita comprensione della Parola di Dio.

I contributori a questo libro offrono delle prospettive uniche e un insegnamento specializzato in diverse parti dell'Antico Testamento. Compiti in ogni capitolo sono preparati secondo l'area di interesse e di studio a livello dottorale dello scrittore. Ogni capitolo riflette, perciò, l'interesse accademico dello scrittore, la sua preparazione e l'esperienza didattica. Il libro contiene del materiale e segue un metodo di studio provati nelle nostre classi di introduzione all'Antico Testamento. La nostra lunga esperienza di insegnamento ci ha suggerito delle decisioni sulla struttura, sulla forma e sul contenuto di questo libro che presentiamo come un testo a livello specialistico seppur scritto in modo da essere di facile comprensione al neo iscritto studente universitario. Proviamo, perciò, a trattare argomenti critici con chiarezza e senza abbreviazioni che testimoniano di una forma di banale superficialità.

Infine, abbiamo trattato l'Antico Testamento come scritture cristiane, tenendo a mente la verità profonda che la chiesa ha ereditato questa parte della Parola eterna di Dio dalla storia e fede di Israele. Perciò dovunque sia appropriato, gli autori hanno provato a mantenere dei punti di contatto tra la storia e la fede di Israele e quella della Chiesa. L'unità della Bibbia, la continuità tra i due testamenti, ed il piano salvifico di Dio per tutta l'umanità che Egli ha compiuto mediante la morte e la risurrezione di Gesù Cristo, sono convinzioni primarie degli autori di questo volume. Passi neotestamentari sono spesso adoperati per spiegare, chiarire ed interpretare quelli anticotestamentari alla luce del messaggio centrale del Nuovo Testamento.

Mi auguro che questo libro sia uno strumento importante nelle tue mani mentre insegni la Parola fedele ed eterna di Dio, offrendo la Sua grazia alla tua classe!

RICONOSCIMENTI

Desideriamo dare il giusto riconoscimento a coloro che hanno contribuito alla creazione di questo libro sia mediante la partecipazione diretta che mediante il loro sostegno ed incoraggiamento. Gli autori hanno lavorato insieme su diversi argomenti chiave in relazione alla forma ed all'organizzazione del libro. Alex Varughese ha scritto la parte introduttiva (cc.1- 4) e quelli sui vari libri del Pentateuco (5-11) e sui profeti d'Israele (25-28, 30-31 e parte del 32). Robert Branson ha scritto i capitoli che trattano della sapienza d'Israele e della letteratura poetica (21-24). Jim Edlin ha scritto i capitoli sull'Esilio e sulla Restaurazione ed i libri che appartengono al periodo post-esilico (18-20, 29, la maggior parte del 32 e l'Appendice). Tim Green ha scritto i capitoli che trattano della storia d'Israele, dalla conquista di Canaan all'esilio babilonese (12-17).

Roger Hahn, l'editore della Centennial Initiative per la Chiesa del Nazareno, e Bonnie Perry, manager editoriale della Beacon Hill Press of Kansas City, hanno dato il loro fedele supporto in varie fasi della composizione di questo libro. Siamo profondamente grati per il loro aiuto ed incoraggiamento costante. Estendiamo anche il nostro ringraziamento particolare a Judi King per l'aiuto datoci in ambito fotografico e a Sharon Page per l'abilità dimostrata nella composizione della veste tipografica e del layout del libro.

Non ci sono parole adeguate per mostrare il nostro apprezzamento agli insegnanti (alcuni dei quali sono entrati nella gloria eterna) per l'aiuto e la direzione fornitaci nello studio della Parola di Dio a livello di studi superiori, accademici e specialistici. Siamo anche in debito con un numero infinito di studenti che hanno pazientemente ascoltato i nostri corsi introduttivi sull'Antico Testamento, mentre provavamo su di loro il contenuto di questo libro. Meritano uno speciale riconoscimento anche le nostre famiglie ed i nostri amici per averci amorevolmente sostenuto durante la stesura del libro. Con profonda gratitudine, dedichiamo questo libro a tutti coloro che ci hanno insegnato l'eterna verità, "Temere il Signore, questa è saggezza" (Giobbe 28:28).

Robert D. Branson
Jim Edlin
Tim M.Green
Alex Varughese, Editor

UNITÀ 1

Preparandoci a scoprire l'Antico Testamento

Questa unità introduce il lettore:

- Ad una lettura generale della Bibbia come autentica registrazione della rivelazione di Dio e della storia biblica intesa come interpretazione teologica di eventi storici;
- Alla storia della formazione dell'Antico Testamento come Scrittura e alla storia della traduzione della Bibbia;
- Ai vari principi e alle linee guida per una corretta interpretazione dell'Antico Testamento;
- All'ambiente culturale e geografico delle storie dell'Antico Testamento.

✓ Storia biblica: un'introduzione

✓ L'Antico Testamento come Scrittura

✓ Interpretazione dell'Antico Testamento

✓ Il mondo dell'Antico Testamento

1. Storia biblica: un'introduzione

OBIETTIVI:

Lo studio di questo capitolo ti aiuterà a:

- Riconoscere la natura unica della storia biblica e la sua distinzione da quella secolare;
- Definire la storia biblica;
- Definire il concetto di rivelazione e di ispirazione;
- Comprendere l'idea biblica di relazione tra Dio e la storia;
- Porre la propria storia personale in relazione con quella biblica.

Domande da considerare durante la lettura:
1. Rifletti sulla tua storia di vita personale e identifica quei momenti che ritieni "grandi occasioni" nella tua relazione con Dio.
2. Che significa, per te, dire che la tua vita è un "cammino o viaggio con Dio?"

Termini chiave:

Rivelazione
Rivelazione speciale
Rivelazione generale
Incarnazione
Ispirazione
Teoria di ispirazione verbale
Teoria di ispirazione dinamica
Canone
Autorità
Teologia storica
Teologia
Kairòs
Storia della salvezza

Figura 1Dio si rivela a noi mediante la Sua creazione. Un tramonto sul mare di Galilea

La storia della Bibbia è stata spesso definita "la più grande storia mai raccontata." In effetti, è la storia più originale di una relazione tra Dio e l'uomo, rivelante il Suo amore totale e gratuito, che ha dell'inverosimile. Questa storia manifesta chi è veramente Dio proponendolo come Colui che si apre all'uomo mediante la Sua parola e le Sue azioni. Perciò, essa è più che una forma ordinaria di storia, di una lunga successione di eventi; è storia sacra poiché gli eventi storici servono da scenario della rivelazione divina riportata dalla Scrittura.

Gli eventi storici, iniziando dalla creazione dell'universo e dell'umanità da parte di Dio, continuando con la nascita della civiltà e l'emergenza di potenze politiche, fanno tutti parte della storia biblica. Il punto centrale di questa storia, secondo l'interpretazione cristiana, è la rivelazione di Dio nella persona di Gesù Cristo di Nazareth. Dio si fa uomo nella persona di Gesù (incarnazione) rivelandosi totalmente e completamente al mondo. Gli eventi storici dell'AT costituiscono il palcoscenico di questa realtà ultima dell'auto-rivelazione di Dio; la storia è il contesto delle grandi Sue azioni per cui dobbiamo dare la giusta importanza alla relazione essenziale tra rivelazione e storia.
Molte storie bibliche ci dicono quello che Dio ha fatto nel passato, quello che fa nel presente e quello che farà nel futuro. Gli scrittori biblici, però, non hanno semplicemente raccolto e organizzato il materiale storico ma lo hanno anche interpretato per chiarire lo scopo dell'agire divino nella vita umana. La storia biblica è, perciò, **storia teologica**, alquanto diversa dalla storia secolare, sia nel contenuto che nella finalità.

> **T**
>
> ## RIVELAZIONE
>
> La Bibbia è la documentazione più autentica e attendibile dell'auto-rivelazione di Dio all'umanità. La rivelazione non avviene soltanto tramite le parole scritte di Dio ma anche mediante le azioni. La Bibbia, tuttavia, non traccia una distinzione tra le due forme di comunicazione, perché ciò che Dio dice è, in realtà, quanto Egli fa. Il termine rivelazione speciale è adoperato spesso per descrivere l'automanifestazione di Dio nella storia attraverso le Sue parole ed azioni. Lo scopo di questa rivelazione è di incontrare l'umanità con l'amore di Dio e la Sua volontà per le nostra vita, provocando una risposta ubbidiente, di fede. L'espressione massima dell'amore divino è la venuta di Gesù Cristo nel mondo. La rivelazione speciale, quindi, ci aiuta a comprendere il piano salvifico di Dio sostenendo ed integrando l'idea di Dio che si rivela a noi mediante la creazione, nel mondo e in tutto ciò che vediamo intorno a noi. Possiamo adoperare il termine rivelazione generale per descrivere questa rivelazione della maestà, potenza e gloria di Dio che è a noi visibile nella bellezza del mondo naturale.

È distinta dalla storia secolare poiché è centrata sull'azione di Dio e presume una relazione diretta tra Dio ed i vari eventi storici.

Gli scrittori biblici considerano gli eventi accaduti nella loro storia di fede come divinamente pianificati per apportare la salvezza all'umanità. Nella prospettiva cristiana, la storia della salvezza ha raggiunto il suo apice in Cristo, che viene nel mondo *"per il determinato consiglio e la prescienza di Dio"* (At. 2:23). L'apostolo Paolo, parlando dell'incarnazione, dice che Dio ha inviato il Suo Figlio *"quando giunse la pienezza del tempo"* (Gal 4:4). Questa "pienezza" (*kairos*) è il tempo o il periodo stabilito da Dio per realizzare il Suo piano ed i Suoi scopi.[1] Gli studiosi descrivono spesso la storia biblica come **storia della salvezza** (*heilsgeschichte*) per la sua enfasi sulla redenzione dell'umanità dal peccato.

Figura 2 Un sofer (scriba giudeo) prepara un rotolo per la Sinagoga

T — L'ISPIRAZIONE

L'ispirazione tratta della fonte da cui si riceve e della modalità di registrazione della rivelazione da parte degli antichi scrittori. Pur non potendo adeguatamente spiegare il metodo ed il processo dell'ispirazione, la Scrittura testimonia che Dio ha avuto un ruolo attivo nella stesura della Bibbia (2 Tm 3:16-17; 2 Pt 1:20-21). Alcuni interpretano l'ispirazione come se Dio avesse dettato le Sue parole agli scrittori biblici (teoria verbale). Altri, invece, riconoscono l'attivo coinvolgimento dello Spirito Santo nella composizione delle Scritture (teoria dinamica)[2] affermando che Lo Spirito Santo ha preparato gli scrittori biblici a ricevere e comunicare la rivelazione. Questi hanno ricevuto una comprensione speciale dell'azione divina nella storia, che hanno poi interpretato attraverso gli occhi delle tradizioni di fede ed hanno comunicato mediante la scrittura. La teoria dinamica evidenzia il ruolo dello Spirito Santo nella vita e nell'opera degli scrittori biblici, e poiché Egli è l'Agente attivo nella comunicazione della rivelazione mediante la Bibbia, dobbiamo sottometterci alla Sua autorità e guida per una corretta comprensione della Parola di Dio.

La storia biblica presenta continuità ed unità. Ciò è evidente nelle storie sia dell'Antico che del Nuovo Testamento. L'antico Testamento, che è trattato in questo libro, contiene la storia e le tradizioni di fede della nazione di Israele.
I maggiori eventi che costituiscono la struttura della storia veterotestamen-taria sono i seguenti:

T — LA BIBBIA COME CANONE

Nella chiesa cristiana, la rivelazione e l'ispirazione danno alla Bibbia, il ruolo specifico di suo "canone." In senso comune, il termine "canone" si riferisce ad una collezione di scritti accolti da una religione come autoritari e normativi per la sua fede e pratica. La Bibbia, come "canone," riflette l'autorità delle Scritture nella tradizione cristiana. Essa possiede autorità perché registra l'autorivelazione di Dio e si pone come misura (il termine canone, letteralmente, intende una corda, una misura o una retta) della fede e della pratica.

- Creazione e peccato dell'uomo (Gn. 1-11);
- Patto di Dio con Abraamo e la sua discendenza (Gn. 12-50);
- L'esodo di Israele dall'Egitto e il Sinai (Es.1-40);
- Il cammino di Israele nel deserto e la conquista di Canaan (Numeri, Deuteronomio e Giosuè);
- Israele sotto la guida di capi carismatici (Giudici e 1 Sam. 1-9);
- L'inizio della monarchia (1 Sam. 10- 1 Re 11);
- Il regno diviso di Israele (1 Re 12- 2 Re 25);
- L'esilio e la restaurazione (Esdra e Neemia.

La storia successiva di Israele (i Giudei) seppur non riportata nell'Antico Testamento, è ben nota. Dopo i Persiani, governanti greci controllarono la Palestina per circa 170 anni. Dopo di loro i Giudei stabilirono un regno indipendente che durò per circa 100 anni. La loro indipendenza finì quando Roma assunse il controllo politico della Palestina. La storia del NT si svolge su questo ampio scenario delle vicende ultime di Israele.

Frasi riassuntive

- La rivelazione di Dio è la sua auto-manifestazione all'umanità;
- La Bibbia è la registrazione della rivelazione scritta da persone ispirate dallo Spirito Santo;
- La Bibbia è il canone della chiesa cristiana;
- L'auto-rivelazione di Dio in Cristo è il culmine della storia biblica;
- La storia biblica è un'interpretazione teologica degli eventi storici;
- Gli eventi storici nella Bibbia mostrano continuità e finalità;
- La storia biblica ci incoraggia ad entrare in una relazione personale con Dio.

Domande di riflessione

1. Leggi i seguenti passi e discuti su "ciò che Dio sta compiendo" in questi passi: Genesi 1:1-2:4; 15:7-21; 45:4-8; Geremia 29:1-14.
2. Che cosa si dice di Dio e del Suo agire in Giobbe 38:1-39:30; Isaia 40:12-24; 41:1-4; 43:1-28?
3. Leggi il Salmo 107. Elenca le caratteristiche di Dio esposte in questo Salmo.
4. La fede biblica ritiene che la nostra storia sia una "storia con Dio". Se è vero, quali sono le sue implicazioni nella tua vita personale?

Risorse per studi ulteriori

Cullman, Oscar, Christ and Time, Floyd V.Filson Philadelphia, Westminster Press, 1964. Leggi parte 1: "The continuous Redemptive Line."

Dunning, H.Ray, Grace, Faith and Holiness, Kansas City: Beacon Hill Press of Kansas City, 1988. Leggi il capitolo 4: "Revelation:Its Meaning and Necessity."

2. L'Antico Testamento come Scrittura

OBIETTIVI

Lo studio di questo capitolo ti aiuterà a:
- Elencare le varie divisioni ed i libri dell'Antico Testamento;
- Riassumere la storia della formazione dell'Antico Testamento in lingua ebraica;
- Descrivere le varie fasi della canonizzazione dell'Antico Testamento;
- Identificare le diverse fasi nella storia della traduzione della Bibbia.

Termini chiave:

Torah
Nebiim
I Profeti anteriori
I Profeti posteriori
Ketubim (Gli Scritti)
Tradizione orale
Autografi
Scribi
Qumran
I Manoscritti del Mar Morto
Codex
Testo Masoretico
Biblia Hebraica
Canonizzazione
Targums
Settanta
Apocrifi
Deuterocanonico
Jerome
Vulgata
Wycliffe
Tyndale
King James I
Equivalenza formale
Equivalenza dinamica

Domande da considerare durante la lettura:
1. Quali sono alcuni degli insegnamenti comuni sulla Parola di Dio che hanno influenzato la tua comprensione del "come è stata formata la Bibbia?"
2. Perché è necessario possedere un'adeguata comprensione del carattere e della formazione della Bibbia?
3. Spesso udiamo persone dire: "la Bibbia dice…". Che cosa intendono dire coloro che si riferiscono alla Bibbia in questo modo?

Di cosa tratta l'Antico Testamento? Chi lo ha scritto? Quando fu scritto? In che modo i vari libri dell'Antico Testamento entrarono a far parte della Bibbia? In questo capitolo proveremo a rispondere a queste domande e discuteremo altri aspetti importanti dell'Antico Testamento.

Che cos'è l'Antico Testamento?

L'AT (conosciuto anche come Bibbia ebraica) è la Bibbia del giudaismo e, in parte, del cristianesimo. Eccetto che per pochi passi in lingua aramaica (come Esdra 4:8-6,18; 7:12-26; Dan. 2:4b-7:28), tutti i libri dell'AT sono stati scritti in ebraico. L'edizione protestante e quella giudaica dell'AT sono uguali contenendo entrambi 39 libri. La chiesa cattolica ha aggiunto 7 libri ulteriori (per un totale di 46). Inoltre, i libri di Ester e di Daniele, nella versione cattolica, hanno delle aggiunte o dei supplementi.

La tradizione giudaica divide le Scritture ebraiche in tre grandi sezioni: la Torah (La Legge), i Nebiim (i Profeti) e i Ketubim (Gli Scritti). Il termine TaNaK è l'acronimo delle tre sezioni. I libri che appartengono alla Torah o Legge (Genesi, Esodo, Levitico, Numeri e Deuteronomio) contengono le più antiche registrazioni della storia umana e di quella di Israele. I racconti di Israele includono le storie degli antenati, il suo ingresso e radicamento come popolo di Dio, le norme e le leggi stabilite da Dio per la fede e la vita di Israele nel mondo e la storia del suo cammino nella terra di Canaan. Eccetto per Genesi 1-11, questi libri riassumono la storia di Israele dal 1800 al 1240 a.C.

La sezione definita Nebiim (i Profeti) è divisa in due parti. La prima, nota come Profeti anteriori (Giosuè, Giudici, 1 e 2 Samuele e 1 e 2 Re), tratta della storia del popolo di Israele, dal suo ingresso nella terra di Canaan all'inizio della cattività babilonese (dal 1240 al 587 a.C.). Questi libri sono anche definiti libri storici dalla tradizione cristiana. La seconda sezione, i Profeti posteriori, contiene i libri dei grandi profeti di Israele quali Isaia, Geremia ed Ezechiele e i dodici profeti minori Osea, Gioele, Amos, Abdia, Giona, Michea, Naum, Abacuc, Sofonia, Aggeo, Zaccaria e Malachia).

La sezione detta Ketubim (gli Scritti) contiene i seguenti libri (Salmi, Giobbe, Proverbi, Rut, Cantico dei Cantici, Ecclesiaste, Ester, Daniele, Esdra, Neemia, 1 e 2 Cronache).

Figura 3 Il rotolo del Tempio di Qumran

La disposizione dei libri, tra la Bibbia cattolica, protestante e ebraica, è diversa. Nella tradizione ebraica, i profeti posteriori vengono dopo quelli anteriori e gli Scritti sono posti dopo il libro di Malachia. In quella protestante gli Scritti sono sparsi tra i Profeti anteriori e posteriori. La tradizione cattolica non ha un unico sistema e per trovare un punto di riferimento è utile rifarsi alla versione della Bibbia di Gerusalemme.

La formazione dell'Antico Testamento

È difficile stabilire la data precisa della formazione dell'AT nella sua forma attuale. È il risultato di un lungo e complesso processo che, in varie tappe, ha incluso la creazione e lo sviluppo di manoscritti e l'accoglienza di alcuni di essi da parte del giudaismo. Riferimenti nel libro dell'Esodo sembrano indicare un'attività selettiva al tempo di Mosè. Alcuni studiosi considerano "Il Libro della Legge" (vd. Deuteronomio 31:24-26; 2 Re 22:8-10) come le "Scritture" dell'antico Israele. In aggiunta, troviamo riferimenti ad antichi documenti come "il Libro delle Guerre dell'Eterno" (Nm. 21:14), "Il Libro del Giusto" (Gs. 10:13), e "la storia dei re di

Israele" (2 Cr. 33:18). Geremia 36 ci offre la storia di Geremia che detta le sue parole a Baruc che, a sua volta, le scrive su di un rotolo. Tuttavia, questi riferimenti non spiegano adeguatamente il complesso processo mediante il quale i libri dell'AT hanno raggiunto la loro forma attuale. Vi è la tendenza a credere che il libro della Genesi facesse parte delle tradizioni della fede di Israele ai giorni di Mosè (XIII secolo a.C.).

Iniziando dal libro dell'Esodo, gli eventi biblici convergono sulla vita e sul ministero di Mosè. Le storie dell'Esodo, del Levitico, dei Numeri e del Deuteronomio appartengono al periodo mosaico. Probabilmente una buona parte di queste tradizioni rimase in forma orale per altri tre o quattro secoli prima di essere messa per iscritto. È anche possibile che un'ampia porzione dei libri di Giosuè, Giudici, 1 e 2 Samuele e 1 e 2 Re, esistesse in forma orale per un lungo periodo di tempo. Si presume, allora, che la maggior parte dell'AT abbia ricevuto la sua forma finale tra l'800 e il 400 a.C.

Non si conosce bene il luogo dove questi libri furono scritti. La Palestina e Babilonia sembrano i luoghi più credibili. Naturalmente, non possediamo gli originali (autografi) dell'AT. Copie degli originali sono il prodotto del lavoro dei copisti (scribi) che hanno accuratamente ricopiato i manoscritti esistenti, che a motivo del tempo ed anche per la fragilità del materiale, si rovinavano facilmente.

Dopo la distruzione di Gerusalemme del 587 a.C. le comunità giudaiche fiorirono in Babilonia ed Egitto, oltre a quelle rimaste in Palestina. Molti studiosi credono che queste comunità continuarono il compito di copiare e preservare il testo biblico. Tuttavia, non abbiamo manoscritti che attestino l'attività dei copisti. Il motivo della mancanza delle copie più antiche è dovuto al fatto che, quando si creavano nuove copie, le vecchie venivano distrutte.

I manoscritti più antichi, oggi in nostro possesso, provengono da un periodo intorno al 100 a.C. Questi manoscritti, trovati a Qumran, a nord-est del Mar Morto, aiutano a comprendere meglio la storia dei manoscritti anticotestamentari. I cosiddetti "rotoli del Mar Morto" scoperti nel 1947 e 1956, includono due copie del libro di Isaia (uno in forma completa), un commento al libro di Abacuc, un certo numero di Salmi, e frammenti di tutti i libri dell'AT, eccetto Ester. Inoltre, le grotte di Qumran contenevano una vasta quantità di materiale non biblico.[1]

Figura 4 Le Cave di Qumran IV contenenti una copia quasi completa della traduzione greca dei 12 profeti minori

Le scoperte di Q confermano l'opinione degli esperti dell'esistenza di un certo numero di versioni di manoscritti esistenti prima dell'avvento del cristianesimo. Pur non conoscendo molto della storia e della formazione dell'AT, si tende a credere che già intorno all'anno 100 a.C., le autorità giudaiche in Palestina avessero cominciato ad esaminare le varie versioni e tradizioni per poter stabilire le Scritture ufficiali e normative del giudaismo. Ciò significa che un vasto numero di manoscritti non ricevette l'approvazione; questo lungo processo si concluse nel 100 d.C.[2]

Stabilito il testo ufficiale, il giudaismo si preoccupò di copiare e preservare i manoscritti dei libri anticotestamentari. Quando venivano create nuove copie, gli scribi seguivano delle regole particolari, come, per esempio, il conteggio delle parole e delle lettere di ogni rigo. Nei primi quattro secoli dell'era cristiana, oltre quattro generazioni di scribi si susseguirono nella copiatura dei manoscritti. Il testo dell'AT ebraico, prima dell'era cristiana, presentava soltanto le consonanti e nessuna divisione tra le parole. Una delle prime decisioni degli scribi fu quella di dividere le parole. Ben presto, inoltre, al posto dei papiri o delle pergamene si adoperarono i **codici** (libri con pagine) anche se i rotoli furono usati nelle comunità giudaiche per molti secoli ancora.

Verso il 500 d.C. una famiglia di scribi giudei, a Tiberiade, sul versante occidentale del Mar di Galilea, assunse un ruolo guida nella copiatura dei manoscritti anticotestamentari; questa famiglia contribuì notevolmente alla formazione dell'attuale Bibbia ebraica introducendo un sistema di vocali nel testo che ne era privo. Questi scribi sono conosciuti come

Masoreti a motivo delle note marginali ed esplicative (*Masora*) che apponevano al testo. L'opera dei Masoreti fu completata nel 900 d.C. e il manoscritto così definito è conosciuto come **Testo Masoretico**.

La canonizzazione dell'Antico Testamento

In vari stadi del processo storico di trasmissione dell'AT, il giudaismo provò a riconoscere l'autorità di questi scritti e la loro normatività per la fede e la pratica. Questo processo prende il nome di canonizzazione e presenta dei lati ancora oscuri.[3] Alcuni studiosi ritengono che i libri della Legge (Torah) fossero la "Scrittura" autorevole del giudaismo intorno al 400 a.C. Probabilmente questi libri divennero importanti sotto l'influenza di Esdra, nel V secolo. In seguito, verso il 200 a.C, il giudaismo accolse i Profeti anteriori e posteriori. Alcuni dei Ketubim, gli scritti, entrarono a far parte della sacre scritture nel giudaismo del primo secolo d.C. I riferimenti neotestamentari alla Legge, ai Profeti ed ai Salmi (vd.per esempio, Lc. 24:44) indicano la natura del canone giudaico del I secolo d.C.

GLI APOCRIFI

La traduzione dei Settanta includeva nella loro opera, altri scritti religiosi che non hanno mai ricevuto un riconoscimento ufficiale di libri ispirati ed autorevoli del giudaismo. I Protestanti chiamano questi libri "**apocrifi**", cioè libri "nascosti". I seguenti 15 libri compongono questa lista: 1 e 2 Esdra, La preghiera di Manasse, La sapienza di Salomone, Ecclesiastico, Giuditta, Tobia, Aggiunte ad Ester, Baruc, Epistola di Geremia, Il Cantico dei tre giovani, Susanna, Bel ed il dragone, e 1 e 2 Maccabei. La Settanta, nel primo secolo a.C. conteneva tutti questi libri, eccetto 2 Esdra. In seguito, questi libri entrarono a far parte della Bibbia in lingua latina e, nel Medioevo, ricevettero l'approvazione canonica dalla Chiesa cattolica. Durante la Riforma protestante, i riformatori dubitarono della loro autorità. Martin Lutero riteneva che questi libri mancassero di ispirazione pur mantenendo un valore come scritti storici e devozionali. La Chiesa cattolica continua a ritenerli ispirati e li definisce **deuterocanonic**i (canone di autorità inferiore). In generale, le chiese protestanti seguono l'opinione di Lutero. Le Bibbie prodotte da studiosi ecumenici includono gli Apocrifi.

L'accoglienza ufficiale dei Ketubim nel canone, avvenne durante il Concilio di Jamnia nel 95 d.C. In questo Concilio, i rabbini diedero l'approvazione ufficiale ai 39 libri dell'AT.

Traduzione della Bibbia

Più o meno nel sesto secolo a.c., l'aramaico divenne la lingua parlata più comune nel vicino Oriente. A beneficio dei giudei che parlavano l'aramaico, le sinagoghe cominciarono a creare una versione estemporanea delle Scritture ebraiche, in aramaico. Questa abitudine si mantenne fino al tempo di Esdra e Neemia a metà del V secolo (vd. Ne. 8:8) e continuò per oltre 400 anni nell'era cristiana. Gli scribi giudei cominciarono, quindi, a mettere per iscritto queste parafrasi orali prima della venuta di Cristo che presero il nome di **Targum** (che significa "traduzione"), assumendo la loro forma scritta finale nel V o VI secolo d.C.

La traduzione di una porzione dell'AT dall'ebraico in greco, fu il primo caso di traduzione della Bibbia. Avvenne ad Alessandria d'Egitto, a vantaggio dei giudei che vivevano in Egitto. Secondo una leggenda (Lettera di Aristea), il lavoro fu svolto per l'iniziativa del governatore greco Tolomeo Filadelfo (285-246 a.C.). Gli esperti, però, credono che l'iniziativa fu dei giudei di lingua greca che abitavano in città e non del governatore. Comunque, verso il 250 a.C. i traduttori produssero la versione della Torah in greco. Nei successivi 200 anni l'intero AT fu disponibile in greco divenendo le Scritture adoperate dalla chiesa primitiva. Questa traduzione è conosciuta come la **Septuaginta** o LXX, in riferimento alla tradizione che tale versione fu composta da 70 o 72 (6 per ognuna delle 12 tribù di Israele) saggi giudei, in 72 giorni.

La Bibbia in latino fu il secondo maggiore tentativo nella storia della traduzione. Gli esperti credono che una versione della Bibbia in latino esistesse già nel 180 d.C. Nel quarto secolo d.C., il vescovo **Girolamo** iniziò il compito di tradurre la Bibbia in latino adoperando versioni latine già esistenti e la Settanta. Nel 385 d.C. si spostò a Betlemme dove trascorse 14 anni traducendo la Bibbia ebraica in latino. Durante il quinto ed il sesto secolo, i padri greci diedero priorità all'opera di Girolamo e la sua versione fu chiamata **Vulgata** (comune). Gradualmente, nel Medioevo, questa divenne la Bibbia ufficiale dell'Europa occidentale.

John **Wycliffe** (1330-1384) tentò, per primo, di tradurre la Bibbia dal latino nella lingua inglese. Suo scopo era di lottare contro la corruzione nella Chiesa rendendo disponibile la Bibbia alla gente comune. La sua traduzione completa del NT apparve nel 1380. Due anni dopo, insieme con i suoi collaboratori, completò l'intera Bibbia. Dopo la sua morte, avvenuta nel 1384, i suoi amici revisionarono l'edizione. Le autorità ecclesiastiche condannarono l'opera di Wycliffe e le sue ossa furono riesumate e bruciate.

William Tyndale (1494-1536), fu il primo studioso a tradurre una porzione della Bibbia in inglese dalle lingue originali. Preoccupato della possibile reazione delle autorità ecclesiastiche, si trasferì in Germania nel 1524 dove, nel 1526, pubblicò la prima edizione del NT, che fu anche la prima edizione stampata della Bibbia inglese. Nel 1536 le autorità ecclesiastiche lo condannarono, come eretico, a morte. Dopo diverse altre versioni (Miles Coverdale, Thomas Matthew [pseudonimo di John Rogers]) si giunse a quella ufficiale (La Grande Bibbia), commissionata da Thomas Cromwell, segretario del re Enrico VIII, pubblicata nel 1539. Seguì la Bibbia di Ginevra, prodotta nel 1560, la prima Bibbia con i versetti numerati. Nel 1604 Re Giacomo I (King James I) commissionò un traduzione di tutta la Bibbia in inglese che doveva riprodurre il più fedelmente possibile le lingue originali e diventare la Bibbia ufficiale, da usare durante il culto, in tutte le chiese inglesi. Circa 54 esperti studiosi, divisi in 6 gruppi, lavorarono insieme. La traduzione fu iniziata nel 1607 e completata nel 1611. La porzione neotestamentaria di questa nuova versione fu, più che altro, un adattamento dell'opera di Tyndale. Per oltre due secoli e mezzo dalla sua pubblicazione originaria, la versione della King James I rimase quella più popolare nel mondo di lingua inglese.

Poche parole sulla fedeltà delle traduzioni inglesi. Le traduzioni migliori sono quelle che lavorano sui testi originali in ebraico ed aramaico con l'aiuto di tutte le risorse disponibili allo studio moderno della Bibbia. La traduzione dovrebbe essere guidata dall'impegno a preservare l'integrità del testo biblico mantenendo il carattere storico, teologico, culturale e letterario di quello originale. La traduzione dovrebbe includere delle note esplicative su argomenti quali le letture varianti, i possibili diversi significati di passi difficili nei testi originali e riferimenti a versioni antiche come la Settanta e la Vulgata. Frasi idiomatiche e forme di pensiero contemporaneo dovrebbero essere utilizzati solo per aggiungere chiarezza al pensiero e alle idee antiche. I traduttori dovrebbero evitare libere interpretazioni, parafrasi ed espansioni. Se si seguono queste linee guida, la Parola di Dio non rimarrà celata dietro parole e frasi arcaiche e non ci si perderà nel mare di termini che possono significare cose differenti a persone diverse.

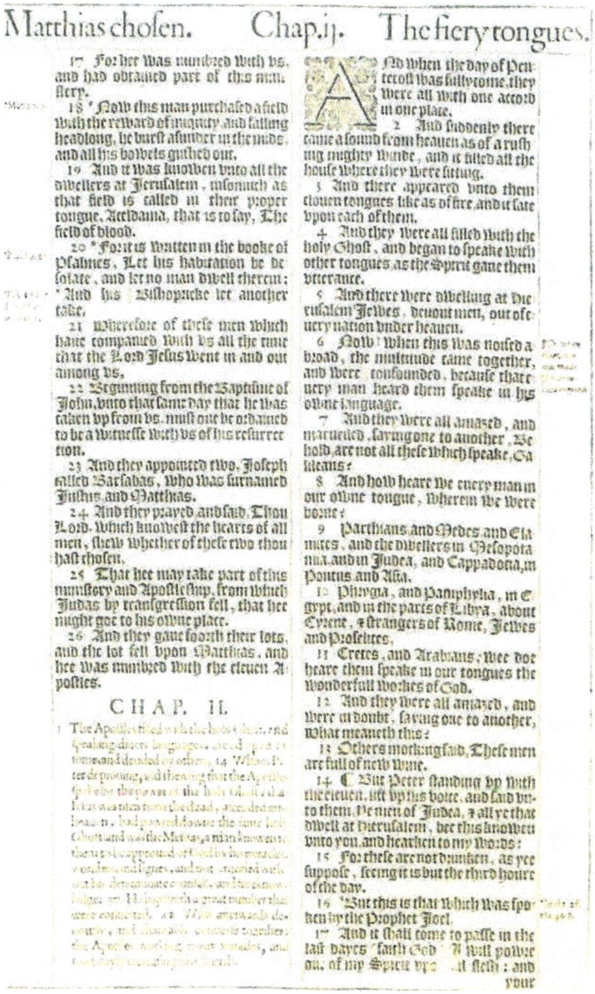

Matthias chosen. Chap.ij. The fiery tongues.

17 For hee was numbred with vs, and had obtained part of this ministery.

18 *Now this man purchased a field with the reward of iniquitie, and falling headlong, he burst asunder in the midst, and all his bowels gushed out.

19 And it was knowen vnto all the dwellers at Ierusalem, insomuch as that field is called in their proper tongue, Aceldama, that is to say, The field of blood.

20 *For it is written in the booke of Psalmes, Let his habitation be desolate, and let no man dwell therein: *And his Bishopricke let another take.

21 Wherefore of these men which haue companied with vs all the time that the Lord Iesus went in and out among vs,

22 Beginning from the Baptisme of Iohn, vnto that same day that he was taken vp from vs, must one be ordained to be a witnesse with vs of his resurrection.

23 And they appointed two, Ioseph called Barsabas, who was surnamed Iustus, and Matthias.

24 And they prayed, and said, Thou Lord, which knowest the hearts of all men, shew whether of these two thou hast chosen,

25 That hee may take part of this ministery and Apostleship, from which Iudas by transgression fell, that hee might goe to his owne place.

26 And they gaue foorth their lots, and the lot fell vpon Matthias, and hee was numbred with the eleuen Apostles.

CHAP. II.

1 The Apostles filled with the holy Ghost, and speaking diuers languages, are derided by some, and checked by others. 14 Whom Peter disprouing, and shewing that the Apostles spake by the power of the holy Ghost, … was risen from the dead, ascended into heauen, had powred downe the same holy Ghost, and was the Messias, a man knowen to them to be approued of God by his miracles, wonders, and signes, and not crucified without his determinate counsell … great number that were conuerted, 41 Who afterwards deuoutly, and charitably conuerse together: the Apostles working many miracles, and God dayly increasing his church.

AND when the day of Pentecost was fully come, they were all with one accord in one place.

2 And suddenly there came a sound from heauen as of a rushing mighty winde, and it filled all the house where they were sitting.

3 And there appeared vnto them clouen tongues, like as of fire, and it sate vpon each of them.

4 And they were all filled with the holy Ghost, and began to speake with other tongues, as the Spirit gaue them vtterance.

5 And there were dwelling at Ierusalem Iewes, deuout men, out of euery nation vnder heauen.

6 Now when this was noised abroad, the multitude came together, and were confounded, because that euery man heard them speake in his owne language.

7 And they were all amazed, and marueiled, saying one to another, Behold, are not all these which speake, Galileans?

8 And how heare we euery man in our owne tongue, wherein we were borne?

9 Parthians, and Medes, and Elamites, and the dwellers in Mesopotamia, and in Iudea, and Cappadocia, in Pontus, and Asia,

10 Phrygia, and Pamphylia, in Egypt, and in the parts of Libya, about Cyrene, & strangers of Rome, Iewes and Proselites,

11 Cretes, and Arabians, wee doe heare them speake in our tongues the wonderfull workes of God.

12 And they were all amazed, and were in doubt, saying one to another, What meaneth this?

13 Others mocking, said, These men are full of new wine.

14 ¶ But Peter standing vp with the eleuen, lift vp his voice, and said vnto them, Ye men of Iudea, & all ye that dwell at Hierusalem, bee this knowen vnto you, and hearken to my words:

15 For these are not drunken, as yee suppose, seeing it is but the third houre of the day.

16 *But this is that which was spoken by the Prophet Ioel,

17 And it shall come to passe in the last dayes (saith God) I will powre out of my Spirit vpon all flesh: and your

Figura 5
Pagina dell'edizione del 1611 della King James Version

Frasi riassuntive

- L'Antico Testamento contiene 39 libri raggruppati in tre divisioni maggiori;
- La fonte testuale del nostro Antico Testamento è un manoscritto riconosciuto dal giudaismo come le "Scritture" ufficiali all'incirca nel 100 d.C.;
- La canonizzazione delle Scritture dell'Antico Testamento fu completata, nell'antico giudaismo, per stadi diversi;
- La traduzione greca dell'Antico Testamento fu la Scrittura della Chiesa primitiva;
- La Bibbia latina fu la Bibbia del Medioevo;
- Wycliffe iniziò l'opera di traduzione della Bibbia in inglese dalla Vulgata latina;
- Il Nuovo Testamento di Tyndale fu la prima traduzione inglese dal Nuovo Testamento greco originale;
- La versione della King James fu prodotta nel 1611 d.C.;
- I traduttori moderni aderiscono ai principi della teoria di traduzione dell'equivalenza formale e /o di quella dinamica.

Domande di riflessione

1. Perché, credi, sia stato necessario al giudaismo chiudere il canone (limitare la lista di libri da considerare autorevoli)?
2. Perché è importante per un cristiano, che svolge uno studio biblico, consultare due o tre traduzioni?
3. "Ogni traduzione è un'interpretazione." Come giudichi le traduzioni moderne avvalendoti di questa massima?

Risorse per studi ulteriori

Cross, Frank Moore and Shemaryahu Talmon, eds. *Qumran and the History of the Biblical Text*, Cambridge, Mass.; Harvard University Press, 1975. Leggi l'articolo "The Old Testament Text" by Shemaryahu Talmon.

Ewert, David, *From Ancient Tablets to Modern Translations*, Grand Rapids: Zondervan Publishing House, 1983. Leggi il capitolo 7, "*The Text of the Old Testament*," e i capitoli 15-20 sulla storia della Bibbia inglese.

3. L'interpretazione dell'Antico Testamento

OBIETTIVI

Lo studio di questo capitolo ti aiuterà a:
- Definire e descrivere l'ermeneutica e l'esegesi in relazione all'interpretazione biblica;
- Descrivere brevemente i vari metodi antichi di interpretazione biblica;
- Definire i vari metodi storico-critici di interpretazione biblica;
- Elencare i passi di uno studio induttivo;
- Studiare il testo biblico adoperando un appropriato metodo biblico interpretativo.

Termini chiave:

Ermeneutica
Targum
Esseni
Pesher
Mishna
Talmud
Midrash
Interpretazione letterale
Tipologia
Allegoria
Cristocentrica
Apologetica
Scolastica
Pietismo
Critica storica
Critica letteraria
Critica delle fonti
Ipotesi documentaria
Critica delle forme
Critica della redazione
Critica del canone
Esegesi

Domande da considerare durante la lettura:
1. Qual è il risultato di un'interpretazione impropria della Scrittura?
2. Qual è il tuo metodo di interpretazione della Scrittura?
3. In che modo determini se un certo tipo di insegnamento o pratica è biblico?

Chiunque legge la Bibbia è impegnato in una forma di interpretazione della Parola di Dio. L'interpretazione è un'attività continua nella vita della chiesa. In questo capitolo proveremo a stabilire l'importanza di un'appropriata interpretazione biblica e la necessità di un metodo adeguato alla retta comprensione odierna della Parola di Dio.

Quale metodo hanno adoperato, nel passato, il Giudaismo ed il Cristianesimo per interpretare la Bibbia? Quali sono alcuni dei metodi moderni di interpretazione biblica? Quale metodo ci permette di preservare l'integrità e l'autenticità dell'Antico Testamento come Parola di Dio per noi, oggi?

Il ruolo dell'interpretazione biblica.

L'interpretazione biblica è sia una scienza che un'arte che adopera principi, regole e metodi specifici. L'Ermeneutica comprende regole e principi che governano la pratica ermeneutica. L'interpretazione biblica (ermeneutica biblica) è necessaria a motivo della distanza che separa il lettore moderno dagli autori e dai primi destinatari della Bibbia. È una distanza non soltanto temporale ma anche di lingua, di pensiero, di cultura e geografia. Dobbiamo entrare nel mondo antico per comprendere il contesto geografico, culturale e linguistico in cui Dio si è rivelato mediante parole e azioni. Scopriremo, allora, ciò che l'autore intendeva comunicare mediante il testo. Questo passo è necessario per una comprensione del valore della Parola di Dio per noi, oggi.

Figura 6
Studenti giudei studiano la Scrittura in una scuola rabbinica

Panoramica dei vari metodi interpretativi antichi e moderni.

Interpretazione antica giudaica. Gli esperti considerano la pratica della traduzione e dell'interpretazione delle Scritture ebraiche in aramaico (Targum), per i giudei di lingua aramaica, come il primo tentativo sistematico nella storia dell'interpretazione biblica giudaica. L'origine di questa pratica forse è antecedente rifacendosi al V secolo a.C. (vd. Neemia 8:7-8). Dal secondo secolo d.C., gli scribi giudaici fecero il passo ulteriore di mettere per iscritto la tradizione e l'interpretazione orale. Il Targum nella forma scritta, fu completato verso il IV secolo d.C. Ancora oggi i rabbini giudei citano il Targum quando spiegano le Scritture ebraiche.

I rotoli del Mar Morto evidenziano un'interpretazione attiva delle Scritture da parte degli Esseni nel secolo precedente l'inizio dell'era cristiana. Seguivano un metodo interpretativo conosciuto come Pesher, in cui l'interprete può suggerire un mutamento nel testo o l'introduzione di una lettura alternativa per sostenere un'interpretazione particolare. Il loro studio del testo includeva, spesso, una sua frammentazione in parole e frasi senza alcun riguardo al contesto, in modo da sostenere, il meglio possibile, il loro sistema religioso. Gli Esseni applicavano molte profezie a vari eventi contemporanei, inclusa la loro stessa storia.

> **I**
>
> **CITAZIONI DALLA MISHNA SULLE REGOLE SABBATICHE E I REGOLAMENTI**
>
> Non si mette un vaso sotto la lampada (di sabato) per raccogliere l'olio (gocciolante); se, però è stato posto lì la notte precedente, è permesso. Tuttavia, non si potrà adoperare quell'olio (di sabato) perché non è qualcosa che è stato preparato prima (del sabato).
>
> R. Eliezer afferma: È colpevole chi intreccia tre fili (di sabato) all'inizio (della bobina) o un filo singolo in un pezzo già intrecciato. Ma altri dicono: "Sia all'inizio che alla fine (della bobina) la quantità proibita è due fili."[1]

I **Mishna** (l'opera scritta degli insegnamenti orali dei grandi rabbini del primo giudaismo) ed il **Talmud** (commento sulla Mishna dei successivi rabbini) ci offrono esempi di varie caratteristiche dell'interpretazione rabbinica giudaica delle Scritture. L'interpretazione rabbinica dipendeva dalle tradizioni interpretative stabilite dai rabbini precedenti. Questi, spesso, applicavano al testo il suo significato letterale o il suo senso plenario. I rabbini seguivano anche il Midrash, la pratica di svelare il significato nascosto nel testo per mezzo di tecniche che includevano la frammentazione del testo in parole o frasi e riferimenti incrociati senza dare alcun valore al contesto.

L'interpretazione cristiana - I primi 1800 anni

Gli autori neotestamentari interpretavano l'Antico Testamento alla luce della loro convinzione che Dio aveva adempiuto le Sue promesse riguardanti il Re messianico nella persona di Gesù di Nazareth. Nei vangeli troviamo una grande quantità di citazioni dai libri profetici dell'AT con lo scopo di provare che Gesù ha letteralmente adempiuto le profezie sul Messia (interpretazione letterale). Occasionalmente, sempre nel NT, vengono adoperati i metodi contemporanei giudaici come il Midrash o il Pesher per porre in relazione alcuni passi antico testamentari alla vita ed al ministero di Gesù. Alcuni autori neotestamentari hanno anche adoperato i metodi tipologici ed allegorici. La tipologia presume che alcuni eventi veterotestamentari, persone e concetti religiosi, anticipassero le realtà presenti nel Nuovo Testamento. Il metodo allegorico presume che il testo abbia un significato spirituale celato in ogni minimo dettaglio letterale e che quello spirituale è il significato più importante. Nel periodo patristico della chiesa cristiana (100-590 d.C.), i padri della chiesa adoperarono sia il metodo allegorico che spirituale. L'interpretazione biblica, durante questo periodo, era ancora di natura cristocentrica (centrata sulla persona e sul ministero di Gesù Cristo) ed apologetica (difesa della fede cristiana contro le eresie e l'opposizione alla fede cristiana). Il metodo allegorico fu molto popolare ad Alessandria dove Clemente alessandrino (ca. 150-215 d.C.) ed Origene (ca. 185-254 d.C.) furono due grandi insegnanti. Ad Antiochia in Siria, i padri della chiesa promossero il metodo di interpretazione letterale mediante lo studio storico e grammaticale della Scrittura.

In seguito, durante il Medioevo (500-1500 d.C.), una grande enfasi fu posta sulle tradizioni ereditate da precedenti generazioni di studiosi e capi della Chiesa. Alcuni esponenti della Scolastica (un movimento intellettuale pre-rinascimentale che iniziò nei monasteri e, in seguito, invase le università) durante tutto questo periodo continuarono ad adoperare il metodo letterale mediante lo studio storico del testo.

> **I**
> **UN ESEMPIO DI INTERPRETAZIONE TIPOLOGICA**
>
> Nella prima epistola di Clemente, lo scrittore tratta la storia delle spie che Giosuè inviò a Gerico e di Raab, la prostituta che li salvò (Giosuè 2). Lo scrittore narra la storia delle istruzioni e della promessa fatte dalle spie a Raab prima del loro ritorno da Giosuè. "Inoltre, le diedero un segno ... lei avrebbe dovuto esporre nella sua casa una cordicella di filo scarlatto. Rivelarono, così, che la redenzione sarebbe avvenuta attraverso il sangue del Signore versato su tutti coloro che credono e sperano in Dio."[2]

Nel periodo della Riforma (1550-1650 d.C.) il movimento protestante diede grande enfasi all'autorità della Scrittura e meno alle tradizioni custodite dalla Chiesa Cattolica Romana. I riformatori, in gran parte, adoperarono il metodo interpretativo letterale, pur se nei commenti di Martin Lutero, troviamo, dei ricorsi occasionali all'interpretazione allegorica. Martin Lutero e Giovanni Calvino, i due grandi protagonisti della Riforma, mantennero un approccio Cristocentrico all'interpretazione biblica. Lutero pensava che Cristo dovesse essere presente in ogni parte della Scrittura, mentre Calvino era più cauto, ed applicò l'AT a Cristo soltanto quando vi era una legittima connessione.

Il **Pietismo** (un movimento che emerse come reazione alla mancanza di vera spiritualità nella Chiesa luterana causata dall'approccio scolastico di tipo intellettuale alla fede cristiana) durante il periodo successivo alla Riforma, adoperò il metodo letterale. Sotto l'influenza pietista, la Bibbia divenne una fonte di spiritualità personale e di vita devota. John Wesley fu influenzato da questa comprensione che enfatizzava la spiritualità personale mediante lo studio della Bibbia e la preghiera.

L'interpretazione biblica- Il periodo moderno

Nell'età moderna della storia dell'interpretazione biblica (all'inizio del XIX secolo fino al presente) si assiste al sorgere della critica storica come nuovo metodo di studio della Scrittura.[3] Questo metodo è il risultato dell'influenza del razionalismo e dell'illuminismo nei secoli XVII e XVIII. Tale tipo di approccio allo studio della Bibbia, intende spiegare la Scrittura sottoponendola alla ragione umana ed alla propria comprensione delle leggi naturali. L'enfasi di questo metodo è sull' esplorazione dell'ambiente storico, religioso e letterario che produsse il testo biblico, più che sul significato del testo nella sua forma attuale. Questa tipologia di studio, nella sua interezza, suggerisce delle domande sull'affidabilità del testo biblico e la sua autorità come Parola di Dio.

Da una prospettiva evangelica, affermiamo che la Bibbia parla con autorità divina di argomenti e temi umani; tuttavia, manteniamo pure che problematiche relative al contesto storico e letterario del testo e l'ambiente teologico che l' ha prodotta debbano guidarci ad una più obiettiva comprensione della Scrittura e del suo significato per l'uditorio sia antico che moderno. Il metodo critico-storico ci impegna ad investigare questi aspetti complessi del testo biblico.

Nel nostro caso, ci avvantaggeremo dei contributi dell'approccio critico-storico moderno della Bibbia. Quanto segue è un breve resoconto di alcuni degli sviluppi più significativi di questo metodo di interpretazione biblica moderna.

La critica letteraria è un termine che raggruppa una grande varietà di metodi che, in modi diversi, provano a spiegare il significato del testo valutando la struttura letteraria e le caratteristiche, la data della composizione, la paternità, l'uditorio originale, le fonti letterarie, e così via.[5] L'ambiente storico e letterario che produsse il testo è di interesse primario per la critica letteraria. Questa, negli anni recenti, si è ramificata in aree di specializzazione, come critica delle fonti, critica dei generi letterari, critica retorica, strutturalismo, critica narrativa e così via. Tra queste ramificazioni di critica letteraria, la critica delle fonti è stato uno dei metodi di studio biblico più importanti.

I — UN ESEMPIO DI INTERPRETAZIONE ALLEGORICA

Il seguente è un estratto dall'epistola di Barnaba, scritta da un giudeo alessandrino cristiano verso l'anno 100 d.C. Qui vediamo come lo scrittore applichi lezioni spirituali neotestamentarie ai vari aspetti della storia dell'offerta di una giovenca, in Numeri 19.

"Quindi, che cosa pensi del fatto che un ordine sia stato dato ad Israele, perché uomini di grande malvagità potessero offrire una giovenca, ucciderla e bruciarla e che poi dei ragazzi potessero prenderne le ceneri, metterle in un vaso e poi, mediante un bastoncino con un batuffolo di cotone intriso nell'issopo, spruzzare le persone, una per una, per poter essere purificate dai loro peccati? Considera il modo in cui Egli ti parla semplicemente. La giovenca è Cristo; i peccatori che la sacrificano sono coloro che lo condussero a morte…I ragazzi che spruzzano sono coloro che ci hanno proclamato la remissione dei peccati e la purificazione del cuore…e perché il batuffolo di cotone è stato posto sul bastoncino? Perché per mezzo del legno Gesù sostiene il Suo regno in modo che, (mediante la croce) chi crede in Lui viva per sempre."[4]

La critica delle fonti intende comprendere le varie fonti che hanno contribuito allo sviluppo di un testo biblico. Per esempio, questo metodo ha condotto Julius Wellhausen (Prolegomena to the History of Israel, 1878) ad affermare che il Pentateuco è composto da quattro differenti documenti letterari e teologici (ipotesi documentaria). Egli ha identificato questi documenti come J (Jahvista), E (Elohista), P (Sacerdotale) e D (Deuteronomista). Wellhausen ha suggerito la teoria che queste quattro fonti si siano formate in tempi diversi, tra la metà del IX e la metà del V secolo a.C. Esperti studiosi del metodo critico-storico continuano a considerare il Pentateuco come un composto di varie fonti e in questi anni, molti altri esperti hanno ampliato e revisionato le quattro fonti introdotte da Wellhausen.

La critica delle forme è un'altra disciplina facente parte del metodo critico-storico.[6] Questo approccio allo studio della Bibbia si concentra sui vari generi letterari presenti nei libri biblici. Il principio basilare è che i libri biblici sono composti da unità letterarie chiaramente identificabili custodite e tramandate nella loro forma originale grazie alla memoria o tradizione orale. Inoltre, la critica delle forme suppone che queste unità letterarie si originarono e circolarono in uno specifico ambiente vitale culturale e religioso (*Sitz im Leben*). In Israele, l'ambiente vitale fu probabilmente il Tempio o altri contesti religiosi, familiari o sociali oppure la corte regale o altre istituzioni politiche. L'identificazione dell'ambiente vitale è proprio lo scopo della critica delle forme oltre alla riscoperta dell'intenzione o della finalità di un determinato genere letterario. La finalità che un genere intende raggiungere è importante per l'interpretazione del testo (es. istruzione, edificazione, spiegazione, avvertimento, speranza). Lo studio di Hermann

Gunkel dei vari tipi di salmi è un'opera pionieristica nella critica delle forme veterotestamentaria.[7] Gunkel ha suddiviso i salmi in inni, lamenti comunitari, canti individuali, canti di ringraziamento, lamenti individuali, liturgie di ingresso, e salmi regali collocandoli all'interno del culto di Israele. Martin Dibelius e Rudolph Bultmann, con i loro studi sui Vangeli, hanno prodotto un forte impatto sulla interpretazione del NT secondo la critica delle forme.[8]

La critica redazionale è una recente disciplina di metà del XX secolo.[9] Questo metodo apparve, inizialmente, con un'analisi dei Vangeli. Cultori di questa disciplina considerano gli autori dei Vangeli come veri e propri teologi che adattarono e modificarono le loro narrazioni per comunicare una particolare comprensione teologica o la teologia della chiesa di quel tempo. Lo scopo della critica redazionale è di ricostruire i temi teologici o i motivi riflessi nella forma presente del testo che può essere diversa dal fine originale. Questo metodo ritiene che i testi abbiano raggiunto la loro forma finale come risultato di un processo o disegno editoriale. Questo processo ha compreso raccolta, revisione e ricostruzione di materiali antichi. Potenzialmente tutti i libri della Bibbia sono stati sotto-posti allo scrutinio della critica redazionale.

Nell'ambito degli studi biblici vi sono stati altri recenti sviluppi interessanti. Molti di questi rientrano nei limiti dell'approccio letterario allo studio della Bibbia. Concludiamo questa sezione, allora, con una breve presentazione della critica del canone, un altro recente approccio che è di orientamento teologico.[10] Il fine di questo metodo è di studiare la Bibbia nella sua presente forma canonica. Il convincimento di base è che la Bibbia contiene tradizioni che sono state accolte come autorevoli dalla fede delle comunità giudaiche e cristiane. Chi propone questo metodo, allora, intende scoprire le convinzioni teologiche che hanno influenzato gli scrittori e gli editori di libri biblici. Pur se la critica del canone non rifiuta le scoperte fondamentali della critica storica, questo metodo dà maggiore rilevanza al messaggio teologico dei vari libri biblici e della Bibbia nel suo insieme.

Un metodo induttivo di studio di un testo dell'Antico Testamento

Esperti studiosi evangelici propongono un approccio induttivo allo studio della Bibbia con lo scopo di **trarre** il significato dal testo al quale si fanno delle osservazioni e dal quale si traggono conclusioni su dettagli in esso presenti. Il metodo induttivo presuppone uno studio sistematico e metodico del testo. L'esegesi è il procedimento mediante cui un lettore moderno trae fuori il significato di un testo biblico. Raccomandiamo i passi seguenti nell'applicazione del metodo induttivo all'esegesi di un passo veterotestamentario.

Passo 1. Lo Studio di un passo dell'AT dovrebbe iniziare con un'analisi approfondita del libro in cui si trova il passo in oggetto. A quale sezione dell'AT appartiene il libro? Quale relazione esiste con gli altri libri veterotestamentari? A quale periodo della storia di Israele appartiene il libro? Quali sono i temi teologici maggiori del libro? Qual è la forma letteraria maggiore del libro? Qual è la sua struttura letteraria? Lo studente troverà le risposte a queste domande in un buon testo di introduzione all'AT.

Passo 2. Identifica l'unità letteraria che è il punto focale dell'esegesi. Un'unità letteraria è un passo biblico che presenta un tema (o un'idea centrale) chiaramente definito. Per la gran parte, i libri dell'AT sono formati da molti passi individuali o unità letterarie, ognuna con un'idea chiave o un tema specifico. Mutamenti di tema, carattere, protagonista, destinatario, luogo, forma letteraria e altro ancora, ci aiutano ad identificare i limiti di varie unità letterarie in un libro biblico.

LE MAGGIORI FORME LETTERARIE (GENERI) NELL'ANTICO TESTAMENTO

Sono qui elencate alcune delle forme letterarie comuni (generi) presenti nell'Antico Testamento:

Narrazioni: Nell'Antico Testamento, sezioni ampie di Genesi, Esodo, Numeri, Giosuè, Giudici, 1 e 2 Samuele, 1 e 2 Re, Rut, Ester, 1 e 2 Cronache, Esdra, e Neemia, contengono narrazioni. Queste possono essere semplici racconti che trattano eventi storici (narrazioni storiche), o racconti biografici o autobiografici, o che spiegano l'origine del nome di un luogo o di un'usanza (narrazioni eziologiche), o di una storia familiare o tribale.

Legge: I libri di Esodo, Levitico, Numeri e Deuteronomio, contengono ampie sezioni di materiale legale che è esposto sotto forma di proibizioni, prescrizioni, istruzioni o comandi.

Poesia: Circa un terzo dell'Antico Testamento è scritto in forma poetica. Salmi, Proverbi, Cantico dei cantici e Lamentazioni, sono alcuni dei libri dell'Antico Testamento scritti completamente in poesia.

Profezia: I libri dei profeti contengono discorsi pronunciati dai profeti di Israele. Una profezia, chiamata anche oracolo, è un messaggio proveniente da Dio che il profeta è costretto a comunicare. Solitamente il profeta pronuncia la sua profezia nello stile del messaggero (discorsi che iniziano con "Così dice il Signore").

Sapienza: Gli insegnamenti sapienziali che utilizzano discorsi o dialoghi e detti proverbiali, si trovano nei libri di Giobbe, Proverbi ed Ecclesiaste

Apocalittica: Il libro di Daniele è considerato una forma di letteratura apocalittica perché contiene visioni su una fine improvvisa e catastrofica della storia e il conseguente stabilimento di un regno di Dio per un Suo intervento diretto nelle sorti dell'umanità.

Figura 7
Un lettore giudeo con i tefillin sulla fronte

Passo 3. Identifica la forma letteraria (genere) e lo scopo o l'intenzione. I libri dell'AT contengono un vario numero di generi letterari. Ognuno rivela uno stile particolare ed uno schema specifico. Ogni genere ha la sua propria funzione che intende svolgere. Per esempio, una narrazione può voler spiegare l'origine di un uso o di una tradizione religiosa o può avere valore istruttivo. La legge espone degli obblighi innegoziabili di Dio sotto forma di prescrizioni, proibizioni ed istruzioni. La profezia dà speranza, incoraggiamento o avvertimento e, persino, minaccia di giudizio. I Salmi, in senso ampio, inculcano al lettore il vocabolario della preghiera e della lode. Le istruzioni dei sapienti definiscono le linee guida etiche e morali per la condotta e le relazioni umane. Gli scritti apocalittici rivelano il futuro e la visione del regno sovrano di Dio sul mondo. L'identificazione del genere del testo aiuta, perciò, l'interprete a evidenziare la finalità del testo.

Passo 4. Scopri l'ambiente immediato del passo biblico. Lo scopo di questo passo è di porre il testo nel suo giusto ambiente religioso, culturale, sociale e storico. Ogni libro dell'AT appartiene ad un particolare contesto storico-culturale. Chi è l'autore? Chi sono i destinatari? Quando è stato originariamente composto il messaggio del libro? Qual è la situazione storica particolare di quel periodo (guida politica e sviluppi politici di quel tempo)? Il testo contiene forse dei riferimenti ad usi culturali particolari di quel periodo? Quali erano le pratiche e le credenze delle persone a cui veniva indirizzato? Quale necessità spirituale spinse lo scrittore a comporre il messaggio contenuto nel testo? La ricostruzione del contesto permetterà al lettore di confrontarsi con il testo ed entrare nel mondo in cui è sorto. Ciò è essenziale per una personale comprensione del significato inteso dall'autore del testo.

Passo 5. Stabilisci una connessione tra il testo ed i passi che lo precedono e seguono. Passi biblici presentano anche un contesto letterario. Ciò significa che il testo appartiene ad un ambito letterario delimitato dai passi che lo precedono e seguono; questi possono essere correlati al testo che si studia da un tema comune e/o da una certa composizione letteraria. Alcuni passi possono avere una disposizione cronologica; altri possono essere accomunati da uno stesso genere letterario. Spesso, il significato dei passi che precedono o che seguono possono determinare quello del testo sotto esame. Per un'adeguata comprensione del suo significato, è molto importante saper riconoscere la continuità teologica e letteraria del testo con i passi circostanti (o una sua assenza)

Passo 6. Il passo successivo dell'esegesi comprende l'identificazione della struttura letteraria del testo che lo scrittore ha adoperato per espandere l'idea principale. In questo caso è necessario analizzare il testo come opera letteraria e cercare i temi secondari e lo sviluppo della trama o dell'idea principale. Come inizia il testo? Si indirizza a determinate persone? Il testo introduce un oratore? Chi parla ricorre a dei temi secondari per chiarire l'idea principale? Vi sono dei punti di transizione nel passo? In che modo si conclude il passo? Un'attenta lettura del testo mostrerà la struttura letteraria o le diverse unità presenti nel testo che espongono lo sviluppo del tema principale del testo preso in considerazione.

Passo 7. Studia la struttura grammaticale, le relazioni terminologiche e fraseologiche, ed il significato dei termini e delle frasi. Trattando materiale in prosa, dobbiamo identificare la struttura sintattica (frasi principali e secondarie). È importante notare come le secondarie (proposizioni dipendenti) sono collegate a quella principale. Questo compito dovrebbe anche includere le domande sulla natura della proposizione indipendente (è un ordine, una dichiarazione oppure un'affermazione?) e quella dipendente (risponde alle domande quali quando, dove, perché e come?) L'obiettivo principale è di scoprire il fluire del pensiero che chiarisce la nostra comprensione del messaggio del testo. Trattando passi poetici, dobbiamo cercare i vari tipi di parallelismo e di figure retoriche quali similitudini e metafore.

Un altro aspetto di questo passo è quello dell'analisi del significato delle parole nel loro ambiente originario. È importante determinare l'intenzione dell'autore con l'uso di un determinato termine o di una frase e come il suo uditorio originario comprese il testo nel suo contesto culturale e storico. Spesso, un termine ha significati diversi, alcuni hanno un significato teologico particolare. È allora importante selezionare il significato più appropriato al contesto. Il nostro tentativo, in questo caso, è di collegare reciprocamente parole e frasi per comprendere il significato del testo nel suo contesto originario. In questo caso è utile il ricorso a commentari biblici, dizionari biblici, Bibbie da studio ed altre risorse che presentano uno studio dei termini ebraici.

Passo 8. Trai delle conclusioni sulle verità teologiche o sugli insegnamenti che lo scrittore del testo intendeva comunicare ai suoi uditori antichi. Il nostro è un tentativo di scoprire il modo in cui Dio parla o agisce in risposta alle necessità umane. Nel contesto del peccato umano, il testo può contenere un avvertimento, un invito al pentimento o, persino, una minaccia di giudizio. In una situazione di dubbio o disperazione, la Sua parola potrebbe rivelare la Sua maestà e gloria o un miracolo per stimolare la fede. La parola di Dio potrebbe essere di istruzione, guida, consiglio, o riprensione. Poiché la parola di Dio o la Sua azione sono un evento di rivelazione, dobbiamo chiederci "che tipo di risposta provoca la rivelazione su chi la riceve?" La risposta umana potrebbe essere di lode e adorazione, ubbidienza e sottomissione, umiltà e gratitudine, tutte caratteristiche di coloro che sono fedeli a Dio. Dove l'uomo ha risposto con disubbidienza e rifiuto della parola di Dio, ribellione e ostinazione, il testo ci istruisce a modellare la nostra vita seguendo coloro che sono stati fedeli a Dio. La lezione teologica del testo ci offre il fondamento adeguato per determinare i principi biblici rilevanti per la vita cristiana contemporanea.

Passo 9. Collega il testo e la sua teologia al messaggio generale della Bibbia. Le seguenti domande saranno di aiuto: La teologia del testo che stiamo analizzando, tratta di una cultura particolare o di situazioni specifiche nella vita dell'antico Israele o della chiesa cristiana primitiva? Troviamo espressioni parallele altrove nel libro in cui si trova il testo? Troviamo dei paralleli altrove nella Bibbia? La teologia del testo è coerente con gli insegnamenti generali della Bibbia? Troviamo chiarimenti o ampliamenti della teologia del testo altrove nell'AT? Il NT interpreta il testo dell'AT o lo modifica o chiarisce? Queste domande ci aiutano a stabilire l'autorità biblica del testo. Inoltre, questo passo ci aiuterà a distinguere tra pratiche religiose che sono culturalmente condizionate e limitate ad un tempo, e verità che sono eterne e immutabili nella sostanza e nell'applicazione.

Passo 10. Applica il messaggio del testo alla vita cristiana contemporanea. L'esegesi non può rimanere nel vuoto, nel nulla. Gli insegnamenti teologici del testo contengono il messaggio di Dio per noi oggi, un messaggio che dobbiamo ascoltare ed accogliere. Alcuni testi forniranno degli insegnamenti limitati dal tempo e dalla cultura; le lezioni teologiche che hanno applicazione universale sono quelle che promuovono le qualità divine e i Suoi attributi, il Suo piano di redenzione per tutta l'umanità, una condotta appropriata sia etica che morale, e quelle che permettono a tutti gli esseri umani di divenire veramente l'immagine di Dio. Generalmente, un principio teologico che può essere espresso praticamente in modi diversi, ma che rispetta sempre l'intenzione del testo biblico, può essere considerato un principio eterno. Lezioni specifiche, d'altronde, si legano a un contesto particolare in modo limitato. Nella maggior parte dei casi, l'esegesi appropriata del testo ci guiderà in questo processo valutativo. Aggiungiamo una parola finale sullo studio induttivo. Durante questo processo, l'interprete deve pregare per la guida divina e l'assistenza dello Spirito Santo, l'unico a poter illuminare le nostre deboli menti per discernere il mistero della rivelazione di Dio, abilitandoci a rispondere alla parola di Dio con fedeltà ed ubbidienza.

Frasi riassuntive

- Scopo dell'interpretazione è comprendere il significato del testo biblico ponendolo in relazione ai nostri giorni;
- L'interpretazione giudeo-cristiana della Bibbia include diversi metodi e pratiche;
- I metodi critici moderni di lettura della Bibbia evidenziano il contesto che ha prodotto il testo;
- L'interpretazione biblica richiede uno studio sistematico del testo biblico ed una particolare attenzione al suo contesto storico e culturale;
- Un'appropriata interpretazione biblica dovrebbe concludersi con l'applicazione della messaggio del testo alla realtà odierna.

Domande di riflessione

1. Quali sono i vantaggi nell'uso del metodo critico-storico nello studio della Bibbia?
2. Quali sono i limiti del metodo critico-storico?
3. Riassumi il tuo pensiero sulla storia della interpretazione biblica.

Risorse per studi ulteriori

Fee, Gordon D., and Douglas Stuart, How to Read the Bible for All Its Worth, 2nd ed. Grand Rapids: Zonder-van, 1993.
Klein, William W., Craig L. Blomberg, and Robert L. Hubbard, Jr. Introduction to Biblical Interpretation, Dallas: Word Publishing, 1993.

4. Il mondo dell'Antico Testamento

O OBIETTIVI

Lo studio di questo capitolo ti aiuterà a:
- Descrivere l'ambiente geografico generale dell'AT;
- Identificare le varie culture dell'Antico Vicino Oriente;
- Riconoscere e localizzare i siti più importanti sulla mappa dell'AT.

TC Termini chiave:

Mezzaluna fertile
Cuneiforme
Sumeri
Accadi
Amoriti
Semiti
Ittiti
Urriti
Assiri
Babilonesi
Persiani
Faraone
Hyksos
Filistei
Palestinesi
Cananei
Fenici
Aramei
Ammoniti
Moabiti
Edomiti
Medianiti
Amalekiti
Valle del Giordano
Transgiordania

Domande da considerare durante la lettura:
1. Rifletti su quanto la tua particolare origine geografica ha influenzato la tua percezione della geografia biblica.
2. Pensi che sia importante studiare la storia e la geografia dell'AT? Perché?

La storia di Israele si svolse in quella porzione del mondo a noi nota come Medio Oriente. Pur se il paese, chiamato Canaan nell'AT, divenne la terra di Israele, il suo popolo visse, in periodi storici diversi, in Egitto ed in Babilonia. Considereremo, in modo generale, questo più ampio spazio in cui Israele nacque come nazione. Il nostro scopo è di tracciare uno schema riassuntivo delle condizioni politiche, religiose, culturali e geografiche che costituirono il contesto della storia narrata dall'AT.

Il vicino Oriente antico

Il mondo dell'AT è chiamato Vicino Oriente Antico o il mondo Semitico. Quest'area si estende dall'est all'ovest dalla parte settentrionale del Golfo Persico alla parte settentrionale del delta del Nilo in Egitto e dal nord al sud dalle montagne della Turchia alla parte settentrionale del Mar Rosso. Questa vasta regione è composta da deserti con alcune valli fertili attraversate da fiumi e contornate da alte e frastagliate montagne. Nazioni moderne come Israele, Giordania, Libano, Siria ed Iraq fanno parte di questa regione.

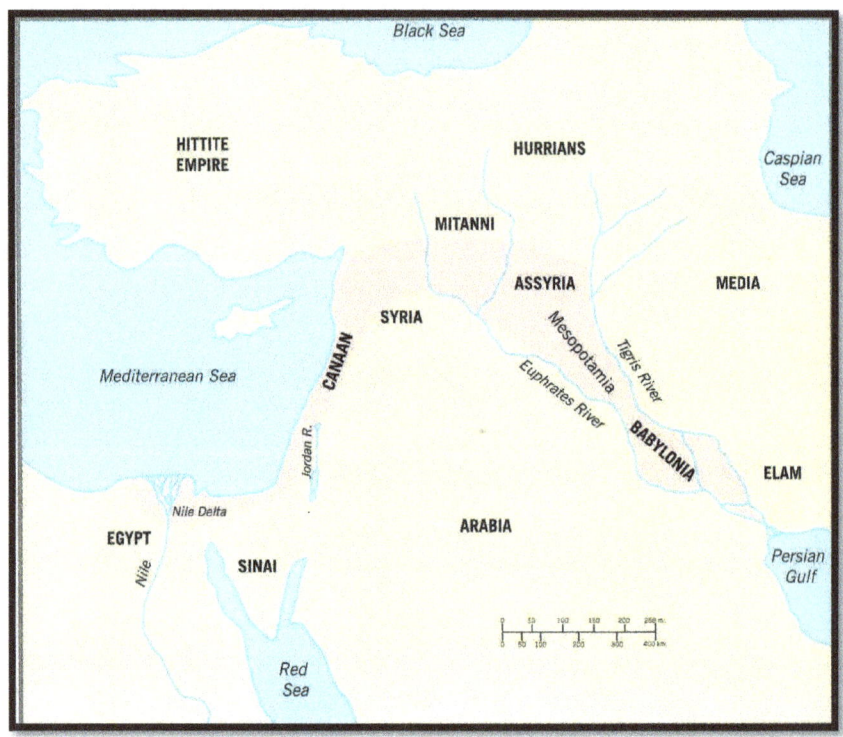

Figura 8 Vicino Oriente antico - La mezzaluna fertile

Gruppi culturali e civiltà emersero in questa regione vicino alle valli fertili ed al sistema fluviale. La loro vita fu segnata da continue guerre e conflitti minori. Diversi gruppi etnici potenti dominarono in tempi diversi controllando il paese e le vie di commercio. Spesso scoppiavano delle carestie, inondazioni, attacchi di locuste e vari altri disastri naturali. La vita, in questa parte del mondo, era tutt'altro che semplice e pacifica.

La parte più fertile era quella mesopotamica, del delta del Nilo e della Siria-Palestina. Queste tre grandi regioni, insieme, creavano la forma di una mezzaluna (la mezzaluna fertile). La regione della Siria - Palestina è quella che fa da ponte tra l'Africa e l'Asia. A motivo della sua posizione strategica militare e commerciale, in tempi diversi nella storia antica, molti poteri politici tentarono di controllare questa regione.

La Valle mesopotamica

La Mesopotamia, il paese tra il Tigri e l'Eufrate, nell'antichità, era stata abitata da diversi gruppi culturali. Nei tempi biblici, era formata dagli Assiri al nord e dai Babilonesi al sud. Riassumeremo, adesso, la storia dei popoli che si susseguirono nella Mesopotamia tra il 3000 ed il 330 a.C.

I **Sumeri** stabilirono la loro cultura e civiltà nella parte meridionale della valle mesopotamica nella prima parte del terzo millennio a.C. Studiosi considerano la civiltà sumerica come la prima significativa civiltà nella storia dell'umanità. I Sumeri inventarono la scrittura cuneiforme e costruirono città come Sumer, Eridu, Ur, Larsa e Nippur. La storia della creazione chiamata Enuma Elish ("quando in alto...") è un prodotto importante del pensiero sumero (nel racconto si parla di uno scontro tra gli dèi con uccisioni ed assassini. Gli dèi sono colpevoli e per eliminare il male dal regno, Kingu, il capo dei ribelli, viene ucciso. Dal suo sangue vengono formati gli uomini. Così gli dèi furono liberati dalla colpa che è adesso posta sulla natura degli uomini: nell'essere dell'uomo, perciò, si nasconde già il male).

Gli **Accadi**, un popolo seminomade, controllarono la parte meridionale della valle mesopotamica verso il 2300 a.C. ed edificarono un impero sotto il governo di Sargon il Grande. Pur dopo la fine del controllo sumero di quest'area, la loro

---

L'ENUMA ELISH **C**

Un estratto dell'Enuma Elish descrive la creazione dell'uomo compiuta dal dio Marduk che lottò contro Tiamat e le sue forze, sconfiggendolo.

Quando Marduk ascolta le parole degli dei, aprendo la bocca si rivolge a Ea per realizzare il piano che aveva concepito nel suo cuore:
"Accumulerò sangue e creerò ossa. Stabilirò un selvaggio il cui nome sarà "uomo". Si creerò certamente un uomo selvaggio che avrà l'incarico di servire le divinità perché possano vivere a loro agio!"[1]

cultura ed influenza continuò a prevalere su tutta questa vasta zona. Gli Accadi accolsero ed adottarono vari elementi della cultura e religione sumera. Il loro mito della creazione è, infatti, un'espansione della storia sumera.

Gli **Amorriti** (progenitori degli Aramei, chiamati anche "Protoaramei") dominarono quasi ogni parte della Mesopotamia e della Siria-Palestina. Di origine semitica, ritennero Mari e Babilonia le città fondamentali del loro potere politico. A Mari si sono trovate migliaia di iscrizioni che trattano argomenti legali, domestici e commerciali. Gli esperti ritengono che i progenitori di Israele appartenessero agli Amorriti.

Gli **Hittiti**, occuparono la parte centrale dell'Asia minore tra il 2000 ed il 1700 a.C. Le leggi ittite e i trattati sono fonti molto importanti di comprensione delle pratiche legali e politiche del vicino oriente.

Gli **Hurriti**, vissero, originariamente sulle montagne dell'Armenia. Nel XVII e XVI secolo vi fu una grande influenza degli Hurriti nella mezzaluna fertile. Stabilirono una dinastia a Mitanni ed un impero che controllava la Siria e la Mesopotamia superiore. Questo impero fu, in seguito, assorbito dagli Assiri. La città di Nuzi, all'est del Tigri, divenne il centro della civiltà hurrita. Le tavolette di Nuzi (datate nel XV secolo) contengono molti paralleli con le abitudini e la cultura degli antenati israeliti.

Gli **Assiri**, giocarono un ruolo particolare nel destino di Israele nei secoli VIII e VII a.C. Il nord della Mesopotamia fu il centro degli Assiri. Assur e Ninive le due città più importanti. Nell'ottavo secolo, sotto Tiglat-Pileser gli Assiri edificarono un vero e proprio impero, assumendo il controllo politico della Siria, di Israele e persino dell'Egitto. A metà del VII secolo l'Assiria cominciò a perdere potere politico e militare a causa dell'attacco combinato dei Medi, dei Babilonesi e degli Sciti. I Babilonesi distrussero Ninive nel 612 a.C. e gli Assiri scomparvero definitivamente.

> **C**
> **CHI SONO I SEMITI?**
>
> Il termine Semita ha significati diversi. Alcuni studiosi applicano questo termine a quei gruppi discendenti da Sem, uno dei tre figli di Noé. Più ampiamente, il termine comprende tutti coloro che parlano lingue che appartengono al ceppo di quelle semite quali l'accadico, l'ugaritico, il cananeo, il fenicio, l'ebraico, l'aramaico, l'etiope, l'arabo ecc.) In modo più ristretto, questo termine, in tempi recenti, è stato adoperato per indicare il popolo che ha dato origine ai Giudei. Noi lo useremo in senso più ampio, includendo tutti i popoli antichi legati reciprocamente da caratteristiche comuni culturali e linguistiche.

I **Babilonesi** divennero la maggiore potenza politica nel VII secolo a.C. La parte sud della Mesopotamia assunse il nome di Babilonia. La città, costruita sulle rive dell'Eufrate, fu la città più importante del regno. Nel 587 a.C. i Babilonesi invasero Gerusalemme e deportarono i Giudei a Babilonia. L'esilio durò fino al 539 a.C. quando Babilonia fu conquistata dai Persiani. Ciro, il re persiano, liberò i Giudei permettendogli di ritornare nel loro paese. Tuttavia, comunità giudee rimasero in Babilonia fin dopo l'editto di Ciro.

I **Persiani** divennero la maggiore potenza politico-militare nel VI secolo a.C. sotto il governo di Ciro. Provenivano dall'odierno Iran. Nel suo impero, Ciro incorporò i Medi ed i Babilonesi ed estese il suo dominio ad ovest fino ad includere l'Asia minore, la Siria, la Palestina e l'Egitto. L'espansione ad est raggiunse l'India. In seguito, verso il 330 a.C., anche i Persiani persero il loro potere divenendo parte del grande impero di Alessandro Magno,

Il delta del Nilo (Il Basso Egitto)

L'Antico Testamento considera l'Egitto la dimora del popolo d'Israele agli albori della sua esistenza. L'Egitto dell'AT è la parte del Nord (chiamata anche Basso Egitto o la regione del Delta) dell'Egitto moderno. Israele, in seguito, ricorderà l'Egitto come il luogo della schiavitù.

L'Egitto, per molto tempo ed in momenti alterni, eserciterà il suo potere su Israele. I re israeliti spesso offrirono la loro alleanza all'Egitto contro il consiglio dei profeti che lo ritenevano un ritorno alla schiavitù. Un buon numero di ebrei scelse anche di risiedere in Egitto quando i babilonesi invasero il loro paese nel 587 a.C. In seguito, Alessandria divenne un centro di grande presenza giudaica.

La storia egiziana è suddivisa in tre grandi periodi: Il regno antico (2900-2300 a.C.), quello medio (2100-1710 a.C.) e quello nuovo (1550-330 a.C.). Le fasi transitorie sono segnate da lotte intestine tra dinastie diverse di faraoni. Probabilmente Abramo entrò in Egitto durante la parte finale del Regno medio.

Nel periodo tra il 1710-1550 a.C. i faraoni regnanti appartenevano alla dinastia degli Hyksos. Fu in questo tempo che Giuseppe ed il resto della famiglia di Giacobbe si stabilirono in Egitto. Le storie di Mosè, della schiavitù e dell'esodo appartengono alla prima parte del periodo del Nuovo Regno. Verso il 1000 a.C. l'Egitto perse gran parte del suo potere che continuò a decrescere al sorgere di altre potenze quali l'Assiria, Babilonia, la Persia e la Grecia dei secoli successivi.

La regione Siro-palestinese

Nell'Antico Testamento, la regione Siro-palestinese è quella maggiormente nominata. È formata da paesi quali Israele, Libano, Siria e Giordania. Sulla costa orientale del Mar Mediterraneo vi erano i paesi dei Filistei, dei Cananei e dei Fenici. Altri paesi antichi in questa regione includevano Ammon, Moab, Edom, e Madian. Il Negev meridionale era il paese degli Amalekiti.

I Filistei furono i primi abitanti delle pianure a sud-ovest di Canaan, sulla costa orientale del Mar Mediterraneo. Essi giunsero qui provenienti da Creta o da qualche altra isola del Mediterraneo verso il 1200 a.C. I Filistei stabilirono le città di Askalon, Ashdod, Gaza, Ekron e Gath (la pentapoli filistea). Furono continuamente una minaccia per Israele; nei primi anni di storia israelitica in

Palestina, i Filistei, esercitarono un forte controllo sulla regione costiera e collinare di Giuda. La minaccia dei Filistei terminò quando Davide divenne re di Israele (1000 a.C.).

Figura 9 *Età del Bronzo antico. Porta di Megiddo*

Prima dell'ingresso in Canaan (Palestina), gli abitanti di questa regione erano i **Cananei**, un popolo formato da varie etnie e gruppi culturali, che nella maggior parte discendevano da Canaan, nipote di Noé. Centri di cultura cananea furono le città di Gerico, Megiddo, Beth-Shan, Ai, Sichem, Gezer, e Lachish. Verso la fine del terzo millennio, gli Amorriti, provenienti dalle valli delle Mesopotamia, invasero Canaan e distrussero molte delle sue città. L'invasione continuò per decenni e molti Amorriti si stabilirono a Canaan, ricostruendo molte delle città distrutte. Abraamo, che lasciò Ur dei Caldei per stabilirsi a Canaan, molto probabilmente faceva parte del gruppo degli Amorriti che lì si stabilirono (Gn. 11.27-12.4). Gli abitanti di quest'area includono gruppi elencati in Gn. 15.19-20, probabilmente gruppi minori di Amorriti.

I **Fenici**, che abitavano l'area nord-occidentale delle coste orientali del Mediterraneo, erano commercianti e navigatori che si espansero in Palestina influenzando la cultura e la religione dei Cananei. Tiro fu un loro importante centro commerciale e culturale. Si allearono con Davide e Salomone, re di Israele, ed aiutarono a progettare e costruire il Tempio di Gerusalemme durante i giorni di Salomone.

Gli **Aramei** probabilmente discendevano da gruppi di Amorriti; stabilirono Aram o la Siria come loro centro, verso il secondo millennio a.C. La Bibbia traccia diverse connessioni tra Israeliti ed Aramei. Abraamo, per un certo tempo, si stabilì ad Haran, nota anche come Padan-Aram. Le confessioni di fede più antiche di Israele (Dt. 26:5-10) fanno riferimento al Padre di Israele (molto probabilmente Giacobbe) come ad un "arameo errante" (v.5). Il centro dello stato degli Aramei era Damasco che rimane ancora oggi la capitale della Siria. Il popolo di Israele ebbe spesso dei conflitti con i Siro-aramei dal X sec. all'VIII a.C.

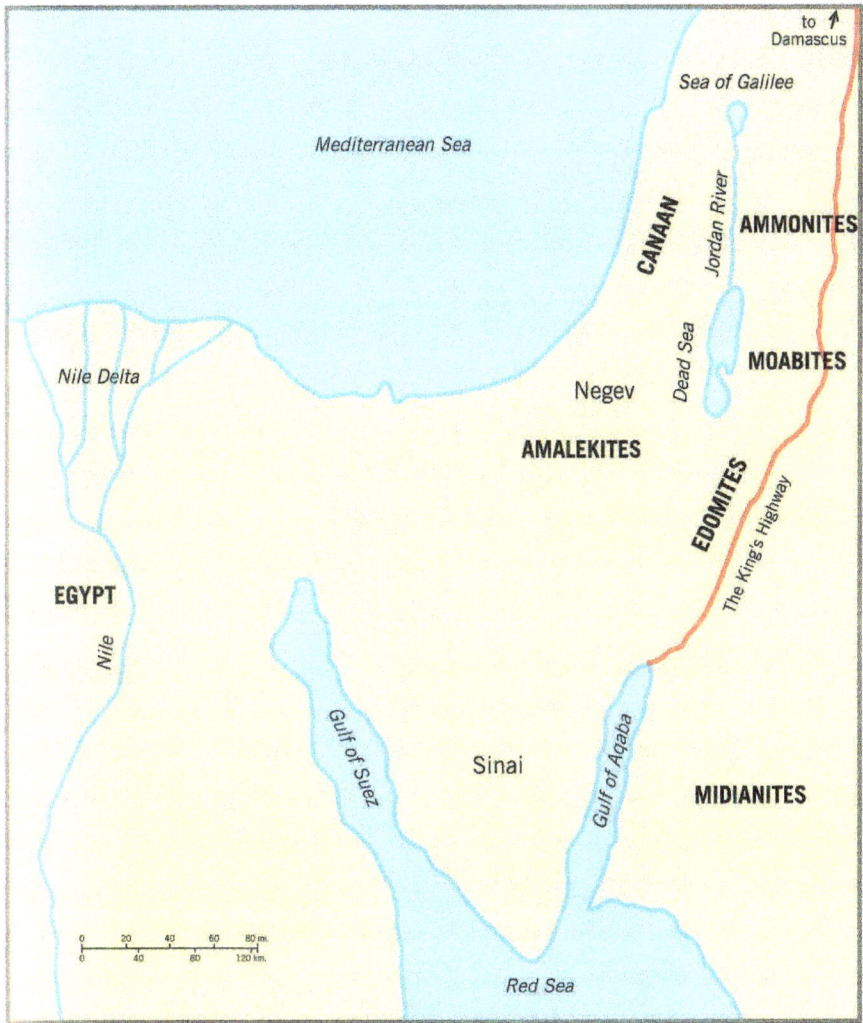

Figura 10 I regni confinanti con Israele nel XIII sec. a.C.

Gli **Ammoniti**, i **Moabiti**, e gli **Edomiti**, furono i tre gruppi principali che abitarono la zona orientale del fiume Giordano. Il libro della Genesi descrive gli Ammoniti e i Moabiti come discendenti di Lot (Gn. 19:30-38) e gli Edomiti come discendenti di Esaù, fratello di Giacobbe (c.36). Gli Ammoniti vissero sulla sponda orientale del Giordano con l'attuale Amman come capitale. I Moabiti, si stabilirono sul territorio Ammonita ed essi mantennero contatti religiosi e sociali, incluse le relazioni matrimoniali con il popolo di Israele. Gli Edomiti, anche essi imparentati con gli antenati di Israele, mantennero un atteggiamento più ostile contro gli Israeliti. Si stabilirono direttamente a Sud di Moab. La più importante strada commerciale dei tempi antichi- la via regale- che andava verso nord, partendo dal golfo di Aqaba, attraversava Edom e Moab.

I Madianiti e gli Amalekiti ebbero anche un ruolo importante nella storia di Israele. I Madianiti occuparono il paese a sud-est di Edom. La Genesi collega la loro origine ad Abrahamo e Ketura (Gn 25:1-2). La moglie di Mosé era figlia di un sacerdote Madianita. I Madianiti oppressero Israele durante il periodo dei Giudici. Gli Amalakiti erano stanziati a sud di Canaan, nella zona del Negheb. Discendenti di Esaù (Gn. 36:12) furono i primi a dichiarare guerra ad Israele durante il cammino del popolo verso la Terra Promessa (Es. 17:8-16). Il popolo di Israele provò a mantenersi fedele al suo Dio in un mondo ostile e pagano. Nonostante Israele combattesse contro questi popoli, subì la loro influenza sia religiosa che culturale. Il risultato finale fu la perdita della propria identità e libertà.

La Terra della Palestina

Il paese che Dio aveva promesso di dare ai discendenti di Abrahamo è descritto come "un paese ove scorre il latte e il miele" (Es. 3:8). Questo paese ha vari nomi in aggiunta alle designazioni comuni di Terra Promessa e Terra Santa. Nella Bibbia è comunemente chiamata Canaan. L'altro nome comune è Palestina che, attualmente, associa il paese con i Filistei che furono una delle più grandi minacce all'esistenza di Israele nella Terra Promessa. Questo nome proviene da Erodoto, uno storico greco che visse nel V secolo a.C. I Romani, e coloro che vennero dopo di loro, adoperarono questo nome che è rimasto popolare fino al giorno d'oggi. La Terra di Israele è il termine politico moderno per quell'area che appartiene allo stato giudaico odierno.

Canaan e Palestina sono i termini preferiti per l'Israele dell'Antico Testamento, poiché non con-tengono delle implicazioni politiche. Questo paese è localizzato tra il Mar Mediterraneo (il Mare Grande della Bibbia) ed il deserto. È un'area relativamente piccola, di circa 300 chilometri da nord a sud e 50 da est a ovest. Tuttavia, il confine biblico "da Dan a Beersheba" è soltanto di 130 chilometri. Il paese mostra delle grandi variazioni climatiche e fisiche. Una zona caratteristica è la valle del Giordano parte della depressione che si estende dai piedi del monte Hermon al nord fino al Ma-re Rosso al sud. Il fiume Giordano che nasce al nord nell'area di Dan, scorre per questa valle. Altre zone particolari, citate nella Bibbia, sono il Mar di Galilea (noto anche come Chinneret e lago di Tiberiade) famoso perché ricco di pesce ma anche scenario di improvvise tempeste. Il Mar Morto così chiamato a motivo della esasperata evaporazione di acqua. Gerico è situata sulle sue rive.

Altra area geografica importante è quella della Transgiordania (oltre il Giordano), la odierna Giordania. Infine, il deserto del Negheb, che fa da confine meridionale alla Palestina.

Frasi riassuntive

- La nostra conoscenza della situazione geografica è essenziale per la nostra comprensione del messaggio dell'AT;
- La Palestina è la terra che fa da ponte tra l'Asia e l'Africa;
- I progenitori di Israele appartenevano al gruppo etnico degli Amorriti;
- Dio creò la nazione di Israele in un mondo dominato da popoli che produssero un'influenza politica e culturale, oltre che religiosa politeista;
- La storia dell'Egitto ci aiuta a ben collocare le storie bibliche nel giusto contesto;
- La Palestina è una terra caratterizzata da una conformazione fisica particolare che include valli, pianure, montagne e deserti.

Domande di riflessione

Leggi Genesi 11:27-13:18 e localizza tutti i luoghi menzionati in questo capitolo, su di una mappa del Vicino Oriente al tempo dei Patriarchi. Consulta un atlante biblico che offrirà diverse mappe dell'Antico Vicino Oriente e della Palestina.

Risorse per studi ulteriori

May, Herbert G., ed. Oxford Bible Atlas, New York: Oxford University Press, 1984.
Page, Charles R., II, and Carl A. Volz, The Land and the Book: An Introduction to the World of the Bible. Nashville: Abingdon, 1993.

UNITÀ 2

Scoprire il Pentateuco

Questa unità introduce il lettore:

- La comprensione di Israele dell'universo e dell'umanità;
- Gli antenati di Israele e le loro storie;
- La schiavitù e la liberazione di Israele dall'Egitto;
- Il viaggio di Israele verso la Terra Promessa;
- Le leggi e le istruzioni che Mosè diede a Israele.

✓ La visione del mondo di Israele: Genesi 1-11
✓ Il Patto di Dio con Abramo: Genesi 12-25
✓ La famiglia del Patto: Genesi 26-50
✓ La nascita di una nazione: Esodo 1-18
✓ La Comunità del Patto: Esodo 19-40
✓ Israele nel deserto: Levitico e Numeri
✓ Istruzioni per la vita nella Terra Promessa: Deuteronomio

5. La visione del mondo di Israele: Genesi 1-11

OBIETTIVI

Lo studio di questo capitolo ti aiuterà a:
- Spiegare il titolo, la paternità, ed il contenuto generale del libro della Genesi.
- Valutare le verità teologiche fondamentali presenti nella storia della creazione.
- Identificare le storie principali presenti in Genesi 3-11
- Valutare l'insegnamento teologico delle storie presenti in Genesi 3-11.
- Definire la condizione presente dell'umanità.
- Sviluppare una cornice teologica di una fede e vita personale nel mondo odierno.

Domande da considerare durante la lettura:
1. Perché è importante avere fede in Dio creatore dell'universo?
2. Perché resistiamo all'autorità?
3. Prova a dare una definizione di Peccato Originale.
4. Qual è l'insegnamento teologico della Creazione?

Termini chiave:

Torah
Pentateuco
Genesi
Settanta (Septuaginta)
Narrazioni primitive/tradizioni
Narrazioni patriarcali/tradizioni
Teocentrico
Antropocentrico
Enuma Elish
Creatio ex Nihilo
Sabato
Immagine di Dio
Albero della vita
Albero della conoscenza del bene e del male
Protoevangelo
Giardino dell'Eden
Cuore
Patto con Noé
L'epica di Gilgamesh
Ziggurat
Babele

L'affermazione inaugurale della Bibbia stabilisce Dio come il supremo Creatore. Questa vera e propria confessione di fede è l'inizio della storia di Israele. La confessione cristiana del Credo "Credo in Dio Padre Onnipotente, Creatore del cielo e della terra," riassume bene questo principio di fede su Dio. Il popolo di Israele ha anche compreso la propria storia particolare nel contesto della creazione dell'universo e dell'umanità. In questo capitolo, tratteremo le narrazioni riguardanti Dio, la creazione e l'umanità, utili a servire da preambolo alla storia delle origini di Israele.

Titolo e paternità

Il Libro della Genesi è il primo libro della Bibbia. È anche il primo libro della **Torah** (o **Pentateuco**). Il titolo **Genesi** (significa inizio o origine) proviene dalla traduzione greca della Bibbia (la **Settanta** o Septuaginta) Chi scrisse questo libro e gli altri quattro libri del Pentateuco? Non lo sappiamo! La composizione dell'intero Pentateuco nella sua forma finale continua ad essere oggetto di dibattito tra gli studiosi della Bibbia.

Crediamo che una parte sostanziosa composta di tradizioni, storie, e leggi nel Pentateuco ebbe origine durante il periodo di Mosé (XIII secolo a.C.). È difficile dire come molto di questo materiale esistesse in forma scritta al tempo di Mosé. Forse, la maggior parte rimase come tradizione orale per un lungo periodo. Crediamo, pure, che in un periodo susseguente, gli scribi ebrei raccolsero le fonti letterarie e le tradizioni orali delle generazioni precedenti fissandole per iscritto. Questo processo avvenne in stadi susseguenti e in generazioni differenti di attività degli scribi. È difficile assegnare un tempo specifico per la forma finale del Pentateuco e gli specialisti moderni tendono a credere che, almeno quattro fonti letterarie e teologiche maggiori, formano il Pentateuco. Essi le indicano nel modo seguente:

J - Jahvista
E - Elohista
P - Sacerdotale
D - Deuteronomista

Inoltre, essi ritengono che la fonte Jahvista sia la più antica (IX sec. a.C.) e quella Sacerdotale la più recente (V sec. a.C.) ed indicano il 400 a.C. come data della compilazione finale dell'AT.

Contenuto

La storia del Libro della Genesi è raccontata in 50 capitoli. Il libro si suddivide in due parti:
1. Tradizioni Primitive (1.1-11-32)
2. Tradizioni Patriarcali (12.1-50.26)

NARRAZIONI-PRINCIPI INTERPRETATIVI — I

Questi sono alcuni dei principi generali che dobbiamo ben considerare quando tentiamo di interpretare i racconti dell'AT.

- I racconti della Genesi 1-11 presuppongono delle realtà storiche. Tuttavia, non ci offrono dati sufficienti per stabilire la data di un evento in questi capitoli. Alcuni cristiani interpretano queste storie come relazioni letterarie di temi religiosi. Altri trovano in questi capitoli registrazioni letterali di eventi storici particolari. Una interpretazione più equilibrata di questi capitoli è che essi contengono sia le tradizioni orali che letterarie comunicanti i principi di fede religiosi di Israele che riguardano la storia remota dell'umanità.
- I racconti comunicano la realtà delle divina rivelazione. Spesso, dettagli possono essere mancanti in queste narrazioni. Inoltre, vuoti storici possono far parte dei racconti biblici. Dobbiamo evitare di cadere nella tentazione di riempire questi vuoti con eventi immaginari o fantasiosi.
- La rivelazione presuppone eventi sovrannaturali. Alcuni possono essere facilmente spiegati, altri possono anche non essere spiegabili.
- Si deve provare ad identificare il cuore di un racconto e l'intenzione o lo scopo del narratore (una storia familiare, una spiegazione di una determinata pratica, una storia eroica, il racconto di una saga familiare, o di una rivelazione divina...)
- Si deve anche tentare di porre i racconti nel loro contesto storico, culturale, sociale e religioso. Porre una storia nel suo ambiente ci permette di intravvedere le sue relazioni con la storia antico-testamentaria più ampia e l'impatto con gli eventi susseguenti.
- Si dovrebbero identificare i concetti teologici particolari o le idee religiose facenti parte di un racconto (come l'elezione, il patto, le promesse divine, e il compimento).
- Valutare i racconti biografici alla luce dell'intera biografia del personaggio principale. Una storia singola può agire da anello di una catena di eventi. Il lettore dovrebbe concentrarsi sulla valutazione totale del personaggio da parte degli scrittori biblici.
- In tutti i racconti, si deve provare a scoprire il ruolo svolto da Dio. Persino quando alcune narrazioni mancano di un riferimento diretto a Dio, la storia può intendere un'azione misteriosa di Dio.

I primi 11 capitoli contengono storie sulla creazione e sulla più antica storia dell'umanità. Queste trattano di eventi che sono avvenuti molto tempo prima che l'umanità fosse in grado di documentare la sua propria storia e civiltà. Per questo motivo, indichiamo il contenuto di questi capitoli con i termini racconti primitive/tradizioni.

Questi capitoli contengono racconti sul mondo da cui provenne il progenitore di Israele, Abrahamo, ubbidiente alla vocazione di Dio. In questo senso, questi capitoli danno uno sguardo retrospettivo al contesto universale della nascita della nazione di Israele. I capi-toli 12-50 trattano delle storie dei grandi antenati di Israele - i patriarchi Abrahamo, Isacco e Giacobbe. Gli studiosi chiamano questo capitoli racconti patriarcali/tradizioni. Preso nella sua interezza, il Libro della Genesi contiene molte storie familiari che legano una generazione ad un'altra. Quando, in queste storie familiari, si presentano dei vuoti, troviamo delle estese genealogie o alberi genealogici che hanno la funzione di collegare gruppi di persone o individui a particolari antenati (V. capp. 5; 10; 11.10-32; 25.12-18; e 36). Queste genealogie sembrano mostrare le connessioni familiari e le interrelazioni esistenti tra vari gruppi sociali ed etnici esistenti nel mondo antico.

▪ Le tradizioni primitive di Israele (1:1-11:32)

Due racconti della Creazione

Genesi 1 e 2 contengono la trattazione più precisa e sistematica di Dio come Creatore dell'Universo. Questi capitoli contengono due racconti separati o tradizioni della creazione. Il primo (1:1-2:4a) è una descrizione sommaria della creazione del mondo e di ogni cosa in esso. Questo racconto può essere definito **teocentrico** (dal greco, theos che significa "Dio"), poiché Dio e la sua opera creativa maestosa ha un ruolo primario. Il secondo racconto (2:4b-25) è una trattazione più specifica della creazione dell'uomo, degli animali, della donna, e del compito divino assegnato all'uomo nel giardino. È un racconto **antropocentrico** (in greco, anthropos significa "uomo") in cui l'enfasi è sulla natura umana, il suo destino e vocazione. Il resto della storia dell'umanità, inclusa la storia di Israele nell'AT, è una continuazione del secondo racconto della creazione.

Studiamo più approfonditamente questi racconti di creazione per ottenere un comprensione generale di ciò che la Bibbia dice di Dio e della sua opera creatrice.

La prima storia della Creazione (1:1-2:4a)

Una lettura attenta di genesi 1:1-2:4a mostra come il messaggio centrale del testo sia il Creatore e la sua azione.

Il soggetto dell'azione (Dio) è preminente (nota la frase ripetuta "e Dio disse…"). Il risultato dell'azione, cioè, quello che Dio fece, è anche chiaro. Genesi 1:1 è una frase che riassume la fede in Dio come Creatore sovrano. Il Creatore "crea" l'universo ("i cieli e la terra"). Il termine adoperato in ebraico (barà, significa creato, ed è applicato solo all'azione di Dio) è qui adoperato per descrivere l'attività divina e evidenzia la potenza di Dio nel portare all'esistenza ciò che non esiste. Nell'AT barà non è mai adoperato come verbo per descrivere l'azione dell'uomo. Ciò rende il racconto distinto e diverso dagli altri miti della creazione come l'Enuma Elish mesopotamico. La terra era "informe e vuota" coperta di tenebre quando Dio creò (v.2). Tuttavia, persino questa condizione originale di caos era sotto il controllo della potenza dello Spirito di Dio (v.3).

> **C**
>
> **L'ENUMA ELISH**
>
> L'Enuma Elish, la storia mesopotamica della creazione, inizia con due divinità, Apsu (maschio) e Tiamat (femmina). Dopo un susseguirsi di generazioni di divinità, che producono lotte per ottenere l'autorità e il controllo tra le giovani generazioni e quelle più vecchie, Apsu viene ucciso durante una di queste battaglie, e Tiamat riunisce le forze a lei fedeli per vendicarsi. Altre divinità scelgono Marduk - un dio più giovane ed energico - per confrontarsi con le forze di Tiamat. Marduk combatte e vince Tiamat. Spezzando il suo corpo in frantumi, crea il cosmo e il pantheon delle divinità lo proclama re. Marduk crea anche l'umanità con il sangue di una divinità uccisa e edifica Babilonia come sua propria residenza. La storia si conclude con una lode a Marduk.[1]

> **T**
>
> **CREAZIONE DAL NULLA**
>
> Genesi 1:1 sostiene la verità che il mondo fu creato dal nulla (creatio ex nihilo). Il mondo in cui viviamo appartiene a Dio, concepito dalla sapienza divina, disegnato, composto e realizzato dalla potente parola di Dio. La Bibbia afferma la fede in un Dio creatore la cui potenza è stata attiva dalla creazione della storia. Dio continua a pronunciare la Sua Parola potente e autorevole sulla creazione e causa l'esistenza di tutte le cose. L'apostolo Paolo parla di questa potenza all'opera nella vita di Abrahamo, che credette nel Dio "che fa rivivere i morti e chiama le cose che non sono, come se fossero" (Rm. 4.17) È questa fede che ci permette, oggi, di sperare "contro speranza" come fece Abrahamo, "pienamente convinto che ciò che aveva promesso, egli era anche potente da effettuarlo." (vv. 18, 21)

C — LA COMPRENSIONE DI ISRAELE DELL'UNIVERSO

Il primo racconto della creazione riflette la comprensione israelitica della struttura dell'universo (cosmologia).
Israele considerava la terra come un disco piatto. Sopra la terra vi era un cielo o firmamento a forma di cupola sostenuto dai monti intorno sul bordo della terra. L'acqua su nel cielo è la fonte della pioggia. La terra è stabilita su pilastri immersi nell'acqua (Sal. 46.2) Queste acque producono fiumi, sorgenti e ruscelli (Gb. 38.16).

Il rimanente del primo racconto si concentra sui sei giorni dell'azione creatrice di Dio che porta la luce, la vita e la bellezza che vediamo oggi nel mondo.[2] La frase ricorrente "e Dio disse..." descrive la creazione per la potenza della parola di Dio o del Suo comando. Non c'è una spiegazione soddisfacente del "giorno" nel primo racconto; il termine ebraico per giorno (yam) è adoperato nell'AT in modo diverso, e può significare tempo indeterminato oppure un periodo di tempo ben specifico. La frase ricorrente "così fu sera, poi fu mattina" (1.5, 8, 13, 19, 23, 31), mostra come la fede d'Israele ponesse la creazione entro lo schema della comprensione giudaica del termine "giorno." Questa narrazione anticipa anche il culmine dell'opera creatrice di Dio ed il Suo "riposo" il settimo giorno (Sabato).

Durante i primi tre giorni della creazione, Dio concentra la Sua azione sulla separazione e sul porre delle limitazioni a tutto ciò che ha creato. Il primo giorno, crea la luce separandola dalle tenebre che esisteva sulla terra (vv.3-5). Crea il cielo e separa le acque sovrastanti il cielo da quelle di sotto (vv.6-8). Separa le acque di sotto nel mare, formando l'asciutto "terra" (vv. 9-10). Questo ordine naturale e confine stabilito da Dio alla creazione dà la certezza ad Israele di dipendere da un Dio creatore pieno di autorità (Sal. 46.1-3; 75.3; Is. 40.21-26). Dopo che, il terzo giorno, fu formata la terra, Dio comanda che la terra produca varie piante e alberi da frutto(1.11-13). La creazione del sole, della luna e delle stelle avviene il quarto giorno (vv.14-19).

Figura 11
Cosmologia biblica
(Gn.1; Sal. 48.3; Ez. 38.12)

Questa azione fa da parallelo alla creazione della luce il primo giorno. Il quinto giorno Dio riempie il cielo di uccelli ed il mare di creature viventi (vv. 20-23). Questa attività fa da contraltare alla creazione del firmamento (il cielo) del secondo giorno. Il sesto giorno Egli crea gli animali della terra e l'umanità, maschio e femmina (vv. 24-26). Ancora una volta, l'azione creatrice di Dio del sesto giorno fa da contraltare all'azione divina che, nel terzo giorno, forma la terra.

Questa azione fa da parallelo alla creazione della luce il primo giorno. Il quinto giorno Dio riempie il cielo di uccelli ed il mare di creature viventi (vv. 20-23). Questa attività fa da contraltare alla creazione del firmamento (il cielo) del secondo giorno. Il sesto giorno Egli crea gli animali della terra e l'umanità, maschio e femmina (vv. 24-26). Ancora una volta, l'azione creatrice di Dio del sesto giorno fa da contraltare all'azione divina che, nel terzo giorno, forma la terra.

T L'UMANITÀ ALL'IMMAGINE DI DIO

L'immagine di Dio è una importante idea biblica. I termini immagine e somiglianza hanno lo stesso significato. Nel contesto del racconto della creazione della Genesi, questi termini si riferiscono al compito dell'umanità, al luogo ed alla responsabilità nel mondo creato (1.26). Dio creò l'umanità a Sua immagine, per regnare sulla creazione come Suoi rappresentanti terreni. L'umanità, in un certo senso, è la capacità donataci da Dio, di amare ed avere cura di Dio e della Sua creazione. Gli individui umani e la comunità, riflettono l'immagine di Dio quando amano Dio con tutto il loro essere-cuore, anima, e forze (Dt.6.4), e si amano l'un l'altro con amore altruista (Lv. 19.18; Mc. 12.29-31). Il NT considera Gesù "l'immagine" del Dio invisibile (Col. 1.15), che, per la salvezza del mondo, assunse "la vera natura di un servo" e "divenne ubbidiente fino alla morte, alla morte della croce" (Fil. 2.7-8). Amare Dio con ubbidienza illimitata ed amare gli altri in modo altruista sono i segni caratteristici dell'essere "all'immagine di Dio."[3]

IL SABATO

Il Sabato insegna le seguenti lezioni: 1. Il riposo di Dio (in ebraico, shabat) il settimo giorno significa che la creazione era completata. Tutto ciò che egli intendeva costruire lo ha fatto nei sei giorni della Creazione. Il mondo da Lui creato per l'umanità è, perciò, un'opera finita, compiuta- un mondo stabile formato e creato da un Dio affidabile. Non dobbiamo temere sulla stabilità del mondo in cui viviamo. 2. Dio "si riposò" dal lavoro compiuto svolto in sei giorni. Il ritmo "lavoro/riposo" nella storia della prima creazione ci propone uno schema di vita ordinata e completa nel mondo di Dio. Sia il lavoro che il riposo fanno parte della Sua creazione. Il Sabato ci dà libertà dalla schiavitù del lavoro eccessivo, dell'auto-sufficienza, e del materialismo. 3. Il Sabato è un tempo di riflessione retrospettiva. Riflessione ed esame retrospettivo ci dovrebbe motivare la nostra gratitudine e dipendenza dalla provvidenza divina per la nostra esistenza giornaliera. Infine, Gesù ci dice che il Sabato è per tutta l'umanità- un tempo di guarigione e di riposo per tutti coloro che sono stanchi e travagliati (Mc. 11.28; Mc. 2.23-3.6).

Figura 10 Madre giudea e figlia benedicono le candele del Sabato

L'azione finale di Dio, il sesto giorno, fu la creazione dell'umanità. Egli creò sia il maschio che la femmina a Sua immagine comandando loro di sottomettere tutta la terra e dominare su ogni cosa vivente da Lui creata (vv.27-28). Sia per l'umanità che per gli animali, Dio creò uno stile di vita vegetariano (vv. 29-30). Dopo aver completato la sua opera creatrice in sei giorni, Dio si "riposò" (in ebraico, shabat, che significa "cessare") da tutte le Sue opere il settimo giorno. Egli benedisse e santificò il settimo giorno o lo "appartò" dai sei giorni della creazione (2. 2-3).

La sessualità e la distinzione di genere dell'umanità fanno parte del piano creatore di Dio. La frase "li creò maschio e femmina" (1.27) esprime il progetto di Dio di solidarietà tra gli esseri umani, la loro distinzione di genere e l'esistenza comunitaria. La comprensione biblica che entrambi, maschio e femmina, sono creati all'immagine di Dio evidenzia l'uguaglianza tra di loro. Sfruttamento, disprezzo e manipolazione di un genere sull'altro nega il suo diritto ad esistere nella società umana.

La seconda storia della Creazione (2.4b-25)

Questo testo tratta anche dell'opera di Dio come Creatore. Tuttavia, in questo secondo racconto, l'enfasi è posta sulla natura dell'individuo umano e il programma stabilito da Dio per l'esistenza umana. Chi siamo noi come esseri umani? Qual è la natura e la composizione degli esseri umani? Qual è lo scopo di Dio per l'esistenza umana? Qual è la natura e il fondamento appropriato della nostra relazione con Dio? Qual è il fondamento essenziale dell'armonia nelle famiglia e nella vita sociale? Queste sono le domande a cui intende rispondere il testo. Il secondo racconto della creazione inizia con l'osservazione della condizione incolta della terra (v.5). Dio decide di creare l'uomo.

In molti casi, il riferimento all'uomo in Genesi 1-4 (in ebraico àdam) presenta l'articolo determinativo che comunica l'idea dell'uomo in senso generico (umanità). Dio "formò" l'uomo (àdam) dalla terra (in ebraico àdamah) e l'uomo diviene un essere vivente (in ebraico nephesh) quando Dio soffia il soffio della vita nelle sue narici.

Dio crea un giardino, un luogo dove far abitare l'umanità (vv.8-10, 15). L'albero della vita e l'albero delle conoscenza del bene e del male sono posti nel mezzo del giardino. Che viene irrigato da un fiume che si divide in quattro grandi ramificazioni.

Gli esperti credono che la parola Eden signifchi "lusso," "abbondanza," "godimento." Il riferimento comune di Eden come paradiso proviene dal significato implicitamente presente nella traduzione dei Settanta. In Gn. 2 e 3, l'Eden è una vasta regione geografica in cui Dio costruisce un grande giardino per l'esistenza dell'umanità. La frase "in oriente" (2:8) ha condotto alcuni studiosi a credere che l'eden fosse localizzato nella regione mesopotamica. Dio pone Adamo nel giardino perché vi lavori e ne abbia cura. Oltre alla vocazione, Dio permette all'uomo di mangiare da "ogni albero del giardino" eccetto che "dall'albero della conoscenza del bene e del male" (2.16-17). La proibizione include la minaccia che la morte sarebbe stata la conseguenza della violazione di tale comando divino. L'albero della conoscenza del bene e del male appare nuovamente nel c.3 come aspetto centrale della tentazione. Riguardo al significato di questo albero, gli studiosi chiamano in causa i valori morali e la facoltà di giudizio dell'umanità, la conoscenza onnisciente e la sessualità risvegliata. In Genesi 2 quest'albero è un simbolo del limite della libertà umana nel Giardino dell'Eden.

L'albero della vita posto anche nel mezzo del giardino è menzionato altrove nella Bibbia e sembra rappresentare la possibilità umana dell'immortalità (Gen. 3:22). In altri testi biblici, l'albero della vita è associato alla saggezza, alla rettitudine, alla speranza, al risanamento di relazioni e alla ricompensa eterna per i fedeli (vd. Pr. 3:18; 11:30; 13:12; 15:4; Ap. 2:7; 22:2, 14, 19).

Il secondo racconto della creazione include una relazione sull'impegno di Dio a creare per l'uomo "un aiuto convenevole" (2:18). Dio crea, dapprima, animali dei campi ed uccelli del cielo. L'uomo dà il nome agli animali ed agli uccelli assegnando a ciascuno di loro un particolare compito sotto la sua autorità. L'aiuto convenevole per l'uomo è, però, una donna che Dio crea dalla "costola" dell'uomo. Il termine ebraico per aiuto (ezer) non intende un ruolo sottomesso, servile ma, piuttosto, una funzione sostenitrice, rafforzante, forte della donna nei confronti dell'uomo. L'uomo riconosce la donna come parte del suo proprio essere, del suo stesso tipo, quello con cui egli è destinato a divenire "una sola carne" (vv.23-24). Qui troviamo un modello biblico divinamente stabilito per il matrimonio e la famiglia (vv.18-24). L'aiuto reciproco e il sostegno è il modello biblico per una buona relazione tra marito e moglie. Paolo illustra questo concetto biblico tracciando un'analogia con la relazione tra Cristo e la Sua Chiesa e l'amore sacrificale che Cristo dimostra mediante la sua morte (Ef. 5: 21-33). Il racconto si conclude con l'affermazione finale che l'uomo e la donna sono "nudi," ma non si vergognano e ciò riflette lo stato di innocenza, di verità e di integrità di una relazione che caratterizza l'esistenza della prima coppia umana.

Il prossimo capitolo della Genesi ci rivela come il primo uomo e la prima donna falliscono non innalzando l'immagine di Dio nel giardino. Leggiamo questa storia.

Il Peccato dell'umanità (3.1-24)

La storia di Genesi 3 continua quella iniziata in 2:4b. Il racconto inizia con una conversazione tra la donna ed il serpente, una creatura che "l'Eterno Iddio aveva fatto" (3:1). Il testo non aggiunge un significato ulteriore alla creatura eccetto che è astuta e indomabile. Il serpente comincia la conversazione con la domanda: "Come! Iddio v'ha detto: Non mangiate del frutto di tutti gli alberi del giardino?" (v.1). La conversazione avviene tra il serpente e la donna; tuttavia, l'uomo è anche coinvolto come partner silenzioso (vd. v.6). La domanda del serpente è un tentativo deliberato di spostare il tema centrale dalla libertà alla proibizione. La risposta della donna si concentra anche sulla proibizione e sulla minaccia di morte (vv. 2-3). Il serpente, con veemenza, afferma che non vi sarebbe stata alcuna morte! Al contrario, afferma che sarebbero divenuti "come Dio, avendo la conoscenza del bene e del male" (v.5).

L'umanità confida nella parola del serpente e mangia il frutto dell'albero proibito da Dio (3:6-7). Il risultato è l'apertura dei loro occhi e la coscienza di essere "nudi." La colpa e la vergogna della loro azione li costringe a farsi dei vestiti per nascondere la loro nudità. Inoltre, essi tentano di nascondersi dalla presenza di Dio. Questi, invece, va loro incontro (v.9) e nel mini-processo che avviene l'uomo accusa la donna che, a sua volta, accusa l'uomo mentre, insieme, si dichiarano innocenti (vv. 9-13). La potenza del peccato spezza non soltanto la relazione tra Dio è l'uomo ma anche le relazioni interpersonali (vv.10-13). L'uomo e la donna non sono più "una carne," uniti insieme da una relazione armoniosa, fedele e di amore. Ognuno considera l'altro responsabile della propria situazione. Davanti a Dio rimangono, non in una forma di solidarietà corporativa e responsabile, ma accusandosi l'un l'altro e cercando di giustificare le proprie azioni.

T

PERMESSO E PROIBIZIONE

Il tema della libertà umana e della divina proibizione nella seconda storia della creazione, comunica chiaramente la verità che l'ubbidienza è la chiave di una significativa e armoniosa relazione con Dio. Da un lato, notiamo come Dio diede all'uomo la libertà o la proibizione per poter ben godere del Giardino. Tuttavia, dall'altro lato, questo permesso fu accompagnato dalla proibizione e dalla minaccia (2.16-17). Il testo chiarisce che la libertà donata da Dio all'uomo non era una libertà assoluta. Le creature umane, infatti, non sono autonome. Vi sono dei limiti stabiliti da Dio alla nostra libertà, e noi dobbiamo rispettarli. La libertà richiede espressioni di gratitudine alla Grazia di Dio. La proibizione richiede atti di ubbidienza. L'ubbidienza al comando di Dio è il modo più appropriato di riconoscere la sovranità di Dio come nostro Creatore.

Il giudizio di Dio cade sul serpente, la donna e l'uomo (vv. 14-19). Il serpente è condannato ad essere nemico dell'uomo; la donna a partorire con dolore, e, come conseguenza del suo peccato, a subire il dominio dell'uomo su di lei (v.16). L'uomo ha una condanna più lieve (vv. 17-19): deve coltivare la terra che è diventata dura. Da quel momento, l'umanità vive nella sofferenza e nella difficoltà. Infine, Dio stabilisce che la morte è la punizione per tutta l'umanità.

Il racconto si conclude con l'uomo che dà il nome alla donna. La chiama Eva (un termine ebraico simile alla parola "vivente"). Il nome anticipa il fatto che la vita si propagherà, successivamente, suo tramite, pur se anche lei è sotto la condanna della morte (v.20). Dio, inoltre, riveste la coppia peccatrice e colpevole con tuniche di pelle (v. 21). Il risultato finale del peccato è l'espulsione dei peccatori dal Giardino. Dio pone dei Cherubini a guardia del suo ingresso, in modo da impedire all'umanità di rientrare con forza, dal luogo da dove sono stati cacciati via.

L'insegnamento che troviamo in questo racconto è che dobbiamo vivere l'esperienza della libertà che Dio ci dona gratuitamente (Grazia), con discernimento, riconoscendo che essa ha dei limiti. Dio ci chiede di confidare in Lui e nelle Sue parole quando siamo confrontati dalle ansietà della vita. Quando siamo tentati, il nostro modello è Gesù che resiste alla potenza del tentatore e dai suoi tentativi di approfittarsi delle ansietà umane e dei desideri della vita (vd. Mt. 4:1-11).

T

DEFINIZIONE DI PECCATO

Pur se non troviamo il termine peccato in Genesi 3.1-7, diversi aspetti della narrazione ci aiutano a descriverlo ed a definirlo. Il racconto chiarisce che il peccato non può essere spiegato con una semplice definizione. Tuttavia, la narrazione rivela vari suoi aspetti. L'uomo e la donna cedettero alle parole del serpente contrarie alla parola di Dio. Il peccato è, allora, la mancanza di fiducia in Dio e nella Sua parola. Il racconto mostra che la mancanza di fiducia in Dio ha delle conseguenze dannose. La sfiducia in Dio li portò alla disubbidienza(v.6). Inoltre, mangiare il frutto dell'albero proibito, fu un atto volontario e deliberato da parte dell'uomo e della donna, che erano sotto l'ordine divino, nel Giardino, di ubbidire fedelmente a Dio (V. 2.15-17). Anziché confidare in Dio e riconoscere la Sua autorità divina come Creatore, la prima coppia fu vittima del potere seducente del tentatore. Dubbio e mancanza di fede li portò a credere alla falsa insinuazione che sarebbero diventati "come Dio" (3.5). Nell'analisi finale, l'atto di mangiare il frutto dell'albero proibito, fu una palese mancanza di fiducia, e una dimostrazione di auto-sovranità, orgoglio e ribellione contro l'autorità sovrana su di essi.

IL PECCATO E LA GRAZIA

In tutta questa storia, intravvediamo un Dio che agisce nei confronti del peccatore in modo misericordioso e con grazia. Persino l'incontro tra Dio e l'uomo e la donna dopo la disubbidienza fu un atto di grazia. Molti studiosi evangelici considerano Genesi 3:15 come un anticipo della vittoria finale sul peccato per opera del Messia (protoevangelo).

Pur se la morte fu il castigo per la disubbidienza, Dio offrì una continua assistenza alla vita umana mediante la procreazione. Egli affrontò subito il problema della vergogna e della colpa dell'umanità preparando delle tuniche di pelle (3:21). Il racconto, perciò illustra potentemente la vivificante grazia di Dio in azione, persino in mezzo al peccato ed alla morte. L'Iddio di questa narrazione è un Dio che, insistentemente, offre la vita a coloro che sono morti a causa del loro peccato (Efesini 2:1-7).

Caino e Abele: l'umanità fuori dal Giardino (4:1-16)

Il mondo fuori dal giardino è al centro della storia del c.4. Il racconto si apre con la notizia della nascita di Caino e Abele e va avanti con un breve riferimento alla loro vocazione individuale. Entrambi desiderano adorare Dio con le loro offerte e questo è il primo atto manifesto di adorazione riportato dalla Scrittura. Dio accoglie Abele e la sua offerta. Non sappiamo bene perché Dio rifiuti quella di Caino ed accetti quella di Abele (vv. 4-5). Una cosa, però sappiamo: Dio rifiuta l'offerta di Caino ma gli offre un modo alternativo di cercare la Sua approvazione. Caino, invece, si adira e rifiuta il consiglio di Dio come anche il suo avvertimento sul potere pericoloso del peccato. Quanto segue in questa narrazione è, in realtà, la storia di Caino (vv. 8-16). Caino uccide Abele e questo assassinio di un innocente allontana ancora di più l'uomo da Dio. Dopo averlo ascoltato, Dio condanna Caino ad essere sempre un fuggiasco ed un vagabondo. Caino è terribilmente spaventato dall'idea di vivere una vita errante.

Purtroppo, quando l'amore non è espresso e praticato come una regola in ogni tipo di relazione, il risultato è l'alienazione e la paura. Tuttavia, in mezzo a questa esistenza dominata dalla morte, egli ode una parola di grazia pronunciata da Dio, che lo proteggerà (v.15). Dio appone un segno di protezione su Caino ed egli si allontana dalla Sua presenza per vivere nel paese di Nod, (che significa "errante"), ad oriente di Eden.

L'Iddio che soffre (4:17- 9:29)

La prossima sezione di storie primitive mostra come la potenza del peccato continui ad imperversare ed a dominare sull'intera società umana. La violenza diviene uno modo normale di vivere dei discendenti di Caino (4:17-24). Adamo ed Eva hanno un terzo figlio che chiamano Set che nasce "a sua (Adamo) somiglianza, conforme alla sua immagine" (vv. 25-26; 5:3). Il capitolo 5 è una genealogia da Noè a Set. In questo elenco, troviamo persone che hanno vissuto per lunghi anni. Due nomi, in particolare meritano una speciale attenzione - Enoc, che non patisce la morte perché "camminò con Dio" (vv.21-24) e Metusela (che vive più a lungo di tutti gli uomini, 969 anni!)

Genesi 6:1-8 mostra come il peccato continui a dominare l'umanità. La storia del matrimonio tra i "figli di Dio" e "le figlie degli uomini" (vv.1-4) riflette, probabilmente, l'idea comune in Israele, che in quei tempi, il peccato ha contaminato anche il regno divino. Gli esseri divini oltrepassano i limiti della buona condotta e si alleano con l'umanità peccatrice. Questa storia prepara lo scenario dell'evento del diluvio universale.

La storia biblica del Diluvio (Gn. 6-9) inizia con la constatazione di quanto il peccato si sia malignamente diffuso causando dolore e angoscia in Dio. L'umanità diviene corrotta al punto che ogni pensiero del suo cuore è malvagio.

Dio decide, allora, di far finire la storia umana piena di malvagità. In mezzo al peccato ed al giudizio, Noè, un uomo giusto e immacolato, "trovò grazia agli occhi di Dio" (6.8). Dio decide di distruggere la terra con un diluvio. Al Suo ordine, Noè costruisce un'arca per salvare se stesso e la sua famiglia. Porta, nell'arca, maschio e femmina di ogni specie animale. La pioggia e l'inondazione durano per un periodo di 150 giorni distruggendo ogni creatura vivente. Quando le acque si ritirano, l'arca si ferma sulla sommità del monte Ararat. Il racconto

> **T**
>
> **CUORE**
>
> Cuore (in ebraico leb) è la sede delle emozioni umane, della comprensione e della volontà. Un cuore corrotto rappresenta l'intero essere umano. È un cuore non più sensibile ai pensieri puri ed alla sante motivazioni poiché è totalmente malvagio. Ezechiele descrive una tale condizione quando parla del "cuore di pietra" (36.26). Questo cuore non può provare angoscia poiché è testardo e ribelle. In opposizione a questo cuore umano, il racconto della Genesi descrive il cuore di Dio addolorato (6.6). Il peccato, pur se rallegra il peccatore, spezza il cuore di Dio.

si conclude con Dio che stabilisce un patto con Noè (8:21-9:17). Questo è il primo patto di cui si parla nella Scrittura. L'accordo contiene la promessa che Dio non distruggerà più la terra con un diluvio. Egli promette un mondo prevedibile e stabile con stagioni e cicli della natura. Benedice Noè e la sua famiglia permettendo loro di mangiare carne ma senza sangue in essa. Stabilisce, inoltre, il valore e la sacralità della vita umana sulla base del fatto che crea l'umanità a Sua immagine. Il racconto si conclude con il segno dell'arcobaleno quale conferma del patto avvenuto con la Sua creazione.

Altre culture antiche conservano delle tradizioni riguardanti un diluvio universale che, nel remoto passato, ha distrutto la terra. Il più degno di nota è il racconto mesopotamico conservato nell'Epica di Gilgamesh.

Pur se questa storia mesopotamica del diluvio presenta dei paralleli con quella biblica, vi sono delle differenze sostanziali di contenuto e teologia. Tra le più importanti vi è l'assenza, nel racconto mesopotamico, di una qualsiasi motivazione etica o morale per le azioni delle divinità.

La definizione finale del racconto del diluvio stabilisce i tre figli di Noè (Sem, Cam e Jafet) come progenitori di tutti gli abitanti del mondo (9:18-19). L'elenco genealogico del capitolo 10 contiene la lista delle nazioni che discendono da Sem, Cam e Jafet. Dei tre, Cam (antenato dei Cananei) riceve una maledizione dal padre a causa del suo comportamento irrispettoso nei suoi confronti (vv. 9:20-27). Pecca quando il padre, ubriaco, si spoglia. Cam vede la sua nudità e non fa niente per coprirlo ed evitare che il padre divenga oggetto di scherno e ridicolo. I suoi fratelli, invece, ricevono delle benedizioni da Noè per il loro comportamento che intende preservare l'onore del padre.

Le benedizioni mostrano come Noè dia la preminenza a Sem, il progenitore dei Semiti.

Dio provvede un nuovo inizio per l'umanità. In mezzo al dolore ed al giudizio, rimane un Dio di grazia, dando un'ulteriore nuova possibilità. Il patto stabilito da Dio con Noè è la base di questa nuova relazione tra Dio ed il mondo. Dio promette di sostenere il mondo nonostante la malvagità e la ribellione umana. Questo patto è eterno; è una promessa solenne di Dio creatore che comprende la nostra fragilità e peccaminosità e ci tratta con pazienza, amore e compassione. Il mantenimento di questo patto è responsabilità di Dio. Il racconto del diluvio si conclude con una nota di speranza per l'umanità futura perché il dono della Grazia di Dio, in ultima analisi, è la nostra speranza e salvezza.

> **T** **L'EPICA DI GILGAMESH**
>
> L'Epica di Gilgamesh presenta la versione mesopotamica del racconto del diluvio. Quest'epica è la storia di Gilgamesh, re di Erech, per due terzi dio e per un terzo uomo, e la sua ricerca dell'immortalità. La paura della morte conduce l'eroe Gigalmesh a incontrare Utnapishtim, sopravvissuto ad un grande diluvio ottenendo l'immortalità. Quando le grandi divinità decidono di distruggere l'umanità con un diluvio senza nessuna ragione apparente, il dio Ea avverte Utnapishtim istruendolo sul come costruire una imbarcazione per sfuggire alla catastrofe. La storia include anche un riferimento all'invio di uccelli per veder se l'acqua è ancora alta. In un'altra versione della storia, l'epica di Atrahasis, l'eroe si chiama Atrahasis, ed anch'egli riceve un avvertimento riguardante il diluvio e l'ordine di costruire un'imbarcazione per salvarsi.[4]

Un'umanità dispersa e confusa (11:1-9)

In questo nuovo inizio dell'umanità, il mondo intero parla un'unica lingua (vv.1-2). Una lingua comune è il segreto dell'unità, della comprensione, della cooperazione e dell'armonia. L'umanità si sposta verso l'oriente e si stabilisce a

Shinar (Babilonia).
È possibile che la storia ponga l'origine della civiltà umana e della sua sedentarietà nella parte meridionale dell'antica Mesopotamia. Alcuni studiosi intravedono in questa storia un indizio della città di Babilonia e delle sue torri-tempio note come **ziggurat**. La prima finalità di questa nuova umanità è la costruzione di una città di mattoni e catrame, come anche di una torre per raggiungere il cielo per poter gloriarsi di se stessi (vv.3-4). La loro paura di "essere dispersi su tutta la faccia della terra" (v.4) mostra che essi stavano resistendo al mandato divino di moltiplicarsi e riempire la terra" (Gn. 1:28; 9:1), perciò Dio scende e rovina i progetti dell'umanità (11:5-9). Dio confonde (in ebraico, balal) la loro lingua, fonte del loro orgoglio, forza e falsa sicurezza (il nome della città, Babele, che significa, letteralmente, "porta di Dio" ha un suono simile alla parola ebraica balal). Il risultato è la dispersione dell'umanità su tutta la faccia della terra.

Figura 11 Ziggurat: l'altare era posto sulla cima della struttura a forma di torre. La torre di Babele può essere stata una struttura simile.

In questo racconto la città e i suoi abitanti sono dei primi esempi di orgoglio umano ed arroganza. Il mondo continua a effettuare dei tentativi orgogliosi di rendere immortale il proprio nome. Alcuni lo fanno adoperando mattoni, cemento, ferro e marmo. Altri con un impegno incessante a scalare le vette della nostra società verticista. Spesso dimentichiamo la verità che "se l'Eterno non edifica la casa, invano si affaticano gli edificatori." (Sal. 127:1). Dove c'è l'orgoglio e la ribellione, Dio interviene come giudice celeste. La Sua decisione di confondere la lingua degli uomini e disperderli è un giudizio di condanna per la loro ribellione. Inoltre, è in questo modo che Dio realizza la propria volontà creatrice di farli moltiplicare e riempire la terra. L'azione divina distribuisce l'umanità separata in distinte unità etniche e gruppi linguistici.

Il resto del racconto biblico ci informa che l'Iddio che condanna alla divisione e separazione è anche l'Iddio che riunisce l'umanità per la salvezza. Il prossimo capitolo della Genesi (12) si concentra sull'inizio dell'azione riunificatrice di Dio. Dio incontra e chiama Abrahamo, un rappresentante della dispersa umanità, all'ubbidienza perché mediante lui Dio possa riunire e benedire tutte le famiglie della terra (vv.1-3).

Frasi riassuntive

- La prima storia della creazione si concentra sull'universo e la sua creazione da parte di Dio creatore sovrano;
- La seconda storia della creazione si concentra sullo scopo dell'esistenza dell'umanità;
- Dio creò l'umanità a sua immagine;
- L'ubbidienza è essenziale per la nostra relazione con Dio;
- L'umanità cadde nelle tentazione di sfiducia nei confronti di Dio e della Sua autorità;
- Nonostante il giudizio, Dio fa grazia all'umanità;
- Noè visse in modo impeccabile in mezzo ad un'umanità peccaminosa;
- Pur avendo condannato il mondo con il diluvio, Dio provvide un nuovo inizio;
- Dio disperse i discendenti di Noè che si erano uniti nel loro piano di resistere alla volontà di Dio.

Domande di riflessione

1. Che speranza trovi nella verità che Dio ha la potenza di far esistere ciò che non esiste?
2. Quali sono le conseguenze pratiche della comprensione di Dio come di Colui che pone dei limiti alla Sua creazione?
3. Quale dovrebbe essere l'appropriata risposta cristiana all'ineguaglianza di genere ed alla discriminazione sessista, basata sul concetto biblico che sia l'uomo che la donna sono creati ad immagine di Dio?
4. In che modo esprimiamo l'auto-sovranità?
5. Quali sono alcune delle conseguenze negative di accusare altri per le nostre azioni?
6. Che cosa fa l'uomo per "rendere immortale il proprio nome"?

Risorse per studi ulteriori

Blocher, Henri, In the beginning: The opening chapters fo Genesis, Downers Grove, Ill: Intervarsity Press, 1984

Bruggeman, Walter, Interpretation: A Bible Commentary for Teaching anf Preaching: Genesis, Atlanta, John Knox Press, 1982, pagine 1-104

Hamiolton, Victor, The Book of Genesis: Chapters 1-11. New International Commentary on the Olds and New Testament, Grand Rapids, Eerdmans, 990, pagine 103-368.

Freitheim, Terence E., The Book of Genesis: Introduction, COmmentary, and Reflections. Vol. 1 of the New Interpreter's Bible: Nashville; Abingdon Press 1994. Pagine 321-416.

6. Il Patto di Dio con Abraamo: Genesi 12-25

OBIETTIVI

Lo studio di questo capitolo ti aiuterà a:

- Riconoscere la continuità e la relazione tra l'antico Israele e le tradizioni patriarcali;
- Identificare i maggiori segmenti nelle tradizioni patriarcali;
- Descrivere l'ambiente storico Delle tradizioni patriarcali;
- Valutare il significato teologico della vocazione di Abrahamo nell'ampio schema della storia biblica;
- Analizzare il cammino della
- fede, adoperando degli esempi tratti dalla vita di Abrahamo.

Termini chiave:

Abrahamo
Ur
Amoriti
Ebrei
Abiru
Terah
Sara
Lot
Haran
Patriarchi
Melchizedek
El Elyon
Patto
Agar
El Roi
Ismaele
El Shaddai
Circoncisione
El Olam
Isacco
Moria
Jehova-jireh
Rebecca

Domande da considerare durante la lettura:
1. Perché è importante avere una chiara comprensione della storia passata e delle tradizioni della propria fede religiosa?
2. Se ti venisse chiesto di spiegare la tua fede religiosa, quale particolare evento descriveresti come suo inizio?

I racconti biblici susseguenti la storia della torre di Babele, si concentrano sull'incontro tra Dio ed Abramo. La storia anticotestamentaria di Israele comincia con le tradizioni relative ad Abramo e la sua famiglia con la quale Dio entrò in contatto in modo speciale.

Contesto

Le storie patriarcali appartengono alla prima parte del secondo millennio, quando gli Amorriti controllavano la maggior parte della Mesopotamia e della Siria-Palestina (1950- 1700 a.C). Assegniamo ad una data tra il 1900-1800 a.C. il tempo approssimativo della vita di Abramo. Questi era un discendente di Sem, uno dei tre figli di Noè (Gn.10.1). Nativo di Ur, un centro urbano del sud della Mesopotamia (11:31), apparteneva al gruppo etnico arameo/**amorrita** (Vd. Dt 26:5), tra i quali gli ebrei vivevano come una subcultura (Gn.14:13). Alcuni studiosi credono che gli **Ebrei** facessero parte di un gruppo socioeconomico, di grado inferiore, nell'Antico Vicino Oriente, noto come **Habiru**.

Il padre di Abramo, **Tera**, portò la sua famiglia fuori da Ur e viaggiò verso Canaan (11:31). La famiglia includeva Abramo e la moglie, **Sara**, e **Lot**, suo nipote. Si fermarono a Caran nella parte nordoccidentale della Mesopotamia, dove si fermarono e stabilirono.

Contenuto

Le tradizioni patriarcali di Israele (Gn. 12-50), contengono i racconti della vita di Abramo, Isacco e Giacobbe, i tre grandi antenati (patriarchi) della nazione di Israele. Lo schema seguente è utile per meglio suddividere il contenuto di questa sezione:

1. Le tradizioni di Abraamo (12:1 - 25:18)
2. Le tradizioni di Giacobbe (25:19- 50:26)

Le tradizioni di Giacobbe includono le storie di Isacco, il padre di Giacobbe (c. 26), e quelle di Giuseppe, figlio di Giacobbe (cc. 37-50).

- **Abramo: da Caran a Canaan (12:1.-14:24)**

Le storie di Abramo cominciano con il comando di Dio (chiamata vocazione di Abramo) che gli rivoltogli quando viveva ancora a Caran (12:1-4). Dio ordina ad Abramo (in seguito chiamato Abraamo (Vd. 17:5) di lasciare il suo paese e incamminarsi verso una destinazione che Egli gli avrebbe in seguito mostrata.

L'ordine è seguito dalle promesse divine che Dio avrebbe reso Abramo una grande nazione ed una benedizione per tutte le famiglie della terra.

Abraamo ubbidisce a questo ordine e lascia Caran quando ha 75 anni. L'ordine è seguito dalle promesse divine che Dio avrebbe reso Abraamo una grande nazione ed una benedizione per tutte le famiglie della terra. Abraamo ubbidisce a questo ordine e lascia Caran quando ha 75 anni. Porta con sé la moglie, Sarai, il nipote Lot e tutte le sue possessioni. Giunto a Sichem in Canaan. Dio gli appare promettendogli di dare ai suoi discendenti la Terra di Canaan. Da lì, Abramo parte verso il sud e stabilisce la sua tenda presso Betel e, dopo, nella regione del Negev. Abramo costruisce altari dove poter adorare Dio che gli appare frequentemente.

"IL VANGELO IN ANTICIPO"

Dio promise di rendere Abramo una benedizione per "tutti i popoli della terra" (12.3). Questa promessa divina assicurava che per la fiducia e l'ubbidienza di Abramo in Dio, sarebbe stata inaugurata una nuova realtà di vita per i popoli del mondo. La benedizione di Abramo avrebbe ispirato le nazioni a cercare le benedizioni di Dio per la loro vita esercitando la fede e l'ubbidienza a Dio. L'apostolo Paolo trova in questo programma divino "il vangelo in anticipo;" che invita tutte le nazioni a condividere le benedizioni di Abramo seguendo il suo esempio di fede (Gal. 3.8-9). Dalla prospettiva della fede biblica, questo elemento della promessa divina ad Abramo è il più cruciale a motivo della sua implicazione universale.

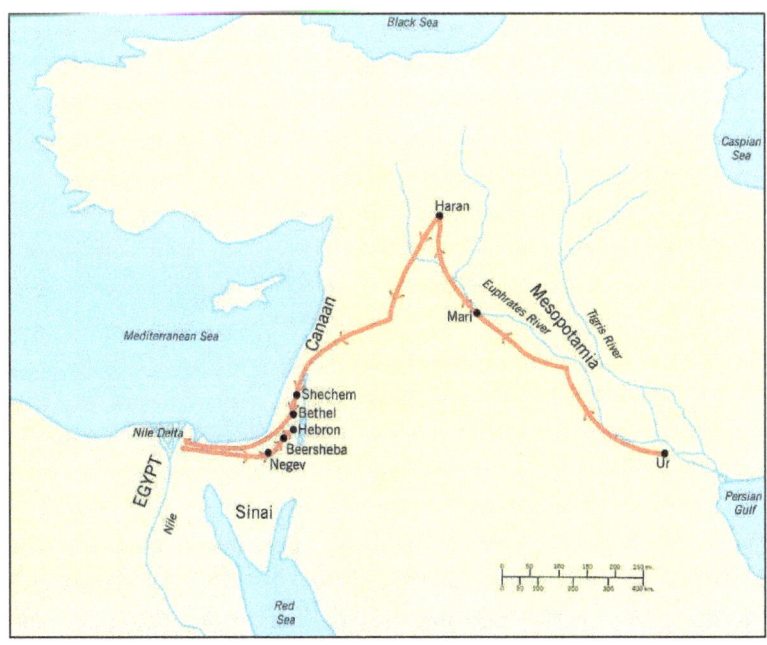

Figura 12 *Il viaggio di Abramo da Ur a Canaan ed il suo soggiorno in Egitto*

> **LA GIUSTIZIA PER FEDE**
>
> "Egli credette al Signore, che gli contò questo come giustizia" (Gn.15.6). Questa affermazione serve da principio guida per la vita di coloro che vivono tra la promessa ed il compimento. Dio ritenne Abramo giusto perché questi credette in Lui. La fede comporta la giustizia davanti a Dio. Per giustizia qui si intende qualcosa di più dell'essere una persona buona riferendosi al mantenimento di una giusta relazione con Dio. Una vita giusta, perciò, è quella vissuta secondo Dio, sottomessi alla Sua volontà e secondo i Suoi piani per il futuro di ogni persona. Abramo non udì soltanto la promessa ma la accolse personalmente e per la sua futura discendenza. Egli credette che Colui che prometteva avrebbe anche mantenuto la parola data.

Una carestia nel paese di Canaan costringe Abramo e la sua famiglia a recarsi in Egitto (12:10-20). Entrati, Abramo si presenta come il fratello di Sara. Il Faraone chiede che la donna sia portata a corte dando ad Abramo una generosa dotazione di animali e servi. Dio, però, interviene ed affligge il faraone e la sua casa a motivo di Sara. Il faraone, impara, in questo modo, la verità su Sara e chiede loro di lasciare l'Egitto con le ricchezze ricevute. Dopo essere tornato a Canaan, Abramo stipula un accordo con Lot secondo il quale, ognuno avrebbe intrapreso strade diverse (13:1-18). Permette al nipote di scegliere le pianure fertili e ben irrorate del Giordano. Lot si stabilisce presso la città di Sodoma.

Abramo rimane nella terra di Canaan stabilendosi ad Ebron, che diviene sua città di residenza. In seguito, in uno sforzo eroico, con un gruppo di servi, libera Lot che era stato imprigionato da alcuni re stranieri che avevano razziato Sodoma (14:1-24). Nel suo ritorno, incontra Melchisedec, re sacerdote di Salem (14:18-20). Melchisedec benedice Abramo nel nome dell'Altissimo, creatore del cielo e della terra (El Elyon).

- **Il patto di Dio con Abramo (15:1-21)**

Dio stipula un patto con Abramo promettendogli un figlio e la moltiplicazione dei suoi discendenti che sarebbero stati numerosi quanto le stelle del cielo. Abramo crede al Signore, e Dio "gli contò questo come giustizia" (v.6). Dio conferma la Sua promessa con un rito di stipula del patto (vv.7-17), concluso con un

> **IL PATTO**
>
> Un patto è un atto formale e legale che vincola, reciprocamente, due parti. La cerimonia del patto comprendeva il giuramento di entrambe le parti, riti sacrificali, e pasto comune per confermare i termini del patto. In alcuni casi, il cerimoniale includeva anche la divisione in due di animali.
>
> Nella Bibbia vi sono esempi di tipi diversi di patto: Un patto tra due persone della stessa condizione socio-economica è chiamato un patto tra pari (V. Gn. 21.22-34; 26. 17-33; 31.43-54). I patti di Dio basati sulla promessa divina (il patto tra Dio e Noé, con Abramo, e Davide) possono esser chiamati patti con promessa. Il patto tra Dio ed Israele al monte Sinai si concentrò sulle condizioni da Lui poste per la sua relazione con quella nazione. I patti condizionali richiedono ai beneficiari dimostrazione di lealtà ed alleanza verso colui che stipula il patto.

giuramento di Dio che avrebbe dato il paese tra il Nilo e l'Eufrate ai discendenti di Abramo.

- **Agar ed Ismaele (16:1-16)**

Il ritardo della nascita di un figlio di Abramo e Sara, induce quest'ultima ad offrire Agar, una serva egiziana, come moglie ad Abramo perché da lei gli nasca un figlio. Il concepimento di Agar provoca, però, gelosia e sofferenza in Sara che comincia a maltrattare la serva. Agar, allora, scappa via da casa; tuttavia, Dio le va incontro promettendole che il figlio sarebbe diventato una grande nazione. Lei adora Dio chiamandolo "l'Iddio che vede" (El Roi), e ritorna a casa dove dà alla luce un figlio, Ismaele, quando Abramo aveva 86 anni.

- **La circoncisione (17:1-27)**

Dio appare nuovamente ad Abramo presentandosi come "l'Iddio onnipotente" (El Shaddai) e comandandogli di essere integro nella sua vita. In questo caso, integrità significa totale alleanza con Dio e vivere nella cosciente consapevolezza della presenza di Dio in ogni aspetto della propria vita. Dio muta l'identità di Abramo in quella di Abraamo e di Sarai in Sara. Ciò intende non soltanto un cambiamento di nome ma contrassegna l'inizio di una nuova relazione tra Dio e questa coppia. Egli promette ad Abraamo che sarebbe divenuto "padre di molte nazioni" e che la stessa Sara gli avrebbe partorito un figlio. Come segno di questo patto con promessa, Dio richiede ad Abraamo di stabilire il rito della circoncisione per ogni futura generazione. Abraamo circoncide tutti i maschi della sua casa, incluso se stesso ed Ismaele. Da parte di Abraamo, la circoncisione è un atto di ubbidienza come anche di fede operante mediante un segno visibile, esterno e inestirpabile.

LA CIRCONCISIONE

Il rito della circoncisione, che era un segno esteriore del patto, ricevette un carattere spirituale in testi biblici successivi. Mosé esortò gli uomini di Israele a circoncidere i "loro cuori" (Dt. 10:16) e, in seguito, promise che Dio avrebbe circonciso i loro "cuori" ed i "cuori" dei loro discendenti (Dt. 30:6, vd. ancheGer. 4:4; 9:26). La purificazione del cuore e l'impegno a vivere secondo i principi di Dio sono implicitamente insegnati da questi passi.[1].

Nel NT, Paolo equipara la circoncisione con la "circoncisione del cuore" evidenziata da una vita vissuta nella fedeltà e nell'obbedienza (Rm. 2:29; Col. 2:11-12; 3:11). La circoncisione spirituale è, quindi, il mezzo mediante cui noi riceviamo liberazione e purificazione della nostra natura ribelle e disubbidiente. L'opera divina gratuita di purificazione dei nostri cuori peccatori ci dà una nuova inclinazione e consacrazione per vivere una vita di amore totale per Dio e l'umanità.

Questo segno conferma Abraamo come il fedele e fiducioso destinatario delle promesse di Dio. In seguito, nella tradizione biblica, la circoncisione diverrà una metafora della vera consacrazione per fede che proviene dal cuore dell'uomo.

- **Sodoma e Gomorra (18:1-19:38)**

Dio visita nuovamente Abraamo quando questi ha 99 anni e gli riconferma le sue promesse che, l'anno seguente, Sara avrebbe partorito un figlio (18:1-15). In questa visita, Dio informa Abraamo del Suo progetto di distruggere le città malvagie di Sodoma e Gomorra. Sebbene Abraamo interceda con Dio per risparmiare queste città, l'assenza di persino soltanto 10 giusti non gli dà altra scelta che portare avanti il Suo giudizio (18:16-19.29).

Figura 13 Rocce coperte di neve sono comuni nella parte sud del Mar Morto presso le città di Sodoma e Gomorra.

Figura 14 Duomo della Roccia sul Monte del Tempio – il sito tradizionale del Monte Moria

Lot e la famiglia sfuggono alla violenta distruzione ma la moglie di Lot, non ascoltando l'avvertimento a non voltarsi a guardare la città distrutta mentre erano in fuga, diventa una statua di sale. La narrazione si conclude parlando dell'origine dei Moabiti e degli Ammoniti per la relazione incestuosa delle figlie di Lot.

- **Abraamo e Abimelec (20:1-18)**

Abraamo, per paura di essere ucciso, nella regione del Negeb presenta Sara come sua sorella. Abimelec, re di Gerar, la prende nel suo Harem. Il re ritorna Sara ad Abraamo perché Dio gli rivela come lei fosse, in realtà, la moglie di Abraamo. Dopo, Abraamo e Abimelec stipulano un patto di convivenza per poter vivere in pace lealmente e fedelmente, l'uno verso l'altro (vd. 21: 22-34). Dopo questo patto stabilito a Beer-Sceba, Abraamo adora il Signore chiamandolo con il nome di "l'Eterno Dio" (El Olam).

> **IL LEGAMENTO DI ISACCO** T
>
> Il comando divino di offrire Isacco come sacrificio è noto come "il legamento di Isacco" (l'Akedah della tradizione giudaica). L'ordine divino ad Abramo fu una prova mediante la quale Dio avrebbe compreso se Abramo lo temeva veramente. Fu anche una prova mediante la quale Abramo avrebbe conosciuto la fedeltà di Dio. Nella tradizione biblica, il timore del Signore è la sottomissione all'autorità sovrana di Dio. Da parte di Abraamo vi era piena ubbidienza senza alcun dubbio sulle promesse di Dio. Questo tipo di ubbidienza non richiede prove o evidenze particolari o promesse, perché è fondata sulla fede. Abbiamo qui un esempio biblico della fede genuina - credere in Dio semplicemente perché è Dio. La storia si conclude con la conferma che Dio è fedele alle Sue promesse e, queste, furono rinnovate ad Abraamo perché credette alla voce di Dio (22:17-19). Dio provò ad Abraamo che era un Dio credibile. Sia Abraamo che Dio superarono la prova.

- **La nascita di Isacco e l'espulsione di Ismaele (21:1-34)**

Ad Abraamo e Sara nasce un figlio quando il patriarca ha 100 anni. Lo chiamano Isacco (che significa "ride"). Il nome intende il sorriso finale di Dio dopo che Abraamo e Sara reagirono alla promessa di Dio ridendo (17:17-19; 18.12-15). La nascita del figlio promesso induce Sara a prendere dei provvedimenti contro Agar ed Ismaele. Per l'insistenza di Sara, Abramo li allontana, nel deserto. Tuttavia, Dio viene in loro soccorso provvedendo alle loro necessità vitali e promettendo a Ismaele che sarebbe diventato una grande nazione (21:1-21).

- **L'offerta di Isacco (22:1-24)**

La storia del comando divino ad Abraamo di offrire Isacco come un'offerta sacrificale è l'evento culminante delle narrazioni riguardanti Abraamo (vv.1-19). Questi conduce il figlio con se su uno dei monti di Moria (dove, secondo la

tradizione, Salomone costruì il tempio di Gerusalemme, noto oggi come monte del Tempio) e mentre sta per compiere quanto Dio gli ha ordinato è da Lui fermato. Al posto del figlio viene sacrificato un montone. Quel monte, diventa una memoria perenne della verità che "L'Eterno provvederà" - Javeh-Irè, un altro nome di Dio nelle narrazioni patriarcali.

Figura 15 *Macpela, luogo di sepoltura dei patriarchi di Israele*

C | TRADIZIONI PATRIARCALI E RELIGIONE

Le tradizioni patriarcali di Israele ci offrono un'idea del modo di vivere e del modo di offrire il culto nei tempi antichi. I patriarchi vivevano una vita seminomade, girovagando dà luogo a luogo in cerca di pascoli e sorgenti d'acqua. Vivevano in tende, allevavano greggi e altri animali. Stipulavano spesso accordi con i vicini e vivevano in pace nel paese che Dio aveva loro promesso (21:22-34; 26: 26-31).

La famiglia patriarcale era molto ampia e comprendeva anche i servi. Il capo famiglia era anche la guida della famiglia. La liberazione di Lot da parte di Abraamo, mostra come i servi di una casa potessero costituire un "esercito" che proteggeva, difendeva e persino liberava la famiglia in momenti difficili (c.14). Matrimoni venivano predisposti dallo sposo o dalla sua famiglia. La consuetudine matrimoniale includeva il pagamento di una dote da parte dello sposo o della sua famiglia, con oro o argento o mediante il lavoro (24:52-53; 29:16-30). La moglie aveva il diritto di scegliere quale delle serve avrebbe dovuto concepire un figlio al marito nel caso di sua sterilità. In assenza di progenie, la coppia decideva quale servo sarebbe divenuto suo erede (15:2-3).

I patriarchi adoravano Dio erigendo altari nei luoghi dove Dio era loro apparso (Sichem, Betel, Beer-Sceba, e Ebron). Essi rivisitavano questi posti per ricordare la manifestazione di Dio. Non c'era un sacerdozio e non esistevano riti elaborati. I patriarchi chiamavano Dio con nome diversi. Questi nomi esprimevano la loro comprensione della manifestazione della potenza di Dio in modi diversi. Nella storia successiva di Israele, i luoghi del culto patriarcale divennero importanti centri religiosi e luoghi di pellegrinaggio spirituale.

- **La morte di Sara e il matrimonio di Isacco (23:1-24.67).**

All'età di 127 anni, Sara muore mentre Abraamo vive ancora nel paese della promessa come "uno straniero e di passaggio" (23:4). Compra la caverna di Macpela ad Ebron, dagli Ittiti, per sotterrare la moglie (vv.1-20). Questo atto dimostra la sua speranza e la fiducia che la Terra Promessa sarebbe certamente divenuto il luogo del patto. In seguito, questa caverna diverrà il luogo di sepoltura di Abraamo, Isacco e della moglie Rebecca, di Giacobbe e della moglie Lea.

I patriarchi saranno per-ciò, riuniti, nella morte, nella Terra Promessa e, da morti, erediteranno il paese.

Abraamo invia un servo fedele nella sua terra di origine, la Mesopotamia, per cercare moglie ad Isacco. Il servo ritorna con Rebecca, la nipote del fratello di Abraamo, Nahor, perchè divenga moglie di Isacco (Gn. 24). Il servo è un uomo di preghiera, che diviene per noi un modello di religiosità dei tempi patriarcali. La sua preghiera con la richiesta di una guida divina (vv.12-14) e la sua adorazione e il suo ringraziamento per la guida divina (vv. 26-27) ci esemplificano la natura personale, secondo la Bibbia, di una relazione tra il credente e Dio.

- **Gli anni finali di Abraamo (25:1-8)**

Il segmento conclusivo delle narrazioni di Abraamo include una relazione sul matrimonio tra il patriarca e Chetura, che gli dà diversi figli. Madian, che diviene il progenitore dei Madianiti, è uno dei figli di Abraamo(vv.1-6).

La storia di Abraamo si conclude con la sua morte all'età di 175 anni (vv.7-11). La sua morte riunisce il figlio promesso Isacco con Ismaele, il figlio escluso dalle promesse del patto. Insieme seppelliscono il padre nella caverna di Macpela. Il ciclo di racconti di Abraamo si conclude con una descrizione riassuntiva della discendenza di Ismaele che occupa il deserto arabico.

Il resto delle storie patriarcali si concentra sulla storia dei figli di Abraamo, partecipi del patto, e sull'azione formatrice di Dio che li rende strumenti di giustizia e rettitudine nel mondo.

Figura 16
Tende beduine nell'Israele moderno. Abraamo visse nelle tende durante il suo soggiorno nella terra di Canaan.

Frasi riassuntive

- Le storie patriarcali di Israele contengono le storie di Abraamo, Isacco e Giacobbe;
- Le tradizioni patriarcali di Israele appartengono alla parte iniziale del secondo millennio a.C.;
- Dio chiamò Abraamo a divenire una fonte di benedizione per tutte le famiglie della terra;
- Dio promise ad Abraamo una terra ed una grande nazione;
- Abraamo rispose alla chiamata di Dio ed al patto con l'ubbidienza e la fede;
- Abraamo è modello di fede e giustizia poiché episodi della sua vita mostrano come si rimane sottomessi all'autorità divina sovrana persino nelle circostanze di vita più difficili.

Domande di riflessione

1. Quali sono alcuni degli ostacoli alla crescita e maturità spirituali, così evidenti nelle storie di Abraamo?
2. Quali lezioni impariamo dai racconti su Abraamo, sul modo in cui superare gli ostacoli?
3. Elenca le qualità spirituali che trovi esposte nei vari episodi di vita di Abraamo in cui sono evidenti sia la fede che l'ubbidienza?
4. Discuti sul modo in cui la nostra vita può essere una fonte di benedizione per gli altri nel mondo in cui viviamo oggi (adopera esempi dalla vita di Abraamo).

Risorse per studi ulteriori

Brueggeman, Walter, Interpretation: A Bible Commentary for teaching and Preaching: Genesis, Atlanta: John Knox Press, 1982. Pagine 105-203;

Hamilton, Victor.The Book of Genesis: Chapters 1-17. New International Commentary on the Old Testament, Grand Rapids, Eerdmans, 1990. Pagine 369-483;

The Book of Genesis, Chapters 18-50.New International Commentary on the Old Testament, Grand Rapds, Eerdmans, 1995.Pagine 3-169;

Fretheim, Terence E., The Book of Genesis: Introduction, COmmentary, and Reflections. Vol.1 of the New Interpreter's Bible.Nashville: Abingdon Press, 1994. Pagine 417-515.

7   7. La famiglia del Patto: Genesi 26-50

OBIETTIVI

Lo studio di questo capitolo ti aiuterà a:
- Definire il concetto biblico di elezione;
- Descrivere gli eventi chiave nella vita di Giacobbe;
- Confrontare e contrastare le esperienze di Giacobbe a Betel e Peniel con le esperienze cristiane d'oggi;
- Valutare i concetti biblici quale promessa e compimento, sovranità di Dio, e la provvidenza divina come rappresentati negli eventi dei figli di Giacobbe;
- Riassumere la storia di Giuseppe e riflettere sul ruolo che ha nella storia patriarcale.

Termini chiave:

Esaù
Giacobbe
Primogenitura
Elezione
Edom
Beer-sceba
Caran
Luz
Betel
Labano
Rachele
Lea
Dina
Mizpa
Israel
Peniel
Sichem
Hyksos
Manasse
Efraim
Goscen

Domande da considerare durante la lettura:
1. Quale ruolo giocano i genitori nel creare relazioni conflittuali tra i figli?
2. Quali son alcune conseguenze negative della rivalità tra figli?
3. Quali sono alcuni modi di superare i conflitti in famiglia?
4. Quali sono alcuni dei tuoi sogni infranti?
5. In che modo reagisci ai tuoi sogni irrealizzati?

> **L'ELEZIONE DI GIACOBBE**
>
> I teologi descrivono la scelta di Dio di Giacobbe anziché Esaù come l'elezione di Giacobbe. L'elezione non è il principio operativo mediante il quale Dio agisce nella nostra salvezza. Quest'azione divina mostra che la promessa appartiene a Dio e non ha alcun pertinenza umana. Il secondogenito di Giacobbe, ricevendo semplicemente la promessa di qualcosa che non era un diritto naturale di nascita. L'elezione di Giacobbe è un esempio eccellente del mistero della grazia di Dio che opera nella nostra vita.

La seconda parte delle tradizioni patriarcali (Gn. 25:19-50; 26) contiene la storia del continuo coinvolgimento di Dio nella guida della famiglia di Abraamo. Troviamo, qui, le storie del figlio di Abraamo, Isacco, del figlio di Isacco Giacobbe, e dei 12 figli di Giacobbe. In queste storie il narratore propone gli eventi con rimarchevole onestà e con una minima intenzione di nascondere le caratteristiche ed i tratti negativi della famiglia del patto. Queste storie mostrano anche come Dio abbia realizzato il Suo piano ed i Suoi propositi mediante i figli di Abraamo, sebbene conflitti e crisi fossero eventi quotidiani della loro vita.

- **Le storie di Giacobbe ed Esaù (25:19-28:22)**

Figura 17 Abraamo, Isacco e Giacobbe scavarono pozzi per appropriarsi dell'acqua nella terra di Canaan.

Le narrazioni patriarcali continuano con la storia della nascita di due figli a Isacco e Rebecca (25:19-26). Dio rispose alla preghiera di Isacco per Rebecca che era sterile. Lei concepì e partorì Esaù (in seguito chiamato Edom, che, in ebraico, significa "rosso" (25:30; 36:9), e Giacobbe (in ebraico, "colui che sostituisce," o "che prende per il tallone"). Prima della nascita dei figli, Dio disse a Rebecca: "Due nazioni sono nel tuo grembo... ed il più vecchio servirà il più giovane" (25:23). Esaù, l'erede naturale per il diritto di primogenitura (doppia porzione di eredità e privilegio di essere guida della famiglia) assumerà un ruolo secondario nella famiglia.

Forse la storia meglio conosciuta in questa sezione delle narrazioni patriarcali è la vendita del diritto di primogenitura da parte di Esaù per una scodella di minestra di Giacobbe (25:22-33). La minestra rossa, in ebraico, ha il nome di 'Adom, che contiene le stesse lettere del nome Edom, il paese situato a sud-est di Israele e occupato dagli edomiti discendenti di Esaù.

Genesi 26 è l'unico capitolo dedicato alla storia di Isacco. Vivendo a Gherar, Isacco, per timore di essere ucciso, presentò Rebecca come se fosse la sorella. Il re Abimelec scoprì la verità e rimproverò Isacco per aver creato una condizione di peccato e colpa per il suo popolo. Andando dà luogo a luogo, dopo essere diventato potente ed essersi attirato

> **IL SOGNO DI GIACOBBE A BETEL**
>
> Il sogno di Giacobbe a Betel (Genesi 28:10-22) fu un momento critico nella vita di Giacobbe. Il sogno introdusse Giacobbe in una via alternativa, dandogli fiducia nelle promesse celate di Dio. Dio si legò ad un ingannatore, che era lontano da casa, con promesse incondizionate. Dio continua ad essere presente nel nostro mondo di peccato. Giovanni, autore del vangelo, così parla della venuta di Dio: "E la Parola è diventata carne e ha abitato per un tempo fra di noi, infatti dalla sua pienezza noi tutti abbiamo ricevuto grazia su grazia (Gv. 1:14,16) La venuta di Dio nella nostra vita è un momento di grazia; è anche l'introduzione nella fede in Colui che viene promettendoci la Sua presenza piena di grazia.

l'invidia del popolo, giunse a Bee-sheba dove il Signore gli apparve riaffermandogli le promesse del patto. La storia, a noi familiare, di Isacco che dà a Giacobbe, il figlio minore, i privilegi della primogenitura, è un esempio classico dell'inganno nella Bibbia (c.27). Tema centrale della storia è il rito della benedizione. Con l'inganno, Giacobbe ricevette dal padre la benedizione che, invece, spettava ad Esaù. Quando Isacco, in seguito, si accorse dell'errore, non poté revocare le parole della prima benedizione perché erano promesse potenti e solenni. Esaù, alla morte del padre, minacciò Giacobbe di morte (27:41-28:9). Rebecca, che aveva udito questa minaccia, persuase Isacco a mandare via Giacobbe per sposare una ragazza di Charan. Sul cammino, Giacobbe trascorse una notte a Luz.

In un sogno, vide una scala che univa la terra al cielo ed angeli che salivano e scendevano. Dio gli promise le benedizioni di Abraamo, e la protezione durante il suo viaggio. Giacobbe diede il nome di Betel (che significa "casa di Dio") a quel luogo, stipulò un patto e continuò il suo viaggio verso Charan.

- **Giacobbe a Charan (29:1-31:55)**

Giacobbe venne a Charan dove trascorse i successivi 20 anni della sua vita a casa di Labano, suo zio (29:1-31:21).

> **GIACOBBE LOTTA CON DIO**
>
> La storia di Giacobbe a Peniel è una narrazione potente. Suggerisce chiaramente che Dio iniziò il confronto perché Giacobbe potesse avere un incontro "faccia a faccia" con quel Dio che lo aveva scelto. Questo incontro costrinse Giacobbe a riconoscere il suo nome che presentava tracce di una natura peccaminosa e ingannatrice. Dio gli diede un nuovo nome Israele, che significa "Dio protegge" o "Dio preserva". La confessione apportò una trasformazione, da un essere peccaminoso ad una persona dipendente dalla forza che proviene da Dio. Paolo scrive, "Se dunque uno è in Cristo, egli è una nuova creatura; le cose vecchie sono passate; ecco, sono diventate nuove." (2 Cor. 5.17).

Li fu vittima della angherie dello zio. Lo servì per 14 anni per poter ottenere in sposa Rachele. Dovette sposare Lea, da cui ebbe sei figli maschi e una figlia (Ruben, Simeone, Levi, Giuda, Issacar, Zebulon e Dina). Ebbe anche due figli (Gad e Asher) dalla sua serva Zilpa. Rachele diede alla luce Giuseppe e a due altri figli (Dan e Neftali) dalla serva Bila. (in seguito, Rachele morì partorendo Beniamino e la famiglia tornò nella terra di Canaan; vd. 35:16-18)

- **Il ritorno di Giacobbe a Canaan (32:1-36:42)**

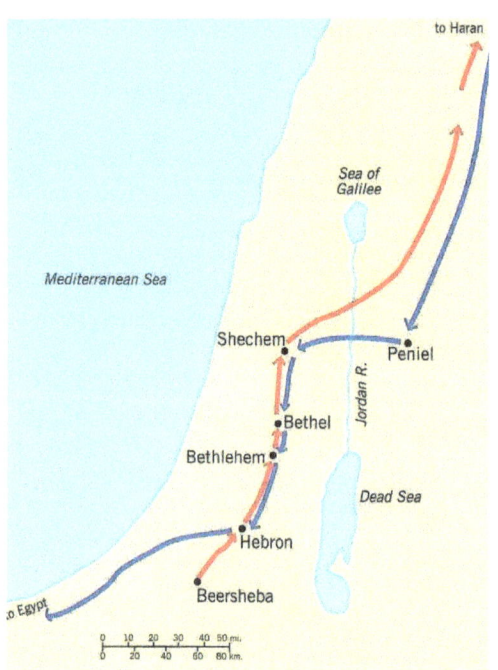

Dopo vent'anni, Giacobbe decise di tornare a Canaan. Il suo ritorno è il tema delle narrazioni di Genesi 31:22-33:20. Lasciò Charan con tutta la sua famiglia ed i suoi possedimenti quando Labano era assente. Questi lo inseguì per riavere quanto gli apparteneva. Alla fine, i due imbroglioni si separarono dopo aver stipulato un patto a Mispa (luogo di vedetta). Genesi 32 ci offre un quadro della difficoltà del ritorno a casa di Giacobbe che aveva lasciato non certamente in pace.

Figura 18 Il viaggio di Giacobbe verso Charan, il ritorno a Canaan e, in seguito, in Egitto.

Dio diede a Giacobbe una visione dei Suoi angeli (l'esercito di Dio), che gli assicurò un sicuro passaggio di Canaan. Inoltre, Giacobbe inviò i suoi messaggeri e dei doni ad Esaù per pacificare il fratello. Quando Giacobbe comprese che né le preghiere e neanche i suoi doni funzionavano, fece passare la sua famiglia, insieme alle sue possessioni, oltre il guado dello Iabboc. Egli, però, rimase dall'altra parte del fiume dove lottò contro Dio. Quando Giacobbe comprese che era Dio e chiese la sua benedizione, Egli lo chiamò Israele (Colui che lotta con Dio). Giacobbe chiamò quel luogo Peniel (il volto di Dio). Proseguì il suo cammino ed incontrò il fratello Esaù con il quale si riconciliò. Giacobbe continuò il suo viaggio e giunse nel paese di Canaan stabilendosi a Sichem (33:18). Comprò la proprietà dove aveva piantato la tenda dai figli di Camor. Nonostante Giacobbe volesse vivere in pace, i suoi figli massacrarono i figli di Camor per vendicare il rapimento e la violenza subita di Dina da parte di un membro della famiglia reale (c.34). Giacobbe fu angosciato dalla condotta disonorevole ed ingannevole dei figli. Ritornò a Betel dove Dio lo incontrò. La narrazione include anche la morte di Rachele, amata moglie di Giacobbe e di Isacco, suo amato padre. Rachele morì dando alla luce Beniamino (figlio della destra) in un luogo vicino alla moderna Betlemme. Il capitolo 36 elenca i discendenti di Esaù.

- **Le storie di Giuseppe (Genesi 37-50)**

L'ultimo più ampio segmento delle storie patriarcali è quello che include la storia dei figli di Giacobbe, tra i quali Giuseppe, l'undicesimo figlio, assume un ruolo fondamentale. Gli studiosi pongono queste storie di Giuseppe nel periodo degli **Hyksos** che regnarono in Egitto (1700 a.C.). L'amore particolare di Giacobbe per Giuseppe causò il risentimento negli altri figli. Questo sentimento negativo fu intensificato dai sogni di Giuseppe che alludevano ad un suo ruolo regale sul resto della famiglia. I fratelli reagirono ai sogni con il tentativo di uccidere il sognatore ed i suoi sogni. In seguito lo vendettero ad una carovana di Ismailiti che, a loro volta, lo vendettero a degli egiziani.

Figura 19 *Il luogo dove, secondo la tradizione, si trova la tomba di Rachele, a Betlemme.*

> **T**
>
> **L'ETERNO ERA CON LUI**
>
> L'Eterno fu con Giuseppe in ogni circostanza di vita. Questo è il tema di Genesi 39-50. "L'Eterno era con lui"- non è una semplice affermazione. In questo riassunto teologico della vita di Giuseppe, troviamo dei concetti che ci sfidano a vivere con fedeltà, integrità, coraggio e speranza in mezzo alle circostanze negative della vita. Queste sono occasioni in cui sperimentiamo Dio e la sua grazia in modo a volte inspiegabile. L'apostolo Paolo riprende questo tema quando dice che "né morte né vita...né il presente e neanche il futuro...né le profondità e neanche le altezze, e nessuna altra cosa, potranno separarci dall'amore di Dio" (Rm. 8.38-39)

A Giacobbe fu però detto che Giuseppe era stato ucciso da una bestia feroce (c.37). La vita di Giuseppe fu travagliata: da una famiglia benestante di un ufficiale alla prigione e, da lì, alla presenza del faraone. La sua capacità di interpretare i sogni del Faraone gli diedero grande successo ed una posizione alquanto elevata nel regno di Egitto. Il Faraone gli diede un nome egiziano ed una moglie egiziana (Asenat), che gli diede due figli, Manasse (che fa dimenticare) e Efraim (doppia fecondità). Questi due figli divennero, in seguito, due delle 12 tribù di Israele (cc. 39-41).

Una carestia costrinse Giacobbe a inviare i suoi figli in Egitto in cerca di grano (c.42). Giuseppe, dopo aver riconosciuto i fratelli, li rinviò al padre con il grano ma anche con l'impegno che sarebbero ritornati con il figlio minore. Giacobbe non voleva assolutamente mandare Beniamino in Egitto ma, aggravandosi la carestia, non ebbe scelta e inviò il figlio minore con i suoi fratelli (c.43). Quando essi giunsero in Egitto, Giuseppe, con un tranello, tenne Beniamino con sé (c.44). Giuda lo pregò di lasciare tornare beniamino dal padre perché la sua perdita sarebbe stata troppo grande per il padre. Il discorso patetico di Giuda e la sua disponibilità a prendere il posto del fratello, mosse Giuseppe a compassione. Rivelò la sua vera identità ai fratelli. Li rassicurò rivelando loro come era stato Dio che lo aveva inviato in Egitto per preservare la vita della sua famiglia.

Inviò i fratelli indietro a Canaan perché gli conducessero il padre Giacobbe. Questo scese in Egitto per incontrare suo figlio, incontro che avvenne nella regione di Goscen nella regione del delta del Nilo. Alla richiesta di Giuseppe, il Faraone permise loro di stabilirsi a Goscen (cc.45-47).

Prima della sua morte, Giacobbe fece giurare a Giuseppe che non lo avrebbe sepolto in Egitto, si fece riconoscere dai suoi nipoti e li benedisse. Benedisse, sia Giuseppe che i suoi figli e diede ad Efraim un ruolo preponderante su quello di Manasse. Radunò anche gli altri figli che benedisse dando a Giuda un ruolo regale tra i fratelli (V. 49.10). Giacobbe, morì dopo aver benedetto i figli e questi lo seppellirono a Canaan, nella cava di Macpela. Dopo la sepoltura, l'intera famiglia tornò in Egitto.

La parte finale della storia della Genesi si concentra sulla riconciliazione tra Giuseppe ed i suoi fratelli (50:15-26). I fratelli di Giuseppe erano spaventati pensando ad una vendetta del fratello dopo che il padre era morto. Andarono da lui per chiedergli perdono per il male che gli avevano causato. Egli, invece, li rassicurò dicendo che quanto pensavano fosse stato un danno per lui faceva invece parte del piano di Dio di arrecare loro un beneficio in Egitto. Chiese loro di promettere di portare le sue ossa fuori dall'Egitto, quando Dio li avrebbe certamente visitati e li avrebbe portati fuori dall'Egitto. Giuseppe, perciò, sarebbe stato sepolto nella terra promessa.

Giuseppe morì all'età di 110 anni ed il suo corpo imbalsamato fu posto in un sarcofago per il suo futuro ritorno nella Terra Promessa.

L'IDDIO DI GIUSEPPE — T

Comprendiamo le affermazioni teologiche basilari nelle parole di Giuseppe ai suoi fratelli (45. 4-13; 50.19-21). In primo luogo, la sovranità di Dio agisce sulla nostra vita. Dio raramente cancella i Suoi piani a motivo del rifiuto alla Sua volontà. Anche noi viviamo in un mondo che progetta il male contro i fedeli. I piani di Dio, però, per il Suo popolo, non sono di male, ma per dare un avvenire e una speranza" (Ger. 29.11). Infatti "ogni cosa coopera al bene di coloro che lo amano" (Rm. 8.28), anche se l'agire umano possono frapporsi alla sua diretta volontà ed ai suoi scopi. In secondo luogo, Dio rimane fedele e dà grazia con la Sua provvidenza. Egli preservò la vita di Giuseppe in modo che la famiglia di Giacobbe potesse avere un futuro. In modo strano e misterioso egli provvide per il Suo popolo. Ecco una buona notizia ancora per oggi, per noi "preoccupati...di ciò che dovremo mangiare o bere" (Mt. 6.25)

Frasi riassuntive

- Dio, nella sua piena libertà, decise che Giacobbe avrebbe ricevuto le benedizioni del patto;
- Giacobbe incontrò Dio a Betel e ricevette le promesse del patto;
- Giacobbe lottò con Dio a Peniel e ricevette la benedizione ed il nome di Israele;
- I primi anni di vita di Giuseppe furono pieni di problemi, ma il Signore era con Lui;
- Dio dimostrò la Sua sovranità e provvidenza in tutti varie situazioni vissute da Giuseppe;
- L'intera famiglia di Giacobbe lasciò Canaan e si stabilì in Egitto.

Domande di riflessione

1. Cita alcuni esempi dell'agire libero di Dio e della Sua grazia nella nostra vita attuale che sembrano sconvolgere le regole umane e le attese religiose e culturali. In che modo risponderesti ad un tale agire di Dio?
2. Quale sarebbe il risultato di una vita vissuta per metà confidando in Dio e per metà fidando delle nostre risorse?
3. Confronta l'esperienza di Giacobbe a Peniel con l'esperienza religiosa vissuta da te oggi.
4. Quale evidenza c'è nella tua vita che "Dio è con te" in tutte le circostanze di vita?
5. "Tutto coopera al bene di chi ama Dio" - quali sfide rivolge questa promessa biblica a vite frantumate, piene di disappunto, sofferenza e tragedia?

Risorse per studi ulteriori

Brueggeman, Walter, Interpretation: A Bible Commentary for teaching and Preaching: Genesis, Atlanta: John Knox Press, 1982. Pagine 204-380-

Hamolton, Victor, The Book of Genesis, Chapters 18-50. New International Commentary on the Old Testament, Grand Rapds, Eerdmans, 1995. Pagine 169-175.

Fretheim, Terence E., The Book of Genesis: Introduction, Commentary, and Reflections. Vol.1 of The New Interpreter's Bible. Nashville: Abingdon Press, 1994. Pagine 516-673.

8. La nascita di una nazione: Esodo 1-18

OBIETTIVI

Lo studio di questo capitolo ti aiuterà a:
- Identificare il contenuto e l'organizzazione del libro dell'Esodo;
- Descrivere l'ambiente storico e sociale della storia dell'esodo;
- Spiegare il tema della promessa e del compimento in relazione all' antica storia di Israele;
- Discutere sul significato della vocazione di Mosè;
- Descrivere la Pasqua ed il suo significato teologico per la chiesa cristiana;
- Descrivere il significato del nome Jahvè.

Termini chiave:

Esodo
Hyksos
Seti I
Avaris
Ramses II
Ebrei
Pitom
Ramses
Midian
Ietro
Oreb
Jahvè
Adonai
Piaghe
Pasqua
Pesa
Amalechiti

Domande da considerare durante la lettura:

1. Qual è la differenza tra fede personale e religione ancestrale?
2. Quale pensi fosse la fede religiosa dei figli di Israele (la loro attitudine verso Dio e le promesse del patto stabilito con i loro antenati) durante la loro permanenza, per 430 anni, in Egitto?
3. Quali domande sulla fede pensi che si siano posti?

Il tema principale del libro è l'intervento di Dio per salvare il Suo popolo. Dio si manifesta ai figli di Israele, schiavi in Egitto, per liberarli dalla loro condizione servile. Questo tipo di evento salvifico non è qualcosa di isolato nella storia biblica. È, infatti, direttamente conseguente alla chiamata di Dio di uomini quali Abramo, Isacco e Giacobbe. Inoltre, la storia salvifica dell'Esodo, è anche collegata alla fede di Israele nella creazione. Infatti, nella teologia biblica, la redenzione è il fine ultimo della creazione e ciò conferma la verità che Dio è il Creatore ed anche il Redentore. In questo capitolo, tratteremo del grande dramma dell'opera creatrice e salvifica che Egli compie nella storia di Israele.

Titolo e paternità

Il libro dell'Esodo è il secondo libro della Torah (o, il secondo libro di Mosè). Il titolo "esodo" proviene dal greco exodus (che significa "uscita" o "partenza") secondo la traduzione dei Settanta (gli ebrei lo chiamano Semôt "nomi"). Gli studiosi che sostengono l'ipotesi documentaria fanno risalire l'origine del materiale di questo libro alle tre fonti (Jahvista, Elohista e Sacerdotale). Noi riterremo il libro come documento teologico che attinge fortemente dalle tradizioni che appartengono al tempo mosaico ed alla autorità di Mosè ritenuto il più grande legislatore di Israele. Si ritiene che il libro abbia raggiunto la sua forma finale verso il 700 a.C

Contesto

Le storie presenti nel libro dell'Esodo appartengono al periodo del Nuovo Regno in Egitto. Da circa la metà del 15° secolo a.C. gli egiziani avevano espulso gli Hyksos riassumendo il controllo e il potere della loro nazione. Molto probabilmente gli israeliti vissero, in Egitto, in una condizione di relativa libertà dal tempo del loro insediamento (circa 1700 a.C.) fino al tempo del Nuovo Regno del faraone Seti I (1309-1290 a.C.).

Figura 20 Sfinge presso la piramide di Giza

Seti I stabilì Avaris, sulla riva del delta del Nilo, come sua capitale, con lo scopo, probabilmente, di mantenere il controllo politico su Canaan e sulla Siria. Diede inizio alla costruzione in Avaris, di una città dai grandi edifici, opera portata avanti dal figlio Ramses II (1290- 1224 a.C.). Questa città è nota come Ramses (Vedi, Esodo 1.11). È probabile che gli eventi descritti in Esodo 1.8-22 (la cattività e la schiavitù di Israele) appartengano al periodo di Seti I. Vi è, perciò, una distanza di circa 400 anni tra gli ultimi eventi della Genesi e l'inizio del libro dell'Esodo (dal 1700 al 1300 a.C). La fuga di Israele dall'Egitto (l'evento dell'Esodo) avvenne nel periodo del regno di Ramses II. Si ritiene che il 1280 a.C. sia la data di tale evento. La tradizione biblica sostiene che Israele sia rimasto in Egitto per 430 anni. (V. Esodo 12.40; Gal. 3.17).

Figura 21 La valle del Nilo è nota per il suolo fertile

Contenuto

Il libro dell'Esodo si suddivide in due parti:
1. Schiavitù e liberazione (1.1-18.27)
2. Israele al Monte Sinai (19.1-40.38)

In questo capitolo, ci concentreremo sugli eventi narrati nella prima parte di questo libro.

> **T**
>
> **LA RISPOSTA DI DIO ALL'OPPRESSIONE NEL MONDO**
>
> La cattività e la schiavitù sono il tema centrale della storia dell'AT. Un sovrano tirannico promulga un decreto di morte contro un popolo che appartiene alla classe sociale più bassa e povera della società. Tuttavia, ritroviamo qui anche la storia della cura e della preoccupazione che Dio ha per i poveri e gli oppressi del mondo. Nonostante il decreto regale di morte, egli interviene nella vita di una comunità emarginata offrendole la libertà e la vita.
>
> Queste storie ci comunicano la verità della schiavitù spirituale umana sotto il potere di Satana. Inoltre, ci sfidano ad esser ancor più sensibili nei confronti di realtà sociali e politiche della nostra società quali il genocidio, la purificazione etnica e la violenza razziale, con le sue tragedie. Queste storie ci rivelano e parlano a favore di coloro che, nella nostra società, vivono in una condizione economicamente svantaggiata, socialmente discriminata ed etnicamente e razzialmente segregata. Essi combattono anche contro coloro che governano sfruttando, per fini personali, ideologie politiche, sociali ed economiche. La buona notizia, tuttavia, è che Dio continua ad essere la fonte della forza e della vita dei poveri e degli afflitti nel mondo.

- **La schiavitù di Israele in Egitto (1:1-22)**

La storia del libro dell'Esodo inizia con una definizione riassuntiva dell'insediamento di Giacobbe e dei suoi 12 figli in Egitto e della sua crescita demografica. I primi capitoli del libro dell'Esodo, a volte, identificano il popolo con il termine "ebrei", discendenti di Abramo l'ebreo (vd. Gn. 14.13). Quando gli israeliti divennero troppo numerosi, gli egiziani li considerarono una minaccia per la sicurezza nazionale. Un faraone sconosciuto (probabilmente Seti I) li oppresse con il lavoro forzato co-stringendoli a costruire le città di Pitom e Ramses. La schiavitù non limitò la crescita della popola-zione. Il faraone, allora, ordinò alle levatrici ebree di uccidere i maschi ebrei appena nati. Quelle che temevano Dio disubbidirono all'ordine reale e lasciarono vivere i bambini. Il faraone, in seguito, ordinò agli israeliti di gettare i neonati nel Nilo.

T

L'IDDIO CHE CHIAMA

Nella storia della vocazione di Mosè, incontriamo Dio che ci chiama a vivere, entro i confini di una vita giornaliera, mondana e egocentrica, una vita che ci eleva ad una nuova consapevolezza della Sua sovranità nel mondo. La chiamata o vocazione di Dio non è semplicemente rivolta alla consacrazione ed all'ubbidienza ma è anche una vocazione ad affrontare pienamente ogni difficoltà e problema di vita. Mosè "preferì essere maltrattato con il popolo di Dio, che godere per breve tempo i piaceri del peccato...per fede abbandonò l'Egitto, perché rimase costante, come se vedesse colui che è invisibile" (Ebr.11:25,27). Le nostre capacità limitate di realizzare il compito divino non ci impediscono di essere ubbidienti a Colui che ci chiama. Questo incontro con il Santo Dio e l'ubbidienza alla Sua santa vocazione, ci offrono sempre nuove possibilità di godere della Sua grazia. Colui che ci chiama è anche Colui che promette di essere con noi per portare a compimento l'opera buona che Egli ha iniziato in noi (Fil.1.5-6)

IL NOME PERSONALE DI DIO

L'origine del nome personale Jahvè è un argomento molto dibattuto. Il nome divino contiene quattro consonanti traslitterate con YHWH. Non si conosce l'esatta pronuncia del nome. La tarda tradizione giudaica aggiunse le vocali di **Adonai**, un altro nome per Dio, alle quattro consonanti YHWH. I Giudei non pronunciano questo nome a motivo della sua sacralità, per cui è solitamente tradotto, nelle Bibbie protestanti e cattoliche, con "l'Eterno" o "il Signore."

Le quattro lettere del nome divino provengono dalla radice ebraica del verbo *hayah*, che significa "essere." La presenza di Dio, la Sua continua sovranità sulla creazione, e la Sua potenza di compiere ogni cosa sono tutte idee contenute nella radice verbale del nome divino. YHWH è l'Iddio che era, è e sarà con il suo popolo in tutta la loro storia. Il nome significa *"esser con noi"* in ogni circostanza di vita. È *l'Emmanuele*-Dio con noi (Is.8.10). La frase "Io sono" comunica bene questa comprensione di Dio (Es. 3.14).

Il capitolo 2 riassume i primi anni di Mosè. La sua salvezza per mano della figlia del faraone esemplifica il modo misterioso in cui Dio controlla la vita del bambino che, altrimenti, sarebbe morto per il decreto e l'autorità regale. Il nome Mosè è, probabilmente, un vero nome egiziano che presenta diverse assonanze con il nome masha che significa "trarre fuori" (V. 2.10). Mosè cresce come figlio della figlia del faraone, tuttavia, non dimentica la sua origine e si identifica con la sofferenza del suo popolo. La sua passione perché sia fatta giustizia al suo popolo lo porta a impegnarsi attiva-mente perché ciò accada. Nel suo impeto uccide un egiziano che stava maltrattando un ebreo. Dovendo fuggire, và a Madian dove vive nella casa di Reuel (chiamato anche Ietro) dove sposa la figlia, Sefora. Nel frattempo, in Egitto la schiavitù degli israeliti continua. Dio ode il loro pianto e si ricorda della promessa fatta ad Abramo, Isacco e Giacobbe. Incontra Mosè

Figura 22
Orus, una divinità egizia, con il faraone

che pastura il gregge ad Oreb, nella regione meridionale della penisola del Sinai. In mezzo al pruno che arde senza consumarsi, parla a Mosè intimandogli di liberare gli israeliti dall'oppressione egiziana. Mosè tenta di resistere a quest'ordine divino a motivo della sua scarsa credibilità personale (3:11), ponendo domande sull'identità di Dio (v.13) e manifestando il timore di non essere creduto dagli stessi israeliti (4:1). Solleva un'ultima obiezione quando confessa di non riuscire a parlare con grande facilità (v.10). Dio ogni volta rassicura Mosè promettendogli la Sua continua presenza. Rivela la sua identità come JHWH, che, secondo la tradizione ebraica, è il nome personale di Dio.

- **Mosè si confronta con il Faraone (5.1-11.10)**

Dio invia Mosè ed il fratello, Aaronne, al faraone con la richiesta di lasciare andare Israele dall'Egitto, per un viaggio di tre giorni, per adorare Dio. Il faraone rifiuta la richiesta ed ordina ai suoi uomini di rendere la vita ancora più difficile per gli schiavi israeliti. Mosè, essendo stato ridicolizzato dal faraone e deriso dagli israeliti, nella sua frustrazione si rivolge a Dio. Questi lo tranquillizza promettendogli che con la sua potente mano di liberazione e giudizio, libererà Israele dall'Egitto conducendolo nella Terra Promessa.

Dio ricorda a Mosè che il suo compito sarà difficile. Gli predice che indurirà "il cuore del Faraone" (7:3) mediante una serie di segni miracolosi. Questo progetto divino include una serie di calamità o piaghe, che affliggono l'Egitto, includendo: trasformazione dell'acqua del Nilo in sangue, piaga delle rane, delle zanzare, delle mosche velenose, la mortalità del bestiame, le ulceri su persone ed animali, grandine di fuoco, locuste, tenebre ed, infine, la morte dei primogeniti degli egiziani e dei loro animali (cc.7-11). È possibile che le piaghe siano dirette non soltanto contro il potere politico che controlla l'Egitto ma anche contro le divinità della nazione (vd.. 12:12).[1]

L'INDURIMENTO DEL CUORE DEL FARAONE

Il faraone si rifiutò di riconoscere la potenza sovrana di Dio ("indurì il suo cuore") e continuò così dall'inizio alla fine. Anche Dio "indurì" il cuore del faraone (9:12; cf. 4:21) inviando ancor più segni a chi, invece, coscientemente e ripetutamente, sceglieva di resistere al Suo governo sovrano. L'indurimento del cuore del faraone iniziò dopo la sesta piaga (9:12). A questo punto, anche il giudizio divino cominciò ad essere pressante su di una persona che non aveva ascoltato l'invito al pentimento (vd. azioni simili di giudizio nel Sl. 81:11-12; Rm. 1:24-27)

- **La Pasqua e l'attraversamento del mare dei giunchi (12:1–15:21)**

Sebbene le piaghe siano un segno esplicito della potenza di Dio, il Faraone rimane sempre inflessibile. Durante l'ultima piaga, Dio risparmia la vita dei figli di Israele dando loro delle istruzioni relative al rito della **Pasqua**. Queste includono il mettere il sangue dell'agnello sugli stipiti delle porte delle loro case e mangiare la sua carne arrostita in modo frettoloso. La decima piaga costringe il faraone a lasciare andare Mosè ed Aaronne i quali conducono via Israele dall'Egitto su un cammino, attraverso il deserto, per adorare Dio. Pur esistendo una via diretta verso Canaan sulla costa del Mediterraneo, Dio guida Israele per una diversa direzione perché una guerra contro i filistei, nella regione costiera, avrebbe costretto Israele a tornare sui suoi passi, in Egitto. L'esodo di Israele inizia da Ramses, quindi oltre il mar delle Canne. Per gli studiosi è difficile identificare con precisione questo mare (in ebraico, yam suph non è il mare rosso, ma, piuttosto il Mar delle Canne, probabilmente una località nelle vicinanze). Dio precede Israele per guidarlo nel viaggio manifestando la Sua presenza con una "colonna di nuvola di giorno" ed "una colonna di fuoco di notte" (13:21). Il Faraone fa un tentativo estremo di riprendere gli israeliti, inseguendoli con il suo esercito. Al Mar della Canne, Dio libera il Suo popolo dividendo le acque ed annegando gli egiziani. Israele vede e testimonia la potenza di Jahvè, il suo Dio. "Il Signore salvò Israele dalle mani degli egiziani…il popolo perciò ebbe timore del Signore, credette nel Signore e nel suo servo Mosè" (14:30-31). Mosè innalza un canto di lode all'Iddio che ha salvato Israele dalla potenza del Faraone (15:1-18).²

Figura 23
La Pasqua degli Ebrei

- **Israele verso il Sinai (15:22-18:27)**

L'attraversamento del Mar delle Canne conduce Israele direttamente nel deserto, e non vi è alcun ritorno in Egitto. Mosè guida Israele al Monte Sinai/Oreb. Sulla via, a Mara, Israele si lamenta contro Mosè a motivo delle acque amare. Nel deserto di Sin, comincia a lamentarsi del cibo. A Refidim si lamenta per la mancanza di acqua. Questi lamenti di Israele nel deserto, incomprensibili alla luce delle grandi gesta di Dio a suo favore, ci rivelano, la verità che il popolo ha ben presto dimenticato la potenza di Dio e la Sua provvidenza. Di fronte alla dura realtà del deserto, gli israeliti si rifiutano di confidare in Dio.

T

LA PASQUA E LA CHIESA

L'elemento cruciale nel rito della Pasqua era il sangue dell'agnello sacrificato che proteggeva gli Israeliti. Nel NT il sacrificio di Cristo assume il significato del sacrificio dell'agnello pasquale (I Cor. 5.6-8), e Gesù rappresenta l'agnello sacrificato per il riscatto di uomini e donne da parte di Dio (Ap. 5). La Pasqua, sia nel Nuovo che nell'Antico Testa-mento, tratta dell'opera redentrice di Dio che culmina nell'offerta di speranza alla comunità della fede. La Pasqua dell'Antico Testamento ci introduce all'opera redentrice di Dio che si realizzerà pienamente, con la nostra redenzione, in Gesù. La redenzione, nel Nuovo Testamento, è prima di tutto libertà dal peccato e dal male, che ci conduce ad una nuova vita in Cristo. La Cena pasquale, nella Chiesa, è la Santa Cena, che lega ed identifica la vita cristiana con la sofferenza, la morte e la risurrezione di Gesù. Questa santa comunione ci rafforza nella speranza della nostra vita futura con Cristo.

S

LA PASQUA

Nelle tradizioni religiose di Israele, la Pasqua (Pesah) è una celebrazione primaverile di una settimana che ricorda la liberazione di Israele dall'Egitto. Il rito è chiamato la Pasqua (Pesah) a ricordo del giorno in cui Dio attraversò l'Egitto in giudizio; Egli "passò oltre" (il verbo pesah in ebraico significa "avere compassione," "proteggere," "passare oltre") i figli di Israele (vd. 12:11-13). Troviamo delle istruzioni specifiche in Esodo 12 e 13 sul mantenimento di questo rito della Pesah e della Festa degli Azzimi come eventi annuali per ricordare la grazia protettrice di Dio. Scopo di queste feste era anche quello di rinnovare la fede in ogni nuova generazione. Rivivendo e recitando la storia della Pasqua, il popolo di Israele, ancora oggi, entra nel suo passato storico identificandosi con i suoi antenati che speravano di entrare nella Terra Promessa nonostante tutte le lotte per la sopravvivenza.

Tuttavia, nonostante le sue ripetute lamentele, Dio provvede carne e manna, acqua da una roccia e la vittoria contro gli Amalechiti che provano ad ostacolare loro il cammino nel deserto. Al terzo mese dopo la partenza dall'Egitto, arrivano al monte Sinai (19:1-2).

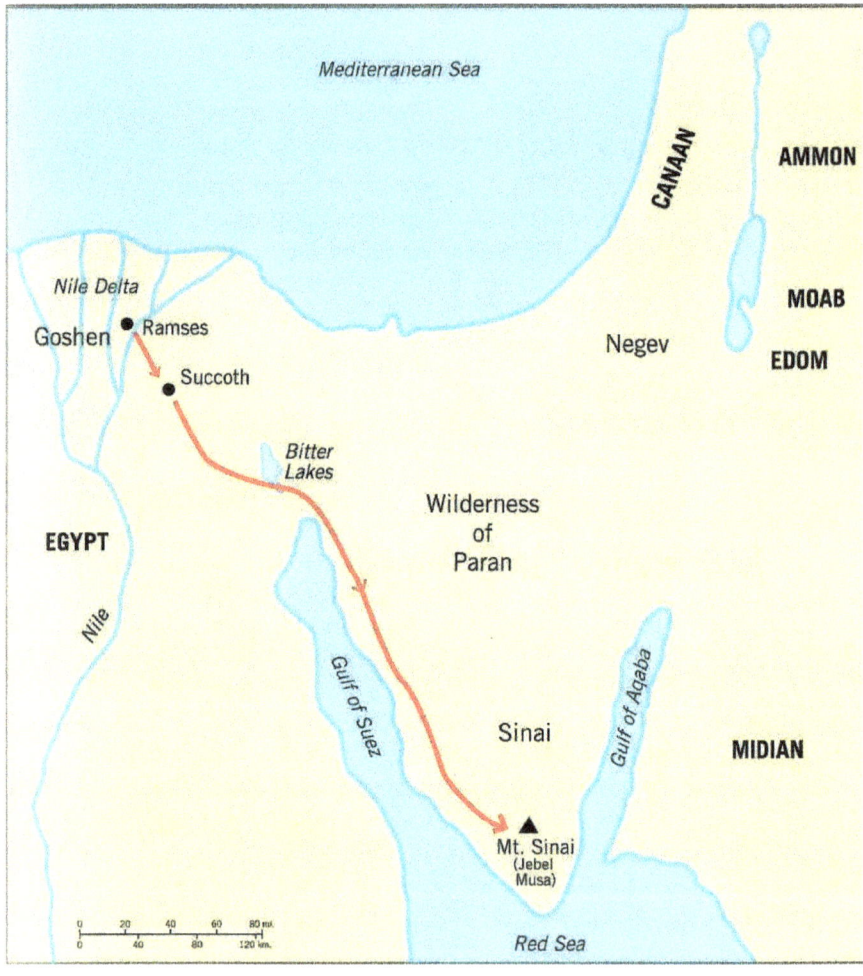

Figura 24 Il possibile itinerario del viaggio di Israele dall'Egitto al Sinai.

Frasi riassuntive

- Dopo la morte di Giacobbe, i suoi discendenti(Israele) rimasero in Egitto per oltre 400 anni;
- Persino in una nazione straniera, Israele si moltiplicò divenendo un grande numero secondo le promesse del patto di Dio;
- Gli egiziani oppressero gli israeliti schiavizzandoli;
- La storia iniziale di Mosè rivela il modo miracoloso in cui Dio intervenne nella sua vita;
- Dio udì il grido del popolo di Israele e scelse Mosè per guidarlo fuori dall'Egitto;
- Dio si rivelò a Mosè e ad Israele con il Suo nome personale;
- Dio si rivelò agli egiziani e ad Israele come l'Iddio sovrano dell'universo;
- Dio salvò Israele dagli egiziani guidandoli fuori dall'Egitto sotto la guida di Mosè.

Domande di riflessione

1. Alla luce degli eventi della storia di Israele in Egitto, quali lezioni impariamo dalle promesse della Bibbia?
2. Quali sono alcune delle attitudini e delle tentazioni che potrebbero svilupparsi tra di noi quando attendiamo il compimento delle promesse di Dio nella nostra via?
3. Descrivi la tua esperienza di Dio, quale Dio che è "con noi"?
4. In che modo Dio ci libera oggi? Cita degli esempi traendoli dalla tua vita personale o da quella di ualcuno a te vicino.

Risorse per studi ulteriori

Brueggemann, Walter, The Book of Exodus:Intoduction, Commentary, and Reflections. Vol. 1 del The New Interpreter's Bible, Nashville:Abingdon Press, 1994. Pagine 690-829; Childs, Brevard S., The Book of Exodus:A Cristical, Theological Commentary. The Old Testament Library, Philadelphia, Westminster Press, 1974. Pagine 4-339;

9. La comunità del patto: Esodo 19-40

OBIETTIVI

Lo studio di questo capitolo ti aiuterà a:
- Descrivere il fine e lo scopo del Patto sul Monte Sinai;
- Descrivere la rilevanza attuale dei dieci comandamenti;
- Discutere sulla comprensione di Dio di Israele alla luce di quanto riprodotto dalle storie dell'Esodo-Sinai;
- Porre in relazione i temi dell'Esodo riguardanti il Patto ed il Tabernacolo con i corrispondenti temi neotestamentari.

Termini chiave:

Monte Sinai
Jebel Musa
Patto
Patto del Sinai
Teofania
Dieci comandamenti
Codice del patto
Codice di Ammurabi
Leggi casuistiche
Leggi apodittiche
Tabernacolo
Corte
Luogo santo
Santo dei santi
Arca del Patto
Propiziatorio
Altare delle offerte bruciate
Eleazar
Itmar
Vitello d'oro

Domande da considerare durante la lettura:
1. Quale fattore determina la stabilità delle relazioni umane?
2. Perché la gente adora Dio, oggi?
3. Perché il matrimonio è ritenuto un "patto"?

Nel capitolo precedente abbiamo tracciato la storia dell'esodo di Israele dall'Egitto e del suo cammino nel deserto. La seconda parte del libro dell'Esodo (cc. 19-40) tratta della storia dell'incontro tra Dio ed Israele al monte Sinai.

Figura 25 Monti nei pressi del Sinai. Nella valle si trova il monastero di Santa Caterina.

- **La comunità del Patto (Esodo 19:1-24:18)**

Israele giunge al Monte Sinai il terzo mese dopo aver lasciato l'Egitto. Non conosciamo l'esatta collocazione del Monte Sinai ma, secondo la tradizione è il Jebel Musa (Monte di Mosè) nella parte meridionale della penisola del Sinai dove è costruito il monastero di S. Caterina.

L'ELEZIONE DI ISRAELE

Al monte Sinai, per il patto con Dio, Israele divenne una nazione eletta e santa (19:3-8). La Sua elezione la pose in un ruolo privilegiato nel mondo. L'elezione significò pure che Israele ebbe la responsabilità di dare testimonianza dell'opera redentrice di Dio nel mondo. Mediante l'elezione, Israele divenne il "tesoro particolare" (in ebraico segullah). Dio promise ad Israele che sarebbe divenuto una nazione, non per un regno politico sovrano, ma un regno servitore con una vocazione sacerdotale. Il compito di Israele era di promuovere la conoscenza di Dio e mediare le Sue benedizioni alle nazioni del mondo. Similmente, Dio la sospinse ad essere una nazione santa, "messa a parte" (in ebraico qadash) per il Suo servizio. La santità doveva essere il marchio del popolo del patto. Il "se...allora sarete" della formula (v.5) mostra chiaramente la natura condizionata del patto e dell'elezione. Il carattere santo della nazione doveva dipendere dall'impegno di ascoltare ed ubbidire a Dio nel cammino di vita quotidiano. Nella teologia biblica, la ricerca della santità significa stabilire una relazione continua, momento-per-momento, di ubbidienza e di ascolto a Dio che chiama il popolo ad essere santo.

Al Monte Sinai, Dio incontra Mosè rivelandogli quale scopo abbia per il popolo di Dio che ha redento dall'Egitto (19.3-6). Dio salva Israele dall'Egitto per stabilire una nuova relazione con se (v.4).

Questo tipo di rapporto è chiamato patto (berith), ed il futuro della relazione Dio-Israele dipenderà dalla volontà di Israele di "ubbidire" al suo Dio (letteralmente, "udire la mia voce") e di "mantenere" il patto con Lui (v.5). Questo patto (noto anche come Patto del Sinai), segna un ulteriore sviluppo di quello stabilito tra Dio ed Abraamo. Il popolo a cui Dio si rivolge al Sinai è composto dai figli di Abraamo e da chi ha ricevuto le promesse di Dio. Come risposta alla fedeltà di Israele, Dio promette di trattarlo come una possessione preziosa, un regno di sacerdoti e una santa nazione (vv.5b-6).

Mosé rivela al popolo l'offerta del patto di Dio ed il popolo accoglie l'impegno a stabilire un patto con Lui (vv. 7-8). Dio comanda a Mosè di consacrare il popolo perché possa essere pronto ad incontrarLo quando sarebbe apparso sulla montagna. Dio appare sulla montagna, in mezzo al fuoco ed al fumo, tuoni, fulmini e terremoto.

I DIECI COMANDAMENTI

Il primo comandamento (20:3) richiama la relazione di Israele con Yahweh, suo unico Dio. L'amore genuino per Dio richiete la nostra completa lealtà e devozione. Il secondo comandamento (vv.4-6) proibisce qualsiasi tentativo di dare a Dio una rappresentazione visibile di qualsiasi genere. Questo comandamento ci invita a contemplare con meraviglia la santità del Creatore che riempie l'intera terra con la Sua gloria (Isaia 6:3). Il terzo comandamento (Esodo 20:7) il cattivo uso del nome santo di Dio per usi personali o illegittimmi. Il comandamento ci chiama a fare attenzione alle nostre parole ed alle azioni che riguardano il nome di Dio, per considerare se stiamo glorificando o profanando il suo nome. Il quarto comandamento (v. 8) propone l'esperienza del "riposo" dopo sei giorni di lavoro. Il Sabato è santo – un tempo di riposo durante le ore del giorno o della settimana.

Il quinto comandamento (v.12) è l'unico comandamento con promessa. La maniera in cui amiamo Dio si riflette nel modo in cui trattiamo i nostri genitori, che sono il nostro prossimo più vicino. Il sesto comandamento (v.13) proibisce di prendere l'altrui vita, che è sacra. Il comandamento difende la dignità ed il valore di ogni essere umano. Il settimo comandamento (v.14) invita alla fedeltà nel matrimonio. La fedeltà nel matrimonio riflette la fedeltà al patto con Dio.

L'ottavo comandamento (v. 15) proibisce la violazione dei diritti degli altri. Questo comandamento si rivolge contro le diseguaglianze economiche, l'ottenimento di un profitto a spese del povero e dello svantaggiato, e tutte le altre forme di sfruttamento nella nostra società. Il nono comandamento (v. 16) proibisce la menzogna in tribunale che conduce all'ingiustizia. La nostra vita sociale dipende dal nostro impegno a parlare con onestà circa il nostro prossimo. Il decimo comandamento (v. 17) proibisce la concupiscenza e il desiderio di possedere ciò che non è legittimamente nostro. Il nostro patto con Dio ci chiama a trattare gli altri e ciò che gli appartiene con amore e cura.

> **C** **ESTRATTI DAL CODICE DI HAMMURABI**
> (i numeri indicano quelli di ogni legge)
>
> 120. Se un signore ha depositato il suo grano in un'altra casa e si sia verificata una mancanza nel granaio o il proprietario della casa ha aperto il deposito e preso del grano o nega decisamente(la ricevuta del) il grano depositato nella casa, il padrone del grano dovrà esporre i particolari riguardanti il suo grano alla presenza della divinità e il proprietario della casa dovrà dare al possessore del grano il doppio di quanto ha preso (vd. la legge di Israele in Esodo 22:7-9).
> 196. Se un signore ha rovinato l'occhio di un membro dell'aristocrazia, si dovrà rovinare il suo occhio.
> 197. Se ha rotto un altro osso del signore, si dovrà rompere il suo osso.
> 198. Se ha rovinato l'occhio di un uomo comune o rotto un suo osso, gli dovrà dare una mina d'argento.
> 199. Se ha rovinato un occhio di uno schiavo o rotto un suo osso pagherà metà del suo valore.
> 200. Se un signore ha rotto un dente di un suo pari, si dovrà rompere un suo dente.
> 201. Se ha rotto il dente di un uomo comune, pagherà un terzo di mina d'argento (vd. La legge di Israele in Es.21:12-27).[1]

La gente sta ai piedi della montagna e vede la gloria splendente di Dio (vv.10-25). La **Teofania**, è il termine teologico che descrive tale manifestazione di Dio in modo sovrannaturale agli esseri umani.

Israele ricevette i **Dieci Comandamenti** al monte Sinai come le dieci prime condizioni del patto sinaitico (Es.20.1-17). I comandamenti sono generalmente suddivisi in due gruppi o tavole (Es. 24:12; 31:18; 34:1). I primi quattro comandamenti trattano delle relazioni con Dio (20.3-11), e gli ultimi sei delle relazioni tra gli individui (vv. 12-17). Di dieci, otto sono proposti come comandamenti negativi con delle implicazioni positive. Quando si proibisce un comportamento o un'azione, si provoca un comportamento o un'azione opposta a quella del comandamento.

I Dieci Comandamenti sono radicati nella teofania al Monte Sinai ed appartengono al contesto del patto del Sinai. I dieci Comandamenti o Decalogo ("Dieci Parole"), rivelano il carattere santo di Dio. Presentando questi comandamenti, Dio si identifica con l'Iddio che ha redento Israele traendo-lo fuori dall'Egitto, perciò Egli può legittimamente reclamare Israele come Suo possesso e può esprimere la Sua autorità rivelandogli il Suo volere (20:2).[2] Lo scopo generale dei comandamenti è di instillare un tipo di amore illimitato e senza riserve verso Dio ed il prossimo (Vd. Dt. 6.5; Lv. 19.18; Mc. 12.29, 32).

> **I**
>
> **MATERIALE LEGISLATIVO**
> (principi interpretativi)
>
> - L'interprete deve comprendere il contesto storico specifico ed il carattere delle affermazioni legali nell'AT. L'alleanza che Dio stabilì con Israele sul Monte Sinai, è il contesto della Legge.
> - Le leggi bibliche rientrano in tre grandi categorie: **Leggi casuistiche**, (leggi comprese tra un "se…allora") contengono casi specifici e regole per il culto e la liturgia; **leggi apodittiche**, sono proibizioni assolute; **istruzioni**, norme specifiche per il culto e la liturgia.
> - La Legge tratta anche delle varie dimensioni della vita umana e delle relazioni incluso il culto, il sacrificio, la condotta morale e sociale, l'ordine sociale, la vita familiare e l'igiene. La Legge, in senso ampio, intende preservare la distinta santità del popolo di Israele.
> - Le leggi AT presuppongono alcuni principi teologici e spirituali. Queste leggi offrono un modello di condotta etica e morale.
> - La responsabilità personale in ogni tipo di relazione è un'enfasi particolare delle leggi antico testamentarie.
> - I Dieci Comandamenti sono i principi indiscutibili di moralità, spiritualità e condotta etica di tutta l'umanità.
> - Quando trattiamo delle leggi specifiche che sembrano contraddire lo spirito dell'insegnamento del NT, dobbiamo elevare la legge suprema dell'amore del Sermone sul Monte e la grazia e la giustizia divina a noi pervenute mediante Cristo Gesù.

Tuttavia, è per noi importante comprendere che l'amore per Dio ed il prossimo non si escludono a vicenda. Non possiamo veramente amare il nostro prossimo senza amare veramente Dio; anzi, è il nostro amore per Dio (o meglio il modo in cui noi amiamo Dio) che determina e definisce l'amore per gli altri.

Esodo 20:22-22:33 contiene le leggi specifiche collegate al patto del Sinai. Questa sezione è spesso chiamata **"il Libro dell'Alleanza"** o il **"Codice dell'Alleanza."**

Questa collezione di leggi ha diversi paralleli con le leggi dell'Antico Vicino Oriente, particolar-mente con il Codice di Hammurabi (1792-1750 a.C.) e le leggi Ittite del XVI secolo a.C.[3]

La sezione inizia e finisce con un appello alla lealtà dimostrata mediante un culto appropriato e la promessa di benedizione e protezione (20.21-26; 23.20-33). La parte più ampia del Codice dell'Allenza contiene leggi specifiche riguardanti gli schiavi, i crimini di vario genere, il danneggiamento delle proprietà altrui, i doveri sociali e religiosi, quelli etici e le festività religiose (21:1-23:19). Segue una lista di alcuni dei temi più importanti presenti nel codice: Rispetto verso il prossimo, punizione per i crimini equa e sanzionata dalla società (e non dal singolo); protezione dei diritti di proprietà; restituzione per i danni causati da altri; cura, interesse e compassione per coloro che sono economicamente svantaggiati; impegno verso l'onestà e la giustizia; consacrazione di un tempo per adorare Dio. Esodo 24 descrive l'alleanza sinaitica tra Dio e Israele. Il rito per stabilire il patto include la costruzione di un altare, il sacrificio dell'offerta di pace, la lettura del Libro del Patto, il giuramento del popolo di ubbidire a tutte le parole del Signore, lo spargimento delsangue sul popolo, la condivisione di un pasto tra gli anziani di Israele in presenza di Dio (24:3-11). La narrazione si conclude con Mosè che sale sul monte la cui cima è coperta dalle nuvole. Lì egli rimane per 40 giorni e 40 notti (v.18).

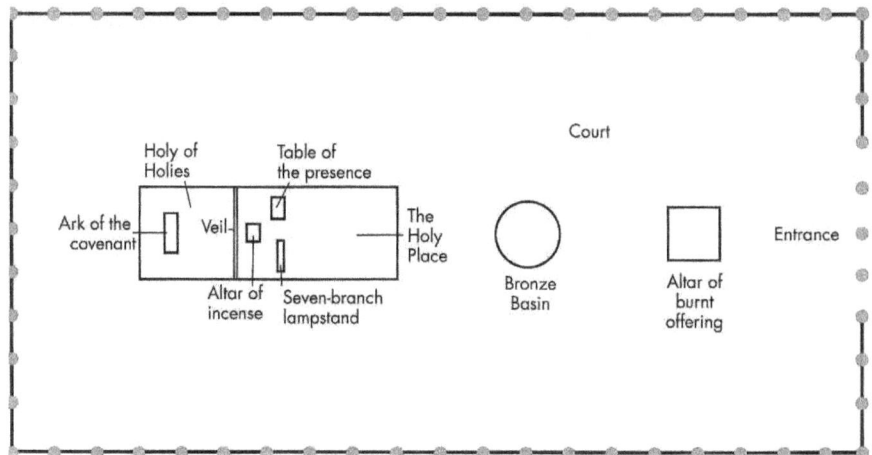

Figura 26 Un diagramma del tabernacolo

- **Istruzioni sul Tabernacolo (25:1-31:18)**

Sul Monte Sinai, Dio istruisce Israele su come costruire una tenda, seguendo uno schema specifico ed un progetto da lui preparato (cc. 25-31; 35-40).

Questa struttura, conosciuta come **Tabernacolo** o **Tenda di Convegno**, intende la presenza visibile di Dio in mezzo al popolo di Israele. Sebbene Dio abbia dato il progetto e lo schema del Tabernacolo, la sua costruzione dipende unicamente dalle offerte volontarie del popolo e dal lavoro di artigiani esperti dotati di doni particolari dallo Spirito di Dio (25: 1-7; 31:1-11).

Esodo 25:8 è cruciale per la nostra comprensione della finalità del Tabernacolo che deve essere un "santuario" (in ebraico, midqash; da qadash, che significa "messo a parte," o "consacrato;" l'aggettivo qadosh significa "santo") per Dio.

Figura 27 Il santuario (santo dei santi) in un tempio israelita a Arad nel sud di Israele. Forse Salomone costruì questo tempio per i soldati qui stazionati durante il suo regno.

La santità di Dio richiede che questa tenda sia un luogo santo, appartata dalle tende in cui Israele viveva. Le istruzioni specifiche di Dio su queste strutture, le misure, i materiali attestano ancora il carattere santo della tenda. Il Tabernacolo non è il luogo dove Dio abita ma, piuttosto, il luogo che testimonia al popolo della presenza di Dio (da shakan, "abitare") in mezzo a loro (V. 25.8). Il termine shekhinah, che significa "dimora" o "presenza divina," deriva da Shakan.) La funzione del Tabernacolo (in ebraico, mishkan) è, per Israele, il segno visibile e l'evidenza tangibile della realtà della presenza dimorante di Dio con il Suo popolo nel suo cammino giornaliero.Il Tabernacolo è composto da tre aree: **La Corte, il Santo**, ed **il Santissimo**. Il Santo ed il Santissimo costituiscono lo spazio limitato e sacro del Tabernacolo. Il Santissimo, la parte più interna del Tabernacolo, è il luogo più sacro ed è separato dal Santo da una tenda (Es. 26:31-33). Nessuno, eccetto il Sommo Sacerdote, può entrare nel Santissimo. Questi può accedervi soltanto nel Giorno dell'Espiazione (Vd. Lv. 16). **L'Arca del Patto**, un contenitore di legno ricoperto di oro puro, è posto in questo luogo sacro. L'arca contiene le testimonianze o le due tavole di pietra su cui sono scritti i dieci comandamenti. Nella storia più recente di Israele, l'arca diviene il simbolo visibile della potenza e della presenza di Dio. Il coperchio dell'arca (in ebraico kapporet che significa, letteralmente, "coperchio") era una lastra di oro. Questa copertura è nota comunemente come propiziatorio (in greco hilasterion, vd. Rm.3.25-26; Ebr. 9.5). Ai lati del **propiziatorio** vi sono due cherubini, le cui ali aperte coprono il propiziatorio.

Figura 28 Un altare per il sacrificio in un tempio ad Arad.

Il Santo è lo spazio esterno del tabernacolo. Soltanto i sacerdoti possono accedere a questo spazio sacro che contiene la tavola dei "pani dell'espiazione," un candelabro a sette bracci (menorah), ed un altare dove bruciare l'incenso. Il cortile fa parte del tabernacolo che limita l'area sacra. L'altare e la conca per le abluzioni sono posti nel cortile. **L'altare** (noto anche come **altare per le offerte bruciate (olocausti)** o l'altare di bronzo viene adoperato per le offerte sacrificali a favore della comunità (Vd. Lv. 1-7). Esodo 29.38-39 parla di un'offerta al mattino, ed una alla sera, su questo altare. La conca per le abluzioni contiene l'acqua per la purificazione rituale dei sacerdoti. Questi devono essere puri prima di entrare nel luogo santo per la liturgia quotidiana.

IL TABERNACOLO ED IL CULTO

Nelle narrazioni sul Tabernacolo, non troviamo soltanto la definizione di un luogo di culto ma anche il modo in cui offrire un culto appropriato. Lavorare per Dio, offrire a Dio, e da Lui ricevere, era un segno di fedeltà a Colui che era presente nella storia quotidiana di Israele. Nel Tabernacolo, ogni oggetto o materiale, dal più sacro al meno sacro, dal più costoso al meno costoso, aveva un suo specifico ruolo, posto e funzione. Ogni cosa, nel Tabernacolo, doveva riflettere la santità di Dio ed ogni cosa rappresentava un muto invito al popolo di Dio di riflettere sul mistero del-la Sua presenza. Tutto puntava alla possibilità che Israele aveva di incontrare Dio. Possiamo anche evitare di soffermarci a lungo su tutto questo materiale religioso perché non adoriamo più Dio in modo liturgico, ritualista, arcaico. Tuttavia, celata negli dettagli di questa narrazione, vi è la promessa che è possibile incontrare il Santo, maestoso e misterioso Dio. Il Tabernacolo ci invita a riflettere sul mistero della santa presenza di Dio tra di noi ed a trovare modi significativi e disciplinati di adorarlo "nello splendore della sua santità." (Sal. 29:2).

> **IL TABERNACOLO NEL NUOVO TESTAMENTO** [T]
>
> Nelle narrazioni sul Tabernacolo, non troviamo soltanto la definizione di un luogo di culto ma anche il modo in cui offrire un culto appropriato. Lavorare per Dio, offrire a Dio, e da Lui ricevere, era un segno di fedeltà a Colui che era presente nella storia quotidiana di Israele. Nel Tabernacolo, ogni oggetto o materiale, dal più sacro al meno sacro, dal più costoso al meno costoso, aveva un suo specifico ruolo, posto e funzione. Ogni cosa, nel Tabernacolo, doveva riflettere la santità di Dio ed ogni cosa rappresentava un muto invito al popolo di Dio di riflettere sul mistero della Sua presenza. Tutto puntava alla possibilità che Israele aveva di incontrare Dio. Possiamo anche evitare di soffermarci a lungo su tutto questo materiale religioso perché non adoriamo più Dio in modo liturgico, ritualista, arcaico. Tuttavia, celata negli dettagli di questa narrazione, vi è la promessa che è possibile incontrare il Santo, maestoso e misterioso Dio. Il Tabernacolo ci invita a riflettere sul mistero della santa presenza di Dio tra di noi ed a trovare modi significativi e disciplinati di adorarlo "nello splendore della sua santità." (Sal. 29:2).

La narrazione riguardante il Tabernacolo include due capitoli riguardanti i paramenti del sacerdote e il rito di ordinazione sacerdotale (Esodo 28-29). Pur se Israele, al Monte Sinai, è ritenuto un popolo sacerdotale, il privilegio particolare di servire Dio nel Tabernacolo come sacerdoti passa al fratello di Mosè, Aaronne, ed ai suoi figli che appartengono alla famiglia di Levi. Deiquattro figli di Aaron-ne, Eleazar e Itamar, divengono gli antenati dei sacerdoti di Israele (Vd. 1 Cr. 24.1-6).

Esodo 28 tratta dei paramenti sacerdotali molto elaborati e riccamente colorati. Istruzioni sull'ordinazione dei sacerdoti sono fornite al capitolo 29. La santità dei sacerdoti è riflessa dai loro paramenti. Il rito dell'ordinazione li distingue dai laici. L'accesso di Israele alla santa presenza di Dio ed il loro incontro con Dio, richiede la presenza mediatrice dei sacerdoti. Coloro che servono Dio in questo ruolo devono riflettere la Sua santità in ogni ambito vitale, come sembra essere la preoccupazione principale di Esodo 28-29.

- **Il peccato di Israele e la restaurazione (32:1-34:35)**

Tra il materiale descrittivo del Tabernacolo, l'arredamento e l'incarico dato agli operai per costruir-lo, troviamo la storia dell'apostasia di Israele e della rottura del patto con Dio (cc.32-34). Mentre Mosè è sul monte, il popolo si rivolge ad Aaronne costringendolo a costruire un vitello d'oro. Aaronne presenta il vitello d'oro agli israeliti come il loro Dio ed essi lo adorano con offerte ed altre festosità (32.1-6). Quando Mosè scende dal monte con le tavole che contengono i comandamenti scritti da Dio, vede la festa e le danze davanti al vitello d'oro. Pieno d'ira spezza le tavole, brucia il vitello, e costringe il popolo a bere acqua mischiata con la polvere dell'idolo frantumato. Aaronne prova a giustificarsi per quanto accaduto. Mosè, allora, comanda ai Leviti di uccidere circa 3000 uomini, in quel giorno, come punizione per il loro peccato (vv.7-9).

Mosè intercede con Dio perché mostri pietà e perdoni il popolo peccatore (vv.11-14, 30-34). Implora Dio di continuare a guidare il popolo fino alla destinazione (33:12-16). Dio risponde favorevolmente ed, ancora una volta, gli mostra la Sua gloria come segno del Suo favore verso il servo fedele (vv.17-23). Al comando di Dio, Mosè costruisce due tavole di pietra e torna sul monte dove stipula di nuovo il patto con Dio. Sta sul monte per altri 40 giorni e 40 notti e, sulle tavole da lui por-tate, scrive i Dieci Comandamenti che dona al popolo di Israele (34:1-35).

- **La costruzione del Tabernacolo (35:1-40:38)**

La sezione conclusiva dell'Esodo (cc.35-40) tratta attentamente e in dettaglio, della costruzione del tabernacolo, dell'arredamento e dei paramenti sacri. "La gloria del Signore riempì il Tabernacolo" quando Mosè ed Israele svolsero tutto quello che il Signore aveva loro comandato di fare riguardo alla costruzione del Tabernacolo (40.34). La storia dell'Esodo si conclude con un post scritto, una rammemorazione da parte di una successiva comunità, nella quale si afferma che l'Iddio venuto ad abitare con il popolo dell'Alleanza in un luogo stabilito, li ha guidati con una "nuvola di giorno...ed un fuoco visibile di notte durante tutti i loro viaggi" (v.38) "L'uscita di Israele" (esodo) dall'Egitto diviene un cammino con Dio che li salva dalla schiavitù. La comunità della fede, nel NT, trova in Gesù di Nazareth, la Parola incarnata, la presenza reale di Dio con loro (Gv. 1.14). Noi, anche, possiamo confidare e gioire della reale presenza dello Spirito Santo che ci guida e conforta nel nostro cammino quotidiano. Riguardo ad Israele, tutto ciò è soltanto l'inizio del suo cammino con Dio.

Frasi riassuntive

- Dio condusse Israele al monte Sinai e stabilì un patto con il popolo;
- Dio diede ad Israele i dieci comandamenti come linee guida per la sua vita di popolo di Dio nel mondo;
- Israele, con la sua idolatria, peccò contro Dio; questi, però, lo restaurò per l'intercessione di Mosè;
- Dio promise ad Israele la Sua presenza continua mediante il progetto e la realizzazione della costruzione del tabernacolo.

Domande di riflessione

1. Che significa dire che la nostra relazione con Dio è di tipo pattuale?
2. Quali sono le responsabilità e gli obblighi di un cristiano che afferma di avere stabilito un patto con Dio in Gesù Cristo?
3. Hai dei suggerimenti sul modo in cui, oggi, dovremmo adorare Dio nella bellezza della Sua santità?
4. In che modo il culto può diventare, oggi, un'esperienza vitale?

Risorse per studi ulteriori

Brueggemann, Walter, The Book of Ezodus.Introduction, Commentary, and Reflections. Vol.1 del The New Interpreter's Bible, Nashville:Abingdon Press, 1994. Pagine 830-981;
Childs, Brevard S., The Book of Exodus. A Critical, Theological Commentary. The Old Testament Library, Philadelphia, Westminster Press, 1974. Pagine 340-638.

10. Israele nel deserto: Levitico e Numeri

OBIETTIVI

Lo studio di questo capitolo ti aiuterà a:
- Descrivere il contenuto del libro del Levitico;
- Discutere sul significato del sacrificio e delle offerte per la fede d'Israele;
- Porre in relazione i riti di santità del Levitico con l'enfasi cristiana sulla vita di santità;
- Descrivere il contenuto del libro dei Numeri;
- Identificare gli eventi maggiori che avvennero durante il cammino di Israele dal Sinai alle pianure di Moab;
- Discutere sui temi del dubbio e della fiducia in relazione al proprio pellegrinaggio spirituale, adoperando la storia del Libro dei Numeri.

Termini chiave:

Offerta bruciata
Offerta delle granaglie
Offerta di pace
Offerta per il peccato
Offerta per al colpa
Yom Kippur
Azazel
Codice di santità
Cades
Moab
Leviti
Purezza
Nazirato
Miriam
Giosuè
Caleb
Meriba
Edom
La via del re
Balac
Pianure di Moab
Città di rifugio

Domande da considerare durante la lettura:
1. Perché è necessario avere delle regole e delle norme per il culto?
2. In che modo ti mantieni puro nella vita quotidiana?
3. Quali sono alcuni degli ostacoli alla fede nella nostra vita religiosa?
4. Perché è così difficile avere fede in Dio nei momenti difficili della vita?

Fin qui abbiamo seguito la storia del popolo di Israele, dai giorni dei patriarchi alla sua liberazione dall'Egitto e al Patto con Dio sul Monte Sinai. Qui, Dio stabilisce le sue leggi affinché Israele sia e si mantenga un popolo santo. Adesso studiamo il libro del Levitico che contiene le linee guida di una vita santa e di piena comunione con quel Dio che li ha redenti dall'Egitto.

Il libro del Levitico

Titolo e autore

Il titolo Levitico proviene dalle traduzioni, sia greca che latina, dell'AT. Intende un manuale di istruzione per i sacerdoti di Israele. Non possiamo stabilire una data precisa per questo scritto. Le Leggi promulgate al Sinai furono, verosimilmente, ampliate negli anni successivi della storia di Israele. È possibile che la maggior parte di queste leggi complesse esistesse, in forma scritta, già dal 700 a.C.[1] Tuttavia, la maggior parte degli studiosi, ritiene che le leggi e le norme qui presenti siano opera dei sacerdoti scrittori di Israele (P), risalenti a circa 400 anni prima di Cristo.

Contesto

Il libro appartiene all'ambiente del patto stipulato sul Monte Sinai (Vd. Levitico 27.34). Nel suo ambiente canonico, il libro sembra indirizzarsi alla comunità del Patto a cui espone le direttive di Dio per il suo pellegrinaggio insieme a Lui.

Contenuto

Pur se il contenuto del libro è spesso considerato come una collezione di discorsi di Dio a Mosè, ed occasionalmente ad Aaronne, è chiaro che il popolo è il destinatario ultimo di queste parole (Vd la formula ricorrente in tutto il libro, "Il Signore disse a Mosè, parla agli israeliti"). In questo senso, riteniamo che il libro non sia un manuale per i sacerdoti ma, piuttosto, l'istruzione di Dio al popolo che ha stipulato un patto con Lui. Il contenuto del libro può essere suddiviso nel modo seguente:

1. Sacrifici e rituali (1:1-16:34)

2. Vita di santità (17:1-27:34)

OFFERTE PER IL PECCATO E LA COLPA

Le offerte per il peccato e la colpa rappresentavano il modo in cui Dio affrontava il problema del peccato. Mediante queste offerte, la grazia del perdono divino giungeva alla fedele comunità di Israele. Questa stessa grazia divina, oggi giunge a noi in Cristo e nella Sua espiazione. Accogliendola ci impegniamo a donarla agli altri "che peccano contro di noi." (vd. Mt. 6.12). Ancor più, oggi, il popolo di Dio deve praticare la restaurazione e la restituzione, e quindi apportare guarigione e riconciliazione in un mondo che non sa come risolvere il suo problema con Dio ed il prossimo.

- **Varie offerte e sacrifici (1:1-7:38)**

I capitoli 1-7 descrivono le norme relative a cinque diverse offerte a Dio. Un'offerta (in ebraico, qorban, da una radice verbale che significa "avvicinare" o "approssimare") è un dono che permette ad una persona di avvicinarsi alla santa presenza di Dio.

L'offerta dell'olocausto (sacrificio consumato dal fuoco) è il sacrificio di un animale maschio senza difetto preso tra le bestie di una mandria o di un gregge o tra particolari uccelli; l'intero animale viene bruciato sull'altare. Il termine ebraico olocausto significa "quello che sale," forse intendendo il fumo ed il fuoco che salgono al cielo. Il sacrificio produce "un profumo di odore soave gradito al Signore" (1:9,13,17). Nell'offerta delle spighe, una piccola porzione della pasta fatta con fior di farina impastata con olio di oliva e incenso, viene bruciata sull'altare. L'offerta di comunione include anche un pasto sacro a cui partecipa il sacerdote e l'offerente. Di regola, soltanto a coloro che mantengono na giusta relazione con Dio è permesso portare queste tre offerte. Il sacrificio espiatorio apporta il perdono mediante un sacrificio animale. Il sacrificio per la colpa richiede il pagamento di restituzione per correggere il male commesso dal peccatore.

- **L'ordinazione dei Sacerdoti (8:1-10:20)**

La consacrazione e l'ordinazione di Aaronne e dei suoi figli come sacerdoti per il servizio nel Tabernacolo, è il soggetto dei capitoli 8-10 del Levitico. Questi capitoli, come il resto del libro del Levitico, contengono un numero di riti complicati e cerimonie che richiedono una grande precisione nel loro espletamento. Due figli di Aaronne (Nadab e Abiu) dopo aver acceso un fuoco, vi aggiunsero incenso, trasgredendo alle modalità stabilite da Dio. Il fuoco, allora, li consuma, come conseguenza della loro azione illegittima e dissacrante.

- **Purezza ed impurità (11:1-15:33)**

I capitoli 11-15 trattano di vari tipi di impurità e della cura per poterli rimuovere. Le leggi dietetiche distinguono tra animali puri ed impuri e sulla procedura per rimuovere l'impurità causata dal contatto con la carcassa[2] di un animale morto. La legge della purificazione include delle azioni specifiche da compiere da parte di una neo mamma per recuperare la sua purezza dopo il parto. La legge della purezza definisce anche la procedura da seguire per la purificazione delle impurità causate da infezioni della pelle, dalla muffa e da secrezioni corporee. Tutte queste leggi mostrano come Dio sia intensamente preoccupato per il benessere e la salute del popolo del Patto.

IL SACRIFICIO CRUENTO E L'ESPIAZIONE T

Lo spargimento di sangue di un animale è il provvedimento salvifico per i peccatori (Vd.Lv. 17.11). Il sangue "espia" per i propri peccati (17:11). Il termine espiazione comunica l'idea di "coprire" qualcosa; in questo caso, rappresenta il sangue che copre il peccato. Tuttavia, intende anche la purificazione dal pecca-to. Nell'AT, il sangue purifica un peccatore da tutti i peccati (16.30). Il sacrificio animale è un atto sostitutivo mediante il quale un peccatore riceve da Dio sia la giustizia che la misericordia. Il sacrificio cruento è perciò efficace e procura il perdono, la reintegrazione, e la purificazione da Dio.

Gli scrittori neotestamentari considerano la morte di Gesù come provvedimento divino di espiazione per tutta l'umanità. Lo scrittore agli Ebrei afferma che "il sangue di Cristo...purificherà la nostra coscienza dalle opere morte per servire il Dio vivente." (9.14)

LA FESTA DELL'ESPIAZIONE

I riti del Giorno dell'Espiazione si concentrano sulla purificazione del peccato dalla santa comunità di Israele, in modo da poter sperimentare la realtà della presenza di Dio nel Tabernacolo. Un fine importante di questo giorno era quello di rimuovere il peccato ed i suoi effetti dalla comunità. Israele raggiunge questo scopo inviando il capro espiatorio nel deserto (16:20-22). Giovanni Battista, testimoniando di Cristo dice: "L'Agnello di Dio che toglie i peccati del mondo." Questo è un modo rimarchevole di esprimere la purificazione e la rimozione del peccato per il legame con la morte sacrificale di Gesù (Gv. 1:29). Una dimensione ulteriore dell'espiazione di Cristo proviene dal fatto che Egli è anche il Sommo Sacerdote entrato nel Luogo santissimo del cielo con il suo sangue ...per portare i peccati di molti" (Ebr. 9.26, 28). La morte di Gesù, in questo senso, si pone in diretta continuità con lo scopo del Giorno dell'Espiazione.

- **La Festa dell'Espiazione (16:1-34)**

Levitico 16 si concentra sulla complessa procedura mediante la quale la nazione, nella sua interezza, viene purificata dal peccato e dalle sue conseguenze, in un giorno specifico noto come il Giorno dell'Espiazione (Yom Kippur). È l'unico giorno in cui il Sommo Sacerdote entra nel Luogo Santissimo. Il rito include l'offerta di un toro per l'espiazione del peccato del Sommo Sacerdote e della sua casa, l'offerta di un capro per espiare il peccato della nazione di Israele, e l'allontanamento di un capro (Azazel) nel deserto.

Il Sommo Sacerdote entra nel Luogo Santissimo, una volta, con il sangue del toro ed una seconda volta con quello del capro e con quello asperge il propiziatorio e davanti al propiziatorio. Dio istituisce questo giorno come festa annuale per Israele perché sia divinamente purificato dal peccato della nazione (16.29-31). Questo è, per Israele, un "sabato di riposo," non sol-tanto dal lavoro ma anche dalla potenza del peccato.

- **Il Codice di Santità (17:1-26:46)**

Levitico 17-26 contiene tante leggi diverse, tenute insieme dal tema della santità. Questa sezione è popolarmente conosciuta come Codice di Santità. In essa si affrontano temi relativi al culto, al cibo, all'attività sessuale, alla condotta sociale, alla condotta dei sacerdoti, al calendario religioso, alla blasfemia, alla giustizia giusta ed equa, alla restituzione di una proprietà al legittimo proprietario, ed alla ricompensa e punizione di Dio.

Le istruzioni nel Libro del Levitico si concludono con una lista di regole dettagliate riguardanti delle promesse speciali (voti) fatte a Dio (c.27).

T

LA SANTITÀ NEL LEVITICO

La vocazione alla Santità ("siate santi") è un tema importante nel codice di santità (V.19.2; 20.7, 26; 21.6,8). Il Codice di Santità descrive l'arena della vita quotidiana come il contesto più appropriato per mettere in pratica la santità. Questa, nel Levitico, non è un affare privato per un guadagno individuale. "L'essere santi" coinvolge tutta la comunità che diviene l'intermediaria della santità di Dio nel mondo e "ama il prossimo come te stesso," è il mezzo mediante cui raggiungere questo fine (19.18). Il principio neotestamentario di "amare il tuo prossimo come te stesso," ripropone la centralità della legge dell'amore nella condotta cristiana.

2. Il libro dei Numeri

Il Libro dei Numeri continua a svolgere il tema della santità proposto dal Levitico enfatizzando la centralità del Tabernacolo e la guida di Dio nel cammino quotidiano di Israele nel deserto. Il libro contiene delle narrazioni che riguardano la ribellione e la protesta di Israele contro Dio quando essi affrontarono le difficoltà della vita nel deserto. In questo libro, la storia di Israele si svolge dal Monte Sinai alle pianure di Moab.

Figura 29 Le pianure di Moab dove si accamparono gli israeliti alla fine del loro cammino nel deserto.

Titolo e Autore

Il nome deriva dalle traduzioni greche e latine (arith moi in greco e Numeri in latino). Il titolo indica il censimento descritto nei capitoli 1 e 26. Il termine ebraico bemidbar ("nel deserto") ben si adatta all'ambiente geografico. Come in altri casi nel Pentateuco, riteniamo che il materiale legale e le storie presenti in Numeri abbiano la loro origine in Mosè. Nella sua forma canonica, il libro propone il contesto ambientale del XIII secolo a.C. Tuttavia, ci rendiamo conto come, nella sua forma e composizione attuale, esso possa essere stata l'opera di generazioni successive. Specialisti della Bibbia ritengono che vi sia presente materiale misto tratto dalle fonti J, E e P.[3]

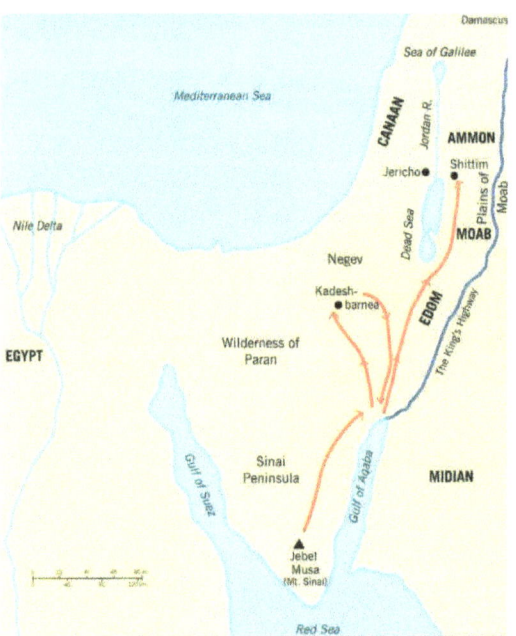

Contesto

Vari eventi descritti in Nm. 1:1-10:10 avvengono presso il Monte Sinai nel secondo anno dalla fuga di Israele dall'Egitto. Il popolo parte dal Monte Sinai il quattordicesimo mese dopo aver lasciato l'Egitto.

Figura 30 La possibile via seguita da-gli israeliti, dal monte Sinai alle pianure di Moab.

La sua meta immediata è il deserto di Paran, a nord del Sinai. Arriva a Cades, probabilmente un'oasi a sud della frontiera della Terra promessa. Da Cades, Mosè invia 12 spie per avere delle informazioni sul paese di Canaan e sulla forza dei suoi abitanti (12:16; 13:26). Nel 40° anno dalla sua fuga, Israele giunge a Moab, la regione a est di Gerico oltre il fiume Giordano.

Non siamo certi dove Israele abbia trascorso il tempo durante questi anni (circa 38). È possibile che, dopo l'arrivo iniziale a Cades, essi stettero lì per diversi mesi e poi lasciarono la regione per va-gare nel deserto per 38 anni. Forse ritornarono a Cades per iniziare la fase finale del viaggio che li condusse a Moab. Le narrazioni non coprono l'intera storia di Israele nel deserto perché interessate al secondo ed al quarantesimo anno. Il libro, così come si trova nella Bibbia, tratta della storia di Israele tra il 1280 ed il 1240 a.C.

Contenuto

Le narrazioni in Numeri possono essere suddivise in tre sezioni:
1. Preparazione e partenza dal Sinai (1:1-10:10)
2. Viaggio dal Sinai a Moab (10:11-21:35)
3. Israele nelle pianure di Moab (22:1-36:13)

- **Preparazione e partenza dal Sinai (1:1-10:10)**

La preparazione di Israele e la partenza dal Sinai iniziano con l'organizzazione della nazione in un esercito. Seguendo le istruzioni di Dio, Mosè fa un censimento del popolo (tutte le tribù, eccetto quella di Levi) tra tutti quelli che possono "andare in guerra"(1:3). Fin dall'inizio, Israele si aspetta un forte opposizione ed è cosciente della possibilità di dover entrare in guerra per poter prendere possesso della Terra Promessa.

La preparazione a lasciare il Sinai include anche l'organizzazione logistica delle tribù attorno al Tabernacolo. I Leviti si accampano attorno al Tabernacolo per preservare la santità dello spazio sacro. Mosè fa un elenco di tutti i Leviti di età compresa tra i 30 ed i 50 anni per prestare servizio nel Tabernacolo.

UNA COMUNITÀ INTORNO AL SUO DIO

La collocazione delle tende di Israele intorno a quella, posta al centro, di Dio, rivela come Egli stesse al centro della vita del Suo popolo (2.1-2). Da ogni lato le tende fronteggiavano il Tabernacolo. Questo tema di Dio al centro della vita comunitaria e della famiglia, contraddice chiaramente la tendenza attuale di darGli un posto secondario o marginale nella nostra vita. Quando Dio non è più al centro, la nostra vita diviene vuota e priva di santità. Ne risulta una esistenza dominata dal materialismo, l'autosufficienza, e l'orgoglio.

La preparazione al viaggio include anche dei provvedimenti per poter eliminare l'impurità dal campo di Israele (c.5). Dio offre la possibilità, a chi vuol fare un voto di separazione, di dimostrare la sua purezza di vita. Coloro che lo fanno sono chiamati Nazirei. Sansone, Samuele e Giovanni Battista sono alcuni dei più rinomati nazirei in un determinato periodo della loro vita (Gdc 13:5; 1 Sam 1:11; Lc 1:15). Prima della partenza dal Sinai, Dio assegna ai sacerdoti il compito di pronuncia-re la Sua benedizione sul Suo popolo pronto a partire per un lungo viaggio con Lui.

Numeri 7:1-10:10 descrive lo stadio finale della preparazione prima di partire dal Sinai. I capi delle tribù di Israele portano le offerte al Tabernacolo e Mosè consacra i Leviti al loro servizio. Sia i laici che i sacerdoti si impegnano insieme nei preparativi del loro viaggio verso la Terra Promessa.

- **Mormorio e ribellione (cc. 10:1-14:45; 16:1-17:13)**

Numeri 10:11-28 descrive il cammino di Israele dal Sinai sotto la guida della nuvola della presenza di Dio. Ogni tribù ha un ruolo assegnato nell'ordine di marcia, con la tribù di Giuda davanti e Neftali indietro. I Leviti che portano gli oggetti sacri stanno al centro della linea di marcia. Coloro che portano l'arca del patto stanno davanti per dare ad Israele un segno visibile della guida di Dio durante il cammino (vd. v.33; anche Gs. 3:14).

Le narrazioni nei prossimi pochi capitoli, ci danno un'idea dello spirito ribelle di Israele nel deserto. A Tabera il popolo si lamenta per la difficile condizione di vita. Desidera la carne e si lamenta ripensando, con nostalgia, ai giorni della sua permanenza in Egitto.

Dio risponde inviando le quaglie ma, insieme alla carne, giunge anche il Suo giudizio. Persino Mosè si stanca del grande peso della sua responsabilità. Maria ed Aaronne, suoi familiari, criticano la sua guida pretendendo di essere, anch'essi, destinatari della parola divina. Dio interviene rivelando loro di aver scelto Mosè come servo speciale con il quale parla direttamente e non mediante sogni o visioni.

Numeri 13-14 contiene la storia delle spie di Israele inviate nella terra di Canaan, e dei successivi eventi di ribellione e di giudizio di Dio. Da Cades, nei pressi della frontiera meridionale di Canaan, Mosè invia 12 uomini per spiare il paese. Viaggiano per tutto il paese per circa 40 giorni e conferma-no la vitalità e produttività del paese. Le spie tornano con campioni di frutti del paese. La buona notizia da essi annunciata è che nel paese scorre "latte e miele." Caleb incoraggia il popolo a continuare il cammino e a conquistarlo (13:30). Il rapporto completo contiene anche la notizia che il paese è abitato da Giganti di fronte ai quali gli ebrei sembrano delle "cavallette" (v.33). Questa brutta notizia spaventa il popolo e causa una forma di ribellione contro Dio colpevole di averli ingannati. Ritengono, persino, che i Suoi progetti siano malvagi, tanto che cercano una guida che li riporti in Egitto. Giosuè e Caleb scongiurano il popolo a non ribellarsi a Dio che è costretto a punirlo costringendolo a vagare nel deserto per quarant'anni con la morte, nel tempo, di tutti coloro che erano usciti dall'Egitto, eccetto Caleb e Giosuè.

Core, Datan e Abiram, ed altri capi sfidano l'autorità di Mosè ed Aaronne affermando che tutta la comunità è santa e quindi possiede dei requisiti sacerdotali (c.16). Mediante un segno miracoloso della fioritura della verga di Aaronne, Dio autentica la casa di Aaronne come la legittima famiglia sacerdotale (17.1-13).

- **Leggi varie (cc. 15:1-41; 18:1-19:22)**

Varie leggi interrompono la narrazione del viaggio di Israele nel deserto. Ve ne sono alcune che riguardano le offerte di grano, le offerte per i peccati involontari, l inosservanza del Sabato e le nappe agli angoli delle vesti (c.15). Il capitolo 18 tratta delle leggi relative ai sacerdoti ed ai Leviti. Mosè assegna ai Leviti il compito di accudire al Tabernacolo. Le offerte del popolo appartengono ai sacerdoti ma la sua decima appartiene ai Leviti. La decima dei Leviti appartiene al Sommo Sacerdote. Il capitolo 19 contiene leggi sulla purificazione dalle impurità.

- **Viaggio da Cades a Moab (cc. 20:1- 21: 35)**

Numeri 20-21 descrive l'ultimo segmento del cammino di Israele nel deserto. A Meriba ancora una volta, il popolo si ribella contro Mosè perché non c'è acqua. Dio comanda a Mosè di prendere il suo bastone e parlare alla roccia di fronte a loro affinché dia acqua.

Mosè, in un moto di rabbia, colpisce la roccia due volte con il bastone. Pur se viene fuori acqua, il suo modo di agire è considerato un atto di disubbidienza. Dio condanna Mosè a non entrare nella Terra Promessa.

Il re di Edom si rifiuta di lasciar passare gli israeliti sulla strada pubblica (strada del re) che è la via più importante dei tempi antichi, snodandosi dal Golfo di Aqaba a sud di Damasco, fino al nord, dopo aver attraversato Edom, Moab, Ammon, Gilead e Basan. Israele cammina intorno ad Edom e giunge al Monte Or. Aaronne muore ed è sepolto a Or. Sulla via per le pianure di Moab, Israele in-contra e sconfigge il re di Arad, Sicon, re degli Amorei e Og, re di Basan.

Figura 31 La via del Re, una via commerciale che attraversava le terre di Edom, Moab a Ammon.

Gli oracoli di Balaam (cc.22:1-24:25)

Giunto alle pianure di Moab il popolo si accampa. La storia di Balaam e del suo asino offre un interludio umoristico agli episodi violenti di Numeri. Balak, re di Moab, invia i suoi messaggeri a Balaam, mago e veggente della Mesopotamia settentrionale, per fargli pronunciare una maledizione su Israele in modo da far trionfare il suo esercito e scacciare gli israeliti dal suo territorio. Questa storia è piena di interrogativi. Balaam crede, forse, in YHWH (il Signore)? Perché Dio permette a Balaam di accompagnare i messaggeri di Balak per poi fermarlo? La parte più interessante della storia è la capacità che ha l'asino di parlare al suo padrone. Pur se non possiamo dare una risposta soddisfacente e tutte queste domande, una cosa è chiara.

Dio si adopera di un asino e di una persona pagana e apporta benedizione ad Israele, anziché maledizione. Questa storia accresce la convinzione di Israele che nessuna potenza magica nel mondo può benedirla o maledirla. Soltanto Dio può farlo. Perciò, non deve preoccuparsi di essere distrutto dalle potenze malefiche attorno a sé.

Figura 32 Monte Or, luogo di sepoltura di Aronne.

- **Israele sulle pianure di Moab (cc. 25:1-36:13)**

I capitoli 25-36 riportano vari episodi che avvengono sulle pianure di Moab. Accampato lì, Israele adora Baal e si coinvolge nel culto della fertilità cananea. In seguito si scoprirà che Balaam è il responsabile di questa influenza corrotta su Israele (31:16; Ap. 2:14). Il giudizio di Dio cade sul popolo per la sua idolatria e le sue pratiche sessuali immorali (Nm. 25).

Mosè fa un altro censimento di Israele per poter determinare il numero di persone abili alla guerra (c.26). Stabilisce anche la Legge che salvaguarda il diritto di eredità delle donne, quando non vi siano figli maschi, e quella che impedisce il trasferimento di un'eredità tramite il matrimonio (27:1-11; 36:1-12). Giosuè viene designato successore di Mosè (27:12-23). I capitoli 28-30 contengono va-rie leggi riguardanti offerte speciali e voti religiosi. La distruzione dei Medianiti è il tema del c.31. Mosè permette alle tribù di Ruben, Gad e alla mezza tribù di Manasse di situarsi ad est del Giordano e di stabilire i confini del paese di Canaan (cc. 32, 34). Designa anche 48 città come dimora dei Leviti e 6 città di rifugio per coloro che sono colpevoli di omicidio involontario (c.35).

A Moab, Israele, composto da una nuova generazione di giovani nati nel deserto, la seconda gene-razione di coloro che erano usciti dall'Egitto, aspetta istruzioni per entrare nella Terra Promessa. Il Libro del Deuteronomio gliele fornirà.

VITA NEL DESERTO

La vita cristiana è spesso paragonata al cammino di Israele nel deserto. Impariamo tre lezioni teologiche dal cammino di Israele nel deserto.

In primo luogo, nel nostro cammino quotidiano, dobbiamo dipendere dalla Sua provvidenza misteriosa e gratuita. Dio offre ad Israele un menù del tipo "mangia più che puoi" di manna e carne. Il provvedimento divino del "pane quotidiano" è un segno della grazia di Dio per noi che dovrebbe renderci a Lui grati. Il vangelo ci invita a "cercare prima il regno di Dio e la Sua giustizia" confidando nella provvidenza piena di grazia di Dio (Mt. 6.33; vd. vv.25-34).

In secondo luogo, dobbiamo confidare nella realtà invisibile eppure potente della presenza di Dio con noi. Israele si ribella contro Dio perché ha perso la visione di Dio che lo ha liberato dall'Egitto. Il popolo fissa il suo sguardo soltanto sui giganti della terra di Canaan. Le forze visibili e minacciose riescono, spesso, a distrarci dalla realtà invisibile della presenza di Dio con noi. L'apostolo Paolo scrive, "se Dio è con noi, chi sarà contro di noi?" (Rm.8.31). La vera fede è "certezza di cose che si sperano, dimostrazione di realtà che non si vedono." (Ebr.11.1).

In terzo luogo, dobbiamo sottometterci alla guida fedele di Dio. Nel deserto, Israele rifiuta sia la guida divina che umana. Il tragico risultato è un viaggio senza meta e mal diretto tanto che spreca anni vagando nel deserto e subendo il giudizio di morte e distruzione.

La storia di Israele ci avverte dei pericoli dell'individualismo e dell'autonomia. La sottomissione all'autorità di una guida responsabile e divinamente ispirata è un contrassegno di vita santa.

Frasi riassuntive

- Il Levitico è un manuale di istruzione dei sacerdoti d'Israele;
- Il Levitico distingue tra offerte volontarie per compiacere Dio e offerte per il perdono del peccato e la rimozione della colpa;
- La Santità intende la separazione dalle influenze secolari del mondo e la consacrazione a Dio;
- Mantenere la santità in ogni ambito vitale e in tutte le relazioni è una componente necessaria della vita santa;
- Dio guidò Israele nel deserto e provvide per lui;
- Nel deserto, Israele si ribellò contro Dio perché non seppe confidare nella Sua provvidenza;
- A causa della ribellione e del mormorio di Israele, il deserto divenne un luogo di giudizio;
- Mosè condusse Israele nelle pianure di Moab e scelse Giosuè per guidare la nazione nella Terra promessa.

Domande di riflessione

1. Discuti sui vari modi di mantenere la santità nella vita cristiana quotidiana
2. In quali aree tendiamo a superare il limite tra sacro e profano?
3. In quali modi pratici si può espiare per il peccato oltre il pentimento e la preghiera di richiesta del perdono?
4. Che cosa provoca, oggi, ansietà, dubbio e paura esistenziale?
5. In quali modi ci ribelliamo all'amore ed alla cura di Dio?

Risorse per studi ulteriori

Kaiser, Walter C., Jr. *The Book of Leviticus: Introduction, COmmentary, and Reflections,* Vol.1 of *The New Interpreter's Bible*, Nashville:Abingdon Press, 1994. Pagine 985-1191;

Wenham, Gordon J. The Book of Leviticus: New International Commentary on the Old Testament, Grand Rapids: Eerdmans,1979;

Tyndale Old Testament Commentary. Downers Grove, Ill.: Intervarsity Press, 1981.

11. Istruzioni per la vita nella Terra Promessa: Deuteronomio

OBIETTIVI

Lo studio di questo capitolo ti aiuterà a:
- Descrivere il contenuto del libro del Deuteronomio;
- Discutere sull'ambiente storico e geografico del Deuteronomio;
- Identificare lo Shema ed i principi teologici promossi dallo Shema;
- Discutere sulle varie feste religiose dell'antico Israele;
- Valutare gli insegnamenti teologici del Deuteronomio e mostrare come questi insegnamenti siano utili per dare forma alla vita odierna come popolo di Dio;
- Discutere sul significato del rinnovamento del patto e sulla teologia delle benedizioni e maledizioni.

Termini chiave:

Deuteronomion
Torah
Shema
Cherem
Pasqua
Festa degli Azzimi
Festa delle Settimane
Pentecoste
Festa delle Capanne
Festa dei Tabernacoli
Festa della Raccolta
Monte Ebal
Monte Gherizim
Teologia deuteronomica
Monte Nebo
Pisga

Domande da considerare durante la lettura:
1. Quali sono i principi guida della tua vita religiosa?
2. Che significato ha per te la frase "amerai il Signore con tutto il tuo cuore"? (Deuteronomio 6:5).

Il libro del Deuteronomio contiene i discorsi di addio di Mosè alla nazione pronta ad occupare la Terra Promessa. Gli autori dei libri storici (Giosuè, Giudici, 1 e 2 Samuele, e 1 e 2 Re), hanno adoperato questo libro come fonte teologica per la loro interpretazione e valutazione della storia di Israele. Questo è uno dei libri veterotestamentari più citati dagli scrittori del Nuovo Testamento. Gesù sconfisse le tentazioni nel deserto pronunciando le parole di verità contenute in Deuteronomio 6:13, 16 e 8:3 (Vd. Mt. 4:1-11). Anche l'insegnamento di Gesù "ama il Signore tuo Dio con tutto il tuo cuore, la tua anima e la tua mente) è una citazione diretta di Deuteronomio 6:5 (Matteo 22:37).

Titolo e paternità

Il titolo proviene dal greco deuteronomion ("la seconda legge"). Il Deuteronomio è la seconda legge nel senso che è quella data o ripetuta per una seconda volta. Riassume l'essenza della legge che Dio diede ad Israele sul monte Sinai.

Non vi è consenso unanime sulla data e la paternità di questo scritto. Studiosi del ramo più critico credono che sia un documento prodotto alla fine del VII secolo nel contesto delle riforme religiose del re Giosia. Tuttavia, poiché il libro nella sua presente forma canonica, contiene le esortazioni di Mosè agli israeliti che si preparavano ad entrare nella terra promessa, si presuppone il XIII secolo a.C. come contesto storico-cronologico del libro. Per questo motivo, sembra appropriato supporre che il cuore del contenuto del libro, appartenga al periodo di Mosè e che il libro sia esistito in forma scritta lungo tempo prima della riforma di Giosia del VII secolo a.C. (Vd. 2 Re 22:8-13).[1] È anche possibile, tuttavia, che scrittori posteriori ispirati abbiano ampliato le istruzioni di Mosè per rispondere a determinate problematiche teologiche nei loro contesti specifici. Ad ogni modo, è alquanto difficile determinare una data precisa della edizione finale e della composizione del contenuto del libro.

Contesto

I versi di apertura (1:1-5) identificano le pianure di Moab come l'ambiente dei discorsi di addio. Mosè ha condotto Israele dall'Egitto alle pianure di Moab. Il popolo si accampa nella regione della Transgiordania, sulla riva orientale del fiume Giordano. Il deserto è un ricordo passato e la Terra Promessa è, adesso, davanti a loro. La nazione sta per vivere una delle pagine più esaltanti della sua storia: l'ingresso nella terra che Dio aveva promesso ad Abraamo come eredità per i suoi discendenti. La promessa di Dio di rendere Abraamo una grande nazione si è realizzata e la conquista di Canaan consentirà ad Israele di divenire una benedizione "per tutti i popoli della terra." (Gn.12.3)

Contenuto

L'introduzione del libro presenta il suo contenuto come la spiegazione della legge (Torah), data da Dio ad Israele sul monte Oreb (1:5), da parte di Mosè. Torah, solitamente tradotta "legge," in questo libro riceve un nuovo significato. È più di un elenco di cose proibite o comandate da Dio; è, piuttosto, la volontà piena di grazia di Dio, la Sua istruzione sulla condotta e vita del Suo popolo. Possiamo, allora, definire appropriatamente questo libro come un manuale dei principi guida, dati da Dio ad Israele, perché potesse vivere fedelmente e in ubbidienza nella Terra Promessa.

Il libro contiene le seguenti sezioni maggiori:
1. Il primo sermone di Mosè (1:6-4:43);
2. Il secondo sermone di Mosè (5:1-28:68);
3. Il terzo sermone di Mosè (29:1-30:20);
4. L'epilogo (31:1-34:12).

LO SHEMA

Deuteronomio 6:4-9 fa parte delle preghiere mattutine e serali del giudaismo. Nel culto giornaliero, questo testo viene recitato insieme a Dt. 11:13-21 e Nm. 15:37-41 sotto il nome "Recita dello Shema." Il nome Shema proviene dalle parole di apertura "Ascolta" del capitolo 6 v.4 (in ebraico, Shema).

Lo Shema inizia con la confessione che "Il Signore nostro Dio, il Signore è uno" (6:4). Questa confessione intende esplicitamente una relazione con Dio in cui non vi è spazio per altre divinità. Il patto richiede assoluta lealtà a Dio. Questa confessione, perciò, ci invita a riflettere sulle parole di Gesù, "Nessuno può servire a due padroni" (Mt. 6:24).

Mosè, inoltre, invita il popolo di Dio a dimostrare la sua lealtà assoluta con una espressione d'amore per Lui, esclusiva, energica e di tutto cuore (Dt. 6:5). L'appello ad amare Dio è, indubbiamente, l'esortazione centrale del Libro del Deuteronomio. Gesù definì questo comandamento dell'amore "il primo e più grande comandamento" (Mt. 22:38). Qui troviamo l'invito a modellare l'amore in modo intimo, coinvolgendo il cuore, l'anima e la forza di ogni credente.

Lo Shema è l'invito amorevole di Dio ad una vita santa. L'esortazione ad amare Dio è, in primo luogo, un invito a vivere nell'esperienza della Sua fedele e continua devozione nei nostri confronti. Soltanto allora potremo veramente amarLo. Giovanni afferma, "Dio è amore. Chi vive nell'amore vive in Dio, e Dio in lui…Noi amiamo perché Egli ci ha amati per primo" (1 Gv. 4.16, 19).

- **Il primo Sermone di Mosè (1:6-4:43)**

Mosè inizia il suo sermone riassumendo il viaggio di Israele dal monte Sinai alle pianure di Moab, concludendo con un appello all'ubbidienza ed alla fedeltà a Dio. In questo sermone Mosè ricorda eventi significativi accaduti durante il cammino nel deserto. Ricorda agli israeliti che la loro redenzione dall'Egitto era stata un'evidente manifestazione dell'amore di Dio e della fedeltà ai patriarchi. Israele, adesso, deve vivere alla luce della verità che il suo Dio è l'unico Dio. Il sermone si conclude con la creazione di tre città di rifugio per le tribù di Ruben, Gad e Manasse sul lato est del fiume Giordano.

- **Il secondo sermone di Mosè (5:1-28:68)**

Questa sezione è, per lo più, una collezione di istruzioni di argomento vario. Nella sua forma presente, è un lungo sermone. Mosè si rivolge alla gente definendola quella con la quale Dio ha stabilito un patto al monte Sinai (5:1-5). Parla loro come se essi fossero stati sul monte Sinai ed avessero visto la gloria di Dio. Dà anche alla nuova generazione i Dieci Comandamenti (vv.6-21). Ricorda al suo uditorio che al Monte Sinai essi si erano impegnati a vivere una vita di ubbidienza alle parole di Dio (vv. 22-27). Il futuro del popolo di Dio nel Terra Promessa dipenderà dalla loro consacrazione al patto che avevano stipulato con Dio (5:32-6:3).Mosè esorta i suoi uditori a edificare la propria vita nella Terra Promessa secondo la proclamazione teologica che YHWH è il solo Dio (6:4). Devono vivere amando il loro Dio con tutto il cuore, l'anima e la forza (v.5). Ogni generazione dovrà insegnare la Legge ai propri figli e ciò dovrà essere la costante preoccupazione del popolo, in ogni tempo. A tal fine, devono creare dei segni e dei simboli per ricordare la centralità della Legge nella loro vita. Mosè, inoltre, esorta Israele a rifiutare in modo categorico la tentazione di seguire altre divinità (Dt. 6:10-19) e dà ai genitori la responsabilità di spiegare ai loro figli il significato di una vita edificata sulla Torah.

Le generazioni future avrebbero chiesto "qual è il significato del patto stipulato, dei decreti e delle leggi che il Signore nostro Dio ha comandato?" e i genitori avrebbero dovuto rispondere raccontando la storia della redenzione, riconoscendo la continua fedeltà di Dio ed esortando alla fedeltà al Signore (vv.20,25).

Il racconto dei genitori del cammino di fede ha lo scopo di dare ai figli l'opportunità di ordinare la propria vita secondo la memoria del passato, in fedele gratitudine a Dio per quella presente, nella fiduciosa anticipazione del futuro. In Israele, la casa era il primo luogo dell'istruzione religiosa. L'apostolo Paolo trova nel giovane Timoteo una fede vibrante e vivente, eredità della nonna Loide e della madre, Eunice (2 Tm. 1:5). Mosè impone alla nazione la responsabilità di allontanare dalla azione i popoli nativi ivi residenti poiché sono una minaccia alla fede di Israele ed alla loro lealtà a Dio (Dt. 7:1-5).

UNA VITA FONDATA SULLA TORAH T

Mosè invitò il popolo di Israele a edificare la propria vita seguendo le istruzioni di Dio. Egli istruì gli israeliti a far sì che la Torah di Dio permeasse tutta la loro vita ed influenzasse il loro pensieri, i sentimenti e le azioni. Inoltre, Mosè pose la Torah come fondamento e verità guida dell'esistenza in casa e fuori casa. Ogni giorno, i tefillin al polso e sulla fronte, e le mezusah sugli stipiti delle porte avrebbero ricordato la potenza della Torah di dare ordine alla propria vita in un mondo di forze opprimenti. Il salmista ci ricorda che la felicità (o beatitudine) è l'esperienza di coloro che vivono una vita fondata sulla Torah, giorno e notte(Sal. 1:1-2). Siamo esortati da questo testo antico a conformare la nostra vita alla Parola e non al mondo.

Questi popoli e le loro divinità avrebbero potuto allontanare Israele dal suo impegno di servire Dio. Dio ha scelto Israele per amore e per il patto stabilito con i suoi antenati (vv.6-11).

Nella Terra Promessa, Dio farà prosperare il Suo popolo e lo guarirà da ogni malattia ed afflizione (vv.12-16). Inoltre, manifesterà la Sua grande potenza tra i Cananei, allontanando sia loro che i loro idoli, dal paese. Israele non deve bramare l'oro e l'argento dei Cananei, ma distruggere tutto perché quanto appartiene loro è stato maledetto da Dio (il termine ebraico herem significa donato a Dio per la distruzione). Mosè descrive il deserto come un luogo dove Dio ha messo alla prova e umiliato il Suo popolo al fine di insegnargli la verità che soltanto Lui è Colui che provvede a tutti i suoi bisogni (8:1-10). Il popolo di Dio non deve credere di poter occupare il paese grazie alla sua forza e a quella delle sue braccia (vv.11-18). La conseguenza di unadimenticanza di Dio sarà la distruzione di Israele (vv. 19-20).

Il capitolo 9 si concentra sul tema della giustizia di Dio e del patto di lealtà nonostante l'ingiustizia e la ribellione di Israele. L'agire di Dio serve soltanto a comprovare il Suo patto con i patriarchi, antenati di Israele. Mosè ricorda la sua intercessione a Dio perché si ricordi del patto in mezzo al peccato di Israele ed alla sua ribellione che avvenne in vari luoghi durante il cammino nel deserto (9:1-29).

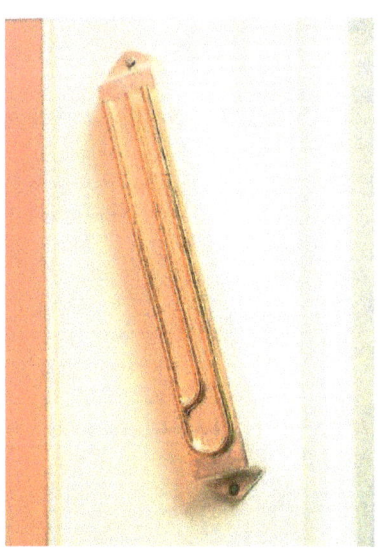

Figura 33 Mezuza sullo stipite della portadi una casa giudea. Mosè prescrisse ad Israele di scrivere la legge sugli stipiti delle porte della loro casa.

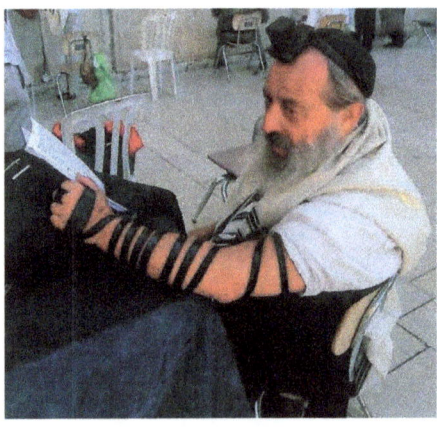

Figura 34 Un giudeo ortodosso con i tefillin, scatolette nere contenenti versi della Scrittura; ai giudei adulti è richiesto di porre una scatoletta sulla fronte e legarsene un'altra al braccio, ogni giorno della settimana.

La grande richiesta di Dio è il tema centrale del capitolo 10. Mosè esorta la nazione a temere il Signore, a camminare nelle Sue vie, ad amarLo, a servirlo con l'intero essere (cuore ed anima) ed a praticare i comandamenti (10:12-22). Per poter mantenere questa relazione, gli israeliti devono circoncidere i loro cuori - sottomettersi alla volontà di Dio. Per praticare questi comandamenti, si dovrà ave-re cura della vedova, dell'orfano e dello straniero. L'impegno ad essere ubbidienti, al c.11, si conclude con un annuncio solenne della benedizione e della maledizione - una benedizione su Israele per la sua ubbidienza alle richieste di Dio ed una maledizione per la disubbidienza.

Tra le varie regole e norme in Dt. 12-26, ritroviamo ripetizioni ed adattamenti di leggi legali tratte da altre collezioni legali del Pentateuco insieme ad alcune nuove leggi e riti. Queste istruzioni servono da guida per dare ordine alla vita quotidiana nella Terra Promessa. Israele non deve seguire il modello pagano del culto, ma, piuttosto seguire lo schema di culto nel luogo scelto da Dio come Suo santuario (12:1-32).

La distruzione degli idoli e delle città idolatre è il tema del c.13. Il c.14 tratta delle leggi riguardanti gli animali puri e impuri, della decima dei prodotti dei campi e dei primogeniti del gregge. I beneficiari della decima includevano i Leviti, gli stranieri, le vedove e gli orfani. La preoccupazione per il prossimo è anche testimoniata dalle leggi che trattano il pagamento di un debito e la liberazione degli schiavi il settimo anno (15:1-18).

LA RESPONSABILITÀ SOCIALE DI ISRAELE

Mosè esortò la comunità del patto ad essere un popolo compassionevole disposto ad amare le vedove e gli stranieri- gli oppressi e i minimi della società. Questi rappresentavano un gruppo che, nel mondo antico, riceveva raramente protezione dai sistemi politici e sociali oppressivi e potenti. L'enfasi sulla responsabilità sociale di Israele è evidente in Deuteronomio 14:29, 15:7-11, 24:19-22, 26:12-15. Ci viene qui ricordato che dobbiamo imitare Dio facendo del bene, promuovendo la giustizia, dando da mangiare agli affamati, e vestendo i poveri tra di noi. Il cuore del vangelo cristiano è l'invito a vivere una vita di compassione come quella di Gesù, Colui che fu mosso a compassione quando vide, ai suoi giorni, gli oppressi, i tormentati e i marginalizzati (Mt. 9:36; Gc. 1:27)

Israele deve osservare i grandi eventi di liberazione di Dio e la sua grande raccolta di benedizioni mediante l'osservanza della Pasqua, della Festa delle Settimane e di quella dei Tabernacoli (16:1Nel capitolo 17 vengono trattati i temi della preoccupazione per il mantenimento del sistema di corte e giustizia, delle giuste caratteristiche e qualifiche di un futuro re che avrebbe regnato su Israele, e delle linee guida per la condotta quotidiana. I sacerdoti ed i Leviti devono dipendere dalle offerte del popolo per il loro mantenimento (18:1-8). L'istruzione di Mosè proibisce anche qualsiasi forma di divinazione e stabilisce i profeti e la profezia come gli unici mezzi legali per scoprire la parola di Dio (vv.9-22). Il capitolo 19 invece tratta del modo giusto di avere un processo, della protezione di coloro che hanno commesso un omicidio non intenzionale, e della necessità di avere due o tre testimoni per comprovare una colpa. La Legge garantisce l'esenzione del servizio militare obbligatorio per coloro che hanno comprato una nuova casa e per i neosposi, definendo anche i principi guida per la condotta di Israele durante la guerra e l'assedio di città (20:1-20).

LE FESTE DI ISRAELE

Israele ricordava e celebrava le grandi azioni salvifiche di Dio e le Sue benedizioni, con feste annuali. La Pasqua celebrava la redenzione di Israele dall'Egitto. La Festa del pane azzimo ricordava la rimozione del lievito dalle case di Israele e il pane azzimo mangiato per 7 giorni. Durante la Festa delle settimane (Pentecoste) gli israeliti presentavano le primizie del raccolto dell'orzo al Signore. "Settimane" a ricordo del periodo di sette-settimane di raccolto che iniziava con il raccolto dell'orzo e si concludeva con quello del grano. La celebrazione avveniva nel 50° giorno dopo la Pasqua (da ciò il nome di Pentecoste, dal greco "cinquantesimo"). In seguito, in Israele la festa di Pentecoste divenne una commemorazione del dono della Legge al Monte Sinai.

La Festa delle capanne, segnava la fine dell'anno agricolo. La festa ricordava ad Israele i giorni del suo pellegrinaggio nel deserto. Questa festa era anche conosciuta come Festa dei tabernacoli o Festa della raccolta. Il popolo montava delle tende e vi abitava per sette giorni per ricorda-re il tempo in cui abitava nelle tende, nel deserto. Queste erano tutte feste di pellegrinaggio che richiedevano ad ogni israelita maschio di presentarsi davanti a Dio a Gerusalemme con le offerte appropriate per esprimerGli la dovuta gratitudine (Dt. 16.16-17).

I capitoli 21-25 contengono un certo numero di leggi varie. Il capitolo 26 offre delle indicazioni riguardanti le offerte di ringraziamento per il ricco raccolto agricolo nella Terra Promessa. I devoti non devono soltanto portare alcune primizie in un cesto al luogo di culto indicato ma devono anche recitare la storia della loro redenzione dall'Egitto e del dono del paese "stillante latte e miele" come segno di ringraziamento a Dio. Ancora, l'agire amorevole e gratuito di Dio a favore di Israele nel passato, costituisce il fondamento teologico di queste norme per la sua esistenza quotidiana nella Terra Promessa. Ciò che importa veramente è il futuro di Israele come popolo di Dio, e quel futuro dipenderà dal suo impegno di vivere ubbidendo alle istruzioni divine.

Il secondo sermone si conclude con un invito a rinnovare il patto (cc. 27-28). Mosè invita Israele a stabilire un patto di ubbidienza e fedeltà (vd. 26:16-19; 27: 9-10). Lo esorta, inoltre, a confermare questo patto al suo ingresso nella Terra Promessa mediante riti particolari celebrati sul Monte Ebal e sul Monte Garizim, presso Sichem.

Le cerimonie includevano l'iscrizione delle leggi del patto su pietre, l'edificazione di un altare e l'offerta di sacrifici sul monte Ebal. Le tribù dovevano, allora, proclamare le benedizioni e le maledizioni- sei tribù sul monte Garizim dovevano pronunciare le benedizioni di ubbidienza e le altre sei tribù, sul monte Ebal, dovevano pronunciare le maledizioni per la disubbidienza. Gli studiosi chiamano questa teologia delle benedizioni e condanne, teologia deuteronomica.

Figura 35 Il rito del Bar Mitzvah ("figlio del comandamento") presso il muro occidentale a Gerusalemme. All'età di 13 anni (12 per la bambine che avevano il basmitzvahs), i bambini avevano l'obbligo di osservare i comandamenti.

- **Il terzo sermone di Mosè (29:1-30:20)**

La stipula del patto è il tema del terzo sermone di Mosè. Questo inizia con un riassunto della storia dell'agire salvifico di Dio in favore di Israele. Mosè, quindi, esorta il popolo a sottoscrivere un patto con Dio necessario per poter essere riconosciuto come popolo nella Terra Promessa. Questo patto impegna le generazioni presenti e future. Richiede, inoltre, lealtà e sincerità nell'alleanza con Dio. Il c.29 si conclude con una descrizione dettagliata delle conseguenze per la durezza di cuore e la rottura del patto (vv. 16-29).

Mosè dà grande importanza al pentimento come mezzo per poter ristabilire un giusto rapporto con Dio dopo aver sofferto le conseguenze della disubbidienza (c.30). Promette anche che il Signore circonciderà il cuore del Suo popolo in modo da poter essere amato con tutto il cuore, l'anima e la forza (vv.1-10). La parola di Dio è molto vicina al Suo popolo; egli l'ha posta sulle sue labbra e nel suo cuore (vv. 11-14).

Figura 36
Monte Nebo,
da dove Mosè vide la terra
promessa, prima di morire.

Mosè conclude questo sermone proponendo la scelta tra la vita e la morte. L'ubbidienza significa vita e benedizione; la disubbidienza produce la morte e la distruzione. La vita di Israele nella Terra dipenderà dalla sua decisione di scegliere la vita (vv.15-20).

- **Epilogo (31:1-34:12)**

I capitoli finali del libro del Deuteronomio (31-34) formano l'epilogo, la conclusione del libro come anche dell'intero Pentateuco. Questi capitoli contengono le esortazioni conclusive per Israele prima di attraversare il fiume Giordano per entrare nella Terra Promessa. Mosè sceglie Giosuè come guida per il popolo (31:1-8). Dà la Torah ai sacerdoti istruendoli affinché, ogni sette anni la leggano in pubblico (vv.9-13). Il capitolo 32 riporta il suo canto di addio, che ricorda la fedeltà di Dio nonostante l'infedeltà del popolo. Dopo la sua benedizione finale alle tribù di Israele (c.33), sale sul monte Ne-bo, a Pisga, da dove vede la Terra Promessa (34.1-9). Lì muore e Dio lo seppellisce nella valle, nella terra di Moab. Il libro si conclude con una parola di encomio: "da allora, non è sorto altro profeta in Israele come Mosè, che vedeva Dio faccia a faccia" (v.10).

La sfida presente nelle parole finali della Torah è chiara. È un invito ad Israele ad essere un popolo che vive l'esperienza di vedere "Dio faccia a faccia" come fece Mose. Questi è morto, ma Israele vi-ve. Abbiamo seguito la storia di questo popolo dall'Egitto alle pianure di Moab. Il sogno di entrare nella Terra Promessa sarà presto realizzato. Quale destino aspetta Israele dopo l'ingresso nella Terra Promessa è il tema dei libri successivi, definiti "Libri storici," il primo dei quali è quello di Giosuè.

LA SCELTA TRA LA VITA E LA MORTE

Mosè incluse nel suo sermone la necessità di scegliere tra la vita e la morte (Dt. 30.15-20). La Bibbia offre ai suoi lettori un'alternativa, una possibilità, diversa dalla morte, come destino finale. La scelta, tuttavia, comprende la rinuncia alle altre divinità che vogliono impossessarsi della vita degli uomini. Scegliere altre divinità significa morte e distruzione. La sfida di Giosuè, "scegliete oggi chi volete servire" fa eco a questo invito. La vita è il dono per coloro che dicono con Giosuè, "quanto a me ed alla casa mia, noi serviremo il Signore" (Gs 24.15). Nella nostra società, impregnata di morte, la scelta della vita è la sola realtà alternativa che offre speranza. Il vangelo offre questa alternativa nelle parole di Gesù, "Io sono la via, la verità e la vita" (Gv. 14.6)

Frasi riassuntive

- Mosè diede le sue istruzioni finali ad Israele prima del suo ingresso nella Terra Promessa;
- Ricordare Dio è uno dei temi principali del Deuteronomio;
- Mosè ripeté i Dieci Comandamenti ad Israele;
- Mosè esortò Israele all'ubbidienza, all'amore ed a servire Dio con tutto il cuore e l'anima;
- La responsabilità sociale a favore delle vedove, degli orfani e degli stranieri nel paese è una porzione consistente del patto di Israele con Dio;
- Il futuro di Israele nella Terra Promessa dipendeva dall'impegno a vivere secondo i comandamenti di Dio;
- Benedizioni per l'ubbidienza e maledizioni per la disubbidienza è il principio basilare della teologia deuteronomistica;
- Mosè esortò Israele a rinnovare il suo patto con Dio.

Domande di riflessione

1. Quali sono alcune delle conseguenze pratiche della nostra fede in Dio quale unico Dio?
2. Quali sono le espressioni visibili del nostro impegno ad amare Dio con tutto il nostro cuore, la nostra anima e le nostre forze?
3. Adoperando il libro del Deuteronomio come guida, elenca i principi guida che suggeriscono uno stile di vita fedele a Dio nel mondo secolare in cui viviamo oggi.

Risorse per studi ulteriori

Craigie, Peter C., The Book of Deuteronomy. New International COmmentary on the Old Testament, Grand Rapids, Eerdmans, 1976;
Miller, Patrick D., Interpretation. A Bible Commentary for Teaching and Preaching: Deuteronomy, Louisville, Ky.:John Knox Press, 1990;
Thompson, J.A. Deuteronomy: An Introduction and Commentary. Tyndale Old Testament Commentary, Downers Grove, Ill.:Intervarsity Press, 1974.

UNITÀ 3
Alla scoperta dei libri storici

Questa unità introduce il lettore:

- Paternità e contenuto della storia del Deuteronomio
- La storia dell'occupazione di Israele della Terra Promessa
- L'inizio della monarchia in Israele
- L'istituzione del Regno di Davide
- La divisione del Regno davidico
- Gli eventi che hanno portato alla distruzione del Regno diviso
- La storia di Israele dopo l'esilio babilonese

✓ Israele nella Terra Promessa: Giosuè;
✓ La crisi morale e spirituale di Israele: Giudici e Rut;
✓ La transizione alla monarchia: 1 Samuele;
✓ Un regno con una casa reale: 2 Samuele;
✓ Il Regno diviso (Parte 1): 1 Re;
✓ Il Regno diviso (Parte 2): 2 Re;
✓ Esilio e Restaurazione;
✓ La storia rivisitata: 1 e 2 Cronache;
✓ Edificare la comunità di fede: Esdra, Neemia e Ester.

12. Israele nella terra promessa: Giosuè

OBIETTIVI

Lo studio di questo capitolo ti aiuterà a:
- Descrivere la relazione tra la storia deuteronomistica con il libro del Deuteronomio;
- Comprendere il significato delle generazioni nella storia deuteronomistica come proposta in Giosuè;
- Discutere sul modo in cui il popolo e impossessò e distribuì la terra promessa;
- Descrivere il suolo ed il significato della guerra santa.

Termini chiave:

Nebiim
Profeti anteriori
Libri storici
Storia deuteronomistica
Deuteronomistico
Profeti storici
Riforma di Giosia
Raab
Comandante dell'armata del Signore
Guerra santa
Cherem
Acan
Gibeoniti
Città di rifugio
Sichem
Rinnovo del patto

Domande da considerare durante la lettura:
1. Quali fattori potrebbero influenzare gli storici moderni che intendessero scrivere la storia di una nazione?
2. Cos'è oggi una "guerra santa?"
3. Cos'hai imparato dalla storia, fino a questo punto, su Dio ed Israele?

La seconda porzione maggiore dell'Antico Testamento, nota come i Profeti o Nebiim, intende raccontare il "resto della storia" del popolo di Dio. Entrati nella terra promessa, gli ebrei sarebbero rima-sti fedeli all'ideale mosaico di amare Dio con tutto il cuore, l'anima e la forza secondo l'esortazione ricevuta dal loro conduttore? Avrebbero posto il loro cuore su altre divinità, su idoli o persino su propri ideali personali? In tal caso, cosa sarebbe loro accaduto? Queste domande riflettono le preoccupazioni dei profeti (Nebiim).

La prima parte dei Nebiim è comunemente conosciuta come Profeti anteriori, una collezione di libri che contiene la storia di Israele dall'ingresso a Canaan fino all'esilio babilonese. In questa sezione, esperti di storia ebraica valutano ed interpretano la vita ed il destino del popolo di Dio nella terra promessa sulla base delle istruzioni di Mosè contenute nel Deuteronomio.

Ci volgiamo, adesso, alla storia di Israele come riportata dai profeti anteriori. Oltre a Giosuè tratteremo i libri di 1 e 2 Cronache, Esdra, Neemia ed Ester che fanno parte della storia post-esilica di Israele. Nel canone ebraico Cronache, Esdra, Neemia ed Ester appartengono alla sezione degli Scritti (Ketubim).

La storia deuteronomistica

Negli studi biblici, la sezione dei profeti anteriori è indicata come storia deuteronomistica che in-tende la storia di Israele secondo il racconto di Giosuè, Giudici, Samuele e Re. Questa designazione riconosce che la storia di Israele raccontata nella sua redazione finale in Giosuè, Giudici, Samuele e Re è un'opera singola scritta secondo le convinzioni e le prospettive del Deuteronomio. Questi libri valutano i vari eventi della vita di Israele nella terra promessa seguendo la filigrana del pensiero deuteronomico. È, perciò, un'interpretazione teologica della storia di Israele secondo la tradizione profetica antica, per cui può anche essere definita storia profetica.

Gli autori della storia deuteronomistica trassero le loro informazioni da varie fonti come "I libri degli annali dei Re di Israele" e "Il libro degli annali dei Re di Giuda" (vd. 1 Re 14:19, 29; 15:7, 31). Utilizzarono anche altre liste, annali e storie che non sono ben specificate nel testo. Leggendo, perciò, i libri su citati è bene tenere a mente che gli autori non intendevano presentare un insieme eterogeneo di eventi ma una storia ben connessa che interpretasse la vita di Israele secondo una determinata prospettiva teologica. La teologia Dtr si fonda sui sermoni di Mosè presenti nel Deuteronomio.

Data, autore e contenuto della storia Deuteronomistica.[1]

A che punto della vita di Israele è stata scritta la storia deuteronomistica e chi l'ha scritta?

Gli eventi riflessi nella storia dtr si riferiscono al tempo dell'ingresso degli israeliti nella terra di Canaan (ca.1240 a.C.). Anche il materiale adoperato, sia scritto che orale, ha una lunga storia alle spalle. Gli specialisti del ramo pensano che i primi semi del pensiero dtr siano stati piantati nel X sec. a.C. (ca. 922 a.C.) quando la nazione si divise in due regni. Geroboamo I, primo re del regno del nord, stabilì dei culti pagani a Dan e Betel con un vitello d'oro nei due siti, un atto che fece trasalire i profeti del regno. Questi, probabilmente, furono i primi ad opporsi ed a protestare contro il re che si era ribellato a Dio non rispettando il luogo da Lui stabilito per il culto e disprezzando la Legge (Torà) di Mosè. Circoli profetici preservarono e trasmisero le antiche tradizioni israelite e la storia dell'apostasia nazionale.

Quando gli Assiri distrussero il Regno del Nord nel 721 a.C. membri dei circoli profetici fuggirono nel regno del sud continuando a sostenere il culto nel Tempio di Gerusalemme. Nel 621 a.C. durante il regno di re Giosia, mentre si puliva il Tempio, si trovarono delle copie della Legge di Mosè. Si crede che contenessero le leggi fondamentali (Dt 12-26) dell'attuale Deuteronomio. La lettura della Legge spinse il re al pentimento ed alla riforma che incluse la distruzione dei luoghi di culto non autorizzati in Giuda. Sembra, inoltre, che molta storia dtr raggiunse la sua forma attuale al tempo della riforma di Giosia che aveva lo scopo di dimostrare il modo in cui il popolo di Dio si era allontanato da Lui nel tempo.

Il fine ultimo era di richiamare Israele alla fedeltà ed al vero culto a Dio. Inoltre, fu scritta per dimostrare la continua fedeltà di Dio alla casa di Davide nel regno del sud a cui apparteneva il re Giosia. La riforma del re Giosia incorporava l'ideale deuteronomico della Torà. La storia (da Giosuè a 2 Re) era una forma di sfida lanciata al popolo perché seguisse le orme del re pentendosi di vero cuore e ponendo piena e assoluta fiducia soltanto in Dio (2 Re 23:24-25).

Tuttavia, dopo pochi anni dalla riforma, il popolo si ribellò nuovamente volgendosi ad altre divinità. Entro i successivi quattro anni dalla riforma, anche il regno del sud fu distrutto dai babilonesi e il popolo deportato.

Gli storici concludono la storia di Israele con l'esilio del popolo e del suo re (2 Re 23:26-25:30). Tuttavia, nonostante questa tragica conclusione rimase la speranza che Dio, fedele nel passato, lo sarebbe stato anche nel futuro. Il popolo doveva pentirsi e vivere fedelmente.

LA CRONOLOGIA DI ISRAELE

Fissare la cronologia dell'antico Israele con date precise ha creato molti problemi agli esperti della Bibbia. Nonostante le diverse posizioni riguardanti le date, le due cronologie più ampiamente accolte, sono state suggerite da Thiele e Albright.[2] Le due cronologie si possono confrontare in relazioni ad eventi accaduti nel periodo monarchico.

Evento	Thiele	Albright
Regno di Saul	1020 – 1000 a.C.	1020 – 1000 a.C.
Regno di Davide	1000 – 965 a.C.	1000 – 961 a.C.
Regno di Salomone	965 – 931 a.C.	961 – 922 a.C.
Divisione del Regno	931 a.C.	922 a.C.
Caduta del Regno del nord	723/22 a.C.	721 a.C.
Caduta del regno del sud	586 a.C.	587 a.C.

Il contenuto del Deuteronomio può essere suddiviso secondo il seguente schema:

Giosuè 1-12	Ingresso e stabilimento nella terra promessa
Giosuè 13-22	Distribuzione del paese
Giosuè 23-24	Addio di Giosuè
Giudici 1-16	Storie dei Giudici
Giudici 17-21	Disintegrazione delle tribù
1 Samuele 1-12	Samuele e la tradizione alla monarchia
1 Samuele 13-31	Il regno di Saul
2 Samuele 1-24	Il regno di Davide
1 Re 1-11	Il regno di Salomone
1 Re 12-2 Re 17	Dai Regni divisi alla caduta di Israele
2 Re 18-25	La fine del Regno di Giuda e l'esilio babilonese

> **LA TEOLOGIA DEUTERONOMISTICA** T
>
> La teologia deuteronomistica tratta dei seguenti temi teologici dominanti:
> 1. La storia deuteronomistica considera le alleanze politiche e religiose con le nazioni vivine come il peccato più grande del popolo di Dio. Da Giudici a 2 Re, troviamo esempi specifici del modo in cui Israele lasciò Dio e seguì altre divinità (culto di Baal). I vari re di Israele si allearono con le altre nazioni o confidarono nel loro potere militare.
> 2. La storia deuteronomistica ritiene che sia la caduta del Regno del nord che l'esilio babilonese del popolo di Dio, siano l'applicazione delle maledizioni del Deuteronomio. Il popolo si volse ad alzare divinità e i re stabilirono delle alleanze politiche. In entrambi i casi, il risultato fu la loro distruzione. Perciò, questa storia di Israele risponde alla domanda: "Perché siamo in esilio?"
> 3. La storia deuteronomistica dà speranza alla nazione sottoposta al giudizio di Dio. La distruzione non è mai la parola ultima. Gli scrittori mantengono la speranza che Dio, alla fine, libererà il Suo popolo anche dall'autodistruzione. La storia si conclude con la notizia della libertà del re Ioiachin (2 Re 25:27-30) che preannuncia la prossima liberazione dell'intera nazione.
> 4. Gli scrittori esortano la nazione al pentimento. La storia deuteronomistica ripete continuamente l'invito a non dipendere più dai sistemi religiosi e politici e a confidare in Dio. Questi stessi temi diverranno i concetti dominanti del messaggio dei Profeti posteriori.

Il libro di Giosuè

Il libro di Giosuè, primo libro della storia deuteronomistica, tratta principalmente del modo in cui gli israeliti entrarono e presero possesso della terra della promessa. Dopo la morte di Mosè, la comunità del patto si trovò impegnata nel processo sia di formazione che di trasformazione. Fino a questo punto, si erano verificati eventi importanti ed erano state fornite istruzioni per azioni future. Tuttavia, la vita insieme, come comunità del patto, doveva essere modellata sull'incudine della vita reale nella terra della promessa.

Contesto

Il libro, nella sua forma attuale, presuppone un ambiente del XIII secolo a.C. Giosuè divenne il capo di Israele dopo la morte di Mosè. Il libro tratta dell'ingresso di Israele in Canaan dalle alture di Moab, sul lato orientale del fiume Giordano. Le storie del libro possono essere ambientate nel periodo tra il 1240 e 1225 a.C.

Contenuto

Il libro propone le storie dell'ingresso, del possesso e della distribuzione della terra come un solenne atto di culto. Mosè, nel Deuteronomio, ricorda alla nazione che il paese è un dono di Dio. I racconti mostrano come Giosuè ed Israele si appropriano del paese come risposta adorante alla fedeltà di Dio. Le storie di Giosuè possono essere catalogate in 4 diverse sezioni:
1. Ingresso nel paese (1:1-5:15).
2. Possesso del Paese (6:1-12:24)
3. Distribuzione del Paese (13:1-21:45)
4. Addio di Giosuè e rinnovo del Patto (22:1-24:33)

- **Ingresso nel Paese (1:1-5:15)**

L'inizio del capitolo di Giosuè dimostra il legame diretto tra la conduzione di Giosuè e quella di Mosè. Pur se l'ingresso diede inizio ad una nuova era per il popolo di Dio, questa fu direttamente legata a ciò che Dio aveva compiuto nelle generazioni precedenti. Il libro inizia con l'incoraggiamento a Giosuè affinché completi il progetto di Mosè di portare il suo popolo nella Terra promessa. Dio rassicura Giosuè che sarebbe stato sempre con lui comandandogli di "esser forte e coraggioso" nell'adempimento del suo compito (1:6,9).

Giosuè comincia istruendo gli israeliti a prepararsi per l'ingresso nella terra di Canaan (vv.10-15). Invia due spie a Gerico per spiare il paese e lì, essi trovano l'accoglienza di Raab, una cananea (c.2). Raab, sebbene una non israelita, riconosce la potenza di Dio tra gli israeliti. Le spie fanno dei buoni rapporti (diversamente dalle dieci della generazione precedente - Nm 13-14) dicendo che il Signore darà certamente il paese nelle loro mani (Gs 2:24).

Figura 37 Una torre datata nell'800 a.C. presso le rovine dell'antica Gerico.

I cc.3-5 narrano la storia dettagliata del passaggio del fiume Giordano e l'accampamento di Israele a Gilgal. I sacerdoti, con l'arca del Patto davanti al corteo, aprono la via per attraversare il Giordano. Quando i loro piedi toccano le acque, queste si fermano consentendo il passaggio agli israeliti. In questa storia, questa generazione che entra nel paese è direttamente collegata a quella che attraversò il Mare delle Canne (Es. 14).

Le due storie delle acque che si dividono dimostrano l'ampio disegno salvifico di Dio per il Suo popolo. Dio libera entrambi dalla schiavitù dell'Egitto per portarli nella libertà della Terra Promessa.

Dopo aver attraversato il fiume, il popolo compie tre azioni simboliche importanti:
1. Pongono 12 pietre al Giordano come ricordo della liberazione per le generazioni future, come comandato da Mosè (Dt. 27:2).
2. All'accampamento a Gilgal, Giosuè circoncide tutti i maschi israeliti come segno di appartenenza alla comunità del Patto.
3. Infine, la nazione celebra la Pasqua, per la prima volta, nella Terra Promessa.La prima sezione di Giosuè si conclude con la storia del suo incontrocon un "uomo." Giosuè chiede da quale parte egli stia e questa persona misteriosa si identifica come "**il comandante dell'armata del Signore**" (5:13-15). Ciò serve a ricordare a Giosuè che la guerra è del Signore.

IL SIGNIFICATO DELLA "CONNESSIONE"

I capitoli iniziali di Giosuè esprimono la preoccupazione deuteronomica che ogni generazione deve comprendere il suo legame o "connessione" con quelle precedenti. Sarebbe stato molto facile per la generazione in procinto di entrare nella terra promessa pensare di vivere un'esperienza completamente nuova sotto una nuova leadership. Tuttavia, Giosuè è continuamente "connesso" alla generazione precedente di Mosè. Qualcosa di nuovo si sta realizzando che è, però, pur sempre una continuazione di un progetto più grande che include anche le generazioni precedenti.

- **Il possesso del paese (6:1-12:24)**

Questa sezione si apre con la storia familiare della conquista di Gerico. La narrazione al c.6 mostra una grande precisione liturgica, con la ripetizione, in tutta la storia, del numero sette (come, per esempio, sette sacerdoti con sette corni di montoni; il settimo giorno si marcerà sette volte intorno alla città). L'enfasi posta sulla totale distruzione della città e dei suoi abitanti sembra indicare come la natura di questa conquista sia un atto cultuale. Tutto deve essere herem, o sacrificato. La sconfitta per mano di Ai è in chiaro contrasto con la storia di Gerico (c.7). Dio rivela a Giosuè che Israele ha fallito nella sua campagna militare perché qualcuno ha nascosto e tenuto per sé quanto, invece, doveva essere "consacrato." Mediante un procedimento che contemplava il tirare a sorte, Giosuè scopre il traditore nella persona di Acan. Israele, allora, condanna a morte sia lui che la sua famiglia distruggendo ogni sua possessione.

Ancora una volta, gli israeliti fan-no guerra alla città di Ai ma questa volta con successo (c.8). Poste insieme, le storie di Gerico e di Ai riflettono la convinzione profetico/deuteronomistica che il paese non deve mai essere considerato una conquista personale ma sempre un dono di Dio.

Figura 38
Gerico era una tra le città più antiche costruite dai cananei (8000 a.C.); fu la prima conquistata dagli israeliti entrati nella terra promessa.

T LA GUERRA SANTA E IL REGNO DI DIO

La varie storie di guerre presenti nel libro di Giosuè, riflettono la pratica della, cosiddetta, guerra santa. In questo caso, il popolo faceva guerra nel nome di Dio e Dio gli dava la vittoria. Poiché la guerra era di Dio, tutto ciò che era conquistato Gli apparteneva. Perciò, quanto veniva conquistato era sacrificato o dedicato a Dio mediante la distruzione totale, o cherem.

Queste storie sono una sfida per i cristiani d'oggi. IN effetti, devono essere comprese alla luce di una particolare prospettiva teologica. L'enfasi deuteronomistica sulla guerra santa evidenzia la necessità per il popolo di Dio di rifiutare le vie del mondo. Il popolo di Dio vive veramente da straniero nel mondo (Eb. 11:8-12). Sebbene è "nel mondo" non è "del mondo" (Gv. 17:11,14). Perciò, le storie della guerra santa non devono mai essere assunte come modello per stabilire il regno di Dio. La croce di Gesù dimostra che la potenza conquistatrice del popolo di Dio non risiede nell'uccisione del nemico ma, piuttosto, nel sacrificare la propria vita per gli altri.

Figura 39
La città di Gibeon,
a circa 7 chilometri a nord-ovest
di Gerusalemme.
I Gibeoniti ingannarono Giosuè e gli
israeliti accordandosi con loro.

Dopo aver edificato un altare sul monte Ebal ed aver letto la Torà di Mosè alla presenza del popolo (8:30-35), Giosuè lancia due altre campagne militari per occupare il resto del paese. La prima campagna è diretta contro le cinque città stato del sud. Con un sotterfugio, i gabaoniti ingannano gli israeliti stabilendo un patto che garantisce la loro protezione (c.9). Giosuè scopre il loro trucco e licostringe a lavorarecome "spaccalegna e portatori d'acqua" (v.21). Le cinque città-stato di Gerusalemme, Ebron, Iarmut, Lachis e Eglon attaccano Gabaon per vendicarsi del patto stabilito con Israele. Questi difende i gabaoniti sconfiggendo le città stato che vengono incorporate nella tribù del sud di Giuda (c.10). Con i territori centrali e meridionali ormai sotto il controllo degli israeliti, Giosuè lancia una terza campagna contro il nord (c.11). Sotto il re della preminente città-stato di Asor, una coalizione di città-stato del nord lotta contro Israele. La vittoria volge decisamente a favore degli israeliti e Asor viene completamente distrutta.

Le narrazioni mostrano come queste campagne militari del nord, del sud e del centro diano agli israeliti la possibilità di impossessarsi della Terra promessa. Le storie della conquista si concludono con l'affermazione: "Giosuè dunque prese tutto il paese, esattamente come il Signore aveva detto a Mosè; e Giosuè lo diede in eredità a Israele, tribù per tribù, secondo la parte che toccava a ciascuna. E nel paese cessò la guerra. (11:23).

- **La distribuzione del paese (13:1-21:45)**

Nei capitoli che vanno dal 12 al 21 troviamo dettagli specifici riguardanti la divisione del paese ad ogni tribù. Pur se la lettura di questo materiale è alquanto noioso, le richieste avanzate ci offrono dettagli di grande valore. Secondo la prospettiva deuteronomistica, la terra non apparteneva ad una specifica nazione, ad un potere politico o ad un re.

Figura 40 *La conquista di Israele della parte centrale.*

> ## S LA CONQUISTA DI CANAAN
>
> Molte annotazioni nel libro di Giosuè ed osservazioni nel libro dei Giudici indicano che Giosuè e gli israeliti non occuparono interamente la Terra Promessa. Il primo capitolo di Giudici descrive specifici abitanti che rimasero nel paese di Canaan. Dati archeologici non indicano una massiccia distruzione di Canaan o un mutamento culturale totale nel XIII secolo a.C. Tuttavia, vi sono delle chiare indicazioni archeologiche di violente distruzioni di vari siti durante questo periodo. Altri siti archeologici mostrano segni di un cambiamento culturale meno sofisticato. Sembra che, in molti casi, gli israeliti abbiano convissuto semplicemente con i cananei nati-vi, spesso vivendo in modo pacifico e adottando il loro stile di vita. Indicazioni storiche e archeologiche, come anche studi antropologici e culturali, hanno condotto gli esperti biblici a postulare varie teorie sul modo in cui Israele si stabilì a Canaan. Alcuni studiosi suggeriscono che Israele abbia occupato il paese non mediante un'unica invasione del paese ma, piuttosto, per migrazioni di tribù seminomadi in tempi diversi. Queste tribù israelitiche seminomadi entrarono nel paese in modo pacifico per stabilirsi in un ambiente agricolo permanente[3]. Altri suggeriscono che alcuni cananei nativi, sottoposti al governo oppressivo dei re delle città-stato cananee, abbiano dato il benvenuto agli israeliti entrati nel paese nel nome del Signore. Essi credono, anche, che questi cananei si siano uniti agli israeliti combattendo contro i loro oppressori[4].

In realtà, essa apparteneva a Dio ed Egli la suddivide ad ogni tribù come eredità perché sia custodita da ogni unità familiare e per sempre. Per questo motivo, i profeti di Israele come Elia, Amos, Michea ed Isaia criticano aspramente la pratica di strappare alle famiglie la loro eredità del paese (1 Re 21; Am 8.4-6; Mic 2.1-2, 9; Is 5.8).

Dopo aver distribuito il paese alle varie tribù, Giosuè, secondo le istruzioni di Mosè (Dt. 18.1-8; 19.1-10) stabilisce 6 città di rifugio (c.20) e 48 città levitiche (c.21). Le città di rifugio permettevano a persone accusate di crimini capitali di avere un processo equo. Le città levitiche davano ai leviti la possibilità di avere un luogo dove risiedere non essendo stato stabilito uno specifico territorio per questi sacerdoti itineranti.

- **L'addio di Giosuè e la riconferma del Patto (22.1-24.33)**

La storia della conquista e propagazione di Israele a Canaan si conclude con un culto. Dopo essersi stabilite sul territorio, le tribù si riuniscono per un discorso di addio del loro capo (c.23) e per rinnovare il loro patto con Dio e l'uno con l'altro (c.24).

La guida di Giosuè si conclude nello stesso modo in cui si è conclusa quella di Mosè. L'atto finale di entrambi è un culto di rinnovamento del patto (vd. Dt. 27-28).

Il sermone di addio di Giosuèripropone chiaramente i concetti espressi dal suo predecessore. Egli istruisce il popolo perché osservi attentamente la Torah di Mosè (23:6) e non si mischi con gli stranieri (v.12). Similmente, ricorda che è Dio che combatte per il popolo (v.10).

Nel capitolo finale del libro, Giosuè guida il popolo a rinnovare il patto in un luogo centrale di culto a Sichem. Il culto di rinnovamento del patto inizia con un'ampia ricapitolazione della storia del popolo con Dio (24:1-13) in cui Giosuè concentra l'attenzione sull'azione di Dio stesso. Conclude ricordando che Dio ha dato al suo popolo una terra sulla quale non ha lavorato e città che non ha costruito. La vera identità d'Israele è posta sull'azione di grazia di Dio a loro favore.

Figura 41 *Le dodici tribù di Israele.*

In risposta alla grazia che Dio ha dimostrato verso Israele, Giosuè chiede al popolo di promettere di vivere una vita di "completa" e "totale" devozione a Lui (v.14). Inoltre, chiede al popolo di rifiutare le altre divinità poiché solo Jahvè (il Signore) è l'Iddio che li ha salvati per cui soltanto il Signore dovrà essere oggetto del loro culto e della loro riverenza.

Il popolo promette entusiasticamente che non avrebbe mai dimenticato Dio per servire altre divinità. Giosuè conclude il culto stabilendo un patto con il popolo, scrivendolo sotto forma di vari statuti e, infine, ponendo una pietra come testimonianza della decisione popolare di servire Dio con tutto il cuore (vv. 25-27). Il libro si conclude con la cronaca della morte di Giosuè (vv. 29-30) e del seppellimento delle ossa di Giuseppe a Sichem.

LA PRIMA MENZIONE DI ISRAELE — A

L'Inno di vittoria di Mernepta contiene le prime menzioni di Israele venute alla luce. Verso la fine del XIII secolo a.C., il re egiziano Mernepta guidò una campagna vittoriosa contro i ribelli in Canaan. In un inno celebrativo della vittoria, si afferma che Israele era stato lasciato vuoto e senza superstiti. In realtà, in questo inno, il termine Israele si riferisce ad un gruppo di persone più che ad un luogo geografico. A questo punto, il popolo sembra ancora impegnato a stabilirsi nel paese[5].

TRATTATO DI VASSALLAGGIO C

La storia del rinnovamento del patto descritto in Giosué 24 incorpora elementi vari di antichi trattati tra il vassallo ed il suzerain. Questi elementi includono: un'introduzione storica che propone il patto tra il vassallo ed il suzerain (vv.2-13); le richieste del patto (vv. 14-15); un documento scritto con le richieste del trattato (vv.25-26); e l'appello ai testimoni del trattato (cc. 22, 27).

Prima della morte, Giuseppe aveva preannunciato che Dio avrebbe visitato il suo popolo e li avrebbe portati nel paese che aveva promesso ai suoi padri (Gn. 50:24-25). Qui ritroviamo non soltanto il compimento di quella speranza, ma anche un conclusione appropriata della storia di Giuseppe. Il figlio esiliato di Giacobbe trova il suo luogo di riposo finale nella Terra promessa. Adesso che la promessa è stata compiuta, la domanda rimane: Il popolo d'Israele rimarrà fedele al patto con Dio? Lo serviranno di vero cuore? Rifiuteranno gli altri dii? Rifiuteranno la cultura cananea? A queste domande si risponderà nel prossimo libro, quello dei Giudici.

Frasi riassuntive

- La storia deuteronomistica interpreta la vita di Israele attraverso le lenti del sermone di Mosè nel Deuteronomio.
- Il Libro di Giosuè sembra connettere direttamente la generazione che entrò nel paese con quella di Mosè.
- Israele entrò in Canaan ed occupò il paese come atto di culto, nella gratitudine a Dio che aveva dato questa terra al Suo popolo.
- L'appello a servire totalmente Dio è fondato interamente sull'atto pieno di grazia di Dio e sull'attuale identità di Israele come popolo di Dio

Domande di riflessione

1. In che modo il popolo di Dio trasmette fedelmente la fede da una generazione all'altra?
2. In che modo il popolo di Dio rimane distinto dalla società dominante in cui vive?
3. In che modo il popolo di Dio Lo serve "con tutto il cuore" e "integralmente"?
4. In che modo Giosuè appare come un "secondo Mosè"?
5. In che modo il Libro di Giosuè interpreta la conquista del paese come un atto di culto?

Risorse per studi ulteriori

Coote, Robert B., The Book of Joshua: Introduction, Commentary, and Reflections. Vol. 2 del The New Interpreter's Bible (Nashville:Abingdon Press, 1998), 553-719.
Hess, Richard S., Joshua: An Introduction and Commentary.Downers Grove, III: Intervarsity Press, 1996.
Woudstra, Marten H., The Book of Joshua. New International Commentary on the Old Testament. Grand Rapids: Eerdmans, 1981.

13. La crisi morale e spirituale di Israele: Giudici e Rut

OBIETTIVI

Lo studio di questo capitolo ti aiuterà a:
- Discutere sulle sfide religiose e culturali affrontate dagli israeliti durante i primi anni del loro insediamento in Canaan;
- Valutare la minaccia del baalismo per chi adorava Dio;
- Descrivere il ruolo dei Giudici;
- Spiegare il ciclo del retribuzionismo nel contesto della storia deuteronomistica;
- Spiegare e motivare il quadro di debolezza che contraddistingue i vari Giudici;
- Descrivere i vari temi del Libro di Rut.

Termini chiave:

Baal
Ciclo retribuzionistico
Culto della fertilità
Ascera
Giudici
Eud
Debora
Canto di Debora
Barac
Gedeone
Abimelec
La favola di Iotam
Iefte
Sansone
Filistei
Nazireo
Rut
Ketubim
Megillot
Levirato
Redentore (go'el)

Domande da considerare durante la lettura:
1. Quali sono alcune caratteristiche peculiari della cultura cristiana che si oppongono a quella in cui vivi?
2. Cosa accade ad un popolo che dimentica le proprie tradizioni o si distacca completamente dalle generazioni precedenti?

Dopo la morte di Giosuè il popolo iniziò il lungo processo per rendere la Terra promessa la propria dimora permanente. Il nuovo inizio di Israele nella Terra promessa incontrò sfide difficili. La nazione era in un certo senso entrata nel paese, anche se permanevano ancora aree sotto il controllo dei Cananei. Sembra che la preoccupazione di Israele fosse quella di adottare sempre più nuove strategie di sopravvivenza nel paese anziché continuare la conquista del resto della terra promessa. Il libro dei Giudici mostra come, in questo stadio della sua storia, la nazione attraversò momenti di grande crisi culturale e spirituale.

Il Libro dei Giudici

Titolo ed autore

Il titolo del Libro dei Giudici è appropriato ai personaggi centrali dei suoi racconti. Anche se questo libro fa parte della storia deuteronomistica composta in un periodo successivo, le narrazioni del libro si riferiscono al tempo in cui vivevano gli eroi guerrieri e le eroine guerriere. È alquanto certo che le varie tribù raccontassero alle generazioni successive le grandi gesta, la fede e le sconfitte di alcuni giudici guerrieri. Ogni nuova generazione avrebbe così imparato a discernere le qualità positive e negative di questi capi in modo da seguirli nel bene ed evitarli nel male.

Contesto

Per circa 200 anni (approssimativamente dal 1220 al 1050 a.C.), Israele lottò per stabilirsi nel paese che era dominato dall'ideologia politica, culturale e religiosa dei cananei. Alla morte di Giosuè, le tribù di Israele mancavano di unità e, a vari livelli, di una forte leadership. In questo periodo il popolo di Dio dovette affrontare due importanti cambiamenti: in primo luogo, la difficoltà di una transizione dal modo di vivere semi-nomadico desertico del passato a quello agricolo stanziale; in secondo luogo, la strutturazione della società come popolo del patto senza l'aiuto di un forte leader nazionale. La storia nel libro dei Giudici conferma come proprio in entrambe queste aree Israele dovette soccombere alle pressioni della cultura dominante che la circondava.

Figura 42 *Antico altare cananeo a Meghiddo.*

Contenuto

Una caratteristica del Libro dei Giudici è il ripetuto ciclo quadruplo vissuto dagli israeliti. In primo luogo, gli israeliti si volgono ripetutamente dal culto di Dio a quello di Baal, facendo quanto è "male agli occhi del Signore" (2:11). In risposta a questa apostasia, Dio li abbandona nelle mani di un popolo invasore (v.14). Oppresso da una nazione nemica, il popolo

Figura 43 La legge di Mosè comandava la distruzione dei luoghi di culto cananei (Deuteronomio 12:3-4).

grida a Dio (vv.15,18) e Dio, allora, invia un liberatore o un "giudice" per combattere e sconfiggere il nemico (vv.16,18). Durante la rimanente vita del giudice, il paese vive in pace. Alla morte del giudice, però, il ciclo si rinnova. Questo ciclo retributivo è lo schema generale entro cui si svolgono le varie storie dei giudici. Nellasua quadruplice forma 'apostasia, abbandono nelle mani del nemico, grido e liberazione riflette chiaramente le preoccupazioni teologiche della storia deuteronomistica. Con questo paradigma alle spalle, si comprende come una grande porzione di questo libro contenga degli esempi specifici in cui questo ciclo viene esposto.

Le narrazioni del libro possono essere così elencate:

1. Introduzione (1:1-2:23)
2. I giudici di Israele (3:1-16:31)
3. Narrazioni varie (17:1-21:25)

- **Introduzione: Stranieri in una terra straniera (1:1-2:23)**

I due capitoli di apertura fanno da sfondo alla storia del libro. Nonostante le istruzioni finali di Giosuè, la maggior parte delle tribù non riesce ad espellere i cananei dal paese. Dio ha già avvertito Israele che i cananei sarebbero sempre stati una minaccia perché il popolo disubbidisce alle Sue istruzioni. Il narratore, perciò, riassume e anticipa il ciclo retributivo che Israele sperimenterà nei successivi 200 anni.

LA RELIGIONE CANANEA   C

Il culto di Baal era la forma caratteristica della religione cananea. Da religione della fertilità, il baalismo soddisfaceva le necessità di un popolo dedito all'agricoltura[1]. Questo culto era basato su un mito ciclico in cui Baal veniva imprigionato nel mondo sotterraneo dal dio della morte (Mot). I cananei collegavano la siccità e la carestia, come anche la mancanza di produttività, alla prigionia di Baal. Credevano anche che, nel tempo stabilito, la sposa di Baal, Ascera (o, in altri racconti, Astarte o Anat), sarebbe discesa nel mondo sotterraneo per liberare Baal. Baal e la moglie si sarebbero quindi accoppiati rendendo la terra fertile e produttiva. Questo ciclo si ripeteva annualmente e ciò dava la possibilità alla terra di produrre continuamente un buon raccolto.

- **I giudici di Israele: Otniel, Eud e Samgar (3:1-31)**

Il capitolo 3 presenta le storie dei tre "giudici".
Il ciclo retributivo comincia quando Israele volge le sue spalle a Dio per adorare Baal. Dio li abbandona al re di Aram. Quando essi implorano l'aiuto di Dio, lo Spirito del Signore potenzia Otniel in modo da ribaltare il potere del re liberando gli israeliti che per il resto della loro vita, vissero in pace.

T — L'ATTRAZIONE SEDUCENTE DEL BAALISMO

Il problema in Israele con il culto di Baal si aggravò oltre la violazione del primo comandamento. Il popolo di Dio compartimentalizzò la sua esistenza e praticò sia la sua fede tradizionale che il sistema religioso dei vicini cananei. Pur mantenendo ancora la loro fede nel Signore degli eserciti, per molti israeliti il culto di Baal divenne il mezzo mediante cui avere successo nella vita quotidiana. Nella nostra cultura consumistica, il baalismo continua ad attrarre offrendo sistemi sia economici che politici e religiosi. Il popolo di Dio deve invece vivere secondo la verità che "l'uomo non vive soltanto di pane, ma che vive di tutto quello che procede dalla bocca del Signore" (Deuteronomio 8:3; vd. anche Matteo 4:4).

S — IL RUOLO DEI GIUDICI

Nei primi giorni della vita di Israele in Canaan, le 12 tribù erano organizzate molto vagamente come popolo unico essendo più una confederazione di tribù indipendenti. Sembra che il capifamiglia o gli anziani decidessero sulle questioni importanti che incidevano sulla vita dei clan e delle famiglie delle varie tribù. Tuttavia, dispute tra le tribù sembra che fossero sottoposte alla giurisdizione dei "giudici" (in ebraico shophetim) che troviamo descritti nel libro dei Giudici. Pur se alcuni tra i primi capi degli israeliti non sono specificatamente indicati come giudici, il verbo ebraico adoperato per la loro attività principale (shaphat, significa "giudicare") indica questo ruolo. Chi svolge l'attività di shaphat rende giustizia o enuncia delle decisioni legali. Il ruolo primario del giudice, tuttavia, era di guida delle tribù nella loro lotta contro i nemici che tentavano di impossessarsi del paese. In tutto il libro dei Giudici, lo Spirito di Dio potenzia colo-ro che guidano campagne militari. Dopo la vittoria, il capo militare continuava a svolgere il ruolo di "giudice" di Israele per il resto della sua vita.

Dopo la morte di Otniel, gli israeliti si allontanano nuovamente da Dio. Il re Eglon di Moab sconfigge Israele regnandovi per 18 anni. In risposta al grido di aiuto degli israeliti, Dio prepara Eud, un uomo mancino, per liberare il popolo. Dopo Eud, Samgar libera Israele dai Filistei.

- **Debora (4:1-5:31)**

Il capitolo 4 presenta la storia della profetessa/giudice Debora. Di seguito il Canto di Debora (c.5) che molti studiosi considerano tra le più antiche poesie dell'Antico Testamento. La storia di Debora inizia con la descrizione dell'apostasia di Israele e la susseguente oppressione di Iabin, re della città stato cananea di Asor. Gli Israeliti gridano nuovamente al Signore per ricevere aiuto. Debora, che ha già risolto alcune controversie legali, sceglie Barac per condurre la battaglia contro Iabin ed il suo generale Sisera. Con Dio dalla loro parte, i fanti di Barac, seppur poco equipaggiati, sconfiggono i soldati sui carri di Sisera. Sisera fugge da un alleato, Eber il Cheneo. La moglie di Eber, Iael, gli offre una bevanda e, mentre questi dorme, gli pianta un piolo della tenda nella tempia. Con tutta la crudezza delle immagini dettagliate della storia, ancora una volta l'enfasi è sulla vittoria di Dio mediante i deboli e gli impotenti di questo mondo.

> **LA TEOLOGIA DELLA DEBOLEZZA**
>
> Le varie storie dei giudici dimostrano due concetti significativi. La descrizione dei nemici include la sottolineatura della loro forza, ricchezza e potenza. Colui che Dio definisce "giudice" è, solitamente, di basso ceto o debole. In tutti questi casi, lo Spirito del Signore dà potenza. I giudici vincono non per la loro forza ma per quella del Signore. Le storie esprimono molto chiaramente la convinzione che Dio dimostra la Sua potenza mediante i deboli e gli impotenti.
> Secoli dopo l'apostolo Paolo affermerà che la potenza di Dio è resa perfetta nella nostra debolezza. Riflettendo sulla sua esperienza personale, egli dichiarerà alla chiesa di Corinto "quando sono debole, allora sono forte" (2 Corinzi 12:10)

- **Gedeone e Abimelec (6:1-9:57)**

Dio invia Gedeone a liberare gli israeliti dall'oppressione madianita. Lo rende vittorioso con i circa 300 soldati da lui selezionati tra i 32.000 membri dell'esercito israelita. Il successo di Gedeone spinge il popolo a chiedergli di

Figura 44 Scavi ad Hazor, a circa 16 chilometri a nord del mar di Galilea.

essere il suo re. Egli rifiuta perché convinto che Dio sia il re del Suo popolo (8:23). Il capitolo 9 narra del tentativo di Abimelec, uno dei figli di Gedeone di divenire re. Dopo aver ucciso 70 fratelli, Abimelec si autoproclama re di Israele. Soltanto Iotam, il più giovane tra i figli di Gedeone, sfugge al massacro. Iotam, davanti al monte Gerizim, racconta una fiaba al popolo di Sichem descrivendo, in modo sarcastico, coloro che esercitano il potere in modo dispotico (vd. la fiaba di Iotam, 9:8-15).

- **Tola, Iair e Iefte (10:1-11:40)**

Seguendo la breve citazione di Tola (10:1-2) e di Iair (vv.3-5), nei capitoli 10 e 11 la storia si con-centra su Iefte. Questa volta gli oppressori di Israele sono gli Ammoniti. Dio invia Iefte, il figlio di una prostituta e di un fuorilegge, come prossimo liberatore degli Israeliti. Prima di andare a combattere fa un voto promettendo che, dopo la vittoria, sacrificherà chiunque uscirà per primo dalla porta di casa sua per venirgli incontro. Tornato a casa da vincitore, la prima persona che gli va incontro è la sua unica figlia. Per mantenere il voto, Iefte fa un sacrificio umano, un abominio per il popolo di Dio.

- **Ibsan, Elon, Abdon e Sansone (12:1-16:31)**

Il narratore menziona brevemente l'operato dei giudici Ibsan, Elon e Abdon (12:8-15) e poi offre un resoconto dettagliato di Sansone (cc. 13-16). In Sansone notiamo a che livello di deterioramento è giunto l'ufficio di giudice. La sua storia inizia con un riferimento all'apostasia di Israele. Questa volta, gli oppressori sono i Filistei, che occupano la porta meridionale occidentale della pianura costiera di Canaan. I genitori di Sansone lo fanno crescere da Nazireo (vd. Numeri 6). I capitoli dal 14 al 16 descrivono l'esplosione della grande forza di Sansone e la sua furbizia.

L'INFEDELTÀ DI ISRAELE

La storia di Sansone rappresenta Israele nella sua totalità. Gli israeliti avevano giurato, avevano stabilito un patto con il Signore.

L'essenza di quel patto era la consacrazione al servizio di Dio e l'impegno a rimanere un popolo separato dal mondo. Tuttavia, continuamente, il popolo di Dio "sedusse" e spesso si unì con i vicini e i loro dii. Nondimeno, Dio rimase fedele inviando il Suo Spirito sui vari giudici che liberarono gli israeliti dai loro oppressori. Nonostante il tormento, l'infedeltà e l'insicurezza dei primi anni nella terra promessa, Dio non dimenticò il Suo popolo.

Tuttavia, intessuta in questa storia c'è un filo ininterrotto di possibili azioni autodistruttive dell'eroe. Le sue azioni dimostrano quanto poco valore avesse, per lui, il voto di nazireato. Eppure, nonostante la sua infedeltà, Dio rimane fedele riempiendolo del Suo Spirito che lo rende capace di compiere opere meravigliose.

> **T**
>
> ### UNA NAZIONE DIVISA
>
> I capitoli conclusivi del libro dei Giudici mostrano non soltanto l'assenza di una leadership nazionale ma anche di unità tra le varie tribù. Individui e tribù cominciarono a crearsi i loro propri dii e idoli assumendo sacerdoti a pagamento. La sopravvivenza di un individuo o un popolo divenne sempre più importante degli interessi nazionali e della preservazione della fede comune. È chiaro che, diversamente dai primi capitoli del libro, l'infedeltà non proviene da fuori ma da dentro. La nota conclusiva del narratore che "ognuno faceva quello che gli pareva meglio" riflette il risultato della frantumazione interna dell'identità comunitaria del popolo di Dio. Quando l'individualismo prevale sugli interessi comunitari e sull'identità, sorgono fazioni e lotta per la sopravvivenza.

- **Narrazioni varie: Gli ultimi giorni dei giudici (17:1-21:25)**

Nei cinque capitoli finali del libro dei Giudici, ci rendiamo conto di quanto debole sia il legame tra le tribù. Sparse nel libro, troviamo evidenze di una relativa "indipendenza" di ogni tribù. In questa sezione, il narratore include due esempi specifici della crescente tensione tra di loro. La tribù di Dan, a motivo della continua minaccia dei Filistei, decide di emigrare al nord. Durate questo spostamento, i Daniti non soltanto rubano i loro oggetti di culto ma prendono anche un sacerdote dalla tribù di Efraim. Arrivati al nord, la tribù edifica la città di Dan e innalza l'oggetto di culto come un idolo. In seguito, la città di Dan diventa uno dei due luoghi di culto stabiliti da Geroboamo I per rivaleggiare con Gerusalemme (vd. 1 Re 12:26-30)

I capitoli 19-21 narrano dei tragici eventi che provocarono la guerra con la tribù di Beniamino. Il resto delle tribù di Israele decide di punire i beniaminiti perché alcuni cattivi tra di loro avevano abusato della concubina di un Levita che stava attraversando il loro territorio. Nella guerra, i beniaminiti vengono quasi annichiliti al punto che si dovette ricorre a degli espedienti per ripopolare la tribù.

La frase conclusiva del libro dei Giudici offre un postludio al periodo premonarchico ed un preludio al prossimo capitolo della vita di Israele. "In quel tempo non c'era un re in Israele; ognuno faceva quello che gli pareva meglio"(21:25). Certamente, "far quello che gli pareva meglio" intende dire che il popolo non vive più secondo la Torà e l'insegnamento di Mosè e Giosuè. In assenza di un re che promuove la Torà come norma di condotta del popolo di Dio (vd. Deuteronomio 17), Israele, nei primi 200 anni nella terra di Canaan, vive secondo la sua propria legge.

Il prossimo capitolo nella storia di Israele mostra alcuni passi ulteriori intrapresi per dichiarare la propria autonomia da Dio.

Il libro di Rut

Titolo e paternità

Il libro di Rut narra una tra le più belle ed amate storie dell'Antico Testamento. Rut, Naomi e Boaz sono alcuni tra i personaggi più pittoreschi della Bibbia. Il libro prende il nome dal personaggio principale della storia. Non sappiamo chi abbia scritto questo libro. I traduttori della Settanta pongono il libro di Rut tra quelli dei Giudici e 1 Samuele. Ciò è dovuto, probabilmente al riferimento del versetto iniziale che pone la storia di Rut nel periodo dei Giudici (vd. 1:1). Tuttavia, originariamente il libro non faceva parte della storia deuteronomistica. Infatti, Rut non riflette il pensiero familiare e la lingua dei libri della storia deuteronomistica.

Nella Bibbia ebraica questo libro è posto nella terza sezione maggiore nota come Ketubim o "Gli Scritti." Insieme ad altri quattro libri (Cantico dei cantici, Ecclesiaste, Lamentazioni e Ester) è indicato frequentemente come Megillot (rotoli) o Rotoli festivi. Infatti, il libro di Rut è tradizionalmente letto durante la Festa delle Settimane, in seguito chiamata Pentecoste, che celebra il dono della Legge sul Monte Sinai.

Figura 45 *Boaz disse ai suoi servi di lasciare delle spighe in più perché Rut potesse raccoglierle.*

Contesto

Pur se l'ambiente storico è il periodo premonarchico, la sua composizione sembra essere avvenuta in un periodo successivo. Alcuni studiosi pensano che sia stato scritto nei primi giorni della monarchia, forse per indicare gli antenati del re Davide (Rut è la bisnonna del re Davide). Altri datano il libro nel periodo in cui Israele soffriva di ristrettezza mentale e di un dichiarato forte nazionalismo. In realtà, una tale atmosfera di esclusivismo emerse nel periodo post-esilico (in modo particolare nel quinto sec. a.C.) quando il popolo di Dio dovette ridefinire la propria identità con mezzi rigidi e limitanti. In questo periodo gli stranieri venivano tenuti lontano e i maschi giudei erano persino incoraggiati a divorziare dalle loro mogli straniere (vd. Esdra 10:1-5 e Neemia 13:23-27). In questa situazione, il libro di Rut servì a combattere il gretto nazionalismo dimostrando come Davide avesse antenati moabiti.

Contenuto

La storia di Rut è presentata come una commedia in quattro atti che inizia con la carestia morte e tragedia e si conclude in modo positivo con il matrimonio felice, l'edificazione di una casa, e la nascita di bambini che garantiranno la posterità.

La storia si può così suddividere:

1. Naomi e Rut (1:1-22)
2. Boaz e Rut (2:1-23)
3. Il piano di Naomi (3:1-18)
4. Boaz sposa Rut (4:1-21)

- **Naomi e Rut (1:1-22)**

Il capitolo iniziale narra la storia di una famiglia israelita formata da Elimelec e Naomi e dei loro due figli, Malon e Chilion. Una carestia a Betlemme, loro città natale, li costringe a spostarsi a Moab dove i figli sposano Rut e Orpa, native di Moab. La morte del marito e dei figli spinge Nao-mi a ritornare a Betlemme. Incoraggia anche Rut e Orpa a rimanere, con le loro famiglie, a Moab. Orpa decide di starsene a casa ma Rut, con un grande senso di fedeltà, le dice: "Dove andrai tu, andrò anch'io. E dove starai tu, anch'io starò; il tuo popolo sarà il mio popolo e il tuo Dio sarà il mio Dio." (1:16)

 **LA LEGGE DEL LEVIRATO**

Nell'Antico Israele la Legge non permetteva che si vendessero le proprietà familiari perché si riteneva che il paese appartenesse a Dio. Se la proprietà familiare doveva essere venduta a motivo di povertà, il redentore o go'el, il parente più prossimo, aveva la responsabilità di ricomprarla o redimerla (Lv. 25:25-28). Nella legge deuteronomica, il ruolo del go'el include il matrimonio della vedova del fratello senza figli. Questa usanza era conosciuta come matrimonio di levirato (Dt. 25:5-10) Chi sposava la vedova del fratello deceduto diventava il suo go'el.

- **Boaz e Rut (2:1-23)**

Ritornata a Betlemme insieme a Naomi, Rut mentre va a spigolare nel suo campo incontra Boaz, un parente di Elimelec. La legge accordava la pratica di lasciare sul terreno le spighe cadute in modo tale che i poveri potessero raccoglierle per sfamarsi (vd. Lv. 19:9-10). Boaz colpito dalla devozione di Rut verso la madre del defunto marito, la invita a mangiare con lui e ordina ai servi di trattarla gentilmente quando si sarebbe recata nei campi. Tornata a casa, Naomi racconta a Rut che Boaz è il suo redentore (go'el).

- **Il piano di Naomi (3:1-18)**

Naomi suggerisce a Rut come agire per ottenere il favore di Boaz in modo che egli la prenda in sposa. Ascoltandola, Rut conquista il cuore di Boaz il quale le promette che avrebbe trovato il modo per poter agire da suo go'el.

- **Boaz sposa Rut (4:1-21)**

Boaz porta l'argomento alla porta della città dove ci si occupava di tali affari ufficiali. Essendoci un altro parente più prossimo al marito deceduto di Rut, per poterla sposare Boaz avrebbe dovuto aspettare il suo rifiuto. Ad avvenuto rifiuto, Boaz agisce da suo go'el e la prende come sposa. La storia si conclude con la nascita di un figlio, Obed. Nei versi finali del libro, scopriamo che Obed è il padre di Iesse il quale è padre di Davide.

LEZIONI DAL LIBRO DI RUT

L'ambiente storico di Rut nel periodo dei giudici offre un significativo correttivo teologico all'attitudine sociale, religiosa e culturale del tempo. Evidenziamo tre aspetti del libro di Rut che ci rivelano meglio le convinzioni della religione pattuale di Israele.

1. La storia di Rut afferma molto chiaramente che la cura provvidenziale di Dio si estende a tutti i popoli indipendentemente dalla nazionalità. Le storie di guerra e sconfitta di altre nazioni avrebbero potuto far pensare che il Dio di Israele era semplicemente un Dio nazionalista sempre dalla parte di Israele contro tutti gli altri. La storia di Rut, invece, è una protesta contro un senso ristretto di nazionalismo che avrebbe limitato l'attività e la grazia di Dio in favore di altri gruppi etnici. Il Dio che interviene misteriosamente in questa storia è l'Iddio di tutti i popoli. Il popolo di Dio oggi è sollecitato da questo libro ad essere una comunità senza confini etnici, razziali o nazionali.

2. Rut esprime il senso di unità nella diversità. Sia Mosè che Giosuè avevano continuamente sottolineato ad Israele l'importanza dell'unità. L'unità familiare e quella tra israeliti e Moabiti che troviamo in Rut contrasta le fazioni sempre in guerra e le competizioni tribali del libro dei Giudici. Le famose parole di Rut "il tuo popolo sarà il mio popolo ed il tuo Dio il mio Dio," demolisce i muri di separazione prodotti dalla condizione economica, razziale e di nazionalità. Ci ricordiamo delle parole di Paolo. "Non c'è né giudeo né greco, schiavo o libero, maschio o femmina, poiché siete tutti uno in Cristo Gesù."(Galati 3:28)

3. La storia di Rut insegna la fedeltà e la profonda comunione a vari livelli. Fedeltà e comunione sono qualità mancanti in Israele durante il periodo dei Giudici. Rut, una non israelita, esemplifica a livello sociale per la comunità del patto, il modo in cui essere leali e fedeli al patto. In tutta questa storia, si esprime chiaramente il valore del benessere della comunità e non del singolo individuo, ed in modo particolare del benessere dei più deboli della comunità. Rut, in questo senso, esprime l'ideale che deve essere perseguito dal popolo di Dio, sia che abbia o no, un re umano.

Frasi riassuntive

- Il libro dei Giudici esprime la continua lotta e tentazione degli israeliti per trovare sistemi religiosi da poter manipolare.
- In mezzo alle tante debolezze dei Giudici, è visibile la potenza di Dio
- Il ciclo retribuzionista mostra chiaramente i temi deuteronomistici della ribellione religiosa, del giudizio divino, dell'appello al pentimento e della speranza si un aiuto divino.
- Nella storia di Rut, il Regno di Dio va oltre i confini della nazione e della razza.
- Il libro di Rut collega gli avi di Davide a Rut, una donna moabita

Domande di riflessione

1. In che modo il pragmatismo influenza i credenti d'oggi nello stesso modo in cui influenzò gli israeliti?
2. Dove intravvediamo il ciclo retribuzionista nella nostra vita?
3. In che modo le storie dei giudici riflettono la prospettiva biblica della forza e debolezza umana?
4. Quale lezione possiamo imparare per la nostra vita dalla storia di Sansone?
5. Come esposto nel libro di Rut, in che modo Dio usa persone al di fuori della comunità di fede?

Risorse per studi ulteriori

Boling, Robert G., Judges, Vol. 6° of the Anchor Bible, New York: Doubleday, 1975;

Grey, John, Joshua, Judges, Ruth, New Century Bible Commentary, Grand Rapids: Eerdmans, 1986;

Olson, Dennis T., The Book of Judges: Introduction, Comemntary and Reflections, Vol. 3 of the New Interpreter's Bible, Nashville:Abingdon Press, 1998. Pagg. 723-888;

Robertson Farmer, Kathleen A., The Book of Ruth: Introduction, Commentary, and Reflections. Vol.3 of the New Interpreters' Bible. Nashville: Abingdon Press, 1998.Pagg.891-946.

14. La transizione alla Monarchia: 1 Samuele

OBIETTIVI

Lo studio di questo capitolo ti aiuterà a:
- Discutere sulla relazione tra le storie della prima monarchia in 1 Samuele con quelle di Israele in Giosuè e Giudici;
- Comprendere il ruolo transitorio di Samuele nella storia di Israele;
- Descrivere le due prospettive monarchiche in 1 Samuele e il modo in cui si rapportano tra di loro;
- Descrivere il modo in cui Davide assunse il potere e la crescente rivalità tra Davide e Saul.

Termini chiave:

Elcana
Anna
Silo
Eli
Samuele
Canto di Anna
Ofni
Fineas
Filistei
Dagon
Ebenezer
Saul
Messia
Davide
Iesse
Gionathan
Mica
Divinatore di Endor
Monte di Gilboa

Domande da considerare durante la lettura:
1. Perché alcuni tentano di "sembrare" come coloro che sono più influenti e accolti dalla società?
2. Cosa comunica l'idea della sovranità di Dio?
3. Quali sono alcune delle tentazioni di coloro che possiedono grande potere?

Il libro dei Giudici si conclude con l'osservazione che Israele, nei primi giorni della sua esistenza nazionale a Canaan, non ha re. Quest'affermazione conclusiva sta a fondamento del prossimo segmento della storia deuteronomistica. Il libro di 1 Samuele racconta la storia della transizione da una leadership militare carismatica, equipaggiata dallo Spirito, alla più stabile istituzione monarchica.

Titolo e autore

Questo libro prende il nome da Samuele, ultimo giudice di Israele e primo dei profeti. Occupa il posto tra l'era dei giudici (periodo pre-monarchico) e quella dello stato e della monarchia (periodo monarchico). Sta, quindi, al crocevia tra il governo divino ed il regno umano. Come Mosè e Giosuè, anch'egli esorta Israele a confidare soltanto in Dio.

Originariamente, nella Bibbia ebraica, i due libri di Samuele erano riuniti in uno. Nella versione greca dei Settanta, i due libri di Samuele ed i due dei Re sono elencati come I, II, III e IV libro dei Regni. Evidentemente, i traduttori della Settanta consideravano il contenuto di questi libri come una storia ininterrotta della monarchia israelita.

Pur facendo parte dell'opera completa della storia deuteronomistica, sembra che in 1 Samuele molte narrazioni facciano parte della tradizione orale di Israele. È ugualmente possibile che alcune narra-zioni esistessero in forma scritta molto tempo prima del completamento della stessa storia deuteronomistica.

Contesto

Le storie di 1 Samuele appartengono al periodo tra il 1050 ed il 1000 a.C. Nei precedenti 200 anni, Israele aveva subito una serie di crisi a livello religioso, culturale e nazionale ed un totale collasso della legge e dell'ordine sociale. Le crisi interne alla nazione erano bilanciate dalle minacce dei nemici esterni, in modo particolare dei potenti Filistei che premevano ai confini nella zona costiera sud-occidentale entro i confini dei territori di Israele. I primi capitoli del libro indicano pure come persino la famiglia sacerdotale responsabile del Tabernacolo di Silo fosse corrotta e abusasse degli adoratori. È questo il contesto in cui Dio chiamò Samuele a prestare il suo servizio a Israele.

Contenuto

Il libro di 1 Samuele tratta del ruolo di guida di Samuele e Saul, due figure nazionali fondamentali della storia antica nella terra promessa. Il contenuto di questo libro può essere suddiviso in due ampie sezioni:

1. Samuele e la transizione alla monarchia (1:1-12:25)

2. Il regno di Saul (13:1-31:13)

La prima parte del libro (cc. 1-12) riassume la storia dell'ascesa di Samuele come ultimo leader carismatico della nazione. Questa parte dimostra, inoltre, come Israele attui questa transizione da una leadership carismatica alla monarchia. La seconda part del libro (cc.13-31) si concentra sull'ascesa e caduta di Saul, il primo re di Israele.

SILO

In questo periodo della storia di Israele, Silo sembra aver svolto la funzione di santuario centrale per le 12 tribù. L'arca del patto era posta nel tabernacolo. I capi famiglia israeliti si recavano annualmente in pellegrinaggio al santuario centrale per offrire sacrifici a Dio. Riferimenti a Eli ed ai suoi figli indicano che una linea ereditaria di sacerdoti fosse responsabile dello svolgimento delle funzioni nel santuario centrale.

- **La nascita e la vocazione di Samuele (1:1- 4:1)**

Il racconto dell'ascesa della monarchia in Israele inizia con la storia della nascita di Samuele. Le circostanze sono simili a quelle della nascita di altre figure chiave della Bibbia come Isacco, Giacobbe, Sansone e Giovanni battista. La storia inizia con i genitori di Samuele, Elcana, un levita (vd. 1 Cr. 6:27) ed Anna, la moglie sterile. Anna è ridicolizzata e svergognata da Peninna, la seconda moglie di Elcana che ha dato dei figli al marito. Durante una delle sue visite abituali al santuario di Silo, Anna fa un voto a Dio, dicendo che se le darà un figlio, lo avrebbe a Lui consacrato come nazireo. Tornata a casa con la rassicurazione di Eli, il sacerdote, che Dio avrebbe ascoltato la sua petizione, dà alla luce un figlio che chiama Samuele motivandolo col fatto che lei aveva chiesto a Dio un figlio. Tempo dopo, tornata a Silo, consacra il figlio al servi-zio di Dio ridandoGli quanto Gli aveva prima chiesto. Fu, questo, un vero atto di culto, senza egoismo o tentativo di appropriarsi del dono divino. La nascita di Samuele conclude il canto di lode a Dio di Anna (2:1-10).

IL CANTO DI ANNA

Il canto di Anna contiene una lode a Dio per averla elevata dalla sua posizione di inferiorità. Inoltre, anticipa l'esaltazione di Dio dell'umile e l'umiliazione dell'orgoglioso nel mondo. Questo tema è ben riflesso in tutta la storia deuteronomistica. In modo appropriato, il Canto di Anna è in seguito riflesso nel Magnificat di Maria (Lc. 1:46-55). Paolo echeggi questo tema nella sua analisi della croce di Cristo: "Dio ha scelto le cose deboli del mondo per svergognare le forti…perché nessuno si vanti davanti a Dio". (I Cor. 1:27,29)

LA VOCAZIONE DI SAMUELE

La storia della vocazione di Samuele, riflette due preoccupazioni deuteronomistiche. In primo luogo, Dio non abbandona il Suo popolo senza avergli dato una degna guida. Egli sceglie dei capi per guidarlo nei giorni bui della sua esistenza. In secondo, luogo, ogni generazione è responsabile della fedele trasmissione della fede a quella successiva. Sebbene Dio stesse chiamando Samuele, fu Eli, della generazione precedente, che diresse Samuele al Suo ascolto. La fedeltà di Eli diede la possibilità a Samuele di rispondere alla vocazione di Dio.

La seconda parte del capitolo 2 crea l'ambiente giusto per descrivere l'ascesa a leader di Samuele con una dettagliata descrizione della malvagità dei figli di Eli, Ofni e Fineas (vv.11-36). Samuele cresce col favore di Dio e del popolo. Come risultato dell'asservimento al male di Ofni e Fineas, un profeta anonimo scrive a Eli comunicandogli che i suoi due figli sarebbero morti e che la sua discendenza sarebbe stata rimossa dall'ufficio sacerdotale.

Con la condanna della famiglia di Eli, la storia progredisce fino alla vocazione di Samuele ed al suo ruolo di leader in Israele (3:2-4:1). Una notte, mentre Samuele dorme nel Tempio (tabernacolo), Dio lo chiama ripetutamente. Ogni volta, Samuele si rivolge ad Eli pensando che sia lui a chiamarlo. Infine, Eli comprende che Dio sta chiamando Samuele e gli dà consigli su cosa dire quando Dio lo avrebbe ancora chiamato. Quando, alla fine, Samuele risponde a Dio, questi gli rivela la prossima distruzione della casa di Eli. Da questo momento in poi, il giovane profeta assumerà sempre più responsabilità di guida e sarà conosciuto come un portavoce di Dio.

Figura 46 Bet Semes è a circa 24 chilometri a ovest di Gerusalemme. I Filistesi riconsegnarono l'arca del patto in questo luogo e da qui essa fu poi spostata a Chiriat-Iearim.

• **La sconfitta e la vittoria di Israele (4:2-7:17)**

La sconfitta di Israele per mano dei Filistei e la cattura dell'arca servano da contesto immediato per l'ascesa di Samuele a leader carismatico-militare. L'errata percezione israelita che l'arca avrebbe garantito la loro vittoria convince il popolo a portarla sul luogo della battaglia. Con grande sorpresa, i Filistei li sconfiggono e si appropriano dell'arca come trofeo di guerra e segno di vittoria sugli israeliti e sul loro dio. Israele impara la grande lezione che Dio non permette a nessuno di utilizzarlo come "portafortuna" o per essere manipolato a proprio gusto e beneficio.

Con l'arca lontano dal paese di Israele la speranza sembrava svanita. Tuttavia, il racconto (4:1-7:1) non si conclude con una sconfitta! I Filistei portano l'arca a Ashdod ponendola nel tempio di Dagon, la loro divinità principale e il dio del grano. Ben presto i Filistei imparano l'utile lezione che l'idolo di Dagon non è né superiore né uguale al Dio di Israele! La successiva piaga che affligge i Filistei li costringe a ridare l'arca agli israeliti, insieme a doni ed offerte. In quella che sembrava una sonora sconfitta del popolo di Israele, Dio, invece, si manifesta come sovrano e invincibile. Alla riconsegna dell'arca agli israeliti, Samuele raccoglie il popolo a Mispa. Come i suoi predecessori Mosè e Giosuè, esorta il popolo a pentirsi a Dio con tutto il cuore, a togliere di mezzo gli dei stranieri e a servire soltanto Dio (7:3). Il popolo risponde gettando via gli idoli e radunandosi a Mispa per un digiuno. Mentre Samuele offre un sacrificio in favore del popolo, i Filistei attaccano nuovamente. Tuttavia, questa volta Dio interviene dando potenza ad Israele per sconfiggere i Filistei che sono costretti a ritornare al loro paese. Per commemorare questo evento di liberazione in modo da servire come testimonianza per le generazioni future, Samuele pone una pietra nel luogo dove è avvenuta la vittoria chiamandola "Ebenezer," cioè "pietra di soccorso" in modo da ricordare ad Israele che, fino a quel giorno, Dio è stato il loro aiuto.

- **Saul, il primo re di Israele (8:1-15:35)**

Nonostante la vittoria, il popolo chiede un re perché ritiene che la monarchia saprà dargli un'identità simile a quella delle nazioni vicine (8:5, 19-20) Pur se, inizialmente, estremamente riluttante, alla fine, Samuele, dopo che Dio lo ha autorizzato a farlo, acconsente alla sua richiesta. Nella sua conversazione con Samuele, Dio indica come il desiderio del popolo di avere un re sia, in realtà, il suo rifiuto di Dio stesso. Samuele avverte in modo solenne gli israeliti che, avendo un re, dovranno affrontare nuove sfide. Elenca i vari modi in cui il re li renderà schiavi rendendo difficile la loro vita. Incurante dell'avvertimento di Samuele, la risposta di Israele è, decisamente, di volere un re. Dio stesso seleziona il primo re di Israele (cc. 9-10) In modo alquanto strano, Dio conduce Saul a casa di Samuele (vd. la storia intrigante in 9:3-14). Samuele gli annuncia che Dio lo ha designato come primo re di Israele. Saul gli risponde con umiltà riconoscendo la sua indegnità ad essere strumento di Dio (v.21). Il giorno successivo, Samuele prende dell'olio e unge Saul come principe di Israele. Un'altra tradizione dipinge la scelta di Saul come un evento pubblico (vd. 10:17-27). Samuele riunisce le tribù di Israele e sceglie, a sorte, la tribù di Beniamino. Restringendo ancor più la selezione del re tra clan e famiglie, la scelta finale cade su Saul. Questi, però, non si trova; infine, lo scovano nascosto tra i bagagli. Samuele lo proclama come il prescelto di Dio ed il popolo lo accoglie come suo re. Una terza tradizione sull'ascesa di Saul al potere regale lo descrive in battaglia contro gli Ammoniti, che minacciano il popolo, a Iabes di Galaad (vd.11:1-15).

DUE PROSPETTIVE DI REGALITÀ

In 1 Samuele, esperti della Bibbia identificano una prospettiva positiva ed una negativa. Alcuni suggeriscono che gli autori abbiano inserito in questo libro due fonti distinte sulla regalità. Una riflette la stima negativa o il sentimento anti-monarchico (I Sam. 8; 10:17-27; 12) che giudica il desiderio d'Israele di avere un re come rifiuto della sovranità divina; secondo questa fonte, Dio acconsente al desiderio del popolo e nomina re Saul. L'altra fonte, che riflette una valutazione positiva del re o la prospettiva pro-monarchica (i Sam. 9:1-10:16;11) dà a Samuele un ruolo di grande rilevanza nella scelta di Saul come re.

Riteniamo che entrambe le prospettive abbiano offerto alle generazioni successive una comprensione più realistica del potere regale e, più ampiamente, del potere umano. La narrazione nel c.8 riflette il dato reale che Dio ha dato agli uomini il compito di governare sulla Sua creazione (vd. Gn. 1:28). Tuttavia, come dimostra la storia della monarchia israelita, proprio gli uomini ai quali era stato dato il potere, hanno abusato di tale privilegio corrompendo l'ufficio regale. Anziché essere amministratori e servi, governando fedelmente il mondo per conto di Dio, si sono ritenuti dii con potere assoluto (vd. lo schema comportamentale in Gn. 3:5)

Come i giudici dell'era precedente, egli libera il popolo di Iabes di Galaad. La gente allora lo porta a Ghilgal e lo eleva a re di Israele.

Con Saul re di Israele, Samuele si ritira dal suo ufficio di Giudice. In un discorso finale al popolo (c.12) espone la sua profonda convinzione che se il popolo ed il re ubbidiranno a Dio, tutto andrà bene. Esorta, allora, il popolo a temere Dio ed a servirlo con tutto il cuore.

Nonostante il successo militare di Saul contro gli Ammoniti, quanto accadrà successivamente nel suo regno sarà una tragedia. La sua caduta non sembra dover essere collegata, necessariamente, ad un potere dispotico. Infatti, diversamente dai successivi re, Saul non impone tasse o leve militari e si impegna poco o niente nel commercio internazionale. Per motivi diversi, egli assomiglia di più ad uno dei giudici precedenti che ai re successivi. In realtà, la caduta di Saul è la diretta conseguenza dalla sua palese disubbidienza alle chiare istruzioni di Samuele. Il narratore cita i seguenti esempi.

IL RITO DELL'UNZIONE

Sebbene altre autorità ufficiali, come i sacerdoti, fossero unte con olio quando ritualmente insediati, nell'A.T, l'unzione dei re aveva un significato distinto. In questo rito, il sacerdote officiante versava dell'olio di oliva sul capo della persona prescelta come nuovo re. Questo atto comunicava simbolicamente il suo potenziamento per opera dello Spirito di Dio. Dopo l'unzione, il re veniva definito mashiach (Messia) o, letteralmente, l'unto. L'equivalente greco di questo termine è christos, da cui proviene il titolo di Cristo.

Preparandosi per la battaglia contro i Filistei, i soldati israeliti si riuniscono a Gilgal attendendo l'arrivo di Samuele che avrebbe offerto il sacrificio sacerdotale (vd. 13:1-15). Samuele ritarda e le truppe cominciano a spazientirsi. Saul sente la pressione su di sé e decide di prendere l'iniziativa offrendo lui il sacrificio. Quasi immediatamente sopraggiunge Samuele che, ascoltando quanto Saul si era permesso di fare, lo rimprovera aspramente annunciandogli che, per tale motivo, Dio lo rinnegherà come re scegliendo, al suo posto, un'altra persona.

Nella battaglia successiva, contro gli Amalechiti, Saul non distrugge completamente il campo del nemico (herem) permettendo al re amalechita, Agag, di vivere e appropriandosi delle sue pecore e dei suoi buoi. In risposta a tale azione, Dio comunica a Samuele il suo pentimento di averlo scelto come re. Il giorno dopo, Samuele incontra Saul per parlare di quanto accaduto e quando il re tenta di giustificarsi dicendo che si era appropriato del bestiame per offrire un sacrificio a Dio, il profeta gli risponde che Dio desidera l'ubbidienza più del sacrificio (v.22). Samuele gli annuncia che Dio lo ha definitivamente rinnegato come re di Israele.

- **Saul e Davide (16:1-31:13)**

Figura 47 I confini del regno di Saul.

Samuele ha già indicato a Saul che Dio è in cerca di una persona "secondo il suo cuore". Il capitolo 16 introduce Davide come la persona prescelta. Dio ordina a Samuele di andare a Betlemme per ungere un figlio di Iesse come prossimo re di Israele. Al profeta sono presentati sette figli di Iesse ma Dio gli indica Davide, il più giovane. La storia ci dice chiaramente che, quando Dio chiama al Suo servizio, guarda al cuore delle persone e non all'apparenza esteriore. Troviamo anche qui l'affermazione deuteronomistica che Dio sceglie i deboli per confondere i forti. Samuele unge Davide come prossimo re di Israele. Al momento della sua unzione, "lo Spirito del Signore scese su di lui" equipaggiandolo e potenziandolo per la conduzione del regno. Simultaneamente, "lo Spirito del Signore si ritirò da Saul "(16:13-14). Il narratore racconta la storia, a noi familiare, della vittoria di Davide contro Golia

DAVIDE E GOLIA

Ta storia di Davide e Golia palesa la convinzione deuteronomistica che la vittoria non si ottiene per la forza o potenza umana ma per l'azione di Dio mediante gli uomini. La storia inizia dando ei dettagli espliciti su Golia per mostrare come, da una prospettiva umana, il fanciullo di Betlemme non avesse niente da spartire con il gigante filisteo. Tuttavia, le parole di Davide a Golia affermano la comprensione deuteronomistica del "vantaggio" (vd. 17:45-47). Davide affrontò Golia nel "nome del Signore degli eserciti, del Dio delle schiere d'Israele" (v.45) perché era sicuro che la battaglia fosse di Dio. Ecco perché fu coraggioso e affrontò il nemico senza alcuna paura.

per confermare come egli fosse stato veramente potenziato dallo Spirito perché l'unto di Dio (c.17).

Da questo punto in avanti, la storia si concentra sulla rivalità tra Saul e Davide e sui tragici eventi che condussero alla morte di Saul.

Saul si allontana sempre di più, da tutti, isolandosi e chiudendosi nel suo tormento. Davide, invece ha come amico proprio il figlio del re, Jonathan. La gente ritiene Davide un guerriero più forte di Saul.

La gelosia del re si tramuta in timore e cerca in tanti modi di fare morire il rivale. Dà a Davide, come sposa, la figlia Mical chiedendo come dote i prepuzi di cento Filistei perché spera che i Filistei lo uccidano quando lui tenterà di soddisfare la sua richiesta. Davide, invece, sorprende il re quando gli porta il doppio dei prepuzi dei Filistei. Questa rivalità ed odio continuerà fino alla morte di Saul.

Saul trascorre i suoi anni finali tentando di recuperare la sua potenza e credibilità come sovrano di Israele. Per stabilire il suo potere vuole distruggere Davide e difendere la nazione dalla crescente minaccia dei Filistei contro il suo regno. In un caso, prova a farlo uccidere da Jonathan e dai suoi servi ma sia Jonathan che Mical aiutano Davide a sfuggire alla trappola ideata dal padre. Davide, nonostante potesse, per ben due volte, uccidere facilmente Saul, gli fa grazia per il rispetto che prova nei confronti di chi considera l'unto di Dio (cc. 24 e 26). Il tentativo continuo di Saul di uccidere Davide costringe quest'ultimo a fuggire nel paese dei Filistei dove diviene un loro alleato e un soldato mercenario per Achis, re di Gat (cc.25,29,30).

Nel frattempo i Filistei avanzano nel territorio

Figura 48 La valle di Ela dove Davide uccise Golia durante la battaglia tra Israele e Filistei.

israelita. L'esercito di Saul non riesce a fermarli. Non avendo ricevuto alcun aiuto da Dio, si rivolge a un'evocatrice di spiriti di Endor (c.28) nell'estremo tentativo di entrare in contatto con lo spirito di Samuele. Spera, così, di poter sentire la voce di Dio mediante lo spirito del profeta morto. Tutto ciò è, però, una palese violazione del comando stabilito da Mosè contro la divinazione (vd. Dt. 18:10-11).

Quando lo spirito di Samuele si palesa, la parola a Saul è una conferma di quanto prima affermato sulla sua rimozione dal trono regale. Il capitolo finale della vita di Saul si svolge sul monte Ghilboa. Tre dei suoi figli, incluso Gionathan, vengono uccisi nella battaglia contro i Filistei. Circondato dai nemici e di fronte alla certa sconfitta, Saul dice al suo scudiero di ucciderlo. Quando questi però,

Figura 49 La tomba di Samuele.

si rifiuta di uccidere il re di Israele, Saul prende la sua spada e vi si getta di sopra.

Il giorno seguente, i Filistei tagliano la testa a Saul ed espongono pubblicamente il suo cadavere appendendolo sulle mura della città di Betsan. Il popolo di Iabes gilead che Saul aveva salvato dagli Ammoniti, mostrano la loro gratitudine al re morto dandogli una degna sepoltura.

Morto Saul, il palcoscenico è libero e Davide può divenire re. Come vedremo, però, nel prossimo capitolo, la strada al potere regale non sarà un cammino facile. Il prossimo libro, 2 Samuele, inizia con diverse situazioni di conflitto che devono essere affrontate prima di poter divenire il secondo re di Israele.

Figura 50Betsane. I palestinesi appesero il corpo del Saul sulle mura di Gerusalemme. La vecchia città di Betsane è sulla montagna, alle spalle; in primo piano, le rovine della città romana di Scitopoli.

Frasi riassuntive

- Samuele svolse la funzione di giudice, sacerdote e profeta nel periodo di transizione tra il governo dei giudici e la monarchia;
- La decisione di Israele di avere un re umano fu un segno del loro rifiuto della sovranità di Dio su di loro;
- Il Canto di Anna e le varie storie di 1 Samuele riflettono la convinzione che Dio usa i deboli nel Suo servizio per sopraffare il potere dei forti e degli orgogliosi;
- Il ruolo di Samuele nella vita di Saul riflette la natura del ministero profetico nel senso che era sia una voce di promessa che di giudizio;
- La storia della caduta di Saul è una prova dei risultati tragici del tentativo umano di assumere il controllo della propria vita.

Domande di riflessione

1. In che modo le storie di 1 Samuele riflettono la preoccupazione di amare Dio con tutto il cuore?
2. In che modo la vocazione di Dio nella vita di Samuele si relaziona alla chiamata di Dio nella nostra vita odierna?
3. In che modo oggi continuiamo a voler dei "re" al posto di Dio?
4. In che modo vediamo la caduta di Saul riflessa nel mondo d'oggi? Nella chiesa? Nella nostra vita?

Risorse per studi ulteriori

Baldwyn, Joice G., 1 and 2 Samuel. An Introduction and Commentary. Tyndale Old Testament Commentary. Downer's Grove, Ill.: Intervarsity Press, 1988;

Birch, Bruce C. The First and Second Book of Samuel. Introduction, Commentary and Reflections, Vol. 2 of the New Interpreters' Bible, Nashville: Abingdon Press, 1988.Pagg. 949-1198;

Brueggemann, Walter. First and Second Samuel. Louisville, Ky: John Knox Press, 1990.

15. Un Regno con una casa reale: 2 Samuele

OBIETTIVI

Lo studio di questo capitolo ti aiuterà a:
- Descrivere il modo in cui Davide consolidò il suo potere
- Descrivere il significato e il valore del patto davidico
- Spiegare il come e il perché la casa reale di Davide si disintegrò
- Comprendere il doppio ruolo svolto dai profeti Natan e Gad

Domande da considerare durante la lettura:
1. Quali strategie adottano, oggi, i capi politici per portare stabilità ed unità ai loro governi?
2. Perché è importante che un leader abbia una condotta di vita impeccabile?
3. Quali sono alcune delle ragioni di conflitto tra genitori e figli nella società odierna?
4. Quali sono alcuni dei risultati negativi quando si mischia la politica con la religione?

Termini chiave:

Is-Boset
Abner
Ebron
Ioab
Iebus
Città di Davide
Gerusalemme
Iram
La teologia di Sion
Bayit
Natan
Patto davidico
Teologia regale
Mashiach
Mefiboshet
Narrativa di successione
Uria
Bathsheba
Salomone
Amnon
Tamar
Absalom
Hushai
Ahithophel
Gad
Arauna

Il secondo libro di Samuele descrive il consolidamento della potenza di Davide su Israele e la sua successiva disintegrazione. Nella storia dell'ascesa e della caduta di Davide, intravvediamo ancora una volta, l'idea deuteronomistica della promessa di speranza rivolta al popolo come anche il suo giudizio sul peccato. Come in 1 Samuele, anche qui troviamo la potenza della benedizione e la condanna, secondo il Deuteronomio, operante nella storia di Israele.

Titolo e autore

Il libro, che porta il nome di Samuele, fu composto, quando il profeta era già morto. Le storie appartengono al tempo in cui Davide era re di Israele, ma è possibile che il titolo comunichi la convinzione deuteronomistica che il ministero profetico di Samuele continuò ad ispirare e guidare Israele durante tutto il regno davidico.

Il secondo libro di Samuele è la continuazione del primo che si conclude con la morte di Saul. Questo libro inizia con un altro racconto della sua morte e con il lamento di Davide per Saul e Gionatan. Appartiene al più ampio contesto della storia deuteronomistica e sembra che buona parte del materiale presente sia esistito sotto forma di documenti indipendenti prima che entrasse a far parte della suddetta storia.

Contesto

La storia di 2 Samuele copre, approssimativamente, il periodo tra il 1000 e il 960 a.C. spostando l'obiettivo da Saul e la tribù di Beniamino a Davide, della tribù di Giuda e all'intera nazione di Israele. Questo libro narra della storia dell'insediamento di Davide come re, prima del popolo di Giuda e poi di tutto Israele. La minaccia di invasione dei Filistei cessa definitivamente. Durante il regno di Davide, Israele diviene un regno annettendo nazioni e terre vicine. Pur se Davide affronterà gravi problemi interni, da una prospettiva politica questo periodo può essere definito come gli "anni d'oro" della storia di Israele.

Contenuto

Il libro di 2 Samuele può essere suddiviso in quattro parti:
1. L'istituzione di una dinastia (1:1-8:18)
2. La fedeltà al patto e la rottura del patto (9:1-12:31)
3. I problemi ella famiglia di Davide (13:1-18:33)
4. Restaurazione del regno di Davide (19:1-24:25)

- **L'istituzione di una dinastia (1:1-8:18)**

La morte di Saul consentì a Davide di proclamarsi re di Israele; egli agì con grande cautela e la sua azione fu metodica e ben orchestrata, mostrando il dovuto rispetto per la famiglia di Saul.

2 Samuele inizia con un'altra tradizione relativa alla morte di Saul. Davide non soltanto manifesta i segni tradizionali del lutto ma si lamenta per la morte in battaglia degli uomini più forti di Israele (vd. il lamento di Davide in 1:19-27). Pur se vittima del rude trattamento di Saul, con questo lamento il re mostra amore, misericordia e compassione per il nemico.

Davide cautamente, non si appropria subito del potere perché sa bene, che il sopravvissuto figlio di Saul, Is-Boset, è il legittimo erede del trono del padre. Conosce bene anche la significativa influenza di Abner, comandante di Saul. In queste narrazioni notiamo sia il suo rispetto per la famiglia di Saul quanto, ancor più importante, la sua saggezza politica, un tratto che lo aiuterà, successivamente, ad assicurarsi il regno. Davide inizia a stabilire il suo regno cercando l'approvazione della sua tribù, Giuda, che lo incorona re ad Ebron, città che diventa la sua capitale. Da lì regnerà su Giuda per i successivi sette anni (dal 1000 al 993 a.C.). Nel frattempo il figlio di Saul, Is-Boset diviene re delle rimanenti 11 tribù. Al suo fianco rimane Abner, che, in realtà, esercita il vero potere regale. La tensione è inevitabile come anche i conflitti, i confronti violenti e le lotte di potere. 2 Samuele 2-4 narra delle tragiche storie di tradimento e sangue sparso da Abner e dal comandante di Davide, Ioab. Questa guerra civile causa la morte violenta di Abner e di Is-Boset offrendo a Davide l'occasione di consolidare il suo potere come re su tutto Israele.

Da re di Israele, Davide lancia diverse campagne militari di successo. Iebus, sebbene precedentemente vinta dagli israeliti, rimane un roccaforte dei cananei. Con il suo esercito personale, Davide finalmente la conquista e la dichiara di suo possesso rinominandola Città di Davide. Essendo in un luogo neutrale, situata tra le tribù del nord e Giuda nel sud, la elegge capitale del suo regno. Successivamente, la città di Davide sarà chiamata Gerusalemme (che significa "fondamento della pace"), un riflesso del ruolo che avrebbe dovuto svolgere di portatrice di pace nel paese.

I primi anni di regno di Davide su un Israele unito sono positivi, sia a livello internazionale che nazionale. Chiram, il re fenicio, invia falegnami, muratori e materiale per costruire un palazzo a Davide. Il narratore, tuttavia, osserva con arguzia che il suo successo è dovuto alla presenza di Dio con lui (5:10).

Figura 51 *La città di Davide (Gerusalemme) al tempo di Davide.*

GERUSALEMME ED I SUOI SACERDOTI

Secondo Samuele 15:24-37 tratta del modo in cui Sadoc raggiunse lo stesso livello di Abiatar nel sacerdozio gerosolimitano. Abiatar proveniva da una linea genealogica del sacerdozio levitico d'Israele e rimase accanto a Davide nel suo conflitto con Saul (vd. 1 Samuele 22:20-23). Non conosciamo però l'esatta origine di Sadoc o il modo in cui divenne sacerdote di Gerusalemme.[1] Durante il regno davidico, le famiglie sia di Sadoc che di Abiatar svolsero le funzioni sacerdotali. Quando Salomone divenne re, allontanò Abiatar da Gerusalemme perché sosteneva il rivale Adonia che si autodefiniva re (1 Re 2:26-27, 35). Sadoc, che invece supportava il po-tere regale di Salomone, divenne il sommo sacerdote e la sua discendenza, in seguito, divenne la famiglia sa-cerdotale di Gerusalemme.

 SION, LA CITTÀ DI DIO

Con il trasferimento dell'arca, la "città di Davide" divenne la "città di Dio." Nella generazione successiva della monarchia, il palazzo del re e il Tempio del Signore rimasero fianco a fianco, spesso legittimandosi a vicenda. La religione e la politica divennero inseparabili e ciò produsse, successivamente, la nascita del sentimento religioso nazionalista in Israele. Nella tradizione teologica di Israele, la scelta di Gerusalemme come centro religioso portò allo sviluppo della "teologia sionista." Nel periodo premonarchico, Sion era una collina fortificata all'interno della roccaforte gebusea. Costruito il tempio su questa collina, lo stesso monte fu conosciuto come Sion. Questo nome, in seguito, divenne quello dell'intera città di Gerusalemme. Nell'Antico Testamento, il nome Sion riflette la sicurezza che si trova sul monte santo di Dio. Riflettendo la potente sovranità dello stesso Dio, il ter-mine evoca immagini della protezione divina sul Suo popolo e la potenza divina nella battaglia. Riflette visibilmente la vittoria di Dio, la Sua sovranità ed invincibilità. Vari salmi (vd. 46, 48, 76, 84, 87, 122, 125, 132) celebrano la bellezza di Sion ed il regno di Dio sul monte Sion. Sebbene questa comprensione ispirasse un forte senso di fiducia, produsse spesso un senso di falsa sicurezza e persino di invincibilità del popolo e della stessa città. In seguito, profeti quali Michea e Geremia, predicarono contro questa falsa sicurezza.

I Filistei, nel passato alleati di Davide, cominciano a sfidare il suo potere. Nelle battaglie con i Filistei, Davide si mostra un abile capo militare. Respinge i nemici nel loro territorio e li tiene confinati nei loro paesi. Da re, prova a stabilire un'identità comune per la sua gente portando l'arca del patto da Kiriat-Jearim a Gerusalemme. Questa iniziativa consente ad Israele di avere un luogo centrale dove adorare quel Dio che li ha fatti uscire dall'Egitto. Gerusalemme diviene, così, la capitale sia religiosa che politica del suo regno.

> ## LA TEOLOGIA REGALE T
>
> Il patto di Dio è in diretta continuità con quello del Sinai e con Abramo. Tuttavia, in questo caso, l'interesse principale è qui posto su una famiglia e non su una nazione intera. Il re davidico è il "figlio" di Dio che regna su Israele, il popolo di Dio, con il quale ha stabilito il patto del Sinai. Lo sviluppo di questa teologia regale fu una minaccia all'idea che il regno del re davidico rappresentasse quello di Dio sul popolo. Vari Salmi riflettono questa comprensione del potere sovrano (vd. 2, 18, 20, 21, 72, 89, 110, 132). Nel tempo, il termine "Unto" (in ebraico mashiach) rappresenterà l'ideale re davidico che avrebbe appropriatamente personificato il giusto governo di Dio su Israele.

Figura 52 Stele scoperta a Dan, nel nord di Israele, con inciso un riferimento alla casa di Davide.

Figura 53
La città di
Gerusalemme oggi.

Le tradizioni più tarde di Israele considerano Gerusalemme come il luogo della presenza di Dio tra il Suo popolo perché l'arca adesso risiede in questa città. Divenendo, Gerusalemme, il luogo dell'arca del patto, Davide prepara dei progetti di costruzione del tempio che sarebbe stato una "casa" (in ebraico bayit) per l'arca e, quindi, una "casa" per Dio (vd. 2 Sam. 7:1-3).

Anche se inizialmente sostenitore dei progetti di Davide, il profeta Natan gli comunica il messaggio che sarebbero stati i suoi discendenti, che avrebbero assunto il ruolo regale, a realizzare questo suo desiderio. Mediante Natan, Dio promette di rendere i discendenti di Davide una dinastia permanente ed ereditaria o casa "reale" (bayit). Promette anche di entrare in una relazione paterna con i suoi discendenti. Questo giuramento con promessa che Dio rivolge a Davide è conosciuto come Patto davidico (vd. 2 Sam. 7:12-17).

L'area sotto il controllo politico ed economico di Israele durante i regni di Davide di Salomone

Il narratore conclude questa sezione dei primi anni di Davide come secondo re di Israele con una descrizione dettagliata della sua conquista dei Filistei, dei Moabiti, dei Siriani e degli Edomiti (c.8) Da queste nazioni,
Davide riceve oro, argento e bronzo. Le storie si concludono con la nota che "Davide regnò su tutto Israele, amministrando il diritto e la giustizia a tutto il suo popolo." (8:15)

- **Fedeltà al patto e sua rottura (9:1-12:31)**

In questa sezione, le storie di Davide includono due esempi di azioni "giuste e corrette" del re, come anche un esempio del suo tragico fallimento a mantenere la giustizia e la correttezza nelle sue relazioni interpersonali. In una manifestazione di pubblica generosità, egli invita il figlio storpio di Gionathan, Mefiboset, a rimanere sotto la sua custodia per il resto della sua vita dandogli anche i possedimenti del nonno. Similmente, Davide usa benevolenza con il figlio del re ammonita, dopo la morte del padre (10:1). Il c.11 mostra come Davide, che esemplifica il patto di fedeltà alla casa di Saul, trasgredisca il patto con Dio distruggendo non soltanto una famiglia ma anche una vita umana innocente. In questa storia familiare del peccato di Davide con la moglie di Uria, Bat-Sceba, intravvediamo le caratteristiche di un despota orientale che manipola il popolo pur di raggiungere i propri scopi. Con un accurato piano strategico, Davide fa uccidere Uria in battaglia in modo da avere piena libertà di sposare Bat-Sceba con la quale aveva commesso adulterio. Quando la notizia della morte di Uria giunge alle sue orecchie il re fa quanto, secondo l'opinione pubblica, sembra onorevole per un re "giusto e buono": sposa la vedova del soldato morto, una scena da commedia pubblica per tentare di nascondere il suo peccato. Il narratore conclude questa tragica storia con la costatazione che tutto ciò "dispiacque al Signore" (11:27).

Il profeta Natan, che aveva prima parlato del patto di Dio con Davide, lo affronta rivelandogli il giudizio di Dio a motivo del suo peccato. Mediante la parabola di un ricco che ha rubato l'agnellina di un povero uomo, Natan spinge Davide, inconsapevole del tranello, a condannare se stesso. Il profeta gli preannuncia che il male compiuto contro Uria ricadrà su di lui e sulla sua famiglia (12:11).

A questo punto della storia, Davide si dimostra un peccatore genuinamente pentito. Riconosce il suo peccato contro Dio. Pur se Natan gli annuncia il perdono divino, la storia successiva conferma la conseguenza duratura del peccato di Davide, iniziando con la morte del bambino di Bat-Sceba. In seguito, lei concepirà nuovamente e darà alla luce un figlio che Davide chiamerà Iedidia. Questi, in seguito riceverà il nome regale di Salomone.

- **I problemi familiari di Davide (13:1-18:33)**

Nonostante il pentimento per il suo peccato le storie successive, in 2 Samuele, dimostrano come la parola di giudizio di Natan contro la casa reale si realizzi immancabilmente. Ironia della sorte, i primi due casi malvagi avvenuti nella famiglia di Davide furono di natura sessuale (Amnon violenta Tamar, la sorellastra) e di omicidio (Absalom uccide Amnon). La casa reale diventa quasi il set di un grande spettacolo di adulterio, omicidio e

> **T**
>
> **DAVIDE: UN PECCATORE PENTITO**
>
> Il salmo 51 è stato associato alla preghiera di perdono di Davide quando Natan lo affrontò. In questa preghiera, il salmista denuncia la sua intima partecipazione al peccato dell'umanità e la sua influenza sulla sua vita fin dalla nascita. Il salmo riconosce pure la grazia perdonatrice di Dio, che purifica dal peccato e dona un cuore nuovo come soluzione del problema della depravazione dell'umanità.

ribellione). Amnon, il figlio maggiore di Davide e quindi suo successore al trono, nutre un amore illecito per la sorellastra, Tamar. Prepara un tranello per violentarla mostrando, in seguito, un totale disprezzo ed odio per la sua vittima. Dopo due anni, il fratello di Tamar, Absalom, uccide Amnon vendicandosi della violenza subita dalla sorella. Temendo la reazione di Davide, Absalom fugge da Gerusalemme (c.13), In seguito, grazie ad un piano ben progettato da Ioab che coinvolge anche una donna di Tecoa, Davide permette ad Absalom di tornare a Gerusalemme pur rifiutandosi di incontrarlo (c.14).Due anni dopo Davide riaccoglie Absalom ed i due si riconciliano. Tuttavia, ben presto, Absalom progetta il modo in cui spodestare il padre dal suo trono. In quattro anni riuscirà ad ottenere sostegno adeguato per dichiararsi re a Ebron. Davide, temendo per la propria vita, fugge da Gerusalemme con i suoi fedelissimi. Nonostante Abiatar e Sadoc avessero lasciato la città con lui, Davide li convince a ritornare a Gerusalemme con l'arca del patto. Convince anche uno dei consiglieri, Cusai, a entrare nelle schiere di Absalom, con la scusa di essere un disertore. Absalom, con i sui seguaci occupa Gerusalemme. Cusai ritorna a Gerusalemme e dichiara ad Absalom di essere un disertore giurandogli fedeltà. (c.16). Cusai persuade Absalom a non attaccare immediatamente Davide, anche se Aitofel, fedele consigliere di Absalom, lo incoraggia a inseguire Davide (c.17). Cusai

suggerisce segretamente a Davide di fuggire subito lontano da Absalom. Ioab uccide Absalom nonostante l'ordine di Davide di risparmiare la sua vita (18:5).Dopo la notizia della morte di Absalom, Davide piange per il figlio morto "Absalom, figlio mio! Figlio mio, Absalom figlio mio! Fossi pur morto io al tuo posto, Absalom figlio mio, figlio mio!"(v.33)

Figura 53 *La tomba di Absalom nella valle di Chidron.*

- **Restaurazione del regno di Davide (19:1-24:25)**

Con la morte di Absalom, la ribellione contro Davide cessa. Il re torna a Gerusalemme e tutti coloro che lo avevano combattuto chiedono ammenda (c.19). Un'ultima opposizione giunge da Seba, un beniaminita, che si ribella apertamente contro la pretesa regale di Davide. Ioab e le sue schiere ben presto sedano questa rivolta (c.20). Nei capitoli finali di 2 Samuele (21-24) troviamo materiale vario che riflette gli ultimi anni del regno davidico. Questo materiale non è presentato in ordine cronologico. Il narratore racconta un evento avvenuto anni prima nel regno di Davide nel quale il re vendicò il sangue versato da Saul tra i Gabaoniti permettendo loro di impiccare sette figli di Saul (21:1-9).

> **NATAN E GAD**
>
> I profeti Natan e Gad svolgono un ruolo significativo in 2 Samuele, uno all'inizio e l'altro alla fine del regno di Davide. Natan fa una promessa sulla dinastia davidica. In seguito, annuncia il giudizio di Dio su Davide a motivo del suo peccato con Bat-Seba e l'uccisione di Uria. Verso la fine del regno, Gad proclama il giudizio di Dio quando il re annuncia il censimento. La storia si conclude con la parola di Gad rivolta a Davide di costruire un altare sull'aia di Arauna. In seguito diverrà il luogo dove sarà edificato il Tempio. Natan e Gad annunciano, quindi, promesse e giudizio. Nel contesto della storia deuteronomistica è chiaro che, nonostante il giudizio di Dio cada spesso sul popolo, il suo agire con loro inizia e si conclude sempre con una promessa!

Un altro narratore riporta la storia di Davide che seppellisce le ossa di Saul e Gionatan dando anche la giusta sepoltura ai sette figli di Saul, nella tomba di famiglia (21:10-14). L'episodio finale di 2 Samuele tratta del censimento di Davide su Israele ed il successivo giudizio che cade su di lui (c.24). Quando egli comprende che la sua azione dispiace a Dio, è pronto a confessare il suo peccato. Dio invia il profeta Gad il quale gli propone di scegliere una tra le tre calamità che avrebbero contrassegnato il giudizio di Dio: tre anni (o sette, vd. 1 Cr. 21:12) di carestia, tre mesi di fuga davanti ai nemici o tre giorni di peste. Davide chiede a Dio di non cadere nelle mani del nemico; Dio, perciò, invia la peste che uccide 70.000 persone nel paese. Davide incontra il messaggero di Dio, che è l'agente della distruzione, nell'aia di Arauna. Ancora una volta confessa il suo peccato e chiede, implorandolo, che la peste cada su di lui e non sul popolo innocente (vv.15-17). Seguendo l'istruzione di Gad, Davide si reca ad Arauna per comprare l'aia. Quando Arauna gli pone tutto a disposizione gratuitamente, egli rifiuta l'offerta dicendo che "No, io comprerò da te queste cose per il loro prezzo e non offrirò al Signore, al mio Dio, olocausti che non mi costino nulla" (v.24). Il re compra il terreno e vi costruisce un altare per le future generazioni come luogo di culto per Israele (vv.18-25).

Il libro di 2 Samuele si conclude con la nota ottimistica di Dio che risponde alla preghiera di Davide per la nazione. Alla fine, un peccatore ha confessato i suoi peccati, si è ravveduto, ha posto rimedio alla sua condotta ed implorato la misericordia di Dio. L'Iddio di grazia e compassione risponde a questa preghiera con il perdono e la guarigione per il popolo. In mezzo al peccato ed al giudizio Dio si è manifestato come Colui che giudica il peccatore. L'offerta di Davide accolta da Dio rassicura il popolo che Dio sarebbe rimasto nel suo mezzo. La generazione successiva avrebbe vissuto secondo la verità di Dio? La storia deuteronomistica che troviamo in 1 e 2 Re risponde a tale domanda. Continuiamo, quindi, a leggere la storia tra Israele e Dio in questi due libri.

Frasi riassuntive

- Pur se Saul era un suo nemico, Davide pianse per la sua morte e quella di Gionatan;
- Davide divenne re dopo la morte di Saul e, con gran attenzione, mostrò il dovuto rispetto per la famiglia di Saul;
- Davide regnò su Giuda per sette anni prima di consolidare il suo regno su tutto Israele;
- Davide stabilì Gerusalemme come sua capitale e portò l'arca nella città rendendola il centro del culto nazionale;
- Davide peccò contro Dio ma cercò anche il Suo perdono e la Sua misericordia;
- Davide patì gravi problemi a livello familiare come conseguenza del suo peccato;
- Natan e Gad rivolsero a Davide parole di promessa e di giudizio.

Domande di riflessione

1. In quale modo possiamo dimostrare fedeltà persino di fronte ai nostri nemici?
2. In che modo Dio dimostra la Sua continua fedeltà nella nostra vita anche in mezzo alle nostre disubbidienze?
3. In che modo il male continua a manifestarsi dopo l'atto iniziale?
4. Quali passi dobbiamo intraprendere per dare stabilità ed ordine alla nostra vita familiare?

Risorse per studi ulteriori

Baldwin, Joyce G, 1 and 2 Samuel: An Introduction and Commentary. Tyndale Old Testament Commentary, Downers Grove, Ill.; Intervarsity Press, 1988;

Birch, Bruce C., The First and Second Books of Samuel: Introduction, Commentary and Reflections. Vol. 2 of the New Interpreter's Bible. Nashville: Abingdon Press, 1998. Pagg. 1199-1383;

Brueggeman, Walter, First and Second Samuel, Louisville, Ky: John Knox Press, 1990.

16. Il Regno diviso (Parte 1): 1 Re

O OBIETTIVI

Lo studio di questo capitolo ti aiuterà a:
1. Descrivere gli eventi che concorsero all'incoronazione del successore di Davide;
2. Articolare le caratteristiche positive e negative del regno di Salomone;
3. Descrivere la natura e lo scopo del Tempio di Gerusalemme;
4. Descrivere i fattori che condussero alla divisione del regno;
5. Valutare l'impatto politico, economico e religioso della dinastia Omride su Israele;
6. Discutere sul ruolo e messaggio del profeta Elia.

TC Termini chiave:

Adonia
Abisag
Sadoc
Benaia
Hiram
Sincretismo
'Ulam
Hekal
Debir
Geroboamo
Aiia di Silo
Scishak
Roboamo
Dan
Betel
"Idolatria di Geroboamo"
Omri
Samaria
Acab
Iezebel
Elia
Monte Carmelo
Micaia

Domande da considerare durante la lettura:
1. In che modo ti mantieni leale a Dio?
2. Quali sono alcuni dei fattori che contribuiscono all'instabilità religiosa e politica?

Verso la fine del regno di Davide, nella casa regnante, per risolvere la questione relativa alla legittimità dell'erede al trono, scoppiano rivalità ed intrighi politici. Il primo libro dei Re ci narra degli sviluppi che permettono a Salomone di divenire il successore di Davide. Il resto delle narrazioni in questo libro mostra la continua lotta di potere nel paese che si concluderà con la divisione di Israele in due regni. Cambiando lo scenario geografico-politico muta anche la cultura religiosa della nazione del patto. In questa prima parte della storia del regno diviso di Israele, ci concentreremo sui primi cento anni della storia di Israele, dai giorni di Davide in poi.

Titolo e autore

I libri di 1 e 2 Re erano, originariamente, un'unica composizione che continuava la storia del regno di Israele dopo la morte di Davide. Il titolo indica che il tema principale è la storia del potere regale in Israele. Da notare, che questi due libri insieme compongono la parte finale della storia deuteronomistica. Gli storici deuteronomistici, per comporre la loro opera, utilizzano varie fonti e tra le altre "il libro delle gesta di Salomone" (1 Re 11:41), "il libro delle Cronache dei re d'Israele" (14:19) e "il libro delle Cronache dei re di Giuda" (v.29). È verosimile che abbiano anche utilizzato fonti scritte ed orali circolanti tempo prima di essere messe per iscritto.

Contesto

Il libro di 1 Re tratta della storia di Israele dal 960 all'850 a.C. iniziando con gli anni di declino di Davide. La scena è, così, pronta per il passaggio di potere alla generazione successiva. La storia conclusiva di 2 Samuele (l'acquisto da parte di Davide dell'aia di Arauna) anticipa la costruzione del tempio nel luogo dove il re offre olocausti al Signore.. Anche se i versi iniziali intendono offrire un'immagine di relativa calma e stabilità nel regno, il resto del capitolo 1 sposta immediatamente l'obiettivo alle segrete manovre politiche di palazzo tese a stabilire un successore al re morente.

Contenuto

I primi due capitoli di 1 Re servono da introduzione appropriata alla storia del regno di Salomone. Gli studiosi considerano questi capitoli come la conclusione della storia della successione iniziata in 2 Samuele 9.

Il libro di 1 Re può essere diviso nelle due seguenti sezioni maggiori:
1. Il regno di Salomone (1:1-11:43)
2. I Regni divisi con i loro re (12:1-22:53)

La seconda parte presenta delle lunghe narrazioni sul ministero del profeta Elia, iniziando dal c. 17.

- **La selezione del successore di Davide (1:1-2:46)**

La problematica sulla legittimità o meno del successore di Davide divide la famiglia reale, ed i consiglieri politici e religiosi del re, in due schieramenti opposti. Con l'aiuto del generale di Davide Ioab, e del sommo sacerdote Abiatar, il figlio maggiore, Adonia si autoproclama re di Gerusalemme. Un altro sacerdote rivale, Sadoc insieme al profeta Natan ed a molti dei soldati di Davide, non si sottomettono ad Adonia. Complottando con Bat-Seba, Natan convince Davide a dichiarare Salomone suo erede legittimo al trono. A Ghion, Sadoc unge Salomone nuovo re di Israele (960 a.C.). Prima della sua morte, Davide esorta Salomone a camminare nelle vie di Dio ubbidendo alla legge di Mosè (2:2-3). In seguito, ricorda a Salomone che la promessa di una dinastia davidica eterna è condizionata poiché dipende dall'ubbidienza a Dio delle generazioni future e dalla loro condotta fedele, davanti a Dio, con tutto il cuore e con tutta l'anima. Nonostante Salomone sia stato consacrato re, Adonia, costretto a rinunciare al trono, fa un ultimo tentativo di legittimare la sua pretesa regale. Chiede a Salomone il permesso di sposare la concubina di Davide, Abishag. Salomone, che comprende come questa richiesta sia un tranello per poter poi reclamare il trono, dà invece ordine di uccidere il suo fratellastro rivale. Dopo l'assassinio, Salomone prende dei provvedimenti per togliere ogni potere a coloro che avevano sostenuto la pretesa di Adonia. Abiatar viene allontanato da Gerusalemme alla città di Anatot e Sadoc ne prende il posto come Sommo Sacerdote di Gerusalemme. Salomone dà, inoltre, l'ordine di uccidere Ioab come punizione per aver ucciso Abner, generale di Saul. Benaia prende il posto di Ioab come comandante del suo esercito. Salomone, quindi, si assicura il potere regale lanciando una vera e propria opera di pulizia politica.

ACCORDI E MATRIMONI INTERNAZIONALI [S]

Il narratore di 1 Re afferma che Salomone ebbe 700 mogli e 300 concubine, Nel mondo antico, l'harem posseduto da un re non era tanto espressione della sua sensualità quanto della sua capacità diplomatica.
"Legami familiari" rappresentavano "alleanze politiche." Le relazioni stabilite da Salomone tramite i matrimoni facevano parte di una strategia politica mediante la quale egli assicurò stabilità al suo regno. Il prezzo che Israele pagò per queste insane alleanze con i pagani fu l'introduzione, a Gerusalemme, di divinità straniere.

- **Il regno di Salomone (3:1-11:43)**

Il narratore inizia e conclude la storia di Salomone sottolineando le sue relazioni matrimoniali. La storia comincia con il matrimonio di Salomone che stipula un'alleanza con l'Egitto.[1] Il capitolo conclusivo di questa narrazione tratta dei matrimoni di amore e di alleanza che egli contrae con molte delle nazioni vicine (11:1-8). Così facendo, viola la Legge di Mosè che chiaramente avvertiva contro i matrimoni interrazziali con popoli pagani (Deut. 7:3-4). Salomone non soltanto si sposa con donne pagane ma adora anche le loro divinità implementando il culto pagano nel paese.

Inizialmente, nel suo regno, Salomone si reca a Gabaon per offrire un sacrificio al Signore. Lì, egli chiede a Dio un "cuore intelligente" per poter governare con saggezza e "distinguere tra il bene ed il male" (3:9). Soddisfatto della richiesta di Salomone, il Signore gli dona non soltanto saggezza ma anche ricchezza ed onore. La sapienza e la fama di Salomone sono note in tutto il Vicino oriente antico. La sua sapienza supera quella di tutte le persone orientali e, persino, quella degli egiziani.

Come depositario della sapienza, compone migliaia di proverbi e canti e classifica in categorie sia animali che piante. Le generazioni seguenti ricorderanno questo re "illuminato" come il rappresentante dello splendore e della ricchezza (vd. le parole di Gesù in Matteo 6:29). La sapienza di Salomone si esprime anche nella sua capacità amministrativa. Per motivi tributari e di leva militare riorganizza le tribù israelitiche del nord in 12 distretti amministrativi.

SAPIENZA E DISCERNIMENTO

In tutto l'Antico Testamento, troviamo sia un giudizio positivo che negativo sulla sapienza umana. Da un lato, c'è l'incoraggiamento a "ricercare la sapienza" o a "imparare dalla sapienza." Dall'altro, la sapienza al di fuori del suo contesto appropriato ha delle conseguenze distruttive. L'invito biblico alla sapienza è fondato sulla convinzione che il timore (onore/rispetto) del Signore sia il prerequisito essenziale per ottenere la vera sapienza. Questa doppia comprensione della sapienza è particolarmente evidente nella storia di Salomone. Dio diede sapienza a Salomone quando la richiese dopo aver riconosciuto la Sua sovranità. Tuttavia, quando la esercitò al di fuori del suo giusto contesto e si sposò con donne di nazioni pagane, fu per lui una trappola.

Figura 54 L'ingresso nord di Megiddo costruito da Salomone.

Questa ristrutturazione della nazione richiede il sacrificio delle priorità claniche e tribali per il bene più grande di una maggiore identità nazionale. Purtroppo, la politica amministrativa di Salomone reintroduce il lavoro forzato nel regno riportando la nazione indietro, al tempo della schiavitù e dell'asservimento politico. La corte di Salo-mone aumenta rapidamente e ciò richiede un ingente aumento di provvigioni per l'entourage reale come anche di cavalli e stallieri. Sebbene una corte reale ed un esercito nazionale più numerosi riflettano il genio organizzativo di Salomone, significano pure una maggiore pressione fisica e una più pesante tassazione per il numero maggiore di persone. Pur se sapiente in molte cose, in politica, Salo-mone è spietato disseminando nella nazione un sentimento di insoddisfazione e ribellione. La più grande impresa di Salomone è, comunque, la costruzione del Tempio di Gerusalemme sull'aia che Davide aveva comprato da Arauna.

Questo progetto lo impegna per sette anni ed in tutto questo tempo dipende fortemente dall'artigianato e dall'ingegneria fenicia. Scambia cibo per materiale di costruzione e lavoratori fenici ma paga il suo debito al re di Tiro, Hiram, cedendogli una porzione di territorio del nord. I suoi abitanti sono costretti a pagare il completamento della costruzione del Tempio a caro prezzo con il lavoro forzato, tasse e condizioni economiche e fisiche difficili.

Il tempio di Salomone non include soltanto la struttura ma anche i recinti esterni. Un ampio contenitore di bronzo (il mare di bronzo) sostenuto da 12 buoi di bronzo a sud-est dell'ingresso del Tempio serve per le abluzioni dei sacerdoti.

SINCRETISMO NEL TEMPIO

La costruzione del Tempio mostra evidenze di sincretismo, o mescolanza di idee religiose, durante il regno di Salomone. Caratteristiche architettoniche del Tempio rivelano la forte influenza delle idee religiose provenienti da aree vicine, in special modo fenicie. I due pilastri di bronzo all'ingresso del Tempio simboleggiavano, probabilmente, l'idea mediorientale che la terra sia fondata su dei pilastri,

Il mare di bronzo sostenuto dai 12 buoi simboleggiava le acque primordiali conquistate dalla creazione. Incisioni sulle porte includevano i cherubini, i fiori, le palme, tutti simboli mediorientali di fertilità.

A nord-est dell'ingresso del Tempio c'è l'altare del sacrificio mentre dieci gradini conducono all'ingresso principale sostenuto, ai lati, da due pilastri di bronzo chiamati Iachin e Boaz.

Il Tempio è di circa cinquanta metri di lunghezza e costruito con pietre sovrapposte con pannelli di cedro come soffitto. È composto da tre ambienti. L'ulam (il portico) serve da vestibolo o come ingresso nella navata o hekal (la sala più grande). Da sala più lunga ed ampia, l'hekal è la sede delle attività giornaliere che avvengono dentro il Tempio.

Figura 5655 Modello del Tempio.

Nell'hekal sono posti i dieci candelabri, la tavola d'oro sulla quale si mettono giornalmente i pani della presentazione ed un altare su cui bruciare l'incenso. Alla fine dell'hekal vi sono due gradini che conducono alla terza e ultima stanza, debir (il santuario interno o santo dei santi). Il debir è considerata la sala del trono del Signore. È a forma perfettamente cubica in altezza, larghezza e profondità e non presenta finestre essendo completamente al buio.

Questo luogo, solitamente chiamato santissimo o santo dei santi, contiene l'arca del patto come anche due cherubini, intagliati, di legno di ulivo e ricoperti di oro. Le ali dei cherubini si allungano toccandosi le une con le altre. Secondo la fede comune, Dio siede proprio sulle ali dei cherubini che formano il suo trono (vd. Sl. 99:1). L'Arca del patto serve da sgabello per i piedi di Dio. La preghiera di dedicazione di Salomone al completamento del Tempio (c.8) riflette la convinzione di Israele che Dio non abita in edifici umani. In questa preghiera di dedicazione, Salomone dichiara che persino i cieli non possono contenere il Signore, quanto meno un Tempio (v. 27).

Salomone impiega tredici anni per completare un ampio edificio reale che include il suo palazzo, una casa per le

Figura 57 Un altare con corni a Beersheba, il confine più a sud dell'antico Israele.

mogli egiziane, e vari altri edifici. Oltre a tanti altri edifici a Gerusalemme, costruisce altri palazzi reali a Gezer, Azor e Megiddo.

Tuttavia, nonostante diversi successi, il giudizio del deuteronomista sul regno di Salomone è negativo. Violò, infatti, il divieto di sposare donne di altre nazioni e non camminò fedelmente sulle vie del Signore. Inoltre, divenne un adoratore e patrocinatore di divinità straniere. Il suo cuore rimase diviso e non seguì Dio completamente.

Alla fine del regno, scoppiano molte rivolte contro la casa di Davide. Gli storici deuteronomistici le considerano l'inizio del giudizio di Dio su Salomone. Di particolare importanza è la ribellione di Geroboamo, un ufficiale di Salomone addetto al lavoro degli schiavi. Il profeta Aiia annuncia a Geroboamo che Dio gli darà 10 delle 12 tribù di Israele. Salomone prova ad uccidere Geroboamo che fugge in Egitto rifugiandosi dal faraone Sisac fino alla morte del re.

> **DIO ED IL TEMPIO**
>
> Il Tempio ed i suoi cortili servivano da rappresentazione simbolica della sovranità di Dio sull'universo e sulla creazione. Era il palazzo del re divino d'Israele, JHWH degli eserciti, che aveva vinto sulle acque caotiche alla creazione dell'universo e di Israele, nel Mar Rosso e nel Giordano. Tutto, nel Tempio, dai cortili esterni alla sala interna del trono, testimoniava la sovranità del Signore Dio sull'universo e sulle potenze del caos (vd. Sl.93:1)

- **La rivolta del nord (12:1-33)**

Alla morte di Salomone (922 a.C.) il popolo si riunisce a Sichem per eleggere Roboamo, figlio di Salomone, come suo successore e re di Israele. Durante la cerimonia di incoronazione, i rappresentanti delle tribù del nord, insieme a Geroboamo da poco tornato dall'Egitto, chiedono al nuovo re di alleviare il lavoro al popolo e di imporre meno tasse. Roboamo, però, dà ascolto ai consiglieri, suoi coetanei, minacciando di rendere la loro vita, ancora più difficile e pesante di come era stata sotto il padre. Come risposta a tale minaccia, le tribù del nord si separano formando un loro regno sotto la guida di Geroboamo. Il regno di Roboamo, al sud, si riduce alle tribù di Giuda e Beniamino.

Le 10 tribù del nord (Il Regno del nord) in seguito, saranno chiamate Israele o

Figura 56 Scala di Megiddo, del periodo del regno israelitico.

Efraim. Il regno del Sud, governato ancora dalla casa di Davide, è conosciuto come Giuda. Ben presto, in Efraim, Geroboamo riedifica Sichem come centro politico perché teme che gli abitanti del regno del nord continuino ad adorare Dio a Gerusalemme. Per prevenire il pericolo di slealtà del suo popolo, Geroboamo edifica due luoghi di culto, uno a Dan, ai confini settentrionali, e l'altro a Betel, nel sud. In entrambi i luoghi, costruisce un vitello d'oro come simbolo alternativo all'arca del patto. Il toro, simbolo cananeo di fertilità del dio Baal, divenne l'oggetto di culto di Israele. Gli scrittori deuteronomistici giudicano negativamente l'agire di Geroboamo definendolo "il peccato di Geroboamo". In risposta al suo agire, un profeta proveniente da Giuda si reca a Betel e predice che un discendente di Davide, dal nome Giosia, avrebbe un giorno distrutto il santuario di Betel. Infatti, tre secoli dopo, durante la riforma di Giosia, il santuario di Betel fu distrutto (2 Re 23:15-20).

- **I regni divisi (13:1-16:34)**

Nei libri 1 e 2 Re, gli scrittori sacri valutano i vari re alla luce della loro fedeltà o infedeltà a Dio. Quelli delregno del nord, sono accusati di perseverare nel peccato di Geroboamo perché non aboliscono il culto dai santuari di Dan e Betel. Tutti i re del nord, ricevono, perciò un giudizio negativo. Ugualmente, alcuni dei re del sud sono giudicati positivamente o negativamente. Chi vive secondo l'insegnamento della Torah, compie ciò che è "giusto agli occhi del Signore." Chi continua nell'idolatria fa parte della schiera di coloro che "fecero male agli occhi del Signore." Gli scrittori deuteronomistici, descrivendo i regni di ogni re del nord e del sud, seguono uno schema tipico. Per il regno del nord, gli scrittori datano il primo anno del re sul trono secondo l'anno coincidente con quello del re di Giuda, seguito dalla descrizione della lunghezza del regno del re ed il luogo della sua capitale. Solitamente, la narrazione si conclude con una valutazione negativa del re. Introducendo i re di Giuda, gli scrittori datano il primo anno del re con quello coincidente con il re di Israele, seguito da commenti sull'età del re, la lunghezza del suo regno ed il nome della regina madre. La valutazione finale include, a volte, un confronto con Davide o con un suo immediato predecessore.

Figura 57 *Confini dei regni di Israele e Giuda.*

Nel regno del nord, la mancanza di una dinastia permanente produce condizioni politiche violente e aleatorie. Caratteristiche del regno del nord, nella prima metà del secolo, sono gli assassinii e i regni relativamente brevi. Al suo confronto, il regno del sud, di Giuda, fin quando i successori provengono dalla dinastia davidica, presenta una relativa stabilità.

In rapida successione, gli scrittori commentano sui regni del sud, dei re Abia e Asa, e suquelli del nord dei re Nadab, Baasa, Ela e Zimri. Il regno di Zimri dura solo sette giorni perché viene ucciso dal comandante dell'esercito di Israele Omri. Fino ad Omri il regno del nord non era riuscito ad avere una successione permanente di sovrani. Con questo re, invece, per circa trent'anni, si manterrà una certa stabilità e prosperità economica. Pur se gli scrittori danno poche informazioni sul suo regno (16:24-28) descrivendo Omri come un peccatore "più di qualsiasi altro prima di lui" dal punto di vista militare ebbe grande successo sia all'interno che all'esterno. Non stabilì soltanto una dinastia che vide il succedersi di altri quattro re, ma costruì pure Samaria designandola come nuova capitale politica. Costruita accanto alla via maggiore che univa il nord al sud, la città era posta su di un colle che la proteggeva dalle invasioni nemiche.

> **A**
>
> **L'ISCRIZIONE DI MESHA²**
>
> Il significato di Omri nell'ampio contesto antico del vicino oriente è testimoniato da un'iscrizione del 9 secolo a.C. del re Mesha di Moab. Questa iscrizione registra la vittoria al re moabita sul regno del nord. Include anche un riferimento al modo in cui Omri aveva soggiogato i moabiti per un lungo periodo. Sotto la guida d Mesha, però, le catene furono spezzate. Di particolare importanza è il fatto che questa pietra fu eretta tempo dopo la morte di Omri; il paese di Israele, tuttavia, continuò ad essere chiamato "casa di Omri".

> **S**
>
> **RE DEL NORD E DEL SUD IN 1 RE³**
>
> | Re del Nord | | 900 | Re del Sud | |
> |---|---|---|---|---|
> | Geroboamo 1 | 922-901 | | Roboamo 1 | 922-915 |
> | | | | Abia | 915-913 |
> | Nadab | 901-900 | | Asa | 913-873 |
> | Baasa | 900-877 | | | |
> | Ela | 877-876 | | | |
> | Zimri | 876 | | | |
> | Omri | 876-869 | | Giosafat | 873-849 |
> | Acab | 869-850 | | | |
> | | | 850 | | |

> **T**
>
> **DOPPIA LEALTÀ**
>
> Il primo comandamento, "non avrai altro dio al di fuori di me" (Es. 20:3), per l'Israele del nono secolo a.C, era divenuto irrilevante. Il popolo credeva che divinità come Baal, Astarte e quelle di altre culture vicine, fossero necessarie per il vivere quotidiano, la loro prosperità, produttività e sicurezza. Nella nostra cultura del ventunesimo secolo, la tentazione a seguire altri dii è tanto forte quanto quella provata da Israele nel mondo antico. Anche noi, viviamo spesso una vita compartimentalizzata con dei confini religiosi e secolari distinti, con doppie lealtà e scelte alternative. La storia di Elia ci mostra le conseguenze e le sfide di una vita totalmente consacrata a Dio.

Scavi archeologici rivelano una città ben fortificata, con palazzi costruiti da abili muratori e con i mobili intarsiati con l'avorio.

Gli scrittori deuteronomistici danno poca attenzione al regno di Omri, ma descrivono in modo dettagliato il regno di Acab. Per rinsaldare relazioni politiche con la Fenicia, Omri sposa il figlio Acab con la figlia del re fenicio, Izebel. Da ardente sostenitrice del culto di Baal, Izebel importa centinaia di profeti di Baal in Israele e, di conseguenza, costruisce numerosi santuari per questi profeti. Ben presto le masse degli israeliti adorano Baal insieme a Jahvè.

- **Le voci profetiche (17:1-22:53)**

Quando il baalismo giunge al massimo in Israele, Dio invia il profeta Elia al regno del nord per difendere la causa della fede di Jahvé in quella nazione. Il suo nome, che significa "il mio Dio è Jahvé" esemplifica il senso della sua missione. Al tempo in cui Israele adora qualsiasi divinità promossa dalla corte reale, Elia non scende ad alcun compromesso. La sua missione è una continua sfida al sistema religioso dominante del baalismo e proclamazione dell'unicità di Iahvé come solo Dio di Israele. Di conseguenza, fomenta il rovesciamento della dinastia degli Omri. La missione di Elia inizia con l'invocazione della siccità nel nome del Dio di Israele. Durante questa siccità, Dio provvede pane, carne ed acqua al profeta proprio come nel passato aveva fatto con gli antenati di Israele. Quando non c'è più acqua, Elia si reca a Sarepta, una città dei Sidoni. Per ironia della sorte, al centro del paese di Izebel, Elia compie miracoli apportatori di vita,

Figura 58 Wadi Qelt nel deserto della Giudea: secondo la tradizione, Elia si fermò qui nel suo cammino verso l'Oreb.

provvedendo cibo inesauribile ad una vedova ed al figlio che, in seguito, fa risorgere dopo che questi, improvvisamente, aveva smesso di respirare per una malattia. Ancora una volta, Elia dimostra che soltanto l'Iddio di Israele ha il potere di dare e sostenere la vita.

Dopo tre anni di siccità, Elia propone una pubblica sfida tra Baal e Iahvé sul monte Carmelo. Contro 450 profeti di Baal e 400 di Ashera (Astarte), chiede al popolo di decidere definitivamente chi servire. Il suo problema non è tanto il rifiuto del popolo di servire Dio quanto, piuttosto, il suo cuore diviso tra il Signore e Baal. Elia sfida il popolo con le parole: "Se il Signore è Dio, seguitelo, se invece lo è Baal, seguite lui." (18:21).

Figura 59 Resti di un magazzino ad Azor probabilmente datato, nel periodo del re Acab

Sul monte Carmelo i profeti di Baal provano a distrare la supremazia sulla natura del loro dio Baal. Tentano di manipolarlo mediante riti vari, danze e tagli sul corpo. Tuttavia, Baal non risponde. Elia chiede che sia gettata acqua sul sacrificio a Dio. Questo spreco d'acqua avviene durante un tempo di siccità! Ciò dimostra la piena fiducia che Elia pone nella potenza di Dio quale creatore e sostenitore dell'universo. In risposta alla preghiera di Elia, Dio consuma il sacrificio con il fuoco. Conseguentemente, Elia distrugge i profeti di Baal insieme ai loro luoghi di culto.

Considerando Elia una minaccia alla sua agenda politica, religiosa ed economica, Izebel giura di ucciderlo per quanto egli ha fatto ai suoi profeti. Il profeta, però, fugge al sud, nel deserto arrivando al monte Oreb. Dio che qui era apparso a Mosè e ad Israele nel tuono, nel terremoto e nel fumo (Es. 19:16-18) parla ad Elia con "un suono dolce e sommesso" intimandogli di ritornare e ontinuare il suo compito profetico.

T

VERI E FALSI PROFETI

Nella storia di Micaia ed i falsi profeti, osserviamo come fosse facile per i profeti cadere preda di uno spirito nazionalista e di servizio mondano al re. Profetizzavano nel nome di Dio un messaggio pieno di ottimismo secondo la teologia di "Dio è dalla nostra parte". Dicevano quanto i politici volevano sentire in quei giorni. Micaia ci ricorda oggi che Dio non sta dalla parte dei politici e dei capi che Lo cercano per avallare i loro schemi ed avere una legittimazione religiosa. I veri profeti scendono raramente a compromessi con il potere stabilito.

Alla fine del suo regno, Acab si allea con il re di Giuda Giosafat per riconquistare Ramot di Galaad che era stata presa dai siriani. Consulta 400 falsi profeti sulla prospettiva di successo di una campagna militare comune contro la Siria ricevendo un unanime responso positivo.

Invece, quando consulta un vero profeta di nome Micaia ben Imla, ottiene una risposta negativa: il tentativo sarebbe fallito e Acab sarebbe morto in battaglia. Nonostante questo avvertimento, Acab e Giosafat lanciano un'offensiva contro la Siria. In battaglia, non sono soltanto sconfitti, ma Acab, ferito, muore dissanguato. Il libro di I Re inizia e si conclude con narrazioni che parlano dello splendore e della caduta di Israele. I regni di Salomone e di Omri rappresentano l'opulenza, il benessere, la sicurezza e lo splendore nazionale. Ironicamente, entrambi i periodi mostrano anche una tremenda ingiustizia, corruzione, e grandissima slealtà verso Dio. In II Re, libro conclusivo della storia deuteronomistica, vedremo la conseguenza finale della rottura del patto del monte Sinai, da parte di Israele, con la sua determinazione a non camminare nelle vie di Iahvé, il suo Dio.

Frasi riassuntive

- Anche se gli sviluppi economici e politici del regno di Salomone erano lungimiranti, contenevano anche il seme della distruzione;
- Il rifiuto testardo di Roboamo ad alleviare il peso del lavoro forzato portò alla divisione del regno;
- La creazione, a Dan e Betel, di santuari da parte di Geroboamo, divenne "il metro di misura" del giudizio deuteronomistico dei re del nord;
- Il regno del sud godette di una relativa stabilità grazie alla permanenza della dinastia davidica;
- Ben presto, il regno del nord, subì una serie di sconfitte militari fin quando, nel nono secolo a.C., Omri non stabilì una dinastia;
- I periodi salomonici e omridici furono caratterizzati da alleanze internazionali, prosperità interna, sincretismo e matrimoni reali con straniere;
- Il messaggio e ministero del profeta del nono secolo a.C., Elia, riflettono la convinzione centrale deuteronomistica che il popolo di Dio deve servire il suo Dio con una lealtà indivisa.

Domande di riflessione

1. In che modo le subdole alleanze con il mondo in cui viviamo creano in noi un cuore diviso?
2. In che modo simboli della presenza di Dio, quali il Tempio o i vitelli d'oro di Geroboamo, potrebbero divenire degli idoli da adorare nella nostra vita? Quali potrebbero essere questi simboli, oggi?
3. In che modo noi, come Salomone, importiamo elementi stranieri nel nostro ambiente culturale? Quando è appropriato o no?
4. Quando possiamo "saltellare tra un'opinione e l'altra" nel nostro servizio a Dio?
5. Quando è appropriato prendere posizione per Dio, come fece il profeta Elia?

Risorse per studi ulteriori

Bright, John. A History of Israel, 4th ed. Louisville, Ky: John Knox Press, 2000;
DeVries, Simon J., 1 Kings, Vol.12 of Word Biblical Commentary, Waco: Word, 1985;
Wiseman, Donald J., 1 and 2 Kings. An Introduction and Commentary. Tyndale Old Testament Commentary, Downers Grove, Ill.: Intervarsity Press, 1993.

17

17. Il regno diviso (parte 2): 2 Re

OBIETTIVI

Lo studio di questo capitolo ti aiuterà a:
- Discutere sul ruolo di Eliseo come profeta successore di Elia;
- Valutare l'impatto della rivoluzione di Ieu sulla politica, l'economia e le pratiche religiose di Israele;
- Descrivere i progressi religiosi, economici e politici avvenuti durante i regni di Geroboamo II e Uzzia;
- Descrivere le riforme di Ioas, Ezechia e Giosia;
- Discutere sui modi in cui le storie del popolo di Dio nella II Re riflettano il messaggio centrale delle convinzioni deuteronomistiche.

Termini chiave:

Acazia
Eliseo
Ieu
Izreel
Atalia
Ioas
Geroboamo II
Uzzia(Azaria)
Iotam
Tiglat-pileser III
Acaz
Guerra siro-efraimita
Salmaneser V
Ezechia
Tunnel di Ezechia
Sennacherib
Manasse
Giosia
Culda
Ioiachim
Ioiachin
Sedechia

Domande da considerare durante la lettura:
1. Quali sono i motivi delle rivoluzioni militari e politiche in molte parti del mondo di oggi?
2. Quale ruolo svolge la religione nell'apportare dei cambiamenti radicali in una cultura?
3. Quali sono alcuni esempi attuali di tragedie nazionali causate da una leadership oppressiva e corrotta?

Come già osservato in I Re, il popolo di Dio ed i suoi re stabilirono continue alleanze con altre nazioni volgendosi ad altri dii. Il libro della II Re riprende la storia della rottura del patto che era divenuta una nota caratteristica del modo di vivere sia degli abitanti del Regno del sud che del Nord. Di seguito, in questo capitolo, noteremo come entrambi questi regni cessarono di esistere come nazione e potere politico per il giudizio di Dio che cadde su di loro come punizione per il loro peccato.

Titolo ed autore

II Re è la seconda parte della storia dei regni e dei re di Israele. Continua quella iniziata in I Re e tratta di quegli eventi che condurranno alla distruzione di entrambe le nazioni. Pur se, originariamente, i due libri facevano parte di un unico rotolo, la divisione in due è appropriata poiché II Re inizia con un mutamento di situazione di grande rilevanza che porterà alla perdita del potere della dinastia Omri nel Regno del nord. Questa, come già detto, è la parte finale della storia deuteronomistica che racconta la storia d'Israele secondo la prospettiva teologica del libro del Deuteronomio. Gli storici, che compilano questo libro, danno una vivida immagine del giudizio di Dio che cade su Israele e Giuda come scatenamento delle maledizioni previste nel caso di rottura del Patto contenuto nel libro del Deuteronomio.

Contesto

II Re continua la storia dei regni divisi di Israele. Le narrazioni riflettono le continue condizioni di apostasia religiosa e instabilità politica sia in Israele che in Giuda. Il servizio continuo di Elia nel capitolo iniziale del libro indica che una esigua minoranza di popolo rimase fedele alle tradizioni ed al patto con Dio. Le narrazioni si snodano lungo un periodo che va da circa l'850 al 587 a.C.

Contenuto

Il contenuto di II Re può essere suddiviso nelle seguenti due grandi sezioni:
1. La caduta di Israele (1:1-17:41)
2. La caduta di Giuda (18:1-25:30)

- **La fine di una dinastia (cc. 1:1-12:21)**[1]

Dopo la morte di Acab nella battaglia contro la Siria (1 Re 22), Acazia succede al trono del padre continuando chiaramente sulla sua stessa via e abbandonando Dio per servire Baal. La possibilità di un ritorno di Israele a Dio, al tempo di Acazia, sembra tanto remota quanto al tempo del padre Acab.

Uno dei compiti finali di Elia è di trasferire il ministero profetico al suo discepolo Eliseo nominandolo suo successore. Al momento di concludere il suo servizio, Elia prende con sé Eliseo per andare a Gerico e, da lì, sulla riva orientale del fiume Giordano, che divide con il suo mantello. Mentre camminano insieme, Elia scompare rapito in cielo in un carro di fuoco. Eliseo prende il mantello del suo "padre profeta", simbolo del trasferimento su di lui dell'attività profetica e della potenza di operare miracoli. Tornando indietro, anch'egli divide il Giordano con il mantello di Elia. Giunto a Gerico, gli altri profeti discepoli di Elia riconoscono che lo spirito di Elia risiede adesso in Eliseo. Diversamente da Elia, il cui ministero fu prevalentemente contrassegnato da scontri religiosi e politici, le storie di Eliseo si concentrano su vari miracoli operati dal profeta.

Figura 60 Elia divise il Giordano con il suo mantello.

I suoi miracoli, per la maggior parte dei casi, sono fatti per aiutare chi è nel bisogno di acqua e cibo, oppure di guarigione da malattie e persino risurrezione dalla morte. In modo più specifico, il suo principale impegno è di provocare una rivoluzione per spodestare la dinastia di Omri. Ha, inoltre, un ruolo vitale nell'ascesa di Ieu come re di Israele.

IL PROFETA ELIA E LE ATTESE MESSIANICHE

Il ruolo di Mosè ed Elia che prepararono la via per Dio, lasciò una lunga e forte impressione sul popolo di Dio. Le storie sia di Mosè che di Elia si conclusero misteriosamente sulle rive orientali del Giordano. A causa del modo inusuale in cui concluse la sua vita, le future generazioni ritennero che Elia sarebbe ritornato per preparare la via al futuro regno di Dio. Proprio all'inizio del quinto secolo a.C. il profeta Malachia dichiara che Dio avrebbe inviato "il profeta Elia prima che venga il giorno del Signore, giorno grande e terribile" (4:4-5; vd.anche 3:1). Questa convinzione continuò a svilupparsi nel primo giudaismo trovando il suo sbocco ideale nel pensiero dei primi cristiani. Alcuni credettero che Giovanni Battista avesse realizzato la missione di Elia (Matteo 11: 7-15; 17:10-13; Marco 6:14-16; Luca 1:17). Alla trasfigurazione di Gesù, egli apparve insieme a Mosè (Marco 9:2-8). Quando Gesù chiese ai suoi discepoli che cosa pensasse la gente di lui, essi risposero che alcuni pensavano che fosse Giovanni Battista o Elia (Marco 8:28)

Ieu, unto re da uno dei discepoli di Eliseo, si reca da Izreel per organizzare un colpo di stato nella casa di Omri. Egli non soltanto uccide il figlio di Acab, Ioram, ma giunge persino ad assassinare il re di Giuda, Acazia che si era recato in Israele a visitare l'alleato Ioram. Izreel viene gettata fuori da una finestra dei piani alti. I cavalli passano sopra il suo corpo compiendosi, così, il destino preannunciato per lei da Elia. Ieu completa la sanguinosa "purga" della famiglia reale uccidendo 70 figli di Acab e tutti coloro che hanno una seppurminima relazione con lui. In seguito distrugge i luoghi di culto di Baal e restaura, in Israele, il giusto culto a Jahvé. Al risveglio religioso nel Regno del nord corrisponde, qualche anno dopo, quello in Giuda. Per una strana combinazione di eventi, Atalia, (regina e madre del re di Giuda Acazia e fi-glia di Izebel), dopo l'assassinio del figlio, usurpa il trono davidico di Giuda. Nonostante tenti di sterminare tutti i rivali al trono eliminando i membri maschi dellafamiglia davidica, un membro della famiglia reale salva la vita a Ioas, il figlio di un anno di Acazia. Sotto la cura e la tutela del sacerdote Ieoiada, il giovane re guida la nazione verso un tempo di risveglio dello Jahvismo. Rimuo-ve iluoghi di culto di Baal e ripara il Tempio di Gerusalemme. Ioas è uno dei pochi re nella storia deuteronomistica che riceve una valutazione altamente positiva dagli scrittori del testo. Tuttavia, anche questo riformatore non riesce a rimuovere gli alti luoghi del culto pagano (12:3). In modo drammatico, i suoi servi lo uccidono ed il figlio Amasia prende il suo posto.

- **La caduta del regno del nord (13:1-17:41)**

La dinastia stabilita da Ieu regna su Israele per le successive quattro generazioni. Sebbene gli scrittori deuteronomistici lodino il tentativo di Ieu di cancellare il culto di Baal, la valutazione finale del suo regno è che egli "non si allontanò dal peccato di Geroboamo" (10:29, 31). La rivoluzione ha come risultato un cambiamento a livello politico e diplomatico nelle relazioni tra Israele e le nazioni vicine. Le relazioni con la Fenicia iniziate da Omri e Acab si erano interrotte drasticamente con la morte di Izebel. Similmente, l'uccisione del re di Giuda, aveva minato le relazioni di Israele con Giuda. Senza il supporto della Fenicia e di Giuda, Israele diventa molto più vulnerabile agli attacchi della Siria.

Figura 61 *L'ingresso di Dan, nel Regno del Nord, Israele.*

RE DEL NORD E DEL SUD IN 2 RE²

Re del Nord			Re del Sud	
Acazia	850-849	900	Ieoram	849-843
Ieoram	849-843/2		Acazia	843/2
Ieu	843/2-815		Atalia	842-837
Ioacaz	815-802		Ioas	837-800
Ioas	802-786	850	Amasia	800-783
Geroboamo II	786-746		Uzzia	783-742
Zaccaria	746-745	750	Iotam	742-735
Sallum	745			
Menaem	745-737			
Pecachia	737-736		Acaz	735-715
Peca	736-732			
Osea	732-724			
		700	Ezechia	715-687/6
			Manasse	687/6-642
		650	Amon	642-640
			Giosia	640-609
			Ioacaz	609
		600	Ioiachim	609-598
			Ioiachin	598/7
			Sedechia	597-587
		550		

Dopo aver trattato del regno di Ieu, gli scrittori si volgono rapidamente a narrare la storia del popolo di Dio attraverso i Regni dei re del Nord, Ioacaz e Ioas (figlio e nipote di Ieu) e del re del sud, Amasia (figlio di Ioas). Nei giorni di Ioacaz, Israele soffre moltissimo per le numerose invasioni dei siriani. Nondimeno, durante il regno del figlio di Ioacaz, Ioas, la situazione muta ancora una volta. Durante il suo regno, Israele riesce a riconquistare le terre conquistate dai siriani. Durante il regno del re del sud Amasia, scoppia nuovamente un'aspra contesa tra Israele e Giuda. Il regno del nord sconfigge Giuda e invade militarmente Gerusalemme dopo averne fatto crollare parte delle mura; prende degli ostaggi e depreda il tesoro del Tempio. Amasia, però, riesce a rimanere sul trono di Giuda. Pur ricevendo una positiva valutazione dagli scrittori deuteronomistici, egli è anche accusato di non aver rimosso i luoghi di culto.

Nel regno del nord i successivi 50 anni, sono un periodo di progresso e prosperità. Israele raggiunge il suo apice politico ed economico sotto il regno di Geroboamo II. Gli scrittori lo giudicano negativamente, tuttavia, sotto il suo regno Israele vive un tempo di grande prosperità economica e di sviluppo. Recupera significative porzioni di territorio perse nelle decadi precedenti e impone il suo controllo sulle vie di commercio nella Transgiordania. Sotto la sua guida, Israele riprende vigorosamente il commercio internazionale. La capitale, Samaria, diviene luogo di lusso e di stile di vita sontuoso. Nel Regno del nord, però, è presente una grave forma di ineguaglianza economica, di ingiustizia sociale, di corruzione morale e di ipocrisia religiosa. È in questo contesto che Dio invia, alla nazione del nord, un profeta giudeo, di nome Amos, per predicare il messaggio della giustizia e della rettitudine. Dio chiama anche Osea, cittadino del Regno del nord, a pronunciare un giudizio contro l'infedeltà della nazione al patto e la prostituzione religiosa.

Al regno economicamente prospero e politicamente avanzato di Geroboamo, corrisponde un medesimo benessere e sviluppo in Giuda. Sotto il re Uzzia (chiamato anche Azaria nel testo biblico), il regno del sud amplia i suoi confini ad est oltre il Giordano e ad ovest nel territorio filisteo, ponendo Giuda al controllo delle maggiori vie commerciali. Con Edom sotto il controllo di Giuda, viene costruito un porto a Ezion Geber in modo da permettere a Giuda di svolgere il commercio via mare. Durante il lungo regno di Uzzia, Giuda raggiunge anche l'apice della potenza economica, militare e politica. Anche se in seguito Uzzia sarà colpito dalla lebbra (vedi la causa di questo giudizio in II Cronache 26:16-21), questo re, tanto amato, rimane sul trono fino alla sua morte, insieme al figlio Iotam come coreggente. Pur grandemente apprezzato dagli storici anch'egli viene accusato per non aver rimosso gli alti luoghi di culto in Giuda.

Dopo circa mezzo secolo di pace e prosperità sotto i regni di Geroboamo II nel nord e di Uzzia nel sud, la situazione cambia drammaticamente. Ben presto, dopo la morte di Geroboamo II, il Regno del nord torna alla sua vecchia pratica di assassinio dei re e di congiure. Dopo soli sei mesi di regno, Zaccaria, figlio di Geroboamo II, viene assassinato e rimpiazzato da Sallum che dura per un mese soltanto, fin quando non viene ucciso da Menaem. Per una decade, questi riesce a mantenere il

> ## S GLI ALTI LUOGHI
>
> Gli alti luoghi, spesso menzionati in I e II Re, erano santuari posti su alte colline circondate da alberi. Israele stabilì questi luoghi di culto seguendo lo schema cananeo degli alti luoghi dove adoravano Baal e Ascera. La legge di Mosè proibiva tali luoghi di culto in Israele. Tuttavia, abitualmente, questi luoghi fornivano alla gente santuari locali in aggiunta al luogo di culto stabilito legittimamente a Gerusalemme. In questi luoghi vi erano altari per il sacrificio, colonne, e pali ed altri oggetti di culto idolatrico. Secondo I Re, Salomone fu il primo re di Israele a costruire tali luoghi di culto. Questa pratica fu portata avanti dal figlio Roboamo a da molti altri re del nord (vd. I Re 11:7-8; 14:23; II Re 17:9)

potere. Durante il suo regno, il re assiro Tiglat-pileser III costringe Israele a pagare un forte tributo per poter mantenere una relativa indipendenza. Pecachia, figlio di Menaem, sale sul trono ma il suo regno dura per due anni, fin quando Peca lo assassinerà. Durante il regno di Peca, Tiglat-pileser III confisca ampi territori. Per poter difendere il regno contro l'invasione assira, Peca stringe un'alleanza con il re siriano Rezin pressando Acaz di Giuda perché si unisca a loro contro gli Assiri. La guerra Siro-efraimita (con Siria e Israele alleati) contro Gerusalemme spinge il re giudeo Acaz a chiedere aiuto agli Assiri. Agisce contro il consiglio del profeta Isaia che lo invita, invece, a confidare nel Signore. Gli Assiri liberano Giuda, entrano a Damasco e spezzano la potenza siriana, ma Giuda diviene un vassallo degli Assiri, costretta a pagare un altissimo tributo e ad adottare pratiche religiose assire (16: 5-16). Pur contro molti dei re di Giuda, gli scrittori deuteronomisti condannano aspramente Acaz. Questi, infatti, non soltanto non fa ciò che è giusto agli occhi di Dio, ma adora nei luoghi di culto i Baal (alti colli e alberi) e giunge persino a sacrificare suo figlio (v.3).

Durante il regno di Acaz in Giuda, nel Regno del nord avviene il colpo di mano fatale che si conclude con l'omicidio di Peca da parte di Osea. Pur rimanendo vassallo dell'Assiria nella prima parte del suo regno su Israele, che durerà nove anni, Osea, complottando contro l'Assiria, si allea con l'Egitto e non paga più il tributo. Per vendicarsi di questo tradimento, il re assiro Salmaneser V asse-dia Israele per tre anni. Dopo la morte di Salmaneser, il suo successore, Sargon II completa l'assedio ponendo fine alla nazione di Israele nel 721 a.C. Quando gli Assiri conquistano Samaria non soltanto deportano molti israeliti, dal loro paese di origine, disperdendoli per tutto l'impero, ma, al loro posto, insediano altri gruppi etnici e nazionali. Questa pratica assira di frammentazione e colonizzazione intendeva evitare il sorgere di future sollevazioni dei popoli conquistati.

Inizialmente i coloni continuano ad adorare le loro divinità. Quando al re assiro viene espressa la preoccupazione che i nuovi abitanti non conoscono i precetti religiosi del dio di quella nazione, il re sceglie tra gli esiliati un sacerdote che invia a Betel per insegnare al popolo le vie del Signore (vd. 17:25-28). Purtroppo, nel paese, continua il sincretismo religioso come anche relazioni sociali tra i nuovi arrivati provenienti da varie parti dell'impero assiro ed i nativi. Come conseguenza dei matrimoni tra israeliti e altri gruppi etnici, sorge, nel regno del nord, una popolazione di razza mista nota come Samaritani.

Figura 62 Tunnel a Megiddo al tempo di Acab.

Figura 63 Rovine del palazzo del re Acab a Samaria, capitale del Nord.

- **Ultimi riformatori del sud e distruzione di Gerusalemme (18:1-25:30)**

Mentre il padre Acaz aveva ceduto agli Assiri non soltanto pagando un pesante tributo ma anche costruendo un altare assiro nel Tempio di Gerusalemme, Ezechia guida il popolo di Giuda in un'era di rinnovamento religioso e di potere politico. Rimuove i luoghi di culto a Baal come anche i pali di Ascera e gli altari a Baal. Ezechia, inoltre, centralizza tutto il culto nel Tempio di Gerusalemme.

Queste riforme religiose esprimono chiaramente l'intento di Ezechia di liberare Giuda dall'asservimento politico all'Assiria. La costruzione del **tunnel di Siloam** (o di Ezechia) è una delle opere maggiori prodotte durante il suo regno. Lungo oltre 500 metri porta acqua dalla sorgente di Gihon, fuori le mura di Gerusalemme, fino alla piscina di Siloam (o Siloe) entro le mura della città. Venne costruito per evitare che la città rimanesse senz'acqua durante gli assedi di eserciti nemici. Ezechia, inoltre, rinforza le fortificazioni della città di Gerusalemme e ripara le mura di cinta. Nel 712 a.C. l'Egitto e la Filistea tentano di rivoltarsi contro gli Assiri. Fortunatamente, Ezechia, per il consiglio del profeta Isaia (Is. 20) non si lascia coinvolgere nella rivolta e gli viene risparmiata la vendetta degli assiri. Tuttavia, nel 701 a.C. il

---

S

IL CONFLITTO GIUDEO-SAMARITANO

La netta divisione tra samaritani e giudei presente nei testi del Nuovo Testamento fu conseguenza di quanto avvenuto nella parte finale dell'VIII secolo a.C. Gli Assiri ripopolarono il regno del nord, con gruppi etnici diversi causando la reazione degli abitanti del regno del sud che considerarono il popolo del nord religiosamente e razzialmente impuro. Pur rifacendosi ad un comune antenato, il popolo del sud si considerò l'unico popolo razzialmente puro che adorava Jahvé. Il senso di superiorità razziale e religioso man-tenuto dal sud produsse una dolorosa rivalità ed un continuo conflitto tra le due parti della nazione israelita. Questa rivalità raggiunse il suo apice durante il periodo post-esilico quando gli abitanti del nord (i samaritani) cercarono di impedire il progetto di ricostruzione del tempio intrapreso dai giudei del sud.

re, istigato dai babilonesi e dagli egiziani, si unisce alla rivolta contro gli Assiri. Isaia comeaveva già consigliato al padre Acaz di non unirsi alla rivolta, così suggerisce a Ezechia di rimanere neutrale. Il profeta incoraggia Ezechia a non confidare negli uomini ma in Dio (30:15; 31:1-3). Nonostante il consiglio di Isaia, Ezechia aderisce alla rivolta. Il re assiro Sennacherib risponde velocemente (1 Re 18-20; vd. anche Is. 36-39) ponendo Gerusalemme sotto assedio. Nonostante la città sia circondata, per l'intervento di Dio le cose mutano repentina-mente e l'esercito assiro si ritira, risparmiandola.

Gli scrittori deuteronomistici, valutano Ezechia in modo molto positivo. Osservano che nessuno prima né dopo è stato fedele quanto lui. Questo non è il caso di Manasse, il figlio di Ezechia, che gli succede al trono. Regna per circa 45 anni, uno dei governi più lunghi di ogni altro re in Israele o Giuda. Durante tutto il suo regno, l'impero assiro domina tutto il Vicino Oriente, incluso l'Egitto. Manasse cerca di mantenere la pace con gli Assiri servendoli come un vassallo. Ricostruisce gli alti luoghi che Ezechia aveva distrutto ribaltando, così, la politica di riforme del padre. Pratica e promuove il culto astrale, il sacrificio umano e la magia. Verosimilmente, è proprio questo atteggiamento di supina lealtà nei confronti degli Assiri che evita ulteriori loro attacchi militari contro Giuda. Al-la morte di Manasse, il figlio Amon sale al trono e continua la politica pro-Assiria del padre. Due anni dopo, membri della corte reale lo uccidono ponendo, al suo posto, il figlio Giosia, che, a quel tempo, aveva otto anni. Diciotto anni dopo, Giosia darà ordine di ristrutturare il Tempio divenuto il simbolo dell'identità nazionale e religiosa di Giuda. Ciò segnerà l'inizio di una massiccia riforma religiosa tesa a restaurare il vero culto in Giuda e a liberare il popolo dalla servitù all'Assiria.

Figura 64 *Ezechia costruì questo tunnel per portare acqua a Gerusalemme da fonti esterne alla città.*

GLI ANNALI DI SENNACHERIB[3]   A

In un prisma di argilla, Sennacherib descrive la sua vittoria sulle nazioni ribelli. Celebrando l'assedio di Gerusalemme, sostiene di aver rinchiuso Ezechia nella città di Gerusalemme come un "uccellino in gabbia"

Durante i lavori di riparazione, infatti, fu trovato, nel Tempio, il "libro della legge" che venne immediatamente portato al re. Ascoltando le parole della Torah, il re chiese al sacerdote Chilchia e ad altri membri della corte reale di cercare Dio a nome di tutto il popolo. Essi consultarono la profetessa Culda che preannunciò l'imminente disastro sul popolo di Dio che aveva abbandonato il Signore. Questa parola di giudizio, in seguito, porterà Giosia a rinnovare il patto e a impegnarsi in ulteriori attività di riforma. La maggior parte degli studiosi ritiene che il "libro della legge" che ispirò la riforma di Giosia, conteneva il cuore dell'attuale libro del Deuteronomio (capp. 12-26).

Dopo la cerimonia di rinnovamento del patto, Giosia toglie dal Tempio di tutti quegli oggetti dedicati ad altre divinità e religioni. In seguito, destituisce tutti i capi religiosi che avevano svolto il loro servizio negli alti luoghi del paese, e rimuove tutti gli oggetti di culto e gli edifici che non più adeguati al puro culto di Dio (2 Re 23:4-14). Ciò include la distruzione dell'altare e dell'idolo costruiti da Geroboamo I a Betel. La riforma di Giosia alla fine culmina nell'osservanza, a livello nazionale, della Pasqua, la prima di questo genere dal tempo dei Giudici. Gli storici notano come, in ogni tempo, non vi sia stato nessun altro come Giosia, convertito ed ubbidiente al Signore, con un cuore sincero ed una lealtà indivisa. Nel frattempo, cambiamenti a livello internazionale costringono Giosia a coinvolgersi negli affari del vicino oriente antico. Verso la fine del settimo secolo a.C., fu lanciato un ulteriore attacco contro l'Assiria da parte dei Medi che, ai quali, ben presto si allearono i babibilonesi. Le forze alleate riuscirono a far cadere l'Impero Assiro distruggendo anche Ninive, la capitale, nel 612 a.C. Gli alleati di mossero verso occidente e conquistarono Haran, la maggiore fortezza assira.

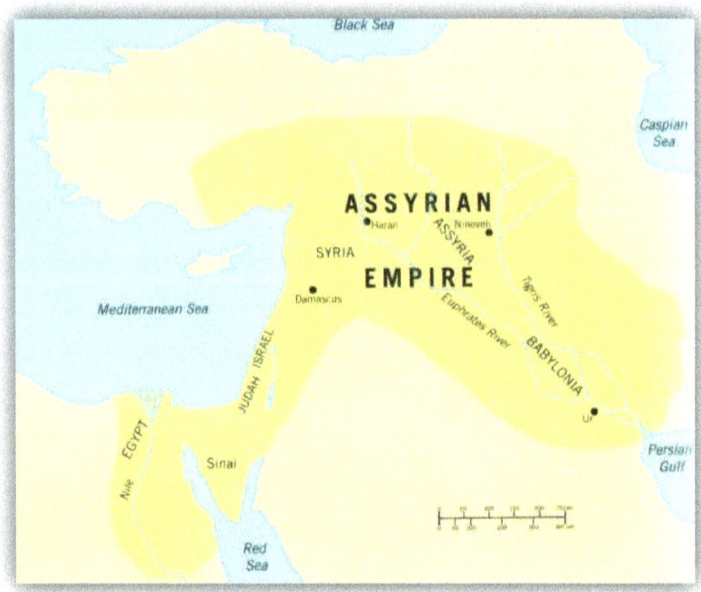

Figura 65 L'impero assiro nella metà del settimo secolo a.C.

L'egitto, sotto la guida del faraone Neco II, offrì la sua assistenza agli assiri per riconquistare Haran togliendola alle forze alleate dei medi e dei babilonesi. Il re Giosia, ritenendo che la distruzione dell'Assiria fosse la tanto attesa opportunità di liberazione per Giuda, tentò di bloccare l'esercito egiziano che si dirigeva verso Haran. Giosia fu mortalmente ferito, dall'esercito egiziano, nella battaglia di Meghiddo, nel 609 a.C. Gli egiziani rimossero Ioacaz, figlio di Giosia che rimase sul trono per soli tre mesi, rimpiazzandolo con il fratello Ioiachim. Questi rimase fedele vassallo dell'Egitto durante i primi sei anni del suo regno. Sebbene l'Egitto non avesse aiutato l'Assiria, ottenne il controllo sulla regione Siro-palestinese.

Gli egiziani provarono ad impedire la marcia dei babilonesi verso sud, nella regione siro-palestinese. Nel 605 a.C., però, nella battaglia di Carchemish, l'esrcito babilonese sconfisse gli egiziani e si aprì la strada verso la pianura filistea. La vittoria babilonese contro le città della Filistea e la condizione disperata dell'Egitto spinsero Ioiachim, nel 603 a.C., ad allearsi con il re babilonese Nebucodonosor. Due anni dopo, quando l'esercito babilonese patì un temporaneo arretramento nella guerra contro gli egiziani, Ioiachim decise di ribellarsi contro Babilonia. Nabucodonosor inviò le sue truppe contro Giuda per punire il vassallo ribelle. La morte, nel 598 a.C., risparmiò al re Ioiachim la visione dell'invasione babilonese di Giuda. Ioiachin, suo figlio, che assunse il trono, governò per soli tre mesi. Nel 597 a.C., i babilonesi portarono sia lui, che altri importanti esponenti politici e capi reli-giosi, in esilio, a Babilonia. I babilonesi imposero Sedechia come re di Giuda sicuri che egli avrebbe incoraggiato la fedeltà a Babilonia. 587 a.C., quando Sedechia si ribellò, Nabucodonosr ritornò a Gerusalemme, e portò a termine la distruzione della città. I babilonesi rubarono il tesoro del tempio che incendiarono insieme al palazzo reale ed altri edifici vicini. Sedechia fu costretto ad assistere all'uccisione dei suoi figli; quindi, gli cavarono gli occhi e lo portarono prigioniero a Babilonia.

T

DEVOZIONE DEL CUORE

La devozione del cuore a Dio è un tema maggiore nella 1 e 2 Re. Nel-la storia deuteronomistica è il tema centrale del libro del Deuteronomio. I re buoni di Giuda che provano a riformare la nazione ricevono una valutazione positiva dagli storici per la loro fedeltà e consacrazione alla legge del Signore. Re cattivi di entrambi i regni ricevono un giudizio negativo. Gli scrittori si riferiscono spesso a frasi del Deuteronomio quali "fare ciò che è male agli occhi del Signore" o fare "ciò che è giusto agli occhi del Signore." Sono anche molto attenti a sottolineare come l'ubbidienza alla legge produca benedizioni e prosperità, mentre la disubbidienza causa le maledizioni del patto.

Nel La maggior parte della popolazione fu esiliata ed i babilonesi lasciarono nel paese soltanto le persone più povere e deboli. Anche in questo gruppo rimanente vi furono atti di violenza e di tradimento. Un gruppo ribelle uccise Ghedalia che era stato nominato governatore della Giudea dal re di Babilonia. Infine, per paura di rappresaglie, il gruppo ribelle fuggì in Egitto.

RE E PROFETI   **T**

Nelle loro narrazioni, gli storici deuteronomistici riservano un ruolo importante al ministero profetico. Nella loro valutazione finale della distruzione sia di Israele che di Giuda, gli storici notano che entrambe le nazioni furono distrutte secondo la parola pronunciata dai profeti (vd. 2 Re 17:13, 23; 24:2). Da servi e porta voci di Dio, i profeti affrontavano re malvagi, avvertivano, minacciavano di giudizio e sfidavano persino i re, quando prendevano delle decisioni politiche, a confidare nella potenza di Dio. Gli storici evidenziano chiaramente come le tragedie avvenute nel 721 a.C. e 587 a.C. fossero la diretta conseguenza del rifiuto del messaggio dei profeti.

UNA STORIA CHE CONTINUA: LA GRAZIA IN MEZZO AL GIUDIZIO

La tragica distruzione di Gerusalemme non è la storia finale di 2 Re. Pur se Israele, nazione del patto, aveva perso la libertà politica e esistenziale, il futuro non sarebbe stato totalmente tragico e disperato. La narrazione finale in questo libro accende un poco di speranza per la nazione in esilio. Gli storici deuteronomistici che compilarono questo libro ed altre parti della storia antica di Israele sapevano bene che l'esilio non sarebbe stata la parola finale di Dio al Suo popolo. Ecco perché spesso ricordavano alla nazione le grandi gesta di Dio a favore del Suo popolo e le Sue grandi opere di salvezza dal momento in cui li aveva portati nel paese della promessa. Erano convinti che Dio sarebbe tornato al Suo popolo, con misericordia e grazia, proprio nei giorni più neri dell'esilio in Babilonia. Previdero la liberazione di Ioachin dalla prigionia per volere del re Evilmerodac anticipo di tempi migliori che sarebbero venuti per la comunità esiliata. Gli scrittori notano come il re babilonese "parlò benevolmente" all'esiliato re di Giuda dandogli" un posto di onore più in alto di quello degli altri re che erano con lui a Babilonia" (25:28). Questa nota di ottimismo è, in ultima analisi, il messaggio di 1 e 2 Re. Il futuro di Giuda è nelle mani del suo Dio, che è l'Iddio del patto. Il futuro dipende soltanto dalle compassioni di Dio, che molto tempo prima aveva promesso di riunire il Suo popolo disperso nei paesi di esilio (Deuteronomio 30:1-5)

La storia dei re è, in verità, la storia del fallimento dei re. In gran parte, i capi d'Israele non riescono a modellare la nazione secondo i principi della vera pietà e bontà. Ancor più gravemente, introducono il paganesimo e l'idolatria e stipulano alleanze politiche per il solo scopo della sopravvivenza. Spesso trascurano il patto del Sinai e rifiutano la legge del Signore. La conseguenza è il giudizio di Dio contro entrambi i regni. Molto tempo dopo, Ezechiele ricorderà alla nazione in esilio che il giudizio cadde su di loro a motivo dei "pastori di Israele" che non avevano avuto nessuna considerazione del gregge (Ezechiele 34:1-6).

Frasi riassuntive

- Eliseo rovesciò con successo la dinastia degli Omri stabilendo quella di Ieu;
- Il sorgere della dinastia di Ieu rappresentò un cambiamento drammatico della politica religiosa, economica e politica del Regno di Israele;
- Nonostante le grandi riforme di Ieu, Ioas, Ezechia e Giosia, il popolo di Dio non riuscì a cambiare realmente le sue vie;
- La conseguenza finale della rottura del patto di Israele con Dio fu la perdita della sua libertà religiosa e politica;
- Le distruzioni di Samaria e Gerusalemme furono l'evidenza della maledizione per la rottura del patto;
- La storia deuteronomistica si conclude con una nota di ottimismo perché Dio tiene ancora aperto il futuro.

Domande di riflessione

1. Qual è la responsabilità della generazione di "Elia" verso quella di "Eliseo" tra il popolo di Dio? Qual è la responsabilità della generazione di "Eliseo" verso quella di "Elia"?
2. Che cosa si può raggiungere mediante risvegli e riforme religiose? Quali sono i suoi limiti?
3. Che cosa porta "in esilio" il popolo di Dio? Perché il popolo di Dio deve vivere esperienze di "tipo esilico"?

Risorse per studi ulteriori

Bright, John, A History of Israel, 4th ed. Lousville, Ky: John Knox Press, 2000

Hobbs, T.R. 2 King, Vol. 13 of Word Biblical Commentary, Waco, Tex: Word,1985;

Wiseman, Donald J., 1 and 2 Kings: An Introduction and Commentary. Tyndale Old Testament Commentary, Downers Grove, III.

18. Esilio e Restaurazione

OBIETTIVI

Lo studio di questo capitolo ti aiuterà a:
- Descrivere gli eventi maggiori e le persone chiave coinvolte nell'esilio e nella restaurazione di Israele;
- Visualizzare l'ambiente in cui i libri biblici esilici e post-esilici furono scritti;
- Renderti conto delle problematiche teologiche che i discendenti di Abramo affrontarono durante l'esilio e la restaurazione.

Termini chiave:

Esilio babilonese
Tempo di restaurazoione
Nabucodonosor
Nabonide
Balsazzar
Persiani
Ciro il grande
Scesbazar
Zorobabele
Cambise II
Dario il grande
Aggeo
Zaccaria
Serse I
Ester
Artaserse I
Esdra
Neemia
Malachia
Il Pentateuco samaritano
Elefantina

Domande da considerare durante la lettura:
1. Come reagiresti se la tua nazione venisse distrutta e tu dovessi vivere in un campo per rifugiati in un altro paese?
2. Come ti senti quando le cose non migliorano velocemente come avevi sperato?

L'esilio babilonese fu un'esperienza che fece da spartiacque nella storia sia politica che spirituale di Israele. Le cose non furono mai più le stesse dopo quell'evento e pian piano emerse un lento periodo di riabilitazione conosciuto come tempo di restaurazione. Furono tempi di grande prova ma anche di riflessione sull'antica fede di Israele. Fortunatamente sorsero nuovamente profeti e capi religiosi che incoraggiarono e guidarono una nuova comunità. Proprio in questi anni, molti libri dell'Antico Testamento assunsero la loro forma finale e sorsero significative prospettive teologiche e istituzioni giudaiche che incontreremo nel Nuovo Testamento.

Figura 66 La porta di Ishtar, l'ingresso principale di Babilonia, costruita durante il regno di Nabucodonosor.

L'esilio di Giuda.[1]

Nella primavera del 587 a.C. l'armata babilonese conclude l'assedio di Gerusalemme frantumando le mura della città.[2] Le ore successive sono piene di morti violente e distruzione. Nabucodonosor, re di Babilonia, decide che Gerusalemme non sarà mai più un covo di ribelli nel suo impero per cui la distrugge totalmente.

BABILONIA LA GRANDE

L'antica città di Babilonia sorgeva lungo il fiume Eufrate a circa 70 chilometri dalla moderna Bagdad. La città destava impressione per le sue massicce doppie mura e le porte decorate. Fra i molti suoi luoghi di culto, il più importante era Etemenanki, l'antica torre di Babele. Era una collina artificiale a forma di ziggurat con, in cima, un tempio.

Il palazzo includeva stanze decorate e corti con un salone del trono di oltre 30 metri di lunghezza e 15 di larghezza. Più stupefacenti, tuttavia, erano i giardini pensili una delle sette meraviglie del mondo. Nabucodonosor li costruì per le sua principessa proveniente dalla Media il cui territorio montuoso era pieno di vegetazione. Centinaia di differenti varietà di piante ed alberi furono importati per compiacere la principessa. Per irrigare i giardini venivano utilizzati schiavi che pompavano acqua dall'Eufrate.

I soldati babilonesi bruciano sistematicamente e saccheggiano la città ed il Tempio. I capi della ribellione contro Babilonia sono uccisi e la maggior parte della popolazione viene deportata in Babilonia. Pochi, come Geremia, per il loro apparente sostegno a Babilonia, sono trattati favorevolmente. Gli esiliati si uniscono agli israeliti deportati nel 604 e 597 a.C. stanziandosi nei villaggi quali Tel-aviv, Tel-melah e Casiphia a est di Babilonia lungo il fiume Kebar, verso Nippur. I babilonesi permettono agli esiliati di costruire case, di impegnarsi nell'agricoltura e nel commercio e di formare le loro comunità (vd. Geremia 29:5-7). È possibile che alcuni degli esiliati siano impegnati a livello governativo, militare e nell'edilizia di Babilonia.

I sopravvissuti in Giuda

I babilonesi non deportano tutti gli israeliti. I più poveri e meno abili rimangono nel paese mentre altri fuggono nelle nazioni vicine per vivere come rifugiati. La situazione in Giuda è tristissima. Il maggior numero delle città è devastato dalla conquista babilonese. Coloro che sono rimasti provano a fa risorgere l'economia ormai devastata. A Gerusalemme continua il culto nel Tempio profanato, ma ormai contiene elementi misti (vd. Geremia 41:5). I babilonesi stabiliscono un centro amministrativo a circa 10 chilometri a nord di Gerusalemme, a Mispa. Ghedalia, un uomo la cui famiglia aveva servito nella corte reale di Giuda, è nominato governatore regionale. La sua guida dura poco. Un capo ribelle di nome Ismael, lo uccide e imprigiona coloro che si trovano a Mispa, quindi prova a fug-gire nel territorio degli Ammoniti. Iocanan, un altro capo locale, lo insegue con i suoi seguaci e libera i prigionieri. Ismael fugge e si reca dagli Ammoniti. (vd. Geremia 41)

Rifugiati in Egitto

Alcuni israeliti sfuggono alla spada babilonese nascondendosi nelle nazioni vicine. Questi rifugiati attraversano il Giordano ad est entrando nel paese ammonita, e a sud, in Egitto. Un gruppo guidato da Iocanan intende portare in Egitto anche Geremia ma questi li prega di rimanere in Giuda dicendo loro che Dio li avrebbe fatti prosperare se fossero rimasti nel loro paese.

ESTRATTO DEL SALMO 137   **S**

Là presso i fiumi di Babilonia, sedevamo e piangevamo ricordandoci di Sion. Ai salici delle sponde avevamo appeso le nostre cetre. Là ci chiedevano delle canzoni quelli che ci avevano deportati, dei canti di gioia, quelli che ci opprimevano dicendo: "cantateci canzoni di Sion!" Come potremmo cantare i canti del Signore in terra straniera? Se ti dimentico, Gerusalemme, si paralizzi la mia destra; resti la mia lingua attaccata al palato, se io non mi ricordo di te, se non metto Gerusalemme al di sopra di ogni mia gioia. (vv.1-6)

Essi, invece, lo costringono a recarsi con loro in Egitto (vd. Geremia 43). Si stabiliscono nella regione del Delta a Tapanes. Altri gruppi si fermano a Migdol e a Menfi (Nof), al nord, mentre altri vanno nei villaggi dell'Egitto meridionale.

La crisi teologica e le sue conseguenze

Gli eventi dell'esilio provocano una maggiore crisi teologica tra i sopravvissuti. I discendenti di Abraamo rimangono senza i simboli della benedizione speciale di Dio - il Tempio, il re e la nazione. Questa crisi spinge alla riflessione facendo sorgere delle domande sulla natura di Dio e la Sua relazione con i discendenti di Abraamo. La questione fondamentale ruota attorno alla bontà e fedeltà di Dio. I sopravvissuti alla distruzione di Gerusalemme si chiedono perché sia accaduto tutto questo male. Apparentemente, sembra che Dio abbia fallito o li abbia abbandonati. Forse le divinità babilonesi sono più forti dell'Iddio di Israele.

Altre domande importanti riguardano la loro identità. Gli esiliati possono ancora chiamarsi israeliti quando non esiste più la nazione di Israele? Senza il Tempio ed il re, gli israeliti possono ancora definirsi popolo di Dio? Queste domande pongono un grande interrogativo sul futuro. La gente vuole sapere che cosa aspettarsi da questo Dio. C'è un qualche fondamento di speranza per qualcosa di diverso nel loro futuro? La comunità in esilio comincia ad interrogarsi sul suo passato, presente e futuro. La riflessione sul passato la porta a rivisitare le antiche tradizioni storiche e teologiche dei padri. In queste antiche tradizioni trova prove della fedeltà di Dio e della Sua potenza. Probabilmente, proprio durante l'esilio, i Libri di Mosè ricevono la loro forma canonica finale. I libri di Giosuè, Giudici, 1 e 2 Samuele, 1 e 2 Re sono anche compilati per offrire un'estesa spiegazione narrativa dell'esilio (storia deuteronomistica). Mentre la gente riflette sulla propria condizione attuale, vengono composti poemi pieni di sentimento ed emozione come Lamentazioni e il Salmo 137 per esprimere la sofferenza dell'incubo dell'esilio. Israele accoglie anche gli scritti dei profeti stabilendo la loro credibilità e autenticità di veri profeti. Nelle loro parole coglie il piano e gli scopi di Dio riguardanti il suo futuro; quelle dei profeti antichi sono ripetute e riproposte per dare speranza e conforto a chi è, adesso, in esilio (vd. Isaia 40-55). Un buon numero di altri libri, come Salmi e Giobbe, riceve la sua forma finale proprio durante l'esilio.

L'esilio è, quindi, un punto di svolta nella storia di Israele: dà al popolo una nuova visione del suo domani. Inoltre, è proprio in questo tempo che assume il nome di "Giudeo" ed impara l'aramaico, la lingua degli oppressori babilonesi, che diviene il linguaggio parlato comune e commerciale. Si ritiene, inoltre, che durante l'esilio Israele abbia imparato a svolgere attività commerciali e finanziarie che diverranno la principale vocazione dei successivi discendenti.

L'assenza del Tempio e dei riti costringe gli esuli a riunirsi in case private per pregare, adorare e leggere le Scritture. Questi incontri in seguito produrranno le sinagoghe, centro didattico e educativo del giudaismo posteriore.

Declino di Babilonia.

Appena dopo la morte di Nabucodonosor nel 562 a.C., l'impero babilonese barcolla sull'orlo del disastro. Molti suoi successori sono assassinati fin quando Nabonide non sale al trono nel 556 a.C. Non è né membro della famiglia reale e neanche un adoratore del dio Marduk, la divinità principale di Babilonia. Preferisce il culto della divinità lunare Sin, irritando così la classe dirigente babilonese. Alla fine lascia Babilonia e vive nel deserto arabo, a Teima, mentre il figlio Baldassar si occupa degli affari dell'impero.

Figura 67 Il cilindro di Ciro - contiene la proclamazione, da parte di Ciro, della liberazione dei giudei esiliati.

La conquista persiana di Babilonia

Mentre Babilonia si indebolisce, un principe di grande talento tra i persiani, conosciuto come Ciro il grande, comincia a primeggiare nelle terre dell'est. Nel 550 a.C. si ribella contro la signoria dei Medi assumendo il controllo del vasto impero che include gran parte dell'odierno Iran. Conquista anche aree della moderna Turchia ad ovest e dell'Afghanistan ad est prima di volgere la sua attenzione a Babilonia. Secondo storici antichi, le porte della città furono spalancate ai Persiani ed a Ciro perché considerati, dal popolo babilonese, come liberatori dal governo opprimente e inefficace di Nabonide. Gli esiliati giudei considerano l'ascesa di Ciro come parte del piano di Dio per la loro liberazione da Babilonia (vd. Isaia 44:28-45:6).

In effetti, i Persiani svolgono una politica diversa dai babilonesi verso i prigionieri. Ciro, infatti, permette loro di ritornare nella loro terra natia ritenendo che un popolo, residente nella propria terra e

> **A**
>
> **IL CILINDRO DI CIRO**
>
> Il cilindro di Ciro riporta la cattura di Babilonia nel 539 a.C. e riferisce della nuova politica istituita dal re persiano Ciro il grande. In una parte del testo del cilindro si legge: "Riguardo ad Ashur e Susa, Akkad, Eshnunna, alle città di Meternu e Der come anche alla regione dei Guti, io ho restituito a queste sante città di là del fiume Tigri, i santuari diventati fatiscenti, le immagini dei che lì vivevano stabilendo per loro dei santuari permanenti. Ho riunito tutti i loro precedenti abitanti ai quali ho restituito le loro abitazioni.[3]

adorante il proprio dio, sarà più sottomesso. I Persiani riconoscono il valore di ogni divinità incoraggiando ogni gruppo etnico ad onorare il proprio dio entro i propri confini ed edificando per loro dei templi (vd. la proclamazione di Ciro in 2 Cronache 36:23; Esdra 1:2-4)

Libertà per i deportati giudei

Grazie a questa nuova politica persiana, alcuni degli esiliati, nel 538 a.C. cominciano il loro viaggio di ritorno a Gerusalemme e alle regioni circostanti. Pur se molti decidono di rimanere tra le mura sicure e familiari di Babilonia, un numero significativo inizia il viaggio, pieno di pericoli, per rivendicare il suo paese natio. Secondo Esdra 1:8, verso il 538 a.C., Sesbasar guidò uno dei primi gruppi. Essi portano in patria oggetti che i babilonesi avevano preso nel Tempio ed a loro consegnati dai Persiani per poter ristabilire il culto a Gerusalemme. Altri gruppi li seguono. Esdra, in modo particolare, menziona quello di Zorobabel, un discendente davidico divenuto governatore della provincia (2:2).
I primi giunti a Gerusalemme ricostruiscono l'altare e pongono le fondamenta del Tempio. Ben presto, però, la ricostruzione del Tempio viene interrotta per l'opposizione di popoli vicini e per difficoltà economiche.

I giorni gloriosi dell'impero persiano

Alla morte di Ciro, nel 530 a.C., sale al trono il figlio Cambise II che continua l'opera di espansione dei confini. Nel 525 a.C. ha già saccheggiato Tebe e imposto il suo controllo sull'Egitto. Cambise muore mentre si oppone ad un falso pretendente al trono ed il cugino Dario I, nel 522 a.C., assume il controllo dell'impero.
Dario I porta l'impero persiano al suo massimo splendore per cui viene chiamato Dario il grande. Spinge i confini ad ovest fino alla moderna Turchia e, ad est fino al fiume Indo. Riorganizza il sistema della satrapie (province) introdotto da Ciro. Giuda viene inclusa nella satrapia chiamata di "oltre l'Eufrate" comprendente le aree della Siria e della Palestina.

La ricostruzione del Tempio

Durante il regno di Dario, due profeti giudei, Aggeo e Zaccaria, sospingono il popolo a ricostruire il proprio Tempio. Nell'autunno del 520 a.C. Aggeo comincia la sua predicazione alla quale, ben presto, si unisce quella di Zaccaria. Il problema di un'approvazione ufficiale persiana viene risolto con un'attenta ricerca negli archivi reali. Dario riconferma il decreto di Ciro che non soltanto approva il progetto ma richiede il sostegno di fondi persiani. Nonostante la continua opposizione, il nuovo Tempio è inaugurato nel 515 a.C. Pur di dimensioni e fasto inferiori a quello di Salomone, diverrà il centro del culto del Dio di Israele per circa 600 anni.

I Giudei sfuggono alla distruzione

Alla morte di Dario I nel 486 a.C., Serse I diviene re. Il libro di Ester lo chiama Assuero. Verso il 479 a.C. Serse sceglie una bellissima ragazza giudea di nome Ester come sua regina. Secondo il libro di Ester, l'intera popolazione giudaica dell'impero viene quasi totalmente distrutta per un complotto di un amministratore di nome Aman ma, grazie all'intervento di Ester, il complotto viene sventato ed i Giudei possono così difendersi contro i loro nemici.

Figura 68 Cardo - strada romana antica con negozi sotterranei nella vecchia città di Gerusalemme.

La riforma di Esdra

In seguito, Serse cade vittima di un altro complotto e, nel 464 a.C., assassinato da un capitano della sue guardie. Dopo alterne vicende ed intrighi nel palazzo reale, Artaserse I diviene il nuovo re persiano. Verso il 458 a.C. Artaserse invia il suo consigliere speciale per gli affari dei giudei, Esdra, a Gerusalemme. La sua missione è di insegnare la Legge di Mosè al popolo. Come risultato del suo insegnamento, si attuano delle riforme importanti sul matrimonio e sulla condotta di vita quotidiana.

Riedificazione delle mura

Circa dodici anni dopo l'arrivo di Esdra nella terra di Giuda, Artaserse invia il suo coppiere giudeo, Neemia, per assumere il governo del paese e portare a termine la ricostruzione delle mura di Israele. Pur ostacolato da molte comunità vicine, che temevano che Giuda potesse diventare troppo forte, in due mesi, Neemia riesce a riparare ed a ricostruire le mura della città incoraggiando, costatemente, la riforma religiosa. Come descritto nel suo stesso libro, Neemia insieme ad Esdra, guida la comunità in una drammatica cerimonia di rinnovamento del patto e per 12 anni svolge le funzioni di capo della nazione. Per un breve periodo ritorna a Susa ma, ben presto riassume il ruolo di governatore di Giuda, compito che svolge per molti altri anni ancora.

Malachia si unisce ad Esdra e Neemia per corroborare i loro sforzi riformatori. Tra il 450 e 430 a.C., Malachia svolge il suo ministero tra gente che adora Dio in modo molto superficiale. Il suo messaggio serve da stimolo al popolo perché consideri la fede con estrema serietà ed onori Dio nel modo appropriato.

La fine del Regno persiano

Alla morte di Artaserse I nel 424 a.C., Dario II (423-404 a.C.) assume il controllo dell'impero uccidendo Serse II, il legittimo successore al trono. Gli anni seguenti, del successivo imperatore persia-no, Artaserse II (404-358 a.C.) sono pieni di problemi di sopravvivenza per l'impero stesso. Lotte interne per il potere continuano ad indebolire l'antica potenza persiana finché, nel 331 a.C., Alessandro il Grande sconfigge Dario III di Persia (336-331 a.C.) annettendo le provincie della Persia, inclusa Giuda, come parte dell'Impero greco.

Sfide di restaurazione

Come ben descrivono Geremia, Ezechiele e lo scrittore esilico di Isaia 40-55, la vita in Giuda nel periodo persiano non fu bella e piena di speranza. La stabilità e la benevolenza del governo persiano permisero una qualche restaurazione di Giuda e molta gente ritornò in patria, il Tempio fu ricostruito e, le mura di Gerusalemme, riparate. Tuttavia, vi erano forti tensioni sociali, difficoltà economiche e assenza di vera spiritualità che impedivano un vero risanamento.

In tutto questo tempo, i rapporti con i samaritani al nord, gli ammoniti ad est e gli arabi a sud furono per lo più ostili. Infine i Samaritani eressero un tempio rivale a Sichem e crearono le loro scritture, conosciute come Pentateuco samaritano che è, sostanzialmente, un'edizione alterata del Pentateuco dei Giudei, avente lo scopo di legittimare le credenze teologiche peculiari dei Giudei samaritani.

I GIUDEI IN EGITTO **A**

Scavi nell'isola di Elefantina, vicino alle prime cascate del Nilo, hanno portato alla luce rovine di una colonia militare giudea del V secolo a.C. chiamata Yeb. Questa comunità, formata da soldati mercenari arruolati nell'esercito egiziano, stazionava sul fronte meridionale dell'Egitto. Alcuni pensano che l'origine di questa colonia dati del periodo assiro nella metà del settimo secolo a.C. Papiri ritrovati durante gli scavi, rivelano l'esistenza di un tempio dove i Giudei adoravano non soltanto Yahu (Yahweh) ma anche altre divinità. Queste includevano una moglie di Jahvè di nome Anat-Yahu. Questa comunità, evidentemente, non era rimasta fedele all'enfasi monoteista della fede biblica. Tra i documenti, sono stati anche ritrovati una lettera di richiesta di aiuto alla comunità di Gerusalemme per la ricostruzione del tempio ad Elefantina distrutta dai sacerdoti locali egiziani, verso il 407 a.C.

La comunità dei giudei patì anche delle divisioni interne. Oltre a quelle ordinarie di tipo economico, scoppiarono delle tensioni tra coloro che erano rimasti nel paese e coloro che era tornati dall'esilio o da esperienze di rifugiati. Il problema più serio e grave fu comunque quello della decadenza spirituale. Sogni delusi di un rinnovamento glorioso preannunciati dai profeti antichi spinsero molti a non avere più fiducia nel Dio dei loro padri e, persino, ad opporsialla ricostruzione del Tempio e delle mura di Gerusalemme. Molti sposarono dei non credenti e non diedero più decime e offerte. Alcuni studiosi sostengono che, in questo periodo, all'interno del giudaismo, sorsero dei movimenti politici e scoppiaronodei conflitti sulla questione del culto, dei riti e su altre problematiche religiose (vd. Isaia 56-66, Aggeo, Zaccaria, Esdra, Neemia e Malachia).

Nonostante questi problemi, proprio attraverso difficoltà e prove, la comunità di Israele approfondì la sua fede. Vi furono periodi di rinnovamento culminati con la ricostruzione del Tempio, la liberazione sotto Ester, il risveglio con Esdra e Neemia e la ricostruzione delle mura di Gerusalemme. Inoltre, in questo tempo, cominciò a svilupparsi l'istituzione della sinagoga che divenne un elemento vitale per il sostegno della comunità. In questo contesto, l'importanza della Sacra Scrittura come guida di vita quotidiana assunse nuovo valore divenendo un tratto caratteristico del Giudaismo.

Frasi riassuntive

- L'invasione babilonese privò Giuda di tutti i simboli della benedizione speciale di Dio - il suo Tempio, la sua città santa, il suo re e la sua nazionalità.
- L'esilio babilonese causò in Israele una crisi teologica di vaste proporzioni.
- La politica persiana permise agli esiliati ebrei di ritornare e restaurare la loro nazione
- La comunità di Israele lottò per avere forza economica e per mantenere la stabilità spirituale durante il periodo persiano.

Domande di riflessione

1. In che modo, la risposta di Giuda durante l'esilio, è simile a quella della gente d'oggi che affronta grandi crisi esistenziali?
2. Perché il popolo di Giuda ebbe una delusione spirituale durante la restaurazione?
3. In che modo Israele fu restaurato nel periodo persiano?
4. In che modo la conoscenza del periodo persiano aiuta a comprendere il Nuovo Testamento?

Risorse per studi ulteriori

Bright, John, A History of Israel, 3rd ed. Philadelphia, Westminster, 1981,
pages 391-401;
Kaiser, Walter C., Jr. A History of Israel, Nashville: Broadman and Holman, 1998.Pages 438-39;
Yamauchi, Edwin M., Persia and the Bible, Grand Rapids:Baker, 1990.

19. La storia rivisitata: 1 e 2 cronache

OBIETTIVI

Lo studio di questo capitolo ti aiuterà a:
- Descrivere il contenuto dei libri delle Cronache
- Comprendere il messaggio di questi libri nel loro primo contesto.
- Comprendere il modo in cui la storia biblica può essere letta con un significato teologico.

Termini chiave:

Storia deuteronomistica
Storia post-esilica
Davide
Storia sacerdotale
Sacerdoti
Leviti
Preghiera di Jabez
Salomone
Asa
Iosafat
Ezechia
Giosia
Manasse

Domande da considerare durante la lettura:
1. Studiando la tua storia nazionale, quale lezione puoi imparare sulla tua relazione con Dio?
2. Quanto valore hanno i simboli per la tua fede?
3. Perché il culto ha un ruolo così importante nella relazione con Dio?

Le Cronache iniziano la seconda sezione dei libri storici dell'Antico Testamento. Abbiamo già considerato la prima sezione che contiene la **storia deuteronomistica** (Giosuè- 2 Re) dal capitolo 12 fino al 17. La seconda sezione è composta dalle Cronache, Esdra, Neemia ed Ester. Questi libri sono spesso indicati come la **storia post-esilica** perché scritti dopo l'esilio del quale ne registrano gli eventi. Tuttavia, la sezione narrativa delle Cronache inizia con l'ascesa al trono di Davide verso il 1000 a.C. e si conclude al tempo di Neemia, verso il 430 a.C.

I due libri delle Cronache offrono un ulteriore panorama della storia d'Israele prima dell'esilio. Pur riportando informazioni già presenti nei libri veterotestamentari precedenti, non ne sono, tuttavia, una semplice replica. C'è del materiale nuovo ed una nuova comprensione dell'esperienza di Israele con Dio. Più che una ripetizione di eventi questi libri propongono delle nuove prospettive teologiche tese a dare, alla generazione presente e futura, delle direttive per poter vivere come popolo di Dio.

Autore e data

L'autore dei libri delle Cronache è sconosciuto ed è semplicemente chiamato "cronista". Alcuni studiosi suggeriscono che il cronista sia uno tra Esdra e Neemia. Anche se possibile, non si hanno, semplicemente, abbastanza evidenze. Questi libri non sembrano avere tanto in comune con i libri di Esdra e Neemia, per cui sembra poco credibile che entrambi i libri siano opera di uno tra loro due. Altri studiosi suggeriscono che il cronista sia un Levita poiché l'autore presta molta attenzione al ministero dei Leviti.[1]

I libri delle Cronache sono due tra gli ultimi libri dell'Antico Testamento ad essere stati scritti. Evidenze nel testo suggeriscono che siano stati composti intorno al 400 a.C.

S

Perché le Cronache sono poste alla fine della Bibbia ebraica?

I libri delle Cronache sono posti alla fine della Bibbia ebraica. Ciò potrebbe essere dovuto alla loro data di composizione tardiva. Inoltre, agiscono da utile sommario e conclusione del canone ebraico. I punti seguenti illustrano bene questa loro funzione: (1) Le Cronache riassumono la storia anticotestamentaria da Adamo fino alla restaurazione di Israele citando i patriarchi, l'Esodo e la restaurazione. (2) le Cronache traggono il loro materiale dal Pentateuco, dalla storia deuteronomistica, dai profeti e dai salmi, (3) Infine, molte delle idee chiave dell'Antico Testamento, sono riaffermate nelle Cronache. Alcune di queste sono: Il Dio d'Israele è il Signore; il giudizio dei malvagi; la benedizione di coloro che cercano Dio e la speranza per tutti coloro che adorano Dio con umiltà.

> ## Le Cronache come storia sacerdotale S
>
> Le Cronache, insieme a Esdra-Neemia potrebbero essere definite la storia sacerdotale perché presentano la storia d'Israele dalla prospettiva dei sacerdoti. La storia deuteronomistica, invece, analizza la storia d'Israele da una prospettiva profetica. È questa diversa prospettiva che spiega le inclusioni o le omissioni nei libri delle Cronache. Una gran parte del materiale in essi presente si concentra sul Tempio, sui suoi riti e sul suo personale. La storia deuteronomistica condivide buona parte di questo materiale, ma le Cronache ne aggiungono molto altro. Le liste dei Leviti in 1 Cronache 24-26 ed il culto di Giosafat in 2 Cronache 20 sono dei buoni esempi.
>
> Nelle Cronache, la sezione narrativa inizia da Davide, colui che preparò la costruzione del Tempio. La storia, da Giosuè a Saul, è omessa perché antecedente all'era del Tempio. I libri della Cronache in seguito si concentrano sulla nazione di Giuda dove è costruito il Tempio e, questa, è una delle differenze maggiori tra Cronache e Re. Le Cronache riservano poca attenzione al Regno del nord ed omettono molte storie dei suoi re e del suo popolo. I racconti sui profeti Elia e Eliseo son anche assenti. Infine, questi libri tendono ad omettere storie negative su Davide come quella del peccato con Bathsheba e la ribellione di Absalom.

Contesto

I due libri delle Cronache sono stati composti in un periodo di inquietudine nella parte occidentale dell'impero persiano (circa il 400 a.C.). Un certo numero di province si rivolta contro l'impero coinvolgendo la gente di Giuda. Il futuro dell'impero persiano, come anche quello di Giuda, diventa molto incerto. I Giudei, da parte loro, sono già molto delusi della loro condizione di vita perché la tanto attesa restaurazione della comunità non è avvenuta. L'economia ristagna in una fase di crisi mentre le potenze nemiche dominano ancora. Le prime persone che odono le Cronache dubitano che Dio sia ancora interessato al suo popolo e al suo futuro.

Contenuto

I due libri delle Cronache sono una composizione unica. Originariamente scritti come un'unità so-no stato divisi, soltanto dopo, per motivi di praticità. Il cronista compone la sua storia rifacendosi a molte fonti; è palese, infatti, la presenza di materiale tratto da 2 Samuele, 1 e 2 Re. Circa metà delle Cronache è tratto direttamente da questi libri. Il cronista, tuttavia, è molto selettivo nell'uso di questo materiale adoperando soltanto quelle parti che ben si confanno al suo proposito, arrangiandole secondo le necessità.

Il cronista dispone anche di altro materiale. Il testo menziona fonti non più esistenti come "il libro di Natan", "la profezia di Aiia di Silo", "le visioni di Ieddo" (2 Cr. 9:29) e gli "Annali dei re di Giuda e di Israele." (2 Cr.16:11). Altro materiale ancor sembra essere giunto dagli elenchi militari e da altri annali di Stato. Sembra che l'autore possa avere anche adoperato le genealogie del libro della Genesi. Lo scrittore intende mostrare degli schemi e dei temi chiari della storia di Israele e ciò è evidenziato dall'accurata selezione e composizione delle fonti suddette.

Le Cronache si concentrano sulla vita di Davide e di Salomone. Essi sono gli esempi principali di coloro che adorano Dio fedelmente. Sezioni introduttive e conclusive incorniciano le storie dei regni di questi due re.

I libri si suddividono nelle quattro sezioni seguenti:
1. Genealogie (1 cronache 10:1-9:44)
2. Narrazioni su Davide (1 Cronache 10:1-29:30)
3. Narrazioni su Salomone (2 Cronache 1:1-9:31)
4. Narrazioni sui re di Giuda 2 Cronache 10:1-36:23)

- **Genealogie (1:1-9:44)**

I primi nove capitoli di 1 Cronache contengono un elenco degli antenati di Israele, da Adamo a Saul. Per un lettore moderno, tutto ciò sembra fuori luogo. Invece, per gli antichi giudei, le genealogie sono molto importanti. Chiariscono, infatti, relazioni e amplificano i legami con il passato. Le genealogie, inoltre, confermano la benedizione di Dio sul suo popolo. Un elenco di generazioni testimonia del fatto che Dio li ha resi fecondi e li ha accresciuti di numero (vd. Genesi 1:28). Le genealogie sono anche forme di scrittura storica[2] e possono coprire, velocemente, una certa quantità di tempo. Il capitolo 1 collega Adamo ad Israele connettendo, così, gli israeliti all'intera razza umana. La salvezza di Dio non è riservata a pochi, ma è universale. Tutti i membri dell'umanità, come anche "tutto Israele", possono partecipare alla redenzione di Dio.

I capitoli 2-8 delineano la discendenza delle varie tribù di Israele. Due gruppi, i Leviti e i discendenti di Giuda sono

SACERDOTI E LEVITI

Nell'antico Israele, la tribù di Levi era responsabile della cura dei santuari sacri e della conduzione del culto. I sacerdoti erano discendenti del fratello di Abramo, Aronne. I Leviti erano tutti gli altri discendenti di Levi che non erano sacerdoti. I sacerdoti si occupavano particolarmente dei sacrifici ed avevano la supervisione del rituale. I Leviti svolgevano un certo numero di altre funzioni che rientravano nelle attività operative giornaliere del Tempio. Erano guardiani, musicisti, cuochi, artigiani, contabili, insegnanti e custodi. I Leviti, perciò, insieme ai Sacerdoti, assistevano Israele nel culto al suo Dio.

evidenziati e ciò si nota da quanto spazio viene a loro riservato e dalla composizione del testo. Entrambi i gruppi sono ritenuti molto importanti – i leviti per la loro relazione al Tempio, e i discendenti di Giuda perché formano la tribù di Davide.

Il capitolo 9 attualizza la storia al tempo dei primi lettori. Parla di coloro che sono tornati dall'esilio ed elenca i discendenti fino al V secolo a.C. Questa sezione si conclude con la genealogia di Saul che prepara il lettore al racconto del capitolo 10. Le genealogie, qui presenti, sono arricchite da commenti spirituali e geografico - storici. Uno dei commenti spirituali più importanti è la preghiera di Iabes al c. 4:10. Questa richiesta di benedizione, potenza e protezione diverrà modello per il fedele. Un altro commento significativo è che Israele subì l'esilio "a causa delle sue infedeltà" (9:1). Benedizioni e maledizioni, poste in enfasi nella storia deuteronomistica, ricevono qui, nei primi capitoli delle Cronache, un'attenzione particolare.

- **Regno di Davide (10:1-29:30)**

La seconda sezione delle Cronache si concentra sulla vita di Davide. Tratta della prima istituzione del regno davidico e, di seguito, del modo in cui Davide si prepari a costruire il tempio. Davide vie-ne proposto come il migliore modello di re secondo il volere di Dio. I capitoli 10-12 narrano del modo in cui il regno passa da Saul a Davide che lo rende stabile. La tragedia di Saul contrasta con la prosperità di Davide. Saul fallisce per la sua infedeltà e incapacità di ubbidire alla parola di Dio (10:13-14). Di conseguenza, Dio passa il regno a Davide.

Figura 69 Il monte del Tempio visto dal monte degli Ulivi.

IL TEMPIO DI GERUSALEMME

Il Tempio era simbolo di importanti idee riguardanti Dio e la Sua relazione con Israele. La struttura a forma di palazzo indicava che il Signore era il re del suo popolo. Soltanto il personale, consacrato in modo speciale, poteva entrare nelle aree sacre. Tutto nel Tempio e nei suoi dintorni proclamava la separazione o santità di Dio. Il Tempio ricordava la relazione pattuale tra Israele e Dio ed esprimeva l'essenza dell'espressione pattuale: "voi sarete mio popolo e io sarò vostro Dio" (Geremia 30:22). Mediante i riti del culto, la gente riconosceva, nel suo mezzo, la presenza perdonatrice e guaritrice di Dio. Infine, il Tempio era una costante testimonianza della fedeltà continua di Dio al patto. Le feste annuali riproponevano i maggiori momenti della storia di Israele con Dio: l'esodo dall'Egitto, la Legge al Sinai e la Sua guida nel deserto. Fin quando il Tempio rimase in piedi, il popolo non poteva dimenticare la sua eredità spirituale.

Il cronista chiarisce come Davide non ottiene il regno per manovre astute o secondo schemi umani ma come dono di Dio. Un segno molto importante della benedizione divina è la grande quantità di persone che attorniano Davide. Dio lo sostiene mediante la cura e la bravura di uomini capaci provenienti da varie parti di Israele. Secondo il cronista, il motivo per cui Dio fa prosperare Davide, è il suo carattere devoto. I capi-toli dal 13 al 16 descrivono i tratti salienti che rendono Davide un capo ideale del popolo di Dio. Consulta Dio regolarmente e dà un ruolo primario al culto. Il suo impegno a portare l'arca del patto a Gerusalemme, simboleggia il suo profondo desiderio di porre Dio al centro del suo regno.

Figura 70 *Il muro occidentale, noto come muro del pianto, è l'unica parte, ancora esistente, del Secondo Tempio.*

L'inno di Davide al c.16 diviene il modello del vero culto perché esalta Dio e confessa la sua piena dipendenza da Lui.

Il capitolo 17 è il culmine di questa sezione di 1 Cronache. Davide desidera costruire una casa a Dio (il Tempio). Questi, invece, vuole costruire una casa a Davide (una dinastia di re). La fedeltà procura a Davide benedizioni divine e la promessa di avere un regno eterno. Per i primi lettori della Cronache, questa è un'importante parola di speranza anche se il regno davidico terreno non oltrepasserà il 587 a.C. Tuttavia, uno dei suoi discendenti, il Messia, regnerà nuovamente per cui, si può affermare che la promessa si compie in Gesù Cristo, discendente di Davide, che regnerà per sempre.

I capitoli finali di questa sezione trattano di Davide che si prepara a costruire il Tempio. Il primo passo in questo progetto, è di provvedere le risorse ed acquistare il terreno. I capitoli 18-21 descrivono il modo in cui il re, sconfiggendo nemici e comprando l'aia di Ornan, realizzò il suo disegno.

La maggior parte del materiale dei capitoli 22-29 appartiene solo a 1 Cronache. Qui l'autore racconta il modo in cui Davide organizza i Leviti per il culto sacro e come egli incarichi Salomone di portare a compimento i progetti relativi al Tempio.

Il culto a Dio non è un pensiero secondario. C'è un'attenta pianificazione del culto al Tempio ritenuto il mezzo più importante per dimostrare la fedeltà a Dio. Come Mosè si assicurò di far continua-re le sacre tradizioni fino a Giosuè (vd. Deuteronomio 31), così anche Davide passa il suo tesoro a Salomone. Questi è più che un successore politico di Davide perché è il suo successore spirituale.

Il muro occidentale, noto come muro del pianto, è l'unica parte, ancora esistente, del Secondo Tempio

- **Il regno di Salomone (2 Cronache 1:1-9:31)**

In questi capitoli, il cronista, selezionando attentamente il materiale, offre un'immagine ideale di Salomone. Come anche nel caso di Davide, la sua intenzione non è quella di sorvolare sulle imperfezioni o sulla realtà dei fatti ma, semplicemente, di evidenziare come e quando Salomone agisce correttamente. Egli, infatti, nota nella vita di Davide e Salomone degli schemi utili come modelli per i credenti.

Salomone è un uomo devoto al suo Dio (c.1). Come fece il padre, egli cerca continuamente la guida di Dio. Come risultato, è benedetto con una grandissima ricchezza in carri, metalli preziosi e commercio internazionale. I capitoli 2-4 descrivono gli sforzi di Salomone per costruire la casa di Dio. Per realizzare questo progetto, deve chiedere l'intervento dei Fenici, i migliori architetti e costruttori del mondo. Tutto ciò intende esaltare la maestà del Dio di Israele che merita il meglio di quanto gli uomini possano offrirGli. Salomone conduce il culto di dedicazione del Tempio (cc. 5-7). Porta l'Arca del Patto nel Tempio, conferma la fedeltà di Dio ad Israele, offre sacrifici, ringraziamenti e preghiere.

> **T** **TEMI TEOLOGICI NELLE CRONACHE**
>
> Come molti storici, il cronista seleziona il suo materiale per evidenziare importanti idee e te-mi teologici. Eccone alcuni: (1) Dio ricompensa chi è fedele, come ben esemplificato da alcuni re, quali Davide e Salomone; (2) Fedeltà significa totale sottomissione a Dio e alle Sue leggi; (3) l'espressione migliore di tale sottomissione è l'atteggiamento di vero culto. Nel vero culto, il popolo di Dio si deve umiliare, cercare Dio, pregare e volgersi dal male al bene (2 Cronache 7:14). (4) I profeti richiamano Dio a questo tipo di relazione, ma la loro voce non è ascoltata. (5) La speranza del cronista è che "tutto Israele" (ripetuto 43 volte), non solo Giuda, ascolti e si umilii davanti a Dio

La sua preghiera è una continua invocazione di una regolare comunicazione con Dio.

Il Tempio deve rimanere un luogo di guarigione, perdono e incontro genuino tra Dio e il Suo popolo. La risposta di Dio alla preghiera espone le condizioni per poter continuare questa relazione. Il verso chiave di questa sezione e dell'intero libro, è il ben noto versetto 7:14 che dice: "Se il mio popolo, sul quale è invocato il mio nome, si umilia, prega, carca la mia faccia e si converte dalle sue vie malvagie, io lo esaudirò dal cielo, gli perdonerò i suoi peccati, e guarirò il suo paese." Esprime, concisamente, il tema principale del libro: unarelazione con Dio, salvifica e guaritrice, dipende da un atteggiamento umile e penitente nei Suoi confronti. Questo testo ci invita ad esaminare i nostri cuori quando veniamo davanti a Lui, nella preghiera e nel culto.

Dio risponde a Salomone con benedizioni e favore. I capitoli 8 e 9 evidenziano, in modo dettagliato, il favore di Dio nella vita di Salomone, includendo i suoi progetti di costruzione, il suo ruolo internazionale, la forza della sua nazione, la sua sapienza leggendaria e la sua ricchezza eccezionale.

- **I regni degli altri re di Giuda (10:1-36:23)**

La sezione finale delle Cronache illustra i punti principali del libro esaminando la vita degli altri re di Giuda. Le fortune di ogni re sono valutate in rapporto al modo in cui essi seguono il modello davidico. Coloro che imitano Davide sono benedetti, ma coloro che seguono altri schemi, sono maledetti. Agli esempi positivi viene dato molto spazio. Asa (cc. 14-16), Ezechia(cc.29-32), e Giosia (cc. 34-35). La loro caratteristica principale è che fanno ciò che è giusto agli occhi di Dio, come fece Davide. Il cronista evidenzia quando questi re cercano il Signore, pregano o si umiliano davanti a Dio. Grande attenzione viene data al Tempio e al culto. Il risultato, per ognuno di loro, è la bene-dizione di Dio. Tipico di questi re è ciò che viene detto di Ezechia in 31:21, "in tutto quello che intraprese per il servizio del tempio di Dio, per la legge e per i comandamenti, cercando il suo Dio, mise tutto il cuore nella sua opera, e prosperò."

Esempi negativi di re sono Ieoram (c.21), Acazia (cc.22-23), Acaz (c.28), Amon (c.33), Ioiachim (c.36), Ioiachin (c.36) e Sedechia (c.36). Il loro agire è malvagio agli occhi di Dio perché vivono come i re del regno del nord, rifiutando di umiliarsi o di cercare Dio. Introducono divinità straniere e adorano altri dii. Il risultato, in ogni caso, è disastroso, sia per il re che per la nazione.

Altri re di Giuda offrono esempi alterni. Alcuni iniziano bene ma finiscono male, altri viceversa. In ogni caso, Dio ricompensa ogni re secondo la sua fedeltà al modello stabilito da Davide e Salomone. Uno tra i più interessanti re in questa categoria è Manasse. Secondo 2 Re 21, è uno tra i peggiori re di Giuda perché conduce la nazione nel periodo peggiore dell'apostasia. Il cronista, tuttavia, racconta della sua umiliazione davanti a Dio quando gli Assiri lo catturano e della risposta di Dio alla sua preghiera. Manasse riacquista il regno e diviene un vero servo di Dio (2 Cronache 33:1-20) a conferma di come Dio mantenga sempre la speranza, anche nel caso dei peggiori peccatori.

I versi finali del libro (36:15-23) mantengono il messaggio di giudizio e di speranza presente nelle Cronache. Dio spinge i babilonesi a distruggere Gerusalemme perché il popolo si è rifiutato di ascoltare gli avvertimenti dei profeti. Tuttavia, Dio suscita i persiani per offrire nuova speranza. Una proclamazione di Ciro offre la possibilità di ricostruire il Tempio. Volendolo, il popolo di Israele può nuovamente cercare Dio. Il cronista invita dicendo: "chiunque fra voi è del suo popolo, sia il Signore, il suo Dio, con lui, e parta" per ricostruire il Tempio e adorare Dio (c. 36:23).

I NUMERI NELLE CRONACHE

I numeri nelle genealogie, negli elenchi militari ed in altre parti delle Cronache presenta un problema di non facile risoluzione. A volte quanto troviamo nelle Cronache varia notevolmente dal materiale parallelo presente in Samuele e Re. Spesso, i loro numeri sono molto più grandi. Il problema non si può adeguatamente spiegare per cui possiamo proporre solo alcune osservazioni generali:

1. Nella Bibbia, molto spesso, i numeri hanno un significato simbolico. Il numero 40 intende una generazione; il numero 7 la perfezione. Il numero 4 indica la completezza.
2. I termini per "migliaia" ('eleph) e "centinaia" (me'ha) possono anche riferirsi a una famiglia o ad un'unità militare.
3. Gli scribi, copiando numeri, a volte commettevano degli errori. Ciò è chiaramente il caso dell'età di Ioiachin al tempo della successione (8 in 2 Cronache 36:9 e 18 in 2 Re 24:8). Il numero 10 è stato, accidentalmente, tolto o aggiunto.

L'interpretazione dei numeri, tuttavia, non cambia mai drammaticamente il messaggio del testo. Non crediamo, quindi, che il cronista abbia inteso indurre il lettore in errore. Riconosciamo che, la nostra comprensione del valore dei numeri è limitata.

Frasi riassuntive

- Le genealogie sono un certo tipo di storia scritta per enfatizzare connessioni con il passato;
- Davide fu un re ideale perché cercò sempre la guida di Dio e diede al culto a Dio un ruolo primario;
- Salomone fu benedetto perché seguì il modello del padre;
- Il Tempio ebbe grande importanza in Israele perché il luogo dove il popolo poteva umiliarsi e cercare il perdono e la guarigione di Dio;
- I re che non seguirono il modello davidico provocarono disastri su se stessi e sulla nazione.

Domande di riflessione

1. In che modo ci si può relazionare con le tradizioni e le eredità cristiane del passato dato che non possiamo tracciare la nostra ascendenza con particolari individui vissuti 2000 anni fa?
2. Perché il cronista non include storie dalla vita di Davide e Salomone che, invece, si trovano in Samuele e Re?
3. Quali sono alcuni importanti simboli di fede e della presenza di Dio nella nostra vita?
4. Qual è il fondamento di ogni speranza per una nazione che affronta avversità?

Risorse per studi ulteriori

Selman, Martin J., I Chronicles:An Introduction and Commentary. Tyndale Old Testament Commentary, Downers Grove, Ill.: Intervarsiy Press, 1994;

2 Chronicles: An Introduction and Commentary. Tyndale Old Testament Commentary, Downers Grove, III: Intervarsity Press, 1994;

Williamson, H.G. M. 1 and 2 Chronicles.New Century Bible Commentary.Gand Rapids:Eerdmans, 1982.

20. Edificare la comunità di fede: Esdra, Neemia e Ester

OBIETTIVI

Lo studio di questo capitolo ti aiuterà a:
- Descrivere l'ambiente storico dei libri di Esdra, Neemia e Ester;
- Discutere sul contenuto dei libri di Esdra, Neemia e Ester;
- Valutare il significato del messaggio di Esdra, Neemia e Ester rivolto ai loro primi uditori;
- Confermare la prescrizione biblica per riformare e mantenere una comunità di fede vivente.

Termini chiave:

Esdra
Neemia
Sincretismo
Ester
Serse I
Mordecai
Aman
Aggiunte a Ester
Purim

Domande da considerare durante la lettura:
1. In che modo eventi passati hanno influenzato il mondo d'oggi?
2. Quali rischi si corrono quando si segue Dio totalmente?
3. In che modo il popolo di Dio entra nello schema delle nazioni e delle politiche del mondo?

I libri di Esdra, Neemia ed Ester parlano di eventi accaduti durante i secoli IV e V a.C., quando la Persia domina su Israele. È un tempo nel quale i sopravvissuti di Israele cercano di ricostituirsi come comunità di fede dentro e fuori Gerusalemme.

Questi tre libri offrono degli scorci selezionati della lotta per la sopravvivenza della comunità giudaica che prova a sopravvivere nonostante le circostanze avverse. In questa prospettiva, essi danno speranza a tutto il popolo di Dio di ogni tempo, di fronte a potenze che minacciano la sua esistenza. Nel periodo persiano, infatti, molti sono gli ostacoli che si oppongono ai Giudei. Questi tre libri indicano come Dio abbia un piano, non soltanto per preservare un rimanente del Suo popolo, ma anche per formarlo come comunità di fede vivente.

Esdra-Neemia

I personaggi principali di questi libri sono uno scriba di nome **Esdra** ed un laico di nome **Neemia**.

Esdra proviene da una famiglia di sommi sacerdoti e sembra avere un ruolo importante nella corte persiana come consigliere per gli affari giudaici. La tradizione giudaica pone Esdra allo stesso livello di Mosè. Neemia è il coppiere del re nella corte persiana di Susa.

Nella tradizione ebraica, Esdra e Neemia sono trattati insieme, come un'unica opera. In effetti, la divisione dei due libri oscura la loro stretta relazione perché sono simili anche nella struttura, nei temi e nelle tecniche letterarie. Noi li trattiamo, perciò, come opera unica.

Non sappiamo per certo chi sia l'autlore di Esdra-Neemia. La tradizione ritiene che sia Esdra; tuttavia, sembra verosimile che Neemia o una persona ignota, abbia compilato questi libri. L'ultimo evento databile di questi libri è l'inizio del secondo mandato di Neemia come governatore di Giuda (Neemia 13:6-7) avvenuto, più o meno, nel 430 a.C. È probabile che gli eventi descritti in Esdra-Neemia siano accaduti intorno al 420 a.C.

Contesto

Il testo biblico presenta il ministero di Esdra-Neemia durante il regno del re persiano Artaserse I (464-424 a.C.). Alcuni studiosi pensano che Esdra sia vissuto durante il regno di Artaserse II (404-359 a.C.) e che si sia recato a Gerusalemme nel 458 a.C. (Neemia nel 444 a.C.). Non sappiamo molto di più sulle date di Esdra se non che era presente alla dedicazione delle mura nel 444 a.C.[1] Neemia fu governatore per 12 anni, e poi tornò a Susa nel 432 a.C. Il suo periodo successivo di governo inizia, probabilmente, alcuni anni dopo e non durerà quanto il primo.

Il ministero di Esdra e Neemia si svolge in un periodo cruciale nella storia post-esilica di Israele. La vita religiosa e nazionale giudaica è in crisi. Sebbene il Tempio sia stato ricostruito ed il culto ripreso, la comunità giudica soffre di apatia spirituale e di tensioni comunitarie. La comunità restaurata ha bisogno di essere istruita sulla legge di Mosè. Il matrimonio con gente straniera e la mancanza di fedeltà al patto danneggiano seriamente la condizione spirituale della nazione. Queste lacune spirituali danneggiano anche la vita sociale della comunità giudaica.

Contenuto

Esdra e Neemia contengono un materiale vario. Le fonti di questi libri sono degli scritti in forma di diario quali le memorie di Esdra che possiamo trovare in Edra 7-10 ed anche in Neemia 8-9. Le memorie di Neemia sono custodite in Neemia 1-7 e 11-13.

Il materiale presente in Esdra e Neemia può essere suddiviso in quattro grandi sezioni:
1. Restaurazione del Tempio (Esdra 1-6)
2. Restaurazione della Purezza (Esdra 7: 1-10:44)
3. Restaurazione delle mura (Neemia 1:1-7:73)
4. Restaurazione della Legge (Neemia 8:1—13:31)

Ognuna di queste sezioni contiene uno schema composto da quattro elementi regolarmente ricorrenti. Enfasi viene posta sui (1) decreti del re (2) il ritorno del popolo (3) opposizione alla ricostruzione e, infine (4) successo contro l'opposizione. Le sezioni sono parallele. Neemia 1-7 richiama Esdra 1-6 con la sua enfasi sulla ricostruzione fisica del Tempio. Entrambe le sezioni includono anche la celebrazione delle feste e le cerimonie di dedicazione. Neemia 8-13 riecheggia Esdra 7-10 enfatizzando il ruolo della legge nella riedificazione della comunità di Dio.

I DECRETI DEI RE PAGANI

T

Il messaggio di Esdra 1-6 è che il popolo di Dio può confidare nella Sua sovranità. In tutti questi capitoli i piani di Dio si realizzano mediante i decreti dei re. "Il Signore destò lo Spirito di Ciro" (1:1) e diresse Dario (6:1-12) ad emanare dei decreti che favorirono il popolo di Dio. Dio usò sovrani stranieri per ricostruire la comunità di fede.

Questi capitoli, inoltre, testimoniano del valore della propria eredità spirituale. I rimpatriati portarono le suppellettili (che erano state trafugate) dal Tempio di Salomone per mantenere il loro legame con il passato. Inoltre, dopo essere giunti nel paese, celebrarono le feste religiose dei loro antenati. L'interesse posto, in questi capitoli, sulle genealogie, conferma tale messaggio. Nessuno può resistere da solo alla corrente della storia. Le promesse e gli schemi di Dio riguardanti il passato sono sempre importanti per la comunità che si sta ricostruendo perché il passato fa parte del presente.

- **Restaurazione del Tempio (Esdra 1:1-6:22)**

La prima sezione di Esdra-Neemia tratta delle difficoltà e delle vittorie di coloro che tornarono, per primi, a ricostruire il Tempio di Gerusalemme.

Un editto pronunciato dal re persiano Ciro permette il ritorno in patria. Sesbasar, membro di una famiglia reale, guida il primo gruppo di rimpatriati nel 538 a.C. Come nell'esodo dall'Egitto, centinaia di anni prima, Israele, ancora una volta, si avvia verso la terra promessa, ma, questa volta, dal paese del suo antenato, Abramo. Zorobabele, quando giunge con un altro gruppo, assume la guida della comunità insieme a Giosuè, il sommo sacerdote.

Si costruisce un altare e si comincia a porre le fondamenta del Tempio. L'opposizione dei popoli vicini causa, però, una lunga sospensione dei lavori. Dopo circa 18 anni dal primo rimpatrio, i profeti Aggeo e Zaccaria stimolano i Giudei a riprendere i lavori per la ricostruzione del Tempio. Ciò provoca i sospetti di Tattenai, governatore della satrapia d'oltre il fiume Eufrate. Dario il grande emana allora, nuovamente il decreto che permette ai Giudei di ricostruire il Tempio. Questi lo completano verso il 515 a.C. È un evento importantissimo nella storia del popolo di Dio perché si riafferma, così, la presenza di Dio con il Suo popolo. La ricostruzione si conclude con la festa di inaugurazione del Tempio e la celebrazione della Pasqua.

Figura 71 Modello della città di Gerusalemme nel I sec. a.C.

Figura 72 Modello del Tempio di Gerusalemme.

- **Ripristino della purezza (Esdra 7:1-10:44)**

Tra Esdra c.6 e c.7 c'è lo spazio di un anno. L'interesse si sposta sul ritorno di Esdra, lo scriba, nel 458 a.C. e sulle riforme che intraprende al suo arrivo.

Il re persiano Artaserse I gli dà l'incarico di tornare, insieme a coloro che lo desiderano, per insegnare la legge del loro Dio. Tale incarico conferma ciò che gli storici conoscono delle pratiche e politiche persiane. L'effetto dell'insegnamento della Legge di Esdra risulta in una nuova consapevolezza del problema causato dai matrimoni misti. Esdra è profondamente addolorato per questo peccato e si pente. Altri seguono il suo esempio e la comunità confessa il suo peccato. Passi specifici sono intrapresi per risolvere ogni situazione matrimoniale in modo equo.

- **La ricostruzione delle mura (Neemia 1:1-7:73)**

La storia della ricostruzione delle mura di Gerusalemme è l'argomento di Neemia cc.1-7. Circa 10 anni dopo gli eventi descritti in Esdra 10, Neemia riceve delle notizie sulla condizione delle mura di Gerusalemme e si impegna a ricostruirle. Per la provvidenza divina, il re persiano dà il permesso a Neemia di realizzare il suo progetto.

Neemia voleva ricostruire le mura della città. Quelle di oggi sono state costruite da Suliman il Magnifico nel XVI sec.

Giunto a Gerusalemme, espone un piano per realizzare il progetto ma, immediatamente, incontra opposizioni. Popoli vicini temono, evidentemente, che un ritorno del potere giudaico possa influenzare la situazione politica della regione. Dimostrando eccezionale tenacia e abilità di governo, Neemia riesce a vincere l'opposizione e a completare la ricostruzione delle mura nel 444 a.C. Come per il Tempio, egli ottiene questo successo non per le sue abilità, ma per il volere di Dio (c. 6:16). Il messaggio di Neemia cc. 1-7 richeggia quello di Esdra cc.1-7. Possiamo confidare nel controllo di Dio sul mondo che Gli appartiene.

MATRIMONI MISTI

L'invito di Esdra a dissolvere i matrimoni misti non era dovuto a razzismo o separatismo. La minaccia posta dai matrimoni misti nel tempo di Esdra era il sincretismo - l'incorporazione di credenze e abitudini pagane nella fede monoteista di Israele. Matrimoni misti comportavano una sorta di mescolanza con i culti pagani. Il tentativo di Esdra fu di rimediare al peccato commesso da Israele. In questo caso, anche noi siamo esortati alla cautela nella scelta del nostro coniuge. Entrare in una relazione matrimoniale con una persona non credente può anche condurre alla perdita di una relazione vitale con Dio. La nostra condotta nel matrimonio riflette la natura del nostro patto con Dio. Dio ci chiama a vivere in modo distintamente santo perché è un Dio santo.

LE MURA DISTRUTTE DI GERUSALEMME

Nel mondo antico, le mura di una città erano il simbolo di forza e stabilità. Gerusalemme era scarsamente popolata a causa delle mura distrutte. Una città senza muri sicuri era vulnerabile agli attacchi. Le mura rovinate per Israele avevano un significato ancora più grande della mancanza di sicurezza. Neemia definì le mura distrutte di Gerusalemme "un disonore" (Neemia 1:3 e 2:17). Le mura distrutte e la città non protetta raffiguravano il Dio d'Israele come un impotente tra le nazioni. Confermavano, inoltre, che la restaurazione non era ancora avvenuta.

La ricostruzione, invece, simboleggiava la continua benedizione di Dio su Israele e la Sua protezione sulla città eletta.

Figura 73 Mappa di Gerusalemme nel IV sec. a.C.

Figura 74 Neemia voleva ricostruire le mura della città. Quelle di oggi sono state costruite da Suliman il Magnifico nel XVI sec

- **Ripristino della Legge (Neemia 8:1-13:31)**

La sezione finale di Neemia si concentra sulla lettura della Legge di Mosè (la Torah) e sul rinnovamento del patto con Dio. Questo è ciò che si intende per restaurazione della comunità. Lo scopo finale è la riconsacrazione a quel Dio che continua ad operare nella storia del Suo popolo.

Esdra legge la Torah alla comunità suscitando risposte di pentimento, celebrazione, confessione e, infine, di consacrazione. Questa sezione eleva l'importanza della Legge mosaica per la ricostituzione della comunità. È il fondamento dell'ordine e delle relazioni sociali. La missione principale di Esdra è di insegnare la Torah al popolo (Esdra 7:13-26). I risultati del suo insegnamento sono un ri-sveglio delle relazioni sociali (9-10) e spirituali (Neemia 8-10). Quando la comunità rispetta la Legge in modo serio, avvengono dei cambiamenti che stabiliscono delle priorità sociali e spirituali. Neemia 9 ripete la storia della fede di Israele enfatizzando l'unicità, la potenza e la compassione di Dio con una preghiera che riflette sulla grazia di Dio verso il Suo popolo dal tempo della creazione all'esilio. L'insegnamento di questa storia è che, senza la grazia di Dio, per la comunità non c'è speranza perché il futuro della comunità ricostituita si fonda sulle qualità morali di Dio e non solo sulla fedeltà alle Sue istruzioni. Un tale Dio, allora, è la speranza della comunità.

In un momento drammatico, la comunità si riconsacra all'ubbidienza alla Legge e si impegna ad evitare i matrimoni misti, a prendersi cura del Tempio e a ripopolare la città di Gerusalemme. Dopo queste promesse, la comunità celebra la dedicazione delle mura.

Il capitolo finale di Neemia riassume i temi principali della sezione precedente di Esdra-Neemia dando l'idea di una conclusione dei libri. I vari temi in questo capitolo includono il valore della ricostruzione del Tempio, le mura ricostruite e i matrimoni misti. Il fine principale della restaurazione di Israele non è la creazione di una struttura societaria ideale ma di una relazione consacrata e fiduciosa con il Dio vivente.

Il materiale presente in Esdra e Neemia punta proprio in questa direzione.

Israele comprende come Dio sia "un Dio pronto a perdonare, lento all'ira e di gran bontà" e ciò è il fondamento del patto rinnovato (Neemia 9:17). Nell'Antico Testamento, i riferimenti alla compassione e bontà di Dio sono abbondanti e la possibilità di una restaurazione del patto dipende proprio dalla Sua fedeltà e compassione verso il Suo popolo. Poiché Dio è Dio, noi possiamo sperare di divenire ciò che dovremmo essere – una comunità perdonata e redenta nel mondo in cui viviamo oggi.

Ester

Il libro di Ester è una ben nota storia sulla drammatica liberazione degli Ebrei che avviene durante il periodo di dominio persiano. Questo dramma si dispiega con considerevole intensità affermando che Dio controlla sempre il mondo intero ed ha cura del Suo popolo. Diversamente da Esdra e Neemia, gli eventi in questo libro hanno luogo soltanto a Susa, uno dei tre maggiori centri amministrativi dell'impero persiano. Originariamente antica capitale degli Elamiti, Susa diviene la capitale invernale quando Dario I vi costruisce un grande complesso edilizio. Ester e Neemia vivono a Susa, insieme a numerosi altri ebrei che detengono dei ruoli importanti nella corte del re.

Autore e data

Gli eventi descritti nel libro avvengono durante il regno di Serse I (in ebraico, Assuero) che regnerà sull'impero persiano dal 486 al 464 a.C. Si può immaginare che l'autore di questo libro abbia scritto subito dopo gli eventi e che uno tra suoi personaggi principali, Ester oppure Mardocheo, sia l'autore. L'idea potrebbe essere giusta ma vi è poca evidenza confermatrice. Di conseguenza, gli studiosi, sia per l'autore che per il tempo della sua stesura, suggeriscono varie altre possibilità.Tra le date più accreditate vi è quella che pone lo scritto tra la fine degli eventi descritti nel libro ed il periodo persiano del 330 a.C.[2]

Contesto

La storia di Ester appartiene alla prima parte del V secolo a.C. ed avviene a Susa. Durante questa storia si presume che i Giudei abitino in varie parti dell'impero persiano. Babilonia, entrata a far parte dell'impero, con molta probabilità è già un centro di vita giudaica. La storia di Neemia indica che i Giudei hanno assunto ruoli di grande rilevanza nel governo persiano anche se non sappiamo molto della condizione religiosa dei Giudei di questo periodo. Stranamente, il libro non menziona Dio o qualcuna delle tradizioni ebraiche.

Figura 75 L'Impero persiano.

Contenuto

Ester contiene molti elementi che solitamente compongono una bella storia. Vi sono personaggi importanti, c'è suspense tra vita e morte, soluzioni divertenti, uso appropriato dell'ironia ed un finale felice.

Oltre a queste tecniche letterarie, l'autore di Ester utilizza altri strumenti per rendere il libro memorabile. Una delle caratteristiche dominanti è la ricorrenza di banchetti. Nel libro sono menzionati 10 banchetti che tendono ad accentuare il senso della celebrazione. Sono anche occasioni di mutamento di significati nella trama. Inoltre, nella storia, vi sono un certo numero di coppie di versi in rima (distici) e riferimenti duplici. Esempi di distici, sono: Ester dà due banchetti per il re; il re proclama due decreti; Mardocheo invia due lettere sulla commemorazione di questi eventi. Riferimenti doppi includono: Ester che nasconde la sua discendenza giudaica, il popolo che digiuna per Ester e l'ascolto dei figli di Aman. Questa caratteristica dei riferimenti duplici garantisce un equilibrio ma anche serve ad enfatizzare alcuni aspetti della storia.

La storia di Ester può essere così suddivisa:

1. L'ambiente (1:1-2:23)
2. Il conflitto (3:1-5:14)
3. Culmine della storia (6:1-7:10)
4. Soluzione finale (8:1-10:3)

- **Il contesto (1:1-2:23)**

I primi due capitoli del libro delineano il contesto nel quale si svolgeranno gli eventi della storia. Il re persiano Serse I offre un banchetto reale dimostrando la sua grande ricchezza ed il suo immenso potere. La regina, Vasti, si rifiuta di partecipare per cui il re la depone dalla sua posizione. Si deve, allora, cercare una nuova regina e ciò offre l'opportunità ad Ester di entrare a far parte della corte reale.

Questi capitoli introducono personaggi chiave del racconto. Il re persiano Serse I è descritto come una persona impetuosa e pomposa. Ester, la regina, proviene da una famiglia povera di discendenza giudaica che, pur raggiungendo una posizione elevata, rimane una donna di sani principi, di spirito docile e rispettosa della sua tradizione. Mardocheo si era preso cura della cugina Ester, rimasta orfana e continua a guidarla; è proprio lui che scopre il piano per assassinare il re salvandolo da morte sicura.

- **Il conflitto (3:1-5:14)**

La tensione drammatica nella storia si sviluppa con l'introduzione di Aman, il villano arrogante. Questi detiene un ruolo importante nella politica persiana, essendo inferiore soltanto al re. Il suo odio per Mardocheo, il giudeo, lo porta ad ideare un piano per uccidere non soltanto Mardocheo ma anche il suo popolo. Serse viene ingannevolmente coinvolto in questo piano malvagio facendo-gli stabilire una data per lo sterminio ed inviare un decreto a tutte le provincie.

Come reazione, Mardocheo spinge Ester a sfruttare la sua posizione vantaggiosa per liberare i Giudei; lei coglie l'occasione proponendo un piano di contrasto. Esorta il suo popolo a digiunare e ad accettare il rischio di presentare una richiesta al re.

A questo punto della storia, il più è fatto. Il male ed il bene si scontrano frontalmente. Anche se il nome di Dio non è menzionato, non c'è dubbio alcuno che è Lui il protagonista. Il Suo popolo, i giudei, sono minacciati dal potere di questo mondo. La convocazione di un digiuno da parte di Ester (4:16) è un ovvio riconoscimento che questa è una battaglia di Dio. Mardocheo lo conferma quando dice "infatti se oggi tu taci soccorso e liberazione sorgeranno per i Giudei da qualche altra parte" (v.14). Nel contesto della storia biblica, dal giardino dell'Eden alla restaurazione, Dio è la sola fonte di liberazione per coloro che confidano in Lui.

Sebbene Dio sia sovrano e raggiungerà sempre i Suoi obiettivi, questi capitoli enfatizzano il ruolo della responsabilità umana. Il ruolo di Ester è di importanza vitale. Lei può partecipare al progetto divino di liberazione oppure perdere quest'opportunità. La sua decisione è di grande importanza.

AMAN L'AGAGHITA

L'identità di Aman l'agaghita collega la storia di Ester alla continua faida tra gli israeliti e gli amalechiti. Gli amalechiti furono i primi a lottare contro gli israeliti durante il loro esodo verso la terra promessa (vd. Esodo 17:8-16). Altri conflitti tra questi due popoli sono registrati in I Samuele 15 durante il regno di Saul. Aman era, probabilmente, un discendente di Agag, re degli amalechiti durante il periodo in cui regnò Saul. Mardocheo era, invece, discendente di Chis, come Saul. Il conflitto tra Aman e i Giudei è parte integrante della storia biblica. La vittoria dei Giudei su Aman e la sua famiglia prefigura il trionfo finale di Israele contro gli antichi nemici.

- **Il culmine della storia (cc. 6:1-7:10)**

Le tavole divengono velocemente una narrazione con un taglio ironico e comico. Il tentativo di Aman, il cui odio lo ha spinto a costruire la forca su cui appendere Mardocheo, si conclude in modo onorevole per Mardocheo. Il piano malvagio di Aman, di sterminare i Giudei, viene svelato al banchetto di Ester. Aman subisce il destino che aveva progettato per Mardocheo cadendo nella sua stessa trappola! La storia conferma il detto "l'empio cade per la sua empietà" (Proverbi 11:5).

- **La soluzione finale (8:1-10:3)**

Pur avendo rimosso il furfante, le conseguenze nefaste delle sue azioni sembrano inevitabili. Il piano di sterminio dei Giudei rimane in vigore poiché la legge persiana è ritenuta inviolabile. Allora, Ester e Mardocheo ricevono il permesso dal re di proclamare un altro decreto che permetta ai Giudei di difendersi. Il risultato è l'eliminazione di migliaia di nemici dei Giudei in tutto l'impero.

DIO NEL LIBRO DI ESTER

La mancanza di riferimenti a Dio nel libro di Ester spinse uno sconosciuto scrittore del secondo secolo a.C. a comporre sei maggiori Aggiunte al libro di Ester (il libro di Mardocheo) con riferimenti espliciti a Dio. I traduttori della versione dei Settanta aggiunsero questa versione nella loro opera. Queste aggiunte fanno parte dei libri apocrifi.

Il carattere secolare di Ester ci ricorda quanto sia importante leggere tutta la Scrittura nel più ampio contesto del canone. Il libro ha valore soltanto entro questo contesto. Anche se Dio non è mai menzionato per nome e mancano alcuni termini quali patto, elezione e promessa, queste idee sono presupposte nella narrazione. I discorsi e le azioni dei personaggi principali del libro non avrebbero alcun valore senza questa prospettiva biblica del mondo..

I versi finali del libro incoraggiano coloro che hanno sperimentato personalmente la liberazione di Dio, come anche le generazioni future, a commemorare, regolarmente, questo evento, Quanto Dio compie, non deve essere dimenticato! Il libro di Ester conclude, in modo appropriato, la narrazione storica della Bibbia cristiana (Genesi fino a Ester). Conferma decisamente che Dio non abbandonerà il Suo popolo. Il libro riconferma la promessa fatta ad

Abramo "Benedirò quelli che ti benediranno e maledirò chi ti maledirà, e in te saranno benedette tutte le famiglie della terra" (Gn. 12:3). La fedeltà di Dio verso il Suo popolo è uno dei temi principali della storia biblica.

SPIRITO NAZIONALISTA NEL LIBRO DI ESTER

Ci si potrebbe chiedere: In che modo il nazionalismo di questo libro può essere conciliato con l'asserzione paolina che i veri discendenti di Abramo non sono di sangue ma di fede (Rm. 9:6-30)?

La definizione paolina del vero Israele (i discendenti spirituali di Abramo) non elimina completamente il significato della nazione etnica di Israele. La Bibbia attesta la possibilità che i Giudei possano ancora svolgere un ruolo cruciale nella storia dell'umanità. Ciò detto, dobbiamo anche affermare che le entità politiche o etniche non sono la preoccupazione finale di Dio. Coloro che possiedono una fede come quella di Abramo sono l'obiettivo principale del piano di Dio. Essi formano il vero Israele (o sono i veri Giudei).

Frasi riassuntive

- I libri di Esdra e Neemia dovrebbero essere letti insieme;
- I primi lettori di Esdra-Neemia furono i Giudei che lottavano per sopravvivere alle difficoltà del periodo di restaurazione;
- Esdra-Neemia comunicano cinque messaggi importanti al loro uditorio originale: (1) Confidate nella sovranità di Dio; (2) mantenete la vostra eredità spirituale; (3) Lasciate che sia la Legge di Dio a conformare la vostra vita; (4) siate santi e (5) confidate nella grazia di Dio;
- La storia biblica ci incoraggia ad entrare in una relazione personale con Dio;
- Il libro di Ester è una storia ben conosciuta che afferma la sovranità di Dio sul mondo e la Sua fedele protezione del Suo popolo.

Domande di riflessione

1. Confronta e contrasta le problematiche affrontate dai Giudei del V secolo a.C. con quelle che i credenti affrontano oggi;
2. Quali principi presenti in questi libri possono guidare la società ad un rinnovamento?
3. In quale modo pratico le Scritture servono a guidare e a mantenere una società?
4. Perché non è sufficiente soltanto l'ubbidienza a Dio per stabilire una società giusta e ben operante?
5. Perché i cristiani possono sentire un senso di pace anche quando le potenze del mondo sono a loro ostili?

Risorse per studi ulteriori

Baldwin, Joyce G., Esther. An Introduction and Commentary. Tyndale Old Testament Commentary, Downers Grove, Ill.: Intervarsity Press, 1984;

Clines, David J.A. Ezra, Nehemiah, Esther, New Century Bible Commentary, Grand Rapids: Eerdmans, 1984;

Kidner, Derek, Ezra and Nehemiah: An Introduction and Commentary. Tyndale Old Testament Commentary, Downers Grove, Ill.: Intervarsity Press, 1979.

UNITÀ 4

Alla scoperta dei libri di poesia e saggezza

Questa unità introduce il lettore:

- Le caratteristiche della poesia ebraica
- I saggi israeliani e il loro contributo
- Le varie questioni nel Libro di Giobbe
- Salmi come inni di Israele
- Gli insegnamenti di proverbi, Ecclesiaste e Cantico dei Cantici

✓ La poesia e la sapienza in Israele;

✓ La sofferenza del giusto: Giobbe;

✓ I canti di lode di Israele: i Salmi;

✓ Istruzioni di vita: Proverbi, Ecclesiaste e Cantico dei Cantici.

21. La poesia e la sapienza in Israele

OBIETTIVI

Lo studio di questo capitolo ti aiuterà a:
- Identificare le caratteristiche principali della poesia ebraica;
- Descrivere le finalità della letteratura sapienziale;
- Spiegare i fondamenti teologici del pensiero sapienziale;
- Spiegare il modo in cui la letteratura sapienziale israelitica si relaziona a quella prodotta in altre aree del Vicino Oriente Antico;
- Rintracciare le fonti della letteratura sapienziale.

Termini chiave:
Parallelismo
Parallelismo sinonimico
Parallelismo antitetico
Parallelismo formale
Allitterazione
Assonanza
Acrostico
Metro
Paronomasia

Domande da considerare durante la lettura:
1. Perché è importante dare attenzione al linguaggio della poesia?
2. Chi è considerato saggio nella nostra cultura?
3. Cos'è la sapienza nel nostro pensiero e nella nostra cultura?

La poesia ebraica

Nei libri della Legge e nella storia deuteronomistica di Giosuè, Giudici, Samuele e Re vi sono soltanto pochi passi scritti in poesia. Invece, la maggior parte dei libri dei Profeti, i libri Sapienziali ed i Salmi sono composti poetici. Per comprendere questi libri è necessaria una conoscenza generale del modo in cui gli israeliti componevano i loro canti e i loro detti.

La nostra comprensione degli elementi della poesia ebraica è alquanto recente. Il vescovo Robert Lowth (1753) fu il primo a dare un contributo significativo alla nostra comprensione della poesia ebraica.[1] Le traduzioni antecedenti a questa data, come quella della King James Version (n.t. equivalente all'antica versione della Diodati) trattano il testo, persino i Salmi, come se fossero delle prose. Le traduzioni moderne, invece, propongono una traduzione poetica.

L'elemento basilare della poesia ebraica è il parallelismo. Il parallelismo è una figura retorica che pone in relazione due o più righi di un verso poetico. Le tre forme essenziali del parallelismo sono: Sinonimo, antitetico e formale. Vi sono anche molti altri tipi di parallelismo, ma queste sono tre forme dominanti ben riconoscibili.

Parallelismo sinonimo

Nel parallelismo sinonimo, il secondo membro ripete semplicemente il primo, seppur con altre parole. Il parallelismo c'è nei concetti, ma non necessariamente nelle parole. A causa di questo cambiamento terminologico, questo parallelismo è, a volte, chiamato, parallelismo complementare. Considera i seguenti esempi:
   "O Signore, fammi conoscere le tue vie, insegnami i tuoi sentieri" (Sl. 25:4)
   "Accostatevi, nazioni, per ascoltare! Voi, popoli, state attenti! Ascolti la terra con ciò che lo riempie, il mondo con tutto ciò che produce!"(Isaia 34:1)
   "Quando mai la lampada degli empi si spegne e piomba loro addosso la rovina e Dio, nella sua ira, li retribuisce con castighi?" (Gb. 21:17)

Parallelismo antitetico

Nel parallelismo antitetico il primo rigo afferma qualcosa che il secondo contrasta. Molti dei Proverbi adoperano questa forma e spesso, ma non sempre, le traduzioni iniziano il secondo rigo con la congiunzione avversativa ma. Considera i seguenti esempi:
   "Il pigro desidera, e non ha nulla, ma l'operoso sarà pienamente soddisfatto." (Pr. 13:4).

"Poiché il Signore conosce la via dei giusti ma la via degli empi conduce alla rovina" (Sl. 1:6)

"Meglio abitare sul canto di un tetto che in una gran casa con una moglie rissosa" (Pr. 21:9)

1. Parallelismo formale

Nel parallelismo formale, a volte chiamato anche parallelismo sintetico, il primo rigo afferma qualcosa che il secondo condivide o espande senza ripetizione o contrasto. Considera i seguenti esempi:

"Non ti affrettare ad irritarti nello spirito tuo, perché l'irritazione riposa in seno agli stolti." (Eccl. 7:9)

"...degli assedianti vengono da un paese lontano, lanciano le loro grida contro le città di Giuda" (Gr. 4:16).

"Considera la mia afflizione e liberami; perché non ho dimenticato la tua legge." (Sl. 119:153)

Oltre al parallelismo, vi sono altre forme di poesia ebraica che non possono essere riprodotte o tradotte. Il loro uso non solo arricchiva la poesia ma, spesso, permetteva all'oratore di dare un messaggio in modo memorabile e provocatorio. L'allitterazione, la ripetizione dello stesso suono consonantico e l'assonanza, la ripetizione della stessa vocale, sono due di queste forme. Alcuni poemi sono stati scritti come acrostici. La prima parola di un verso o strofa inizia con la prima lettera dell'alfabeto ebraico, la prima parola del secondo verso con la seconda lettera e così via...fino a completare tutto le 22 lettere dell'alfabeto. Il salmo 119 è composto da 22 sezioni di otto versi ciascuno. Ogni verso di una sezione inizia con la stessa lettera. La prima sezione di otto versi inizia con la prima lettera (aleph), e lo schema continua fino all'ultima sezione dove ogni verso inizia con l'ultima lettera (tav). I primi quattro capitoli del libro delle Lamentazioni sono composti da acrostici. Le note nelle Bibbie da studio spesso, a pro del lettore, identificano questi poemi.

Anche se è una questione dibattuta, la poesia ebraica segue un ritmo particolare. Secondo un metodo, ogni parola o gruppo di parole riceve un accento o un tempo. Alcuni studiosi suggeriscono di contare le sillabe di un rigo e poi confrontarle con il resto dello scritto. Qualsiasi sia il metodo seguito, il tempo della poesia ebraica è diverso da quello della letteratura moderna ed occidentale.

Un'altra importante figura poetica ebraica è la paronomasia o gioco di parole. I poeti ebrei spesso adoperavano parole con suoni simili per avere un impatto sull'uditorio con un messaggio memorabile. In Geremia 1:11-12 le parole ebraiche per albero di mandorle (shaqed) e scrutare (shoqed) hanno un suono simile. Il poema di Michea 1:10-16 è composto da un numero di giochi di parole sui nomi delle città. A volte le traduzioni rivelano quando ciò accade. Le traduzioni moderne e le Bibbie da studio includono, spesso, delle note indicanti un uso del parallelismo e di altre tecniche letterarie per aiutare il lettore a comprendere meglio il messaggio del poeta.

Cos'è la Sapienza?

I libri di Giobbe, Proverbi ed Ecclesiaste sono il prodotto dei maestri di sapienza di Israele. Chi erano e da dove venivano? Mosè scese dal monte Sinai i Dieci Comandamenti scritti da Dio stesso. I profeti stavano alla presenza di Dio per ricevere i Suoi messaggi. Tuttavia, nella letteratura sapienziale c'è poco riferimento alla rivelazione divina come sua fonte. La sapienza, infatti, rimanda all'ordine creato. Gli argomenti del saggio (vd. Giobbe ed Ecclesiaste) trovano ispirazione dall'osservazione del modo in cui Dio ha strutturato il mondo. Si studia il mondo per comprendere il modo in cui vivere bene.

Il libro dei Proverbi inizia con un'affermazione che chiarisce lo scopo di vita del saggio:

"Perché l'uomo conosca la saggezza, l'istruzione e comprenda i detti sensati, perché riceva insegnamento sul buon senso, la giustizia, l'equità, la rettitudine, per dare l'accorgimento ai semplici e conoscenza e riflessione al giovane".

"Il saggio ascolterà e accrescerà il suo sapere; l'uomo intelligente ne otterrà buone direttive, per capire i proverbi e le allegorie, le parole dei saggi ed i loro enigmi".(1:2-6)

La sapienza include la disciplina, la conoscenza, la discrezione, il discernimento, l'istruzione e la comprensione. Il semplice ed il giovane possono impararla. Il saggio può accrescere e aggiungere alla loro comprensione. Il suo scopo è di provvedere la disciplina e la prudenza per vivere una vita giusta, buona e corretta. Permane un mistero sulla vita che può essere esplorato mediante i detti e gli enigmi dei saggi: una dichiarazione di intenti molto ampia.

Categorie di Sapienza

Sebbene il termine sapienza (hokma) appaia spesso nella Scrittura, i suoi significati possono essere genericamente raggruppati in quattro ampie categorie.

Abilità di un artigiano

Chi è abile come un artigiano si ritiene che possegga la sapienza del fare. Chiram

Figura 76 Salomone chiese a Dio la saggezza che gli fu concessa.

costruì le parti in bronzo del Tempio di Salomone perché "era pieno di saggezza, d'intelletto e di abilità per eseguire qualunque lavoro in bronzo" (1 Re 7:14). Questo uso del termine sapienza si potrebbe applicare anche oggi ai falegnami, ai tecnici di computer, ai meccanici, agli artisti e così via...

Conoscenza enciclopedica

L'Antico Testamento menziona coloro che, tra i saggi dell'antico Israele, possiedono una conoscenza enciclopedica. Salomone diviene il patrocinatore della sapienza, ricercandola e scrivendo i Proverbi. Possiede una vasta conoscenza della vita animale e delle piante e scrive o raccoglie un gran numero diproverbi e canti (1 Re 4:32-33). Oggi vi sono persone che da anni si impegnano a trovare il modo migliore di utilizzare le conoscenze e le informazioni nel loro campo di studio specifico.

Conoscenza delle persone e delle relazioni interpersonali

Un terzo uso della sapienza riguarda coloro che studiano le relazioni interpersonali in una data comunità. Hanno delle abilità sociali. Il libro dei Proverbi contiene molticonsigli utili su ciò che si deve o non si deve fare.
"Lo stolto dà sfogo a tutta la sua ira, ma il saggio trattiene la propria" (Prov. 29:11)
"Metti di rado il piede in casa del prossimo, perch'egli, stufandosi di te, non abbia a odiarti" (Prov.25:17)
In Israele, la categoria del sapiente include coloro che parlano bene e sono abili a negoziare degli accordi (vd. L'esempio della donna di Tecoa, in 2 Samuele 14:1-20 e la donna di Abel Bet-Maaca in 2 Samuele 20:16-22). Consiglieri sapienti consigliano i governanti sugli affari di Stato (confronta il consiglio di Aitofel e Cusai ad Absalom in 2 Samuele 7: 1-14). Nelle nostre società moderne, questo tipo di informazione o sapienza è raccolta, strutturata e insegnata in molte aree di studio, incluse la psicologia, la sociologia, il management, il marketing e così via.

Rispetto per Dio

La sapienza biblica, nella maggior parte dei casi, si concentra sulla comprensione degli obblighi personali e del servizio a Dio con rispetto e devozione. Il principio religioso della sapienza presente nei Proverbi: "Il timore del Signore è l'inizio di ogni sapienza" (1:7). Sviluppando in Israele, la sapienza fu sempre più identificata con la rivelazione di Dio nella Torah o Legge. Conoscere la Legge era lo stesso che conoscere la sapienza rivelata di Dio. Questa sapienza includeva non soltanto la conoscenza di ciò che era scritto nella Legge ma anche la sua applicazione nel quotidiano (Sal. 119).

Chi possedeva tale sapienza avrebbe incontrato il favore di Dio e avrebbe goduto una vita abbondante (Salmo 1)

La condivisione della Sapienza

In Israele, la famiglia è la prima istituzione sociale in cui si devono preservare i detti dei sapienti. I genitori inventano dei proverbi sul mondo e su come ci si deve vivere, che vengono inculcati ai loro bambini. Ai bambini si insegna come comportarsi nella società impartendo loro la conoscenza collettiva e la sapienza della famiglia e della comunità. La sapienza viene condivisa con altri membri delle diverse famiglie, villaggi, clan o tribù in occasione di incontri sociali occasionali, commerciali o religiosi. Con il sorgere della monarchia in Israele, la sapienza diviene una professione simile a quella del sacerdozio e del profezia (Geremia 18:18). I consiglieri reali danno sapienza politica ai Re (considera il confronto tra consiglieri giovani e vecchi del re Roboamo). Vi sono anche scribi che tengono i registri di corte. Questo gruppo di abili impiegati governativi e religiosi istruisce i propri apprendisti nell'arte della scrittura e della compilazione dei registri che sono una vera e propria professione. Insegnano anche ai giovani nobili come condursi nella corte del re e come consigliarlo negli affari di Stato. Il libro dei Proverbi può anche aver avuto le sue origini in questa classe di servi che compilavano proverbi per istruire i figli dei ricchi e dei potenti della città (25:1)

La sapienza come forma d'arte internazionale

La sapienza come forma d'arte non sorge originariamente in Israele. Alte culture e popoli del Vicino Oriente Antico possiedono i loro proverbi, detti, aneddoti, storie e poemi prodotti dal loro studio dell'universo. Questi popoli, essendo in costante contatto, attraverso il commercio, le missioni diplomatiche e persino le guerre, condividono le loro intuizioni. Poiché Israele è situata sulle strade principali tra l'Egitto e la Mesopotamia, i due principali centri culturali antichi, partecipa a questo scambio interculturale. Un esempio di questa migrazione della conoscenza possiamo rintracciarlo nei Detti del saggio (Proverbi 22:17-24:34) riproposti nell' opera egiziana, intitolata Istruzione

Figura 77 Nell'Antico Israele, la sapienza era insegnata alla porta della città.

Figura 78 L'istruzione è una parte integrante della vita religiosa giudaica.

di Amen-em-Opet. Le due composizioni letterarie hanno così tanto in comune che appare evidente come l'una abbia assunto concetti dall'altra. Nelle culture mesopotamiche sono anche presenti altre opere che presentano un tema simile a quello di Giobbe ed Ecclesiaste.[3] In molte nazioni, il sapiente osserva e registra le sue intuizioni che è disposto a condividere con gli altri.

Scopo della letteratura sapienziale

Nell'Antico Testamento vi sono diverse forme di letteratura sapienziale.

Il libro dei Proverbi comunica la sapienza su temi di vita pratica mediante frasi brevi e facili da ricordare. Possiamo etichettare questo scritto come un esempio di sapienza proverbiale o pratica. C'è anche una sapienza speculativa. Il libro di Giobbe esplora la possibilità di poter vivere una vita impeccabile davanti a Dio e, nel caso affermativo, si pone la domanda sul perché l'innocente soffre? L'Ecclesiaste riflette sullo scopo della vita e conclude dicendo che è vanità, cioè, senza significato. Questi libri sono degli esempi anticotestamentari di sapienza speculativa o filosofica.

Tuttavia, la sapienza non è limitata ad un gruppo selezionato di libri ma la si trova sparsa in tutta la Bibbia. Per esempio, la storia di Giuseppe (Genesi 37, 39-45) riflette l'enfasi sapienziale del bene che trionfa sul male. Un certo numero di Salmi sono anche classificati come salmi sapienziali a motivo del contrasto tra i buoni e i malvagi (Salmi 36, 37, 49, 73, 78, 112, 127, 128, 133). La Sapienza di Salomone e la Sapienza di Gesù Ben Sira sono due libri sapienziali inclusi tra gli Apocrifi. Questa tradizione si prolunga nel Nuovo Testamento. Gli insegnamenti di Gesù sono spesso proposti nella forma di detti sapienziali (vd. le Beatitudini in Matteo 5:3-12). Infine, il libro di Giacomo fa anche parte della tradizione sapienziale. Incoraggia persino a ricercare la sapienza: "Se poi qualcuno manca di saggezza, la chieda a Dio che dona a tutti generosamente senza rinfacciare, e gli sarà data (1:5).

DETTI SAPIENZIALI ISRAELITI E EGIZIANI — C

Istruzioni di Amen-em-Opet	Detti del Saggio
Ascolta, ascolta cosa viene detto comprendili con tutto il cuore è buono metterli nel tuo cuore. Vedi questi trenta capitoli. Essi ti intrattengono e ti istruiscono Non ti associare a colui che è odiato. Non spostare i segnali e i confini del terreno arabile.[2]	Presta attenzione e ascolta i detti del saggio applica il tuo cuore a ciò che insegno perché è piacevole quando li poni nel tuo cuore. Non ho forse scritto trenta detti per te, detti di consigli e conoscenza? Non farti amico di un uomo dal cuore collerico. Non spostare una vecchia pietra di confine.

Interpretare i libri sapienziali – Alcune linee guida

- I Libri sapienziali sono diversi dalla Legge e dai Profeti. Il fine di questi libri è di impartire sapienza con la quale ognuno può vivere una vita significativa e produttiva nella società.
- Il principio operativo della sapienza è "il timore dell'Eterno," e la fonte di ogni sapienza è l'ordine creato da Dio. Giobbe ed Ecclesiaste trattano temi esistenziali difficili senza, però, offrire una risposta alle domande proposte. I Proverbi trattano argomenti di vita pratica.
- Quando si studia il libro di Giobbe, sarà bene seguire la struttura del libro e lo schema organizzativo del suo materiale. Il libro è, per la maggior parte, un dialogo. Le conclusioni che traiamo di un determinato discorso dovrebbero tener conto di altri argomenti teologici che sono centrali al libro.
- Sempre nel libro di Giobbe, quando si valuta un particolare discorso si deve provare a comprendere ciò che chi parla intende veramente dire. In un certo numero di casi, il significato più semplice e immediato potrebbe non essere quanto egli intende comunicare. Si dovrebbe, forse, leggere tra le righe per capire il significato e le implicazioni di un discorso particolare.
- Sarà utile consultare commentari e Bibbie da studio per trovare il testo migliore del libro di Giobbe. Questo libro è ben conosciuto per le sue difficoltà testuali.

- L'Ecclesiaste è caratterizzata da un'attitudine pessimistica, dal dubbio e dalla disperazione prodotte dall'incapacità dell'uomo di alterare l'ordine del creato di Dio. Il messaggio implicito è che soltanto Dio può cambiare la nostra situazione umana.
- I Proverbi sono delle istruzioni e non delle promesse di Dio. Nel libro si devono cercare i principi morali ed etici evitando le interpretazioni rigorosamente letterali.
- Alcuni proverbi possono anche necessitare di essere tradotti nelle nostre forme di pensiero e nelle nostre idee per poter poi applicare il messaggio al nostro contesto.

TEOLOGIA DELLA SAPIENZA

Nella trattazione precedente della saggezza, sembra che Dio abbia poco a che fare con le sue origini o con la maggior parte del suo contenuto. La saggezza biblica, invece, pur sembrando secolare, ha un fondamento teologico. Israele la collega alla creazione dell'universo da parte di Dio. Geremia 10:12 e 51:15 afferma: "Egli con la sua potenza ha fatto la terra, con la sua saggezza ha stabilito fermamente il mondo, con la sua intelligenza ha disteso i cieli".

Questo tema è ampliato in Proverbi 8 dove la saggezza viene personificata. È la Sua prima creazione ed è l'artigiano mediante il quale venne all'esistenza tutto l'ordine creato (vv.22-31) Tutto quanto creato in cielo, nel mare e sulla terra avviene per suo tramite. Suo compito attuale è di invitare l'umanità a seguire il Suo ordine in modo da vivere bene (vv.32-26). I concetti teologici possono essere facilmente espressi. Quando Dio creò tutte le cose, la Sua prima creazione fu la Sapienza. Dio non creò il mondo seguendo un agente esterno chiamato Sapienza perché ciò significherebbe credere che esista un principio più alto di Dio al quale Egli dovrebbe conformarsi. Egli, piuttosto, determinò che cosa sia la sapienza nello stesso modo in cui determina ciò che è buono, bello e vero.

Mediante la Sapienza Dio creò tutto. Al tempo della creazione pose i principi della Sapienza - un ordine morale divinamente stabilito – entro i confini dell'universo in modo da farlo funzionare o agire secondo questi principi. Il "timore del Signore" include il saper riconoscere la verità. Quali sono questi principi che tendono a prolungare la vita e a renderla più sicura, sana, di successo e prosperosa? Si scoprono studiando l'ordine creato e considerando il modo in cui funzionano. Il sapiente che organizza la sua esistenza secondo questi principi gode di lunga e prosperosa vita. Gli stupidi non seguono mai questi principi e persino quando viene loro insegnata la sapienza la rigettano per vivere una vita alla ricerca di piaceri, una vita egocentrica. La fine di una tale esistenza è la povertà, la malattia, la disgrazia e la morte. Quindi, la sapienza viene da Dio e studiare l'ordine creato significa imparare a conoscere Dio e la Sua volontà per l'umanità e l'ordine creato.

Frasi riassuntive

- Un'ampia porzione dell'Antico Testamento è scritta in poesia;
- Il parallelismo è una delle caratteristiche comuni della poesia ebraica;
- Accorgimenti letterari arricchiscono e abbelliscono la poesia ebraica;
- Il sapiente deriva la sua saggezza osservando il modo in cui Dio ha strutturato il mondo e stabilito un ordine per la sua esistenza;
- Nell'Antico Testamento la sapienza include quattro ampie categorie, una delle quali è il "timore del Signore";
- La sapienza era insegnata in Israele da vari gruppi sociali e da professionisti ben preparati;
- La sapienza era un fenomeno condiviso da altri popoli del Vicino Oriente Antico;
- Giobbe, Proverbi ed Ecclesiaste sono i principali esempi veterotestamentari della letteratura sapienziale.

Domande di riflessione

1. Leggi il Salmo 137 e prova ad identificare i vari tipi di parallelismo (sinonimico, antitetico e formale) in esso presenti;
2. Confronta e contrasta i quattro tipi di Sapienza e mostra quale tipo necessita di essere ricercato per primo;
3. Perché la Sapienza sembra essere più secolare che religiosa? In che modo si può conoscere Dio studiando la Sapienza;
4. Cosa impariamo oggi osservando l'ordine delle cose create?
5. Quale sapienza hai imparato da color che sono vicini a te? (Genitori, insegnanti e altri con valide esperienze di vita).

Risorse per studi ulteriori

Crenshaw, James L. Old Testament Wisdom: An Introduction, Atlanta: Jhn Knox Press, 1981;

Gottwald, N.K., "Poetry, Wisdom." Vol. 3 of Interpreter's Dictionary of the Bible. Nashville: Abingdon Press, 1962. Pagg.829-38;

Von Rad, Gerhard, Wisdom in Israel, Trans. James D. Martin,Nashville:Abingdon Press, 1972.

22. La sofferenza del giusto: Giobbe

OBIETTIVI

Lo studio di questo capitolo ti aiuterà a:

- Identificare le maggiori personalità del libro;
- Fare uno schema del contenuto del libro;
- Confrontare gli argomenti dei protagonisti principali;
- Tracciare il modo in cui è sviluppato un argomento basato sulla sapienza;
- Valutare modi diversi di confortare coloro che soffrono.

Termini chiave:

Giobbe
Genere
Il Satana
Elifaz
Bildad
Zofar
Eliu

Domande da considerare durante la lettura:
1. Quali pensieri attraversano la tua mente quando leggi di tragedie e morti?
2. Perché accadono cose brutte a persone buone?

Molti avranno sentito del modo in cui Giobbe, pazientemente, affrontò grandi sofferenze (Giacomo 5:11). Quanti, invece, lo conoscono come uomo di protesta? Sapete che la sua pazienza non fu gioiosa e la sua sofferenza non fu silenziosa? In effetti, si arrabbiò molto per la sua condizione rivolgendo la sua rabbia contro Dio.

Molti basano la loro comprensione di Giobbe sulla lettura dei primi due capitoli del libro. Quando, invece, leggiamo il capitolo 3, incontriamo un Giobbe diverso. Il resto del libro è composto da lunghe e prolisse poesie. Che cosa è accaduto? Benvenuti nel mondo della poesia sapienziale.

Quanto abbiamo studiato nel capitolo precedente è, adesso, applicato testualmente. I personaggi del libro traggono i loro argomenti dalla natura, confrontando e contrastando il modo in cui Dio agisce con il mondo, in modo particolare con il ricco ed il malvagio. I passi seguenti mostrano come solitamente, il saggio, osservando il mondo, formulava le sue argomentazioni:

Può il papiro crescere dove non c'è limo?
Forse il giunco viene su senz'acqua?
Mentre sono verdi ancora, e senza che li si tagli,
prima di tutte le erbe, inaridiscono.
Tale è la sorte di tutti quelli che dimenticano Dio;
la speranza dell'empio perirà.
La sua baldanza è troncata, la sua fiducia è
come la tela di ragno. (Giobbe 8:11-14)

Autore, data e composizione

Sulla data e sull'autore vi sono varie proposte: da Mosè, nel XIII secolo, a qualcuno nel II secolo a.C. L'ambiente patriarcale dei primi due capitoli ha suggerito l'idea che il libro sia molto antico, forse il primo libro scritto dell'Antico Testamento. Gli argomenti teologici nel resto del libro, alquanto sofisticati, costringono invece a datare il libro in tempi più recenti nella storia di Israele. Molti studiosi del ramo suggeriscono il VII o VI secolo a.C.[5]

Anche la composizione del libro pone delle domande. I primi due capitoli e gli ultimi 11 versetti sono in prosa mentre il resto è in poesia. Esisteva una storia, più antica, scritta in prosa? In tal caso, possiamo pensare che l'autore abbia cucito così bene insieme i due componimenti da non fare notare le cesure. Tuttavia, i capitoli 22 e 27 sembrano mancare di continuità. Il poema sulla Sapienza (c.28) non mostra continuità con il capitolo precedente ed il seguente. Il discorso di Eliu dal c. 32 al 37 sembra essere un'intrusione nel libro. Sembra, perciò, che il libro si stato sottoposto ad un processo di scrittura, compilazione, edizione ed espansione. È possibile che il libro abbia raggiunto la sua forma attuale finale durante l'esilio babilonese.

Contenuto

Il seguente è uno schema generale del Libro di Giobbe:
1. Prologo (1:1-2:13)
2. Il monologo di Giobbe (3:1-26)
3. Il primo ciclo di discorsi (4:1-14:22)
4. Il secondo ciclo di discorsi (15:1-21:34)
5. Il terzo ciclo di discorsi (22:1-27:23)
6. Il poema della saggezza (28:1-28)
7. La risposta finale di Giobbe (29:1-31:40)
8. Il discorso di Eliu (32:1-37:24)
9. La risposta di Dio (38:1-42:6)
10. Epilogo (42:7-17)

C

L'AMBIENTE DEL VICINO ORIENTE ANTICO E I PARALLELI LETTERARI

Il libro di Giobbe non è la prima opera nel Medio Oriente in cui si pone la domanda sulla sofferenza del giusto. L'Egitto, durante la XII dinastia (1990-1785 a.C.) produce un buon numero di opere che tratta lo stesso problema. Un buon esempio è rappresentato dalle Lamentazioni di Ipuwer. Quest'opera contiene il lamento di Ipuwer sulla sofferenza e sui problemi sociali del paese. Nel suo lamento denuncia come persino gli dei non siano interessati al problema. "Non c'è nessuno al timone in quest'ora. Dov'è [Dio] oggi? Sta dormendo? Ecco, la sua gloria non si può più vedere."[1]

Anche la Mesopotamia produce dei lavori simili. Il poema Un uomo e il suo Dio, opera sumera del secondo millennio, descrive il lamento a Dio di chi soffre per una situazione tormentosa. Il poema babilonese Loderò il Signore della saggezza tratta della lotta, di chi soffre, con l'imperscrutabile volontà della divinità. Nonostante abbia svolto i riti richiesti dalle divinità è incerto sul risultato prodotto.[2] La teodicea babilonese (1100 a.C.) è simile al libro di Giobbe nel senso che è un dialogo tra chi soffre e il suo amico. L'amico mantiene una posizione ortodossa mentre il sofferente rinfaccia le sue sofferenze alla divinità. Alla fine offre una preghiera in modo che le divinità possano prenderne nota ed aiutarlo.[3]

Il libro di Giobbe non mostra una diretta dipendenza da questi testi. Giobbe, tuttavia, è simile a queste opere nel senso che rappresenta il tentativo, tra gli Ebrei, di affrontare il problema della sofferenza del giusto. Ciò che distingue Giobbe dagli altri scritti sapienziali è la sua trattazione comprensiva dell'argomento. Giobbe mostra anche una varietà di forme letterarie o generi, quali lamenti, dispute, denunce, inni, istruzioni sapienziali, petizioni, giuramento di innocenza ed affermazioni di fede in Dio. Riassumendo, crediamo che le radici intellettuali di Giobbe affondino nella tradizione sapienziale che attraversò molte culture. I concetti teologici, tuttavia, appartengono alle tradizioni religiose di Israele presenti nell'Antico Testamento[4].

- **L'Introduzione in prosa (1:1-2:13)**

I primi due capitoli contengono cinque scene che si alternano tra cielo e terra. La scena di apertura descrive il benessere di Giobbe e la sua pietà, raffigurandolo come un uomo giusto e onesto, che teme Dio ed odia il male. La scena cambia velocemente (v.6) in un giorno in cui gli angeli (letteralmente, "i figli di Dio"), si riuniscono per presentarsi a Jahvé. Il Satana è tra di loro. In Giobbe, il Satana appare come un membro della corte celeste. Quando Dio richiama l'attenzione di Satana sulla pietà di Giobbe, egli replica dicendo che era causata dalla Sua protezione e dalle sue ricchezze e prosperità. Gli lancia, allora, una sfida suggerendoGli di togliere a Giobbe ogni ricchezza per vedere se fosse rimasto fermo nella sua fede. Dio accoglie la sfida e permette a Satana di togliere a Giobbe tutto quanto egli possiede.

La scena successiva (vv.13-22) avviene sulla terra. Dopo molte calamità anche i figli di Giobbe muoiono e la loro ricchezza viene dissipata. Come risposta, Giobbe fa una delle più grandi confessioni riportate nella Bibbia:

"Nudo sono uscito dal grembo di mia madre, e nudo tornerò in grembo alla terra; il Signore ha dato, il Signore ha tolto, sia benedetto il nome del Signore" (1:21).

La quarta scena mostra un altro confronto degli angeli in cielo. Ancora una volta Dio chiede al Satana di Giobbe. Il Satana è sicuro che Giobbe bestemmierà contro di Lui se questi lo affliggerà con dolori e sofferenze. Invece, anche se la moglie gli suggerisce di farlo, Giobbe non pecca. I suoi tre amici – Elifaz di Teman, Bildad di Suac e Zofar di Naama – vengono a confortarlo. Per sette giorni, che era il tempo del lutto nel mondo antico, siedono in silenzio con lui.

I NOMI DI DIO IN GIOBBE

Nei primi due capitoli la divinità è chiamata Jahvè, il Signore. È il nome del patto di Dio dato a Mosè sul monte Sinai (Esodo 3:14). Nella sezione dialogica, i termini ebraici per Dio sono El e Eloah. La sola eccezione è presente al c.12:9. Il capitolo 42 torna al nome Jahvè, o il Signore.

SATANA

Il termine Satana significa avversario, oppositore, accusatore. L'identificazione neotestamentaria di Satana con il diavolo, è assente nell'Antico Testamento. Nel libro di Giobbe, il termine è sempre adoperato con l'articolo (il Satana) per indicare un ruolo. Dalla conversazione tra Dio e il Satana sembra che il suo compito sia di indagare sulle persone per denunciarle a Dio. Agisce da pubblico ministero, quindi il titolo "il Satana", che significa l'avversario.)

- **Il primo ciclo dei discorsi (3:1-14:22)**

Alla fine dei sette giorni, Giobbe rompe il silenzio con un lamento. Maledice il giorno della sua nascita e si pente di non essere nato morto in modo da evitare tutta questa sofferenza. Preferisce la morte ed il riposo al tormento della vita.

Elifaz, il mistico, parla per primo (cc.4-5). Pur non avendo una risposta alla sofferenza di Giobbe, chiede se mai l'umanità potrà essere giusta davanti a Dio. Questo pensiero gli giunge mediante terribili visioni notturne. Gli esseri umani sono mortali ed il loro destino è sofferenza e difficoltà. Non possono comprendere le vie di Dio, perciò si devono sottomettere al Suo giudizio. Dio ristabilirà coloro che si umiliano e Lo cercano.

Giobbe risponde a Elifaz (cc.6-7) denunciando Dio quale responsabile della sua sofferenza. Implora i suoi amici affinché non lo abbandonino. Quindi, rivolge i suoi lamenti a Dio. Le sue notti sono misere e i suoi giorni disperati. Anche il conforto del sonno gli è stato rubato da sogni turbolenti inviati da Dio. Preferisce morire. Conclude il suo lamento chiedendoGli di perdonarlo se ha peccato e di lasciarlo solo.

Il discorso di Bildad (c.8) è concentrato sulla giustizia di Dio. Secondo lui, i figli di Giobbe sono morti perché puniti a motivo dei loro peccati. Conferma, così, l'idea tradizionale, la sapienza delle generazioni precedenti, che Dio punisce i malvagi che muoiono come piante sradicate.

SERVIRE DIO

Il tema teologico in questione nei capitoli iniziali è se qualcuno può servire Dio con una santità disinteressata. Si può servire Dio senza ricevere dei benefici personali da tale servizio? Soltanto la grazia di Dio può trasformare un peccatore egoista in una persona che serve volontariamente Dio per amore. C'è chi afferma che questo tema "getti soltanto le basi" per discutere il problema della sofferenza. Un tale approccio sottovaluta la dimensione teologica dell'argomento per cui la storia diviene soltanto un esame del coraggio e della forza personale di Giobbe di fronte ad una grave perdita. Diviene una storia dell'umanità e non di Dio.

L'ONNISCIENZA DI DIO

Le "scommesse cosmiche" di Giobbe 1-2 sembrano dipendere dal fatto che né il Satana e neanche Dio conoscano il modo in cui Giobbe avrebbe risposto alla sua crisi. Pur se fiducioso in una conclusione positiva, Dio non sa quale sarebbe stata la reazione iniziale di Giobbe. Naturalmente sorge la domanda sull'onniscienza divina, la Sua conoscenza di tutte le cose. Dio ha forse limitato la Sua conoscenza delle decisioni umane permettendo all'umanità una totale libertà di scelta?

Figura 79 Un dipinto di Giobbe ed i suoi amici.

La conclusione chiara di Bildad è che la sofferenza di Giobbe sia dovuta al suo peccato e che deve, perciò, pentirsi.

La risposta di Giobbe (cc. 9-10) conferma l'idea di Elifaz che gli uomini non possono essere giusti davanti a Dio (9:1). Giobbe crede che Dio non permetterà mai a nessuno di stare davanti a Lui, buono o cattivo che sia. Da uomo irreprensibile, non riesce, però, a capire perché Dio lo stia punendo. Tuttavia, poiché nessun essere umano può mai disputare co Dio, chiede, almeno, un arbitro che lo assista in un processo a sua difesa, proprio davanti a Dio (vv. 32-35). Continua a difendere la sua causa chiedendo conto, a Dio, delle accuse contro di lui. Gli ricorda che è opera delle Sue mani, plasmato dalla creta e rivestito con pelle e carne. Dio, però, gli ha nascosto il motivo di queste calamità riversate sulla sua vita. Sarebbe stato molto meglio se fosse morto alla nascita anziché continuare a vivere senza un momento di gioia.

Ciò che Bildad intende è chiaramente espresso da Zofar (c.11). Questi sfida le dichiarazioni di innocenza ed irreprensibilità di Giobbe ritenendo che la sua punizione sia persino meno di quanto veramente si meriti. Se Giobbe avesse confessato il suo peccato, Dio lo avrebbe riabilitato e la sua vita sarebbe stata "più fulgida del pieno giorno" (17).

La replica di Giobbe (cc.12-14) dimostra la sua perdita di ogni pazienza verso gli amici. Ridicolizza la loro pretesa di saggezza insistendo nel dire che Dio è ingiusto. Dio è onnipotente e può fare tutto quello che vuole; nessuno può resisterGli. Giobbe crede che i suoi amici siano "medici da nulla" (c.13:4). La loro sapienza è vuota. Pretende, allora, discutere del suo caso direttamente con Dio. Pur se minacciato dalla morte, vuole difendere la sua integrità ed innocenza. Si lamenta della fragilità della vita umana e dell'assenza di ogni speranza oltre la morte (c.14). Desidera che Dio lo nasconda nello Sheol finché la Sua ira si sia dissolta ricordandosi di lui tempo dopo, in un designato momento futuro.

- **Il secondo ciclo di discorsi (cc. 15:1-21:34)**

Il secondo discorso di Elifaz (c.15:1-35) ripete il tema che gli esseri umani non possono essere puri davanti a Dio. Citando la saggezza del passato, dichiara che Dio è giusto e l'uomo è malvagio, per cui, prima o poi, soffrirà un giudizio terribile per la Sua mano. La risposta di Giobbe (cc.16:1-17:16) definisce le parole degli amici come discorsi contorti di "consolatori molesti." Ben presto si rivolge a Dio stesso incolpandoLo per la sua situazione. Afferma di avere un "testimone," un "intercessore" che difenderà la sua causa davanti a Dio. Giobbe ritiene, inoltre, che la sua morte è vicina per cui, ben presto, sarebbe morto da disperato.

Bildad è offeso dal rifiuto di Giobbe del consiglio degli amici (cc. 18:1-21). Obietta che il malvagio soffre terribilmente per mano di Dio, descrivendo alcune di queste sofferenze. L'implicazione è che, poiché Giobbe sta soffrendo anche lui è un malvagio e deve pentirsi. Giobbe non accetta le conclusioni di Bildad (c. 19:1-29). Dio ha agito male nei suoi confronti e non c'è giustizia per lui. Dio ha rifiutato non soltanto lui, ma anche la sua famiglia, gli amici, i servi e la moglie. Cerca, allora, conforto negli amici e desidera che le sue parole di protesta siano incise nella roccia per sempre (vv.23-24). Prima Giobbe aveva richiesto un arbitro (c. 9:33) ed un intercessore (c.16:20). Adesso con una grande affermazione di fede chiama Dio suo redentore (Go'el, un parente che difende e libera) affermando con sicurezza che dopo la morte vedrà Dio (c.19:25-27). Sebbene l'ebraico in questi versetti sia difficile, è chiaro che Giobbe, nella sua sofferenza è giunto ad un nuovo livello di fede e di comprensione spirituale.

Zofar non è per niente toccato dalle parole di Giobbe. Anzi, continua (c.20:1-29) a ripetere vecchi concetti sapienziali affermando che Dio punirà il malvagio. Il cuore del poema descrive le tante punizioni che Dio riverserà su di loro. Giobbe contraddice apertamente le parole di Zofar (c. 21: 1-34). Riflettendo, con durezza, su ciò che accade realmente nella vita, nota come sia il malvagio a non soffrire, a prosperare e a morire in pace; in effetti, condivide lo stesso destino del giusto che soffre in questa vita. Conclude, perciò, dicendo che Dio fa parzialità a favore del malvagio perché persino nella morte, questi gode di sicurezza e fama.

SHEOL **S**

Nell'Antico Testamento lo Sheol, è la tomba o il soggiorno dei morti e per descriverlo si adoperano anche i termini di "Abisso", "Abaddon" e "la terra". È un luogo di oscurità e tenebre (Giobbe 10:21-22). Nello Sheol si è liberi dai tormenti e dalle difficoltà (3:17-19). Non c'è ritorno dallo Sheol (7:9; 16:22). La Settanta traduce Sheol con Ades. Nell'Antico Testamento lo Sheol non comunica l'idea di punizione o sofferenza. Tale concetto e la sua associazione con l'inferno, sono di origine post-esilica.

- **Il terzo ciclo di discorsi (22:1-27:23)**

Elifaz apre il terzo ciclo di discorsi (c. 22:1-30) con un attacco diretto alle qualità morali di Giobbe. Gli esseri umani non sono di alcun beneficio a Dio. Anche se giusti davanti a Dio, ciò non Gli procura alcun piacere. Elifaz fa un elenco di peccati che Giobbe avrà certamente commesso; se si pente, Dio lo perdonerà. Rispondendo (cc. 23:1-24:25) Giobbe chiede a Dio di incontrarlo alla corte di giustizia. Lì, egli difenderà il suo caso ed è sicuro che sarà assolto. Tuttavia, nonostante lo cerchi diligentemente, non riesce a trovarLo. Si lamenta, allora, del fatto che Dio non è puntuale nella condanna del malvagio. Presenta, allora, una lista di crimini del malvagio. I versetti alla fine del passo biblico (c.24:22-25) sono di difficile comprensione ma sembra che Giobbe si appelli a Dio per giudicare i malvagi e porre fine al loro male.

L'ultimo discorso di Bildad (c.25:1-6) proclama ancora una volta che gli uomini non possono esse-re giusti davanti a Dio. Giobbe, descrive in modo meraviglioso, la stupenda potenza di Dio di fronte alla quale lui rimane inerme (c. 26:1-14). Tuttavia, Giobbe si ritiene giusto e si lamenta perché Dio gli ha negato giustizia (c.27:1-10). L'ultima parte del capitolo (vv.11-23) presenta un problema. In questi versetti Giobbe deride gli argomenti dei suoi amici, oppure in essi è riportato il discorso finale di Zofar? I versetti descrivono il destino dei malvagi e come essi saranno giudicati da Dio.

- **Il poema sulla Saggezza (c.28:1-28)**

Il capitolo 28, un bel poema sulla natura della saggezza, è una pausa durante la discussione. Inizia con una descrizione del modo in cui i metalli preziosi e le pietre sono tirati fuori dalle miniere profonde. La Saggezza è più preziosa di entrambi, tuttavia, non si trova lì ma soltanto nel Dio creatore di tutte le cose. L'uomo deve temere Dio, stare alla Sua presenza con rispetto ed ubbidienza. Questa è la vera sorgente di saggezza.

- **La risposta finale di Giobbe (cc. 29:1-31:40)**

Il dibattito rimane in aria, irrisolto. Gli argomenti sembrano presentare delle risposte inadeguate al problema del governo morale di Dio sulla creazione. Giobbe inizia l'argomento finale in sua difesa, ricordando quanto buoni siano stati i primi giorni quando egli aveva il favore di Dio (c.29). La sua è stata una voce rispettata alle porte della città dove si amministrava la giustizia. Lì aveva difeso il povero e la vedova. Era ritenuto un uomo di grande onore dalla società. Le cose, però, sono repentinamente cambiate (c.30) e, anziché essere onorato, adesso viene deriso persino dalla gente da nulla e dai senza nome della società. Soffre dolori fisici e paure mentali. Grida a Dio ma non riceve risposta. Persino quando si rivolge all'assemblea dove prima aveva un ruolo di riguardo, nessuno lo aiuta. Eppure, Giobbe conferma ancora di essere innocente (c. 31). In una confessione di innocenza elenca i mali che non ha commesso. Fino alla fine sostiene di non aver peccato e che la sua punizione è ingiusta.

- **Il discorso di Eliu (cc. 32:1-37:24)**

L'autore introduce Eliu, un nuovo interlocutore, che si sente costretto a dire la sua perché gli amici di Giobbe non hanno dato una risposta adeguata ai suo lamenti (c. 32). Rifiuta le dichiarazioni d'innocenza di Giobbe ed afferma che Dio punisce gli uomini affinché si allontanino dal peccato (c. 33). Ma se pregano a Dio, questi li ristabilisce. Eliu difende con vigore l'onore di Dio (c. 34). Dichiara con vigore che Dio non può commettere degli errori nel giudizio perché conosce tutto. Sottolinea come qualsiasi cosa facciano gli uomini, buono o sbagliato che sia, ciò non ha alcun effetto su Dio (c. 35). Eliu ripete il tema del Dio che manda punizioni per istruire e disciplinare il malvagio (c. 36). La punizione è un rimedio per richiamare il peccatore a Dio che è esaltato in potenza come è dimostrato dall'ordine che Egli imprime sulla natura. Questa descrizione della maestà di Dio rivelata nella natura continua nel c. 37. L'argomento anticipa, in un certo qual senso, la replica di Dio.

- **La risposta di Dio (cc. 38:1- 41:34)**

Il segmento finale del discorso di Eliu pone il fondamento della replica di Dio "dal seno della tempesta". La risposta a Giobbe è proposta nella forma sapienziale tradizionale. L'argomento inizia con uno sguardo alla natura ed una domanda di spiegazione sul modo in cui tutto è in perfetto ordine. Se Giobbe non comprende il modo in cui opera l'universo fisico, come può sperare di spiegare le ancor più difficili domande morali?

Dio inizia la Sua replica non rispondendo direttamente a Giobbe ma ponendogli delle domande. Gli chiede dove egli fosse quando il mondo fu creato, quando i confini del mare furono posti? Potrebbe lui mai comandare il mattino o visitare il soggiorno dei morti o dare ordini alla tempesta, alla grandine, alla neve, alla pioggia ed ai fulmini? Conosce le leggi del cielo che governano le stelle e le nuvole? Il capitolo 39 contiene esempi della cura provvidenziale di Dio persino per il mondo animale. Giobbe prova a rispondere (c. 40: 3-5) ma è interrotto da Dio che continua a interrogarlo.

Figura 80 Dio chiede a Giobbe: "sai quando figliano le capre selvatiche? (Giobbe 39:1)

Se Giobbe potesse spiegare il modo in cui dare ordine ad un mondo moralmente giusto, allora Dio riconoscerebbe che Giobbe è capace di salvare se stesso (v. 14). I successivi due poemi (cc. 40: 15-24 e 41:1-34) descrivono, in forma poetica iperbolica, due delle più potenti creature, l'ippopotamo ed il coccodrillo (o Leviatano). Questi animali, così temuti dall'uomo, sono creature di Dio. Il contrasto tra Dio e l'umanità è, nuovamente, illustrato in modo concreto. Dio crea e controlla ciò che atterrisce l'umanità. Una grande distanza li separa.

Conclusione (c. 42:1-17)

Giobbe risponde a Dio umiliandosi e pentendosi (vv.1-6). Si pente non perché abbia commesso peccati o malvagità, ma perché ha parlato di cose che non comprende (v.3). Riconosce la verità che è un uomo e che, quindi, non può comprendere il modo in cui Dio ha ordinato l'universo. Quanto Dio fa ed il modo in cui si relaziona all'universo rimane un mistero. Da ora in avanti Giobbe abbandonerà il suo modo presuntuoso di pensare Dio. Prenderà la via della fiducia anziché della protesta. La fede sostituirà l'ira.

La storia si conclude con Dio che ristabilisce Giobbe dandogli il doppio di tutte le sue possessioni e ricchezze che aveva perso, compresi i figli. C'è qui forse un indizio che persino con la morte, Giobbe e la moglie non avevano perso definitivamente i loro figli?

LA GIUSTIZIA DIVINA

Il libro si chiude senza dare una risposta al problema della giustizia divina. La domanda, "perché il giusto soffre?" rimane un enigma. Tuttavia si offre una risposta appropriata al male. Giobbe con grande passione, dubita della giustizia divina ma Dio non lo considera un peccato. Dalle parole di Dio impara la più grande verità su di Lui. Dio è intimamente coinvolto nella Sua creazione. La relazione tra Dio ed il mondo include Giobbe e la sua sofferenza. Il mondo di sofferenza di Giobbe fa parte della cura provvidenziale di Dio. La risposta di Giobbe è il pentimento, l'abbandono dell'ira per confidare nuovamente in Dio. È difficile confidare in Dio quando siamo adirati e feriti. Gesù prova l'amarezza dell'ingiustizia umana e l'agonia del silenzio divino nel momento della sofferenza. C'è un calmo conforto che si ottiene confidando in Colui che conosce le profondità dell'afflizione umana.

Frasi riassuntive

- Giobbe è un libro sapienziale;
- Il libro di Giobbe è scritto, per lo più, in poesia e, per la maggior parte, in forma di dialogo;
- È difficile determinare la data e l'autore del libro di Giobbe;
- Gli amici di Giobbe difendevano la dottrina tradizionale che, nella vita di una persona, la sofferenza è l'evidenza del peccato;
- Giobbe mantenne la sua dichiarazione di innocenza sperando di essere scagionato da Dio;
- I discorsi di Eliu collegano la sofferenza all'idea della disciplina divina e dell'istruzione;
- I discorsi di Dio enfatizzano la Sua relazione al mondo ed il Suo governo su tutto il creato;
- Giobbe si pentì delle sue parole presuntuose su Dio, e Dio lo ristabilì dandogli una vita piena e di prosperità.

Domande di riflessione

1. Elenca alcune delle ragioni che potrebbero aiutare a spiegare perché persone buone soffrono.
2. Si può essere adirati con Dio quando colpiti dalle tragedie, e non peccare? Cosa rivela la tua risposta della tua concezione di Dio?
3. È la sofferenza umana la conseguenza del peccato? Spiega la tua risposta alla luce di quanto hai letto in Giobbe.
4. Quali lezioni impariamo, dall'esempio degli amici di Giobbe, sul modo in cui non dovremmo mai consolare qualcuno che soffre? Quali approcci più utili sono possibili?
5. Nella tua opinione informata, qual è l'obiettivo finale dell'autore del libro di Giobbe?

Risorse per studi ulteriori

Hartley, John, The Book of Job. New International Commentary on the Old Testament, Grand Rapids: Eerdmans, 1988;
Janzen, Gerald J., Interpretation: A Bible Commentary for Teaching and Preaching: Job. Atlanta: John Knox Press, 1985;
Newsome, Carol A., Job: Introduction, Commentary, and Reflection. Vol. 4 of The New Intepreter's Bible, nashville: Abingdon Press, 1996. Pages 319-637.

23. I canti di lode di Israele: i salmi

OBIETTIVI

Lo studio di questo capitolo ti aiuterà a:
- Comprendere la storia della formazione del libro;
- Identificare i vari tipi di Salmi;
- Analizzare il messaggio di ogni Salmo.

Domande da considerare durante la lettura:
1. Quali sono i vari temi dei canti e degli inni che cantiamo durante il culto domenicale?
2. I lamenti a Dio dovrebbero essere una parte ordinaria del culto? Spiega il tuo sì o no.
3. Quali sono i vari motivi per cui lodi Dio?

Termini chiave:

Tehillim o Tehilim
Psalmi
Liber Psalmorum
Ledavid
Sela
Hermann Gunkel
Critica delle forme
Inno
Lamento
Canto di ringraziamento
Salmi regali
Messiah
Salmi di Sion
Salmi di intronizzazione
Salmi sapienziali
Salmi di fiducia

I salmi compongono un tra i libri più letti e apprezzati della Bibbia. Sia la Sinagoga che la Chiesa continuano a leggerli, cantarli e pregarli. Mentre altri libri dell'Antico Testamento rappresentano la parola di Dio rivolta all'umanità, i Salmi elevano la voce dell'uomo a Dio. Esprimono il nostro grido di aiuto a Dio oppure la nostra gratitudine per la Sua cura e liberazione. Essi, inoltre, esplorano la profondità del nostro bisogno e l'altezza della nostra lode. I credenti riescono a identificare le loro varie fasi di vita con le parole dei salmisti, trovando conforto nel ripetere le loro parole. Queste parole antiche ci offrono una forma di linguaggio mediante il quale esprimere la nostra speranza e fiducia che la grazia di Dio ci sosterrà in mezzo alle difficili esperienze di vita.

Questo capitolo esaminerà il libro dei Salmi nella sua interezza, dando particolare attenzione a salmi specifici a scopo esemplificativo. La trattazione inizierà con un esame dell'autore dei salmi e lo sviluppo del libro. I salmi saranno quindi divisi in categorie letterarie secondo la forma e/o il contenuto. Salmi specifici saranno esaminati come esempi di forma o contenuto teologico. L'ampiezza del libro, composto da 150 salmi, impedisce un'analisi dettagliata di ognuno.

Autore e data

Il titolo ebraico dei Salmi è **Tehillim**, che significa "canti di lode". **Psalmoi**, che significa anche "canti di lode" è il titolo del libro nella versione dei Settanta. La versione latina lo chiama **Liber Psalmorum**. Le versioni greca e latina sono, perciò, la fonte del titolo "Libro dei Salmi". I titoli antichi comunicano l'idea che il libro contiene i canti di lode di Israele a Dio.

Lo sviluppo del libro si estende per un lungo periodo di tempo, forse di oltre mille anni. I salmi più antichi risalgono al tempo dell'inizio della nazione. Il salmo 90 è attribuito a Mosè mentre il Salmo 29 potrebbe essere stato adattato da un precedente salmo cananeo. Molto tempo dopo, durante l'esilio, fu composto il salmo 137. Pur se la maggior parte dei salmi proviene dal tempo della monarchia, fu soltanto dopo l'esilio che il libro, nella sua interezza, assunse la forma finale.

Attualmente vi sono cinque sezioni o libri dei Salmi, ognuno dei quali si conclude con una dossologia. Queste sezioni sono: Salmi 1- 41, 42-72, 73-89, 90-106 e 107-150.

Nei primi due libri (Salmi 1-72), 45 salmi sono attribuiti a Davide, 7 a Core e 1 ad Asaf. I figli di Core e di Asaf formavano corporazioni di musicisti che trasmettevano i loro canti alle generazioni successive. Il primo salmo, un salmo legale ed il secondo, un salmo messianico furono probabilmente aggiunti come introduzioni all'intero libro. Sembra che i primi due libri circolassero insieme, possibilmente, al tempo della monarchia, come, in gran parte, un gruppo di salmi davidici.

Il terzo libro è composto da 11 salmi di Asaf, 4 di Core e uno attribuito a Davide e ad un certo Etan. Anche questi furono probabilmente scritti e compilati durante la monarchia e poi uniti ai primi due libri. Un certo numero di salmi nei libri quattro e cinque, scritti durante la monarchia, sono stati probabilmente compilati e uniti soltanto dopo il completamento del secondo Tempio (515 a.C). L'ultimo libro contiene i Canti di dell'ascensione o i salmi dei pellegrinaggi (120-134) e i salmi dell'alleluia (146-150). I salmi del secondo gruppo iniziano tutti e si concludono con il termine ebraico "alleluia" che viene tradotto "lodate il Signore". Probabilmente, il libro dei Salmi assunse la sua forma finale durante il quarto secolo, certamente non oltre il terzo secolo a.C.

La maggior parte dei Salmi presenta dei titoli o delle annotazioni. Questi titoli identificano spesso la persona o il gruppo con cui il salmo è associato. Contengono anche alcune istruzioni per l'accompagnamento musicale. Il significato delle istruzioni, per la maggior parte, è andato perduto. Per esempio, la nota riguardante il Salmo 88 include la frase "secondo mahalath leannoth". Le ultime due parole possono indicare una melodia sconosciuta che il salmo avrebbe dovuto seguire.

Il riferimento all'autore nei titoli presenta un altro problema. Dei 73 salmi di Davide, 18 presentano delle note che li associano ad eventi nella vita di Davide riportati in 1 e 2 Samuele. Ciò potrebbe significare che i titoli furono aggiunti soltanto dopo la composizione di questi libri e, quindi, tempo dopo la creazione degli stessi Salmi. Inoltre, non sappiamo bene cosa signifchi il termine ledavid. Può essere tradotto "composto da Davide" (salmo scritto da Davide), oppure "per Davide", "di Davide" o "appartenente a Davide". Le traduzioni più recenti indicano che un salmo potrebbe essere stato scritto per uno dei re davidici. Molti salmi attribuiti a Davide citano il santuario o il Tempio (es. 18:6; 20:2; 63:2; 68:29), ma Salomone costruì il Tempio di Sion dopo la morte di Davide. Questi salmi, perciò, furono scritti in onore di Davide oppure per un re davidico ma non da Davide. Oltre ai salmi davidici, uno è attribuito a Mosè (90), uno a Etan (89), due a Salomone (72 e 127), undici ai figli o alla corporazione di Core e dodici a quella di Asaf. Cinquanta salmi non hanno autore e sono perciò chiamati, salmi orfani.

Oltre alle annotazioni, in un buon numero di salmi, spesso troviamo il termine sela. Non sappiamo per certo il suo significato ma, si crede che indichi una pausa per un interludio musicale. Sembra che la composizione ed il canto di salmi fossero attività associate al culto di Israele risalenti al periodo premonarchico. In seguito, molti salmi furono scritti in modo specifico per il santuario eretto da Davide ed il Tempio costruito da Salomone. Nel periodo post-esilico, facevano parte del programma cultuale del Tempio insieme ad un coro ben organizzato con musicisti e cantori di salmi. Molti studiosi definiscono il libro dei Salmi come l'innario del Secondo Tempio dandogli così un ruolo preminente nel culto di Israele del periodo post-esilico.

Tipi di Salmi

Lo studio moderno dei Salmi, ha segnato un notevole progresso grazie agli apporti di uno specialista tedesco di nome Hermann Gunkel. Egli ha notato come molti salmi fossero strutturati secondo modelli o forme prestabilite. Quest'analisi letteraria strutturale è conosciuta come critica delle forme. Identificando la forma di un salmo, il lettore riesce a comprendere lo sviluppo del pensiero ed il suo messaggio. Inoltre, la forma indica come il salmo veniva adoperato nel culto. Gunkel comprese che nonostante non tutti i salmi si potessero classificare secondo la loro forma, un buon numero poteva essere inserito in una delle categorie di inni, lamenti e canti di ringraziamento. Gli studiosi del ramo accettano la sua classificazione apportando delle modifiche minori. Il lavoro di Gunkel ci aiuta a comprendere come i Salmi di Israele fossero non soltanto espressione di una devozione individuale ma parte integrante del culto della comunità. Appartenevano alla comunità di fede che li adoperava per esprimere sia la lode che il suo bisogno di Dio.

Figura 81 *Gradini che conducono ad un bagno cerimoniale (mikvah). Nell'antico Israele, il bagno cerimoniale era un rito richiesto per mantenere la santità.*

Inni

La categoria più semplice è quella degli inni che invitano la comunità a lodare Dio. L'invocazione iniziale a lodare Dio è spesso seguita dalla parola ebraica Ki, solitamente tradotta "per". Sono quindi aggiunte le ragioni o i motivi per lodare Dio. Il salmo 117, il più breve della collezione, è un inno.

Lodate il Signore, voi nazioni tutte!
Celebratelo, voi tutti i popoli!
Poiché la sua bontà verso di noi è grande,
e la fedeltà del Signore dura per sempre. Alleluia

I primi due righi, adoperando il parallelismo sinonimico, sono un invito alla lode. Il termine poiché esprime il motivo, esposto con due frasi in parallelismo formale. Il salmo si conclude con la parola ebraica Alleluia che significa "Loda Jahvè".

Il termine poiché è solitamente mancante dagli inni inneggianti alla creazione (8, 19:1-6 e 104). Tuttavia. Il salmo 148, per due volte propone questa forma regolare. Altri inni celebrano il ruolo di Jahvè sulla creazione sulla storia (33; 145; 146; 147). Inni che proclamano la sovranità di Jahvè (93 e 95-99) può anche darsi facessero parte di una liturgia nella quale si riproponeva pubblicamente il riconoscimento della sovranità di Dio sull'ordine creato.

Lamenti

Oltre un terzo dei salmi può essere classificato come lamento, o supplica rivolta a Dio per ricevere aiuto. Questa categoria comprende lamenti comunitari e personali. Quando la comunità subiva delle sconfitte militari, oppure affrontava carestie, peste, siccità o altre difficoltà, esprimeva il suo bisogno di aiuto sotto forma di preghiera di liberazione. Momenti di crisi costringevano la comunità a indirizzare a Dio domande agonizzanti. Era Dio ancora al suo fianco? Era arrabbiato per il peccato? Era impegnato in una sorta di cura del Suo popolo? Il salmo 44 esprime bene quest'agonia. Inizia ricordando i potenti eventi prodotti da Dio a favore del Suo popolo (vv.1-8)

O Dio, noi abbiamo udito con i nostri orecchi
i nostri padri ci hanno raccontato l'opera
da te compiuta ai loro giorni nei tempi antichi (v.1)

Con una improvvisa sollecitazione, il poema ricorda la situazione critica del popolo (vv.9-16)

Ma ora ci hai respinti e coperti di vergogna
e non marci più alla testa dei nostri eserciti (v.9)

Dio li ha venduti ai loro avversari ed essi sono costretti a subire il loro scherno. Tutto ciò, però, non lo meritano (vv.17-22). Protestando la loro innocenza, ricordano a Jahvé la loro fedeltà negando di essersi volti ad altri dei.

Tutto questo ci è avvenuto,
eppure non ti abbiamo dimenticato
e non siamo stati infedeli al tuo patto (v.17)

Il poema si conclude con una invocazione a Dio a risvegliarsi ed a rendersi conto della situazione (vv.23-26). Sollecitano il Suo "amore inesauribile" fiduciosi della Sua redenzione. Altri lamenti comunitari includono i salmi 58, 60, 80, 90, 94 e 137.

La maggior parte dei lamenti può essere attribuita ad individui che invocano Dio in momenti di disgrazie personali e prove. Questi lamenti riflettono contesti di peccato, malattia, crisi economica, tradimento di un amico, false accuse, infertilità, morte, abbandono da parte dello stesso Dio e oppressione dei nemici. Spesso, la situazione specifica è di difficile identificazione. Un certo numero di salmi si riferisce ai nemici dei fedeli. L'uso di un linguaggio stilizzato e di rivestimenti nasconde l'identità del nemico, come nel salmo 22:12-14

Grossi tori mi hanno circondato,
potenti tori di Basan m'hanno attorniato
aprono la loro gola contro di me
come un leone rapace e ruggente.
Io sono come acqua che si sparge e
tutte le mie ossa sono slogate;
il mio cuore è come la cera,
si scioglie in mezzo alle mie viscere.

Oppure salmo 35:26

Siano tutti insieme svergognati e confusi
Quelli che si rallegrano dei miei mali;
siano ricoperti di vergogna e disonore
quelli che si innalzano superbi contro di me

L'uso di un linguaggio stilizzato e metaforico ha permesso ad altri fedeli, minacciati da vari problemi di vita, di pregare con un lamento, immedesimandosi in quelle espressioni. In questo modo, i salmi sono stati adoperati anche da generazioni successive per esprimere il loro pianto di angoscia.

Figura 82 *Giudei che piangono al muro (del pianto) occidentale.*

La forma del lamento contiene un grande numero di variazioni. Solitamente inizia con (1) un appello a Dio.

Fino a quando, o Signore, mi dimenticherai?
Sarà forse per sempre?
Fino a quando mi nasconderai
il tuo volto? (13:1)
O Dio, salvami per amor del tuo nome
e fammi giustizia per la tua potenza (54:1)

L'appello di aiuto può essere seguito da (2) una descrizione della situazione, spesso una denuncia:

Poiché degli stranieri sono insorti contro di me
E dei violenti cercano l'anima mia. Essi non tengono
Dio presente davanti a loro (54:3)
O Dio, gente superba è insorta contro di me
e una banda di violenti cerca l'anima mia
e non pongono te davanti agli occhi loro (86:14)

Dopo la denuncia può anche esserci (3) una protesta di innocenza:

Io non siedo in compagnia di uomini bugiardi,
non vado con gente ipocrita.
Detesto l'assemblea dei malvagi,
non vado a sedermi tra gli empi. (26:4-5)

o una confessione di peccato:

Davanti a te ho ammesso il mio peccato
non ho taciuto la mia iniquità.
Ho detto:" Confesserò le mie trasgressioni al Signore
e tu hai perdonato l'iniquità del mio peccato. (32:5)

Un cambiamento drammatico avviene in un lamento quando (4) i fedeli confessano la loro fiducia in Dio. Nonostante la situazione negativa, essi confidano nell'amore inesauribile di Dio, sicuri che manterrà il Suo patto e verrà a liberarli.

Ecco, Dio è il mio aiuto;
il Signore è colui che sostiene l'anima mia (54:4)
Ma io confido in te, o Signore;
io ho detto: "Tu sei il mio Dio (31:14)

Il lamento si può concludere (5) con un'altra richiesta di aiuto.

Sii attento al mio grido perché sono ridotto agli estremi.
Liberami dei miei persecutori perché sono più forti di me,
Libera l'anima mia dalla prigione perché io celebri il Tuo nome.
I giusti trionferanno con me,
perché m'avrai colmato di beni (142:6-7)
O con il giuramento di adorare Dio:
Io ti celebrerò tra i popoli, o Signore, ti loderò
fra le nazioni, perché grande fino al cielo
è la tua bontà e la tua fedeltà fino alle nuvole (57: 9-10)

Il lamento ha molte variazioni facili da riconoscere. L'invocazione a Dio per avere aiuto e la descrizione di alcuni tipi di situazioni difficili sono dei segni distintivi. Le variazioni esposte nei vari salmi individuali provengono dalla creatività dei compositori come anche dal mutamento delle circostanze. Le variazioni sottintendono l'idea che il Dio di Israele ascolterà le richieste dei suoi fedeli agendo a loro favore. Essi confidano nella Sua fedeltà e lealtà al patto. Se peccano sono certi che Egli li perdonerà e ristabilirà. Qualsiasi sia la loro condizione, si avvicinano a Dio con la certezza che Egli li ascolta; per questa fiducia possono adorarLo e ringraziarLo. I lamenti non si concludono nella disperazione ma nella speranza e nell'adorazione.

LINGUAGGIO DI ODIO NEI SALMI — T

Un certo numero di salmi contiene delle forti espressioni di odio contro i nemici. Questi Salmi invocano anche un giudizio impietoso contro coloro che li perseguitano e opprimono i fedeli. Il salmo 137 è un esempio di salmo che contiene parole di vendetta e odio. Non ci sentiamo a nostro agio leggendo…

Figlia di Babilonia che devi essere distrutta,
beato chi ti darà la retribuzione del male che ci hai fatto!
Beato chi afferrerà i tuoi bambini
E li sbatterà contro la roccia!

Quando ci confrontiamo con questo linguaggio pieno di odio, dobbiamo considerare che l'invocazione a Dio per il giudizio era un aspetto importante della fede religiosa. Il popolo indifeso riteneva che Dio fosse l'unica fonte di giustizia e di aiuto. Non intendeva risolvere i problemi, da solo ma, piuttosto, confidava in Dio e nel Suo giudizio giusto. Da cristiani che leggono i salmi, dobbiamo porre il comandamento dell'amore come fondamento della nostra relazione con coloro che ci odiano e perseguitano (Matteo 5:43-45)

Canti di ringraziamento

Pur se i lamenti guardano avanti, all'aiuto di Dio, il canto di ringraziamento sorge come risposta di gratitudine poiché Dio ha risposto alla preghiera. Alcuni salmi riflettono un contesto di peccato e perdono.

Ho detto: "Confesserò le mie trasgressioni al Signore"
e tu hai perdonato l'iniquità del mio peccato. (32:5)

Altri fanno dei riferimenti ad un'avvenuta guarigione:

O Signore, Dio mio
Io ho gridato a te e tu m'hai guarito.
O Signore, tu hai fatto risalire l'anima mi
Dal soggiorno dei morti
Tu mi hai ridato la vita
perché io non scendessi nella tomba (30:2-3)

Alcuni si riferiscono ad un'avvenuta liberazione:

Quest'afflitto ha gridato
e il Signore l'ha esaudito;
l'ha salvato da tutte le sue disgrazie (34:6)

Non soltanto l'individuo ma anche la comunità esprime la sua gioia per la benedizione del Signore, in modo particolare per il raccolto abbondante (65 e 67), la vittoria sui nemici (75 e 124), e per aver protetto la vita dei pellegrini che hanno raggiunto, incolumi, Gerusalemme per partecipare ad una delle feste annuali (107). Questi salmi venivano cantati alla presenza della comunità come indicato dall'introduzione. Iniziavano dichiarando di voler lodare Dio. L'individuo iniziava con una nota personale:

Io amo il Signore perché ha udito
la mia voce e le mie suppliche (116:1)

Oppure, la comunità, nella sua totalità, era chiamata al ringraziamento.

Celebrate il Signore, perché egli è buono,
perché la sua bontà dura in eterno!
Così dicano i riscattati del Signore
Che egli liberò dalla mano dell'avversario (107:2)

La parte più importante del canto di ringraziamento è composta da tre movimenti:

1. **La descrizione della sofferenza vissuta dall'orante:**

I legami della morte mi avevano circondato
I torrenti della distruzione mi avevano spaventato.
I legami del soggiorno dei morti mi avevano attorniato,
i lacci della morte mi avevano sorpreso. (18:4-5)

2. **La supplica a Dio:**

Nella mia angoscia invocai il Signore, gridai al mio Dio.
Egli udì la mia voce dal suo tempio,
il mio grido giunse a lui, ai suoi orecchi (v.6)

3. **La risposta di Dio alla preghiera:**

Egli tese la mano e mi prese,
mi trasse fuori dalle grandi acque.
Mi liberò dal mio potente nemico,
da quelli che mi odiavano, perché erano più forti di me (vv. 46-50)

La conclusione non ha una forma unica, ma si presenta in modi diversi. Può essere una celebrazione di lode a Dio:

Il Signore vive: sia benedetta la mia Rocca!
Sia esaltato il Dio della mia salvezza! (v. 46)

Oppure una continua richiesta di aiuto:

Aiutaci a uscire dalle difficoltà,
perché vano è il soccorso dell'uomo.
Con Dio noi faremo cose grandi
ed egli schiaccerà i nostri nemici. (108:12-13)

o l'impegno ad adempiere una promessa:

Io ti offrirò un sacrificio di lode
e invocherò il nome del Signore.
Adempirò le mie promesse al Signore
e lo farò in presenza di tutto il suo popolo (116:17-18)

o un detto sapienziale:

*Chi è saggio osservi queste cose
e consideri la bontà del Signore. (107:43)*

Il canto di ringraziamento può essere confuso con un inno perché entrambi iniziano dichiarando l'intenzione di dare lode a Dio. È il movimento successivo, tuttavia, che li differenzia. Nell'inno l'invito all'adorazione è seguito da una serie di motivazioni della lode mentre i canti di ringraziamento riassumono i problemi che richiedono l'intervento di Dio esponendo, quindi, il modo in cui Dio ha risposto. Entrambi, inni e canti di ringraziamento, esprimono positivamente la grazia di Dio che opera in modo meraviglioso a favore del Suo popolo.

Figura 83 *Onde nel Mediterraneo. Il salmista confida in Dio anche in mezzo alle calamità naturali (Sl. 46:1-3).*

Altri tipi di Salmi

Molti dei Salmi non possono essere classificati per la loro forma ma dalla loro retorica o dal contenuto. Alcuni presentano un tema comune che li lega insieme. I Salmi regali rappresentano uno di tali gruppi. Questi salmi furono scritti da o per il re e, spesso, presentano la soprascritta "di Davide". Salmi 2, 72 e 110 erano cantati per l'incoronazione del re. Il salmo 45 durante un matrimonio regale. Nel salmo 118 il re guida la comunità all'adorazione. Nel salmo 20 il re si prepara ad andare in guerra; nel salmo 21 ritorna vittorioso. Il salmo 18 è un salmo regale di ringraziamento. Il Tempio di Gerusalemme era considerato una cappella regale, finanziata, costruita e mantenuta dal re per cui, il fatto che molti salmi siano riferiti al re non deve essere una sorpresa. Il re era il rappresentante di Dio, da Lui scelto. In modo particolare, Davide era stato elevato al trono, a di sopra di Saul, ed a lui era stato promesso un trono eterno con un'ininterrotta successione di discendenti (vd. 2 Samuele 7; Salmi 89, 132). Mentre i salmi regali trattano argomenti riguardanti la monarchia terrena, i salmi di intronizzazione (47, 93, 95-99) celebrano la regalità di Jahvé. Al di sopra di tutti i sovrani terreni, il Re dei re siede sul trono in cielo. Davanti a Lui si inchina tutta la natura e l'umanità. Egli è il sovrano assoluto e questo è un motivo di gioia poiché Egli dà la vittoria al Suo popolo. Il contenuto di questi salmi crea un gruppo distinto, anche se ognuno di essi è un inno. In questo caso il contenuto e la forma si sovrappongono. I Salmi di Sion celebrano la scelta di Gerusalemme come luogo del Tempio di Jahvé (Salmi 46, 48, 76, 84, 87, 122).

INTERPRETAZIONE CRISTIANA ANTICA E GIUDAICA DEI SALMI

Cosa accadde quando la monarchia fu spazzata via per la caduta di Gerusalemme nel 587 a.C.? In che modo questi salmi potevano essere reinterpretati per essere significativi per una società che, adesso, non aveva più un re nativo? Dopo l'esilio, il popolo ritornò in Giudea che divenneparte del grande Impero Persiano. Quindi venne l'Impero Greco di Alessandro il Grande, seguito dai regnanti seleucidi e, infine, i Romani. Non c'era più una monarchia giudaicache dio dovesse benedire e nessun re che potesse guidare il popolo in battaglia. I Salmi furono reinterpretati come se avessero un significato futuro. Divennero la voce dell'attesa. Il popolo chiedeva ardentemente a Dio un re che, ancora una volta, come Davide, avrebbe restaurato il regno di Israele. Il re era "l'unto", in ebraico il mashiach o messia. Nella comunità post-esilica, questi salmi erano letti come descrizione profetica del messia che Dio avrebbe inviato per redimere il Suo popolo. Anziché guardare indietro al regno storico, essi cominciarono a guardare in avanti al nuovo intervento salvifico di Dio, che avrebbe inaugurato con un re messianico. Primi cristiani applicarono molti dei salmi regali alla vita ed al ministero di Gesù, il Messia.

In questi salmi, per lo più brevi, Gerusalemme è descritta come un luogo scelto da Dio per Sua dimora. Nessun'altra città è ad essa paragonabile in bellezza. È il luogo ideale dove vivere e, coloro che vi sono nati, sono benedetti. Nel tempo del pericolo Dio stesso la difenderà. I Salmi sapienziali furono scritti verso la fine della monarchia o nel periodo dell'esilio e del post-esilio. Riflettono le preoccupazione della Sapienza; cercando di ottenere successo nella vita (Salmo 128), dividendo la gente in saggi o giusti contro i folli ed i malvagi (Salmi 37, 112), investigano l'esperienza umana come fonte di conoscenza. Il Salmo 1, che serve da introduzione del libro intero, si concentra su due modi di vivere - la via del giusto e quella del malvagio.

Figura 84 Alcuni salmi celebrano la regalità davidica (corona calcolitica).

I salmi 49 e 73 affrontano il tema della complessità della vita. Il pensiero comune del giorno era che Dio avrebbe assicurato la Sua giustizia – il giusto sarebbe stato retribuito ed il malvagio punito. Tuttavia, il malvagio prosperava e non subiva alcuna punizione. Questa iniquità spingeva il salmista a guardare oltre il presente con una confessione di speranza per una vita oltre la tomba (Salmi 49:15; 73:26). Pur se, dal punto di vista neotestamentario questa prospettiva sembra giusta ed assodata, nell'Antico Testamento era una novità.

I salmi di fiducia sono quelli più amati della Bibbia. Il Salmo 23 è, probabilmente, il più conosciuto fra tutti i Salmi. Altri canti di fiducia includono i Salmi 11, 16, 62 63, 91, 121, 125 e 131. Il lamento contiene spesso una sezione che proclama la fiducia dell'orante che Jahvé ha ascoltato e risponderà alla preghiera. Il canto di fiducia è una proclamazione esplicita che celebra la bontà di Dio e la dipendenza da Lui in mezzo ai problemi della vita. In certi casi, l'esuberanza trabocca in dichiarazioni eccessive di protezione divina in ogni calamità di vita, in modo particolare per il re, (Salmo 91).

Figura 85 "su quella legge medita giorno e notte" (Sl.1:2)

LA TEOLOGIA DEI SALMI

I Salmi possono essere la preghiera dell'umanità rivolta a Dio, con al centro Dio e non l'umanità.C'è un solo Dio che liberò Israele dall'Egitto, stabilì il Suo patto con un popolo speciale, gli diede la terra, scelse Davide come re e Gerusalemme come Sua dimora. Jahvé protegge gelosamente i suoi nemici ma non permetterà che i suoi peccati non siano puniti. Un ruolo primario di Jahvé è il governo morale di questo mondo.Il giusto rimane al sicuro nella Sua giustizia sapendo che il malvagio sarà punito ed il giusto ricompensato. La relazione pattuale di Israele sarà sostenuto dall'amore instancabile di Dio (in ebraico, hesed, che significa anche "lealtà pattuale, amore indissolubile, fedeltà").

I Salmi considerano l'umanità come creature indipendenti bisognose dell'aiuto di Dio. Il mondo è divenuto un luogo ostile con forze potenti opposte ad Israele. Persino nella comunità del patto, il malvagio prova ad distruggere il giusto.Soltanto Jahvé può offrire un riparo adeguato. Sostiene il guerriero, dà giustizia all'oppresso, e difende la città santa. C'è poca speranza oltre questa vita, così l'orante prega per un sollievo immediato dall'oppressione, le potenze della morte, e l'infertilità della terra. I Salmi mostrano soltanto speranze generiche che la giustizia di Dio raggiunga chi è dopo la morte. Il peccato causa l'ira di Dio, la restaurazione, però, è possibile mediante il pentimento. Pur se i lamenti sembrano colorare il tono emotivo dei Salmi con toni oscuri, la gioia della presenza del Signore è un forte contrasto. Anche i lamenti risuonano con fiducia che Dio ascolterà e risponderà alle preghiere. La vita sarà nuovamente buona.

Frasi riassuntive

- La lode a Dio è l'oggetto principale dei Salmi;
- I Salmi si originano nel contesto del culto di Israele:
- I Salmi ci offrono le parole per pregare e lodare Dio;
- Il Libro dei Salmi, nella sua forma presente, rappresenta oltre mille anni di scrittura, compilazione composizione;
- I Salmi esistevano, inizialmente, come cinque libri o sezioni;
- Il Libro dei Salmi raggiunse la sua forma finale durante il periodo post-esilico;
- Il nome di Davide è associato a circa metà dei Salmi;
- Gunkel fu il pioniere nello studio della classificazione dei Salmi secondo la loro forma;
- Gli inni, i lamenti, i salmi di ringraziamento, i salmi regali, i salmi di intronizzazione, i salmi sapienziali e i salmi di fiducia sono alcuni dei maggiori tipi dei salmi.

Domande di riflessione

1. Leggi i Salmi e descrivi il modo in cui il salmista raffigura l'umanità;
2. Leggi i Salmi e descrivi il modo in cui il salmista descrive Dio. Nota le varie descrizioni di Dio e valuta le fede in Dio del salmista;
3. Cosa c'è di significativo nel modo in cui molti lamenti si concludono? Quale lezione ci insegnano riguardo alla preghiera?
4. Perché è utile riuscire ad analizzare un salmo secondo la sua forma?
5. Scrivi una preghiera personale di fede e fiducia adoperando le parole del salmista.

Risorse per studi ulteriori

Bruggemann, Walter, The Message of the Psalms: A Theological Commentary, Minneapolis: Augsburg Publishing House, 1984;

McCann, Clinton I., Jr. The Book of Psalms. Introduction, Commentary and Reflections. Vol.4 of the New Interpreter's Bible. Nashville:Abingdon Press, 1966. Pages 641-1280;

Mays, James L., Interpretation: A Bible Commentary for Teaching and Preaching: Psalms. Louisville, Ky: John Knox Press, 1994.

24. Istruzioni di vita: Proverbi, Ecclesiaste e Cantico dei Cantici

OBIETTIVI

Lo studio di questo capitolo ti aiuterà a:
- Comprendere gli argomenti riguardanti l'autore e la data di stesura di Proverbi, Ecclesiaste e Cantico dei Cantici;
- Applicare la sapienza dei Proverbi alle situazioni di vita;
- Analizzare i diversi approcci per dare un significato alla vita;
- Sviluppare una comprensione biblica della sessualità umana e della loro funzione appropriata.

Termini chiave:
Giusto
Malvagio
Detti numerici
Proverbio
Qohelet
Cantici

Domande da considerare durante la lettura:
1. Quali sono alcuni dei detti proverbiali significativi del nostro mondo contemporaneo?
2. Qual è l'attitudine comune verso la vita nella società secolare odierna?
3. In che modo la gente considera il sesso nella nostra società contemporanea?

Nei Proverbi, Ecclesiaste e Cantico dei cantici, i saggi ed i poeti di Israele trattano aspetti e situazioni diverse dell'esistenza umana adoperando eloquenza e stile. Nel libro dei Proverbi si pone la domanda "cosa si dovrebbe fare per ottenere successo nella vita?" Ecclesiaste sfida le idee tradizionali e convenzionali dell'esistenza umana. La sua domanda è "Qual è lo scopo della vita?" Il Cantico dei cantici celebra la passione della vita.

Viviamo in un mondo che continua a confrontarsi con le stesse domande esistenziali presenti in questi libri. Una lettura attenta ci aiuterà ad assumere una visione biblica ed una guida per vivere un'esistenza rilevante e piena di significati nel nostro mondo postmoderno.

Proverbi[1]

Come possiamo vivere una buona vita? Israele manteneva l'idea che Dio aveva posto, all'interno della stessa creazione, i principi della sapienza (Proverbi 8). Studiando i risultati delle scelte fatte precedentemente dagli uomini, si può discernere ciò che rende la vita lunga o breve, prosperosa o povera, pacifica o problematica. Il sapiente potrebbe prevedere le lezioni di vita e strutturare la propria esistenza verso il bene. Il folle, invece, rifiuta la sapienza e vive in modo indisciplinato andando verso la distruzione. Nella tradizione sapienziale israelitica, coloro che soddisfacevano il progetto di Dio, erano i giusti ed i sapienti; i malvagi ed i folli erano quelli che non si curavano di Dio.

"GIUSTO" E "EMPIO"

Nell'Antico Testamento i termini giusto e empio sono spesso adoperati per designare relazioni più che una condizione morale. L'individuo viveva come membro di una famiglia, un clan, una tribù o comunità ed ognuna di queste aree imponeva delle aspettative. Quando si ottemperavano gli obblighi richiesti da ogni situazione, allora si era giusti. Una persona era giusta quando svolgeva quanto richiestogli ad ogni livello di relazione. Nei Proverbi il termine empio è adoperato per coloro che sono immorali (12:12) come anche per coloro che violano gli obblighi sociali (v.26).[2]

Autore e data

Mentre molti libri anticotestamentari sono anonimi, i Proverbi iniziano con la frase: "Proverbi di Salomone, figlio di Davide, re di Israele." Inoltre, il c.10 ha per titolo "Proverbi di Salomone" Queste affermazioni potrebbero indurre a pensare che Salomone scrisse il libro così come lo abbiamo oggi. Tuttavia, al c. 25:1 leggiamo "Ecco altri proverbi di Salomone raccolti dalla gente di Ezechia, re di Giuda."

Questa nota ci rivela che il libro non fu completato fino, almeno, al tempo di Ezechia (dal 715 al 687 a.C.). Il libro contiene altre collezioni di detti quali "Parole del saggio" (22:17-24:22), "Altre parole del saggio" (24:23-34), "Le parole di Agur" (c.30), "Parole di Lemuel" (31:1-9), e un "Elogio della moglie di nobile carattere" (31:10-31). Non c'è motivo di dubitare del fatto che buona parte del materiale sia del tempo di Salomone e, probabilmente, anche antecedente. Tuttavia, il libro, come è oggi, subì un processo editoriale e di compilazione, assumendo la sua forma finale durante o appena dopo l'esilio babilonese.

Contenuto

Il seguente è un ampio schema del materiale presente nel libro dei Proverbi:

1. Poemi sulla via della Sapienza (1:1-9:18)
2. Proverbi di Salomone e Altri Detti del Saggio (10:1-29:27)
3. Materiale conclusivo (30:1-31:31)

- **Poemi sulla Via della Sapienza (1:1-9:18)**

Il prologo (1:1-7) definisce lo scopo del libro: dare sapienza e disciplina sia al semplice che al giovane, offrendo al sapiente la possibilità di accrescere il suo sapere. Il fondamento della sapienza è nel rispetto e nella devozione al Signore. La prima sezione importante (1:8-9:18) è composta da lunghi poemi, uno stile molto simile agli scritti sapienziali egizi. Questa sezione contiene 10 istruzioni che, solitamente, iniziano con la formula,

"ASCOLTA, FIGLIO MIO"

Perché i Proverbi si rivolgono soltanto ai figli maschi e non alle femmine? Questa usanze dimostra l'orientamento patriarcale della società israelita. Pur se in casa sia i maschi che le femmine ricevevano un'istruzione, quella pubblica era riservata soltanto agli uomini. Non crediamo che la società patriarcale sia la norma che Dio intendesse stabilire per tutte le culture umane. La sua rivelazione consiste di un messaggio che trascende le barriere culturali. In una società egualitaria come quella occidentale, sarebbe meglio trovare un altro termine al posto di "figlio mio.

"Ascolta, figlio mio." La prima istruzione (1:8-19) esorta il giovane ad evitare l'attrazione del peccato e dei peccatori. Il rimanente di questo capitolo presenta la sapienza come una donna che cammina per le strade esortando tutti ad ascoltare ed imparare da lei. La seconda istruzione descrive la necessità di ricercare la sapienza che è più preziosa delle ricchezze(2:1-22). Protegge il giovane dai tranelli della vita. La terza istruzione (3:1-12) incoraggia il giovane a confidare in Dio e a camminare umilmente nei Suoi insegnamenti. La quarta istruzione esalta il giusto giudizio e discernimento che guiderà alla salvezza e sicurezza (vv. 21-35). Nella quinta istruzione (4:1-9) al giovane è insegnato il modo in cui poter giungere alla comprensione. La sesta istruzione (vv.10-19)

DETTI NUMERICI

I detti numerici sono presenti in molte parti dei Proverbi e in altri libri anticotestamentari (vd. Amos 1:3-2:6). In queste forme letterarie, troviamo cose diverse elencate in ordine numerico, dando, spesso, all'ultimo elemento della lista più significato o serietà del resto.

descrive le due vie e incoraggia il giovane a scegliere quella della saggezza evitando la via della malvagità. La settima istruzione (vv.20-27) invita il giovane a scegliere la via della vita moralmente giusta evitando il male. L'ottava istruzione è un avvertimento al giovane perché eviti l'immoralità sessuale (5:1-23). Si deve "bere l'acqua della propria cisterna" (v.15), cioè, essere fedele al proprio coniuge. Il capitolo 6 include delle ammonizioni sul modo corretto di condurre gli affari, sul lavoro svolto con diligenza e un elenco numerico delle cose che il Signore odia (vv. 1-19).

La nona istruzione (6:20-35) tratta ancora dell'infedeltà sessuale. Ciò che sembra un'opportunità di godimento dei piaceri del sesso diviene occasione, invece, di pubblico disprezzo e distruzione. La decima istruzione (7:1-27) sviluppa questo stesso tema nella forma di un dramma. Al capitolo 8, la saggezza viene ancora personificata da una donna (signora saggezza) che invita la gente ad entrare a casa sua per ricevere la vita, l'onore e la ricchezza. Era con Dio alla creazione e mediante la saggezza Dio portò tutto all'esistenza. La personificazione della saggezza continua al capitolo 9. Chi entra a casa sua festeggerà con i cibi più succulenti (vv.1-6). Con lei la vita sarà buona. All'opposto, la dama follia, invita il semplice a casa sua dove il cibo rubato è delizioso (vv.13-18). La sua, tuttavia, è la casa della morte.

- **Proverbi di Salomone ed altri detti del Saggio (10:1-29:27)**

Questa porzione del libro è composta da brevi detti di due o quattro righi. Questi sono i detti, che solitamente, vengono associati con il termine proverbi. Un proverbio (ebraico, mashal) è un breve e scarno detto che contiene un'idea o una verità. Non sembra vi sia un tema unificatore o di collegamento a questa sezione.Questa sezione copre un ampio raggio di temi. Vi troviamo avvertimenti contro le pratiche finanziarie illegali, l'ozio, il vano parlare, bilance truccate, orgoglio, impudicizia, pettegolezzo, calunnia, parlare insulso, falsa testimonianza nei processi, frode, ghiottoneria, invidia, menzogna e potenti che opprimono i poveri. Vi sono anche dei proverbi che invitano a confidare in Dio, a disciplinare se stessi, i figli ed i servi, a prendersi cura dei poveri, ad essere generosi ed a mantenere dei buoni rapporti in famiglia, a lavorare in modo diligente e, al di sopra di tutto, a trovare la saggezza. Fondamentale per la saggezza è la paura (rispetto ed ubbidienza) di Dio.

> **IMPORTANZA ATTUALE DEI PROVERBI D'ISRAELE** T
>
> Quanto sono affidabili questi proverbi per l'agire dell'uomo d'oggi? Sono verità assolute? Come devono essere compresi quando, alcuni di loro, sembrano contraddirsi a vicenda, come al c. 26: 4-5?
>
> *Non rispondere allo stolto*
> *secondo la sua follia*
> *perché tu non gli debba somigliare*
> *Rispondi allo stolto*
> *secondo la su follia,*
> *perché non abbia ad apparire saggio ai propri occhi.*
>
> Si deve rispondere o no allo stolto? La sapienza conosce la risposta. Questi proverbi dimostrano che, pur essendo veri perché riflettono un aspetto della vita, non tutti sono universali ed applicabili ad ogni situazione. Il saggio sa bene non soltanto cosa dire o fare ma anche il tempo appropriato. Il folle no! La sapienza non è qualcosa di solamente intellettuale, ottenuta imparando a memoria una lista di proverbi, ma un'applicazione pragmatica di intuizioni su come vivere bene.

- **Materiale conclusivo (30:1-31:31)**

Il materiale conclusivo del libro proviene da molte fonti diverse. I detti di Agur compongono il capitolo 30 e concludono un poema sulla grandezza di Dio (vv.2-6) e due detti numerici (vv.7-9 e 15-31). I detti del re Lemuel iniziano l'ultimo capitolo (31:1-9). Sono una ripetizione degli insegnamenti della madre che si concentrano sulle responsabilità di un re. La collezione finale in questo libro è un poema acrostico sulle qualità di una moglie dignitosa (vv.10-31). Le qualità della donna sono descritte secondo lo schema sapienziale tipico. Pur se la sua religiosità è degna di nota, è la sua industriosità che viene esaltata e lodata in questo poema. Scegli una moglie (e il consiglio si adatta anche all'uomo) non guardando alla sua bellezza fisica, ma alla sua capacità personale di lavorare diligentemente, a ben condurre gli affari e a condurre la famiglia in modo efficace. Una tale scelta è saggia.

Ecclesiaste

I saggi sapienti di Israele proponevano l'idea tradizionale che il premio per il giusto era una buona vita mentre, per il malvagio, il destino era la distruzione. Tuttavia, sapevano bene che l'esistenza umana è molto più complessa di quanto queste definizioni dottrinali, nette e decise, potrebbero far credere. Ponevano, perciò, domande, obiettavano e proponevano nuove prospettive che avrebbero gettato nuova luce sulla complessità dell'esistenza umana. Le disparità e le delusioni della vita resero alcuni pessimisti della loro visione del mondo e della vita umana. Può l'uomo conoscere veramente lo scopo della sua vita? La vita ha uno scopo? Queste domande sembra aver occupato la mente dello scrittore dell'Ecclesiaste.

Autore e data

L'autore si presenta con il nome di Qohelet, a volte tradotto "Maestro." Il termine indica qualcuno che raccoglie, che riunisce. Forse il Qohelet riuniva un gruppo di persone che lo ascoltavano, studenti ai quali insegnare o offrire dei detti da pubblicare? Non c'è una risposta certa ma può darsi che facesse tutte queste cose. Nell'introduzione (1:1) afferma di essere un figlio di Davide e, secondo 1:12, un re d'Israele a Gerusalemme. Per questi motivi, la tradizione ha assegnato questo libro a Salomone suggerendo che Qohelet fosse uno pseudonimo o nome d'arte. In altri casi, tuttavia, l'autore parla come se fosse un suddito e non un sovrano (4:1-2; 5:8-9; 8:2-4). Inoltre, l'ebraico riflette lo sviluppo stilistico del dopo esilio includendo termini che hanno un'origine persiana.[3] Per questi motivi, la maggior parte degli studiosi, pone il libro nel periodo post-esilico suggerendo che l'autore abbia assunto il ruolo di un re per saggiare intellettualmente le varie opportunità che la vita presenta.[4]

Contenuto

Sono molte le discussioni sul contenuto dell'Ecclesiaste, ma gli studiosi non sono giunti ad un unanime consenso. Il libro oscilla tra un argomento ed un altro con poco ordine di sviluppo strutturale interno. Contiene, inoltre, diverse forme letterarie quali poesia, prosa, domande retoriche, proverbi, maledizioni e benedizioni e narrazioni autobiografiche. Questa varietà aggiunge ricchezza al pensiero ma detrae ordine allo sviluppo finalizzato della struttura del libro. Il lettore è, così, confrontato con un'antologia di materiale assortito assemblato con lo scopo di dimostrare il vuoto della vita.

L'Ecclesiaste può essere suddiviso in tre parti:

1. Prologo (1:1-11)
2. La futilità della vita (1:12-11:6)
3. Epilogo (11:7-12:14)

La seconda sezione che è il cuore le libro (1:12-11:6) contiene unità letterarie unite in modo approssimativo che non possono essere ben schematizzate se non con molte eccezioni. La parte finale inizia con un epilogo sui giovani e gli anziani (11:7-12:7). Il libro si conclude con un appendice che riflette la saggezza tradizionale ed una prospettiva ortodossa (12:9-14).

- **Soprascritta e Prologo (1:1-11)**

"Vanità delle vanità, dice l'Ecclesiaste, vanità delle vanità, tutto è vanità" (1:2)

L'autore comincia così. La vita non ha alcuno scopo, è vana e vuota di significato. Il prologo (vv.3-11) sviluppa questo pensiero descrivendo il ciclo infinito della vita. La gente nasce, muore ed è dimenticata. La natura continua il suo incessante ciclo delle stagioni e non c'è niente di nuovo. Che cosa si ottiene?

- **La futilità della vita (1:12-11:6)**

Il Maestro esplora i vari aspetti della vita per trovare un qualche scopo. La sua grande sapienza non gli ha prodotto altro che tristezza e dolore (1:12-18). Si è rivolto, allora, ai piaceri ma tutto gli è sembrato insignificante. D'altronde, saggio e stolto, alla fine, muoiono (2:1-16). Il maestro trova inutile anche il lavoro (vv.17-26). Conclude dicendo che niente val meglio che godere la vita mangiando, bevendo e trovando soddisfazione nel proprio lavoro. Il godimento della vita è il dono di Dio all'umanità. La discussione sul lavoro è interrotta da quello che è considerato il più famoso poema del libro (3:1-8)

Per tutto c'è il suo tempo,
c'è il suo momento
per ogni cosa sotto il cielo (v.1)

Coppie antitetiche riempiono il poema; un tempo per nascere e per morire, per piantare e mietere, per uccidere e guarire. C'è un tempo per ogni cosa. Il problema, naturalmente, è sapere quand'è il tempo giusto per impegnarsi in una qualsiasi attività. È adesso il tempo giusto per la guerra o per la pace? Come si fa a saperlo? Forse, l'intento dell'autore è mostrare che gli uomini non possono alterare l'ordine divinamente stabilito per tutto ciò che accade.

NIENTE VITA DOPO LA MORTE? **T**

Uno dei limiti teologici del libro è l'assenza di fede nella vita dopo la morte. La tomba è la fine di tutto. Qualsiasi ricompensa o punizione avverrà in questa vita. Perciò, secondo il maestro, la cosa migliore da fare in questa vita è gioire del proprio lavoro e trovare piacere nella propria sposa.

> **UN PARALLELO MESOPOTAMICO ALL'ECCLESIASTE** **C**
>
> Le parole del Maestro sono simili ai suggerimenti dati da Gilgamesh, un eroe mesopotamico, la cui epica è datata all'inizio del secondo millennio a.C.
> *Tu, o Gilgamesh, riempiti la pancia*
> *Sii felice giorno e notte.*
> *Ogni giorno sia una festa gioiosa*
> *Giorno e notte, danza e divertiti!*
> *Che i tuoi abiti siano freschi splendenti;*
> *il tuo capo sia lavato; immergiti nell'acqua.*
> *Presta attenzione al piccolo che ti tiene la mano*
> *Che la tua sposa gioisca sul tuo petto!*
> *Perché questo è il compito [dell'umanità]!*[5]
> Non sembra che il Maestro abbia tratto direttamente dall'epica di Gilgamesh ma ciò prova come gli scrittori sapienziali di ogni cultura antica si confrontassero con problemi esistenziali.

Se è così, qual è, allora, lo scopo dell'esistenza umana? Lo scrittore dipinge davanti a noi un'immagine di disperazione e pessimismo e reitera il tema del lavoro e il godimento della vita in 3: 9-15. L'umanità si affanna e pensa all'eternità ma non può ben capire cosa Dio intenda fare.

Perciò, godi la vita che è un dono di Dio. Riguardo alla giustizia, qual è il suo pensiero (vv.16-22)? Certamente Dio garantisce che la giustizia sia soddisfatta ma il malvagio prospera e alla fine tutti muoiono, proprio come gli animali. Chi sa quello che accadrà dopo? Una persona può solo sperare di poter godere del proprio lavoro. Il Maestro nota l'oppressione, l'invidia, lo scontento che lo attornia (c. 4) e tutto gli sembra insignificante, un tentativo di afferrare il vento. Il Maestro crede, persino, che nessuno debba essere troppo zelante nel servizio a Dio (5:1-7).

Se qualcuno frettolosamente fa un voto a Dio, poi deve certamente compierlo. Il Maestro, quindi, parla della follia della ricchezza che non dura per sempre (5:8-6:12). I ricchi non sono felici ma sono condizionati da un desiderio insaziabile. Il Maestro conclude dicendo che l'umanità non riesce a scoprire ciò che, nella vita, è veramente buono. Eppure, il capitolo sette inizia con un elenco di ciò che viene definito buono o migliore (vv.11-14). Tra le cose buone, vi sono un buon nome, una buona morte, tristezza, lutto, rimprovero dei saggi, sapienza ed eredità. L'ultimo detto (vv.13-14) invita ad accontentarsi in tutte le circostanze, sia per le cose buone che per quelle cattive della vita, perché tutto, bene e male, viene da Dio. La sapienza tradizionale, con cui il Maestro in questo caso, concorda, insegna che vi è un solo Dio che è buono, Tuttavia, quasi paradossalmente, tutto, bene o male, proviene da Lui, Come può essere? Questo è il problema che affronta Giobbe e che, ancora oggi, impegna i pensatori moderni.

La sezione successiva (7:15-8:1) è composta da un certo numero di proverbi che non sembrano avere alcun tema comune. Il Maestro raccomanda moderazione in tutte le cose, persino nella rettitudine e nella malvagità. Include anche detti non molto lusinghieri sia per gli uomini che per le donne.

Il capitolo successivo include istruzioni al giovane riguardanti l'etichetta di corte (8:2-8) ed un dialogo sulla giustizia (vv. 9-17). Il Maestro ha osservato che nella vita quotidiana non c'è una punizione immediata per il malvagio, concludendo tuttavia, che, una vita vissuta nel timore di Dio è migliore di una piena di malvagità. Ancora una volta, si afferma che la vita sembra non avere alcun significato: si conclude nella tomba, sia per il

PROVERBI CONTRO ECCLESIASTE

Sia Proverbi che Ecclesiaste trattano di Dio, dell'umanità e delle preoccupazioni critiche della vita umana. Proverbi è più positivo su questi temi. La volontà di Dio è conoscibile. Si può avere successo nella vita lavorando diligentemente secondo la volontà di Dio. Pur se la vita può presentare tante difficoltà, alla fine Dio farà giustizia premiando il giusto e punendo il cattivo. Il Maestro non è tanto fiducioso come l'autore di Proverbi. Dio sembra più remoto, inconoscibile e misterioso. Qualsiasi sia la proposta, non si è mai sicuri sul modo in cui Dio risponderà. Si deve esser cauti e vivere con moderazione, persino nel servizio a Dio. Dio non sembra interessato alla giustizia; alla fine sia il giusto che l'ingiusto condivideranno lo stesso destino: moriranno e saranno dimenticati. Tuttavia, nonostante questo modo di pensare pessimista, il Maestro riconosce la necessità di adorare, di avere dei valori etici e di godere i semplici piaceri della vita come mangiare, bere e lavorare.

Proverbi ha un approccio più ottimista alla vita mentre il Maestro sembra più pessimista. La morte pende sopra ogni aspetto della vita. Il pensiero del Maestro si avvicina molto all'idea del *carpe diem*, "vivi alla giornata". Ciò che lo separa da questa filosofia del vivere soltanto per il momento, è il suo riconoscimento che c'è un Dio e che è insensato vivere facendoLo adirare.

Entrambi i libri fanno parte integrante della Bibbia e ogni credente deve confrontarsi con i loro insegnamenti. Entrambi non presentano una rivelazione finale di Dio per cui devono essere considerati incompleti e parziali. Indicano anche quanto la nostra comprensione della vita e del modo di agire di Dio con il creato, sia parziale. C'è un mistero che va oltre la conoscenza umana. Questi libri riconoscono la nostra finitezza umana invitandoci ad adorare il nostro Dio, che si è rivelato soltanto parzialmente, sicuri che Egli è buono.

buono che per il malvagio (9:1-10). Perciò qual è il vantaggio dell'uno sull'altro? Nella vita c'è speranza che, però, è sempre offuscata dal pensiero della morte e dal fatto che la loro memoria sarà dimenticata. La cosa più importante è questa vita per cui è bene goderla il più possibile.

Il materiale in 9:13-11:6 presenta una collezione di detti proverbiali, i primi pochi versi in prosa, il resto in poesia. La prima parte (9:13-10:7) confronta la pazienza con la follia. L'equilibrio presente in questo materiale offre, al giovane, consigli più tradizionali su come avere successo nella vita. Tuttavia, anche se il suggerimento è accolto e si lavora diligentemente e saggiamente, si è consapevoli che tutto è nella mani di Dio e nessuno può anticipare che cosa Egli farà.

- **Epilogo (11:7-12:14)**

La parola finale del Maestro giunge sotto forma di istruzione ai giovani, forse a degli studenti (11:7-12:8). Devono godere la vita, il che diviene un ritornello continuo del libro. Nondimeno, una qualche limitazione deve essere inclusa. Si deve sempre ricordare che Dio chiamerà tutti a giudizio. La vecchiaia viene e si deve vivere con il pensiero della fine come anche con quello dell'inizio. Un poema bellissimo descrive il processo di invecchiamento (12:2-7). Infine, le parole di apertura del libro risuonano nuovamente:

"Vanità delle vanità, dice l'Ecclesiaste
"tutto è vanità" (v.10)

Il libro si conclude con due ulteriori sezioni, forse aggiunte dall'editore. La prima (12:9-12) parla del Maestro, della sua diligenza e del suo lavoro scrupoloso. Gli ultimi due versetti chiudono il libro. Lo scopo dell'umanità è noto: Ubbidire ai comandamenti di Dio. Perché? Perché Dio sottoporrà tutto a giudizio. Queste parole riflettono un approccio più tradizionale alla religione di Israele, più conforme alla saggezza pragmatica dei Proverbi ed alla teologia del Deuteronomio.

Cantico dei Cantici

Il Cantico dei Cantici celebra la sessualità umana considerandola una funzione normale dell'amore condiviso da una coppia sposata. Il libro incapsula, in una poesia bellissima, la passione sessuale e le conversazioni intime tra i due innamorati. La sua comprensione dell'amore è coerente con altre parti della Bibbia nel senso che l'amore e la sessualità sono giudicate espressioni normali della vita umana e, quindi, un dono di Dio. È uno dei due libri (l'altro è Ester) che non menziona mai Dio. A motivo del suo argomento passionale, il suo accesso nel canone è stato molto dibattuto. La sua presenza nella Bibbia, tuttavia, ci permette di dare un adeguato valore alla sessualità, ritenendola una benedizione di Dio quando, invece, altre voci sembrano impoverire, denigrare o pervertire il suo scopo.

Autore e data

"Cantico dei Cantici" è un'espressione ebraica che significa "il cantico più grande". Dalla Vulgata o traduzione latina, in poi, il libro assunse il nome di Cantico. Il primo verso del libro associa l'opera a Salomone, il padre della letteratura sapienziale, per cui è anche chiamato Cantico di Salomone. Chi è l'autore, però, è ancora una domanda aperta. La posizione tradizionale è che sia Salomone (1:1). Gli studiosi, a volte, possono datare un libro dal suo stile poetico o da riferimenti storici contenuti nel libro. Nessuno di questi due metodi permette di datare con certezza questo libro. Ipotesi variano tra il decimo secolo, scritto dallo stesso Salomone, al quarto secolo a.C. La voce dominante del libro è quella di una donna e non di un uomo.

Figura 86 Il Cantico dei cantici celebra l'amore.

L'interpretazione di questo libro ha una lunga storia.[6] Studiosi antichi giudei seguivano il metodo allegorico interpretandola come un'espressione dell'amore di Dio per Israele. Gli studiosi cristiani hanno seguito lo stesso schema adattandolo all'amore di Cristo per la Chiesa. Approcci moderni variano da un certo tipo di dramma greco completato da un coro o proveniente da ambiti pagani cultuali e rituali che celebrava l'unione di una dio con la dea. Marvin Pope lo interpreta come un canto composto per le feste dei morti in cui la vita e l'amore venivano celebrati come la forza più potente che può fronteggiare la paura della morte.[7] Un modo migliore di interpretare questo libro è considerarlo una collezione di canti d'amore. Pur se alcuni canti furono composti per feste di matrimonio, altri sono stati scritti da vari individui. Quando e da chi questi materiali furono raccolti è ancora sconosciuto.

Contenuto

Il libro si compone di un certo numero di poemi, apparentemente slegati tra di loro e, perciò, è difficile comporre un indice tematico del libro. Il primo versetto fu aggiunto per dare autorità a Salomone, padre della letteratura sapienziale. Lo stesso libro è fortemente ancorato alla tradizione sapienziale poiché deriva il suo contenuto dal mondo dell'umanità. Le sue immagini sono tratte, innanzitutto, dai giardini, dal mondo animale, dai profumi, dalle spezie e dagli alberi. Con espressioni ridondanti e magnificenti, la poesia offre immagini verbali vivide di amore passionale. I protagonisti nei primi due capitoli sono una donna ed un uomo. Dapprima, la donna canta (c.1:2-7) il suo amore per il marito che onora come un re e cerca come un pastore.

L'uomo risponde elogiando la sua bellezza (vv.8-11). In risposta, lei gioisce della sua presenza (vv.12-14) e lui rispondenuovamente lodandola (vv. 15, 17; 2:2). Fantasticando sulle espressioni del suo amore verso di lei, la donna lo cerca come una gazzella selvatica. Egli, allora, la induce a partire insieme (2:3-17). La scena si sposta al capitolo 3; la donna cerca il suo amore per le strade di Gerusalemme.

Lo trova e lo convince a seguirla nella camera matrimoniale (c.3:1-5). L'ultima parte del capitolo descrive una processione matrimoniale con lo sposo raffigurato come Salomone (vv.6-11).

Il capitolo 4 inizia con lo sposo che descrive l'attrazione fisica per la sposa. La maggior parte dei confronti sono tratti dalla natura: colombe, pecore, melograni e cerbiatti. Nell'ultima parte del capitolo e nel successivo (c. 4:9-5:1) lo sposo esalta, ancora una volta, l'amore della sua sposa paragonandola ai frutti ed alle spezie del mondo della natura.

Al capitolo 5 versetto 2 la scena si sposta nuovamente a Gerusalemme dove lei apre la porta al suo sposo ma scopre che è andato via. Chiede alle "figlie di Gerusalemme" di aiutarla (v.8) Il coro le chiede il perché di così tanto amore (v.9). La donna allora descrive il suo fascino fisico (vv. 10-16). Quando il coro chiede dove poterlo cercare, lei risponde che è andato nel suo giardino, cioè, è stato con lei (6:1-3). Ancora una volta, lo sposo esalta la bellezza fisica della sua sposa che è più bella di tutte le donne dell'harem del re (vv.4-10).

LA TEOLOGIA DEL CANTICO DEI CANTICI   T

Il libro è insolito nel senso che manca una voce divina o un riferimento alle leggi di Israele, al patto o alla storia sacra. Sentiamo soltanto voci umane che esaltano il piacere e la passione della sessualità. Che messaggio teologico contiene? Israele considerava Jahvè come Creatore dell'universo fisico. Tutto quanto creato è un dono ed una benedizione alla Sua creazione. Ciò include i nostri corpi fisici e il godimento fisico che proviamo nell'amore sessuale. La sessualità proposta come espressione dell'amore e dell'affetto entro i confini del matrimonio, diviene un atto creativo, che scaturisce nella nascita di bambini, ed un'espressione di complicità tra un uomo ed una donna. Lo sfruttamento della sessualità al di fuori del matrimonio o in modi innaturali o perversi è una perversione del dono di Dio. Il canto celebra la bontà del dono divino dell'amore.

Il capitolo 7 inizia con un poema che celebra la bellezza della ragazza (vv.1-5). Lo sposo parla del piacere del suo amore fisico (vv.6-9). La donna risponde invitandolo nella sua vigna dove gli darà il suo amore (vv.10-13). Il suo canto continua nel c.8:1-4, dove lei esprime il desiderio di essere con il suo amore apertamente, come con un fratello. Il rimanente del capitolo 8 è composto da un certo numero di canti brevi intonati dalla sposa, la donna, e dai fratelli o amici della donna.

Frasi riassuntive

- Secondo la tradizione sapienziale di Israele, Dio ha posto i principi della sapienza nel mondo creato;
- Proverbi, Ecclesiaste e Cantico dei cantici trattano temi di umanità e preoccupazioni esistenziali umane;
- Proverbi contiene una collezione di detti proverbiali di Israele;
- Proverbi si concentra sul tema del come vivere una buona vita al massimo del proprio potenziale come membro responsabile della società;
- L'Ecclesiaste ha una visione pessimistica della vita;
- L'Ecclesiaste suggerisce la moderazione in tutto quello che si fa e esorta a temere Dio;
- Il Cantico dei cantici celebra la sessualità umana e l'amore tra un uomo ed una donna.

Domande di riflessione

1. La rivelazione di Dio giunse mediante la società patriarcale israelita. Che cosa significa per la strutturazione delle relazioni di genere nella società moderna?
2. In una società secolare che rifiuta argomenti politici supportati da citazioni della Bibbia, come si può proporre un'argomentazione adoperando i metodi della sapienza? Perché organizzazioni tipo MADD (Mothers Against Drug Driving) hanno avuto successo nel farsi ascoltare?
3. In che modo la sessualità è diversamente considerata nella Bibbia e nella cultura secolare?
4. È la vita realmente insignificante come il Maestro pensava? In che modo si scopre lo scopo della vita?
5. Quali rischi si corrono nella promiscuità sessuale? Quanto è saggio chi corre questo rischio?

Risorse per studi ulteriori

Garrett, Duane A., Proverbs, Ecclesiastes, Song of Songs. New American Bible COmmentary, Nashville: Broadman, 1993;
Kidner, Derek, The Proverbs: An Introduction and Commentary. Tyndale Old Testament Commentary. Downers Grove, Ill.: InterVarsity Press, 1964;
Kinlaw, Dennis F. Song of Songs. Vol. 5 of The Expositor's Bible Commentary.Grand Rapids: Zondervan, 1991;
Scott, R.B.Y. Ecclesiastes. Anchor Bible. New York: Doubleday, 1965;
Whybray, Roger N. The Book of Proverbs.Cambridge Bible Commentary. Cambridge, Mass.: University Press, 1972.

UNITÀ 5

Alla scoperta dei libri profetici

Questa unità introduce il lettore:

- Una comprensione dei profeti e della profezia in Israele
- Il ministero e il messaggio dei profeti canonici di Israele
- Il significato del messaggio profetico per la Chiesa cristiana oggi

✓ Le voci profetiche d'Israele;

✓ Isaia;

✓ Geremia e lamentazioni;

✓ Ezechiele;

✓ Daniele;

✓ Osea, Gioele, Amos e Abdia;

✓ Giona, Michea, Naum e Abacuc;

✓ Sofonia, Aggeo, Zaccaria e Malachia.

25. Le voci profetiche d'Israele

OBIETTIVI

Lo studio di questo capitolo ti aiuterà a:
- Confrontare e contrastare la profezia di Israele con quella delle altre religioni del Vicino Oriente antico.
- Riassumere la storia dello sviluppo della profezia nell'antico Israele
- Descrivere l'identità, la missione e la funzione dei profeti di Israele.
- Identificare i generi letterari più importanti presenti nei libri dei profeti.
- Descrivere la formazione dei libri dei Profeti.
- Descrivere i principi guida di interpretazione dei libri profetici.

Domande da considerare durante la lettura:
1. Qual è la tua idea sull'interesse attuale per la fine dei tempi (nei film, libri ecc.)?
2. Quando senti la parola "profeta" e "profezia" a cosa pensi?

Termini chiave:

Gad
Natan
Micaia
Elia
Eliseo
Profeti non canonici
Periodo classico della profezia
Profeti canonici
Profeti di corte
Ro'eh
Oracolo
Predire (foretelling)
Parlare a nome di qualcuno (forthtelling)
Escatologia
Escatologia profetica
Escatologia apocalittica
Generi
Discorsi in stile messaggero
Racconti di visioni
Azioni simboliche
Oracoli di avvertimento
Dispute legali
Canti funebri
Parabole
Indovinelli
Redattori

I profeti occupano un posto unico nelle tradizioni di fede di Israele. Contribuiscono ad un terzo del contenuto dell'Antico Testamento. Ancora oggi, il fenomeno della profezia biblica, iniziatosi con i profeti di Israele, continua ad essere un tema di grande interesse.

C'erano profeti nelle altre religioni del Vicino Oriente antico? Che cosa stimolò l'apparizione dei profeti come guide religiose in Israele? Quali caratteristiche li hanno differenziati da altri leaders locali? Quale fu la natura e lo scopo del loro ministero? Inizieremo rispondendo ad alcune di queste domande.

I profeti d'Israele erano dei porta voci di Dio inviati alla propria nazione in tempo di crisi. Quando Israele era ridotto in schiavitù, in Egitto, Dio inviò Mosè come suo portavoce. Gli specialisti pensano che il ministero di Mosè abbia posto il fondamento dell'ufficio profetico in Israele (vd. Deuteronomio 18:15-22; Osea 12:13)

LA PROFEZIA NEL VICINO ORIENTE ANTICO[1]

Anche altre culture antiche hanno avuto la loro quantità di profeti e di attività profetica. Quanto segue è una panoramica della profezia nel Vicino Oriente Antico.

La profezia di Neferti e Le Ammonizioni di Ipuwer sono due esempi del materiale profetico ben conosciuto proveniente dall'Egitto. Il primo testo contiene predizioni riguardanti un re futuro mentre il secondo esprime delle valutazioni negative sui regnanti d'Egitto. In entrambi questi casi, manca una rivelazione proveniente da Dio, caratteristica peculiare della profezia d'Israele.

L'Antico Testamento parla anche di profeti di religione cananea (1 Re 18), ma conosciamo pochissimo della loro attività. Le tradizioni d'Israele descrivono questi profeti come adoratori e promotori del dio cananeo Baal.

La letteratura mesopotamica include "profezie" e ampie collezioni di testi predittivi. Nella maggior parte dei casi, le profezie mesopotamiche contengono predizioni che gli specialisti considerano avvenute "dopo i fatti". Alcune di queste sono oracoli dati ai re come risposta divina a richieste specifiche. I mesopotamici adoperano i presagi, come predizioni del futuro, osservando accadimenti straordinari. Interpretano segni ed oggetti come mezzi di comunicazione da parte di divinità che controllano vari aspetti del mondo naturale.

Contrariamente a quella di altre religioni del Vicino Oriente antico, la profezia di Israele è un fenomeno ben sviluppato. La sua più marcata caratteristica è il messaggio che l'integrità morale ed etica è richiesta dal patto tra Dio ed Israele. Questa enfasi è totalmente assente nella profezia al di fuori di Israele.

Chi sono i profeti da Mosè in poi?

Non abbiamo alcuna notizia di attività profetica nei primi giorni di insediamento di Israele nella terra di Canaan (vd. 1 Sam. 3:1). Samuele sembra essere stata la prima persona ad assumere un ruolo profetico dopo Mosè (3:20-21). In tutto Israele fu conosciuto come un profeta. L'ultimo profeta menzionato nell'Antico Testamento è Malachia, alla metà del quinto secolo a.C. Tra i profeti di Israele, durante i 200 anni dopo Samuele, l'Antico Testamento menziona individui quali Gad, Natan, Aiia, Ieu figlio di Anani. Micaia, Elia e Eliseo. Nella maggioranza dei casi si trattava (tranne, forse, Gad e Natan) di visionari e operatori di miracoli. A volte, i profeti di questo periodo viaggiavano in gruppo come "figli" di un profeta rinomato (vd. 1 Sam. 10:1-13; 2 Re 2:3,5,15). L'antico Testamento non contiene alcuno scritto proveniente dai profeti di questo periodo. Il libro di Amos, datato nella metà dell'ottavo secolo a.C., è ritenuto il primo prodotto letterario della tradizione profetica di Israele. Gli specialisti, quindi, definiscono profeti non canonici (profeti non scrittori) coloro che svolsero il loro ministero prima di Amos.

Quando emerge la profezia, in Israele, come attività ininterrotta?

Durante l'ottavo secolo a.C. la profezia, in Israele, divenne un fenomeno religioso ininterrotto. L'attività letteraria, l'autorità profetica e la profezia come fenomeno senza interruzione, continuò fino alla metà del quinto secolo d.C. Gli specialisti definiscono questo tempo come periodo della profezia classica in Israele (800-450 a.C.). I profeti canonici (scrittori) appartengono a questo periodo.

Figura 87 Elia sfidò i profeti di Baal sul Carmelo.

Profeti di corte e del Tempio

In Israele, oltre alle persone autenticamente chiamate da Dio come Suoi portavoce, vi sono anche profeti di corte e profeti del Tempio. Come profeti istituzionali, soddisfano gli interessi del palazzo o del Tempio. Gli specialisti ritengono che, in Israele, i profeti del Tempio pronunciavano oracoli durante il culto. I profeti di corte davano consigli ai re. Gad e Natan erano visionari di Davide e consiglieri. Natan aveva una forte influenza sugli affari politici e religiosi e accusava il re per le sue mancanze morali (2 Sam. 12:1-15). Gad non esitava a comunicare il giudizio divino a Davide (24:10-14).

Nella storia successiva, i profeti di corte divengono dei forti sostenitori delle politiche nazionali e monarchiche. Questi profeti spesso attaccano e tentano di nullificare il messaggio dei veri profeti.

Inoltre, anch'essi, affermano di parlare nel nome di Dio. Geremia si riferisce a loro quando parla di falsi profeti che annunciano sogni e visioni che, però, provengono dal loro cuore.

Termini ebraici e loro significato

Il vocabolario ebraico contiene molti termini che descrivono il ruolo del profeta. I termini ro'eh e hozeh (veggente o visionario) sono modi popolari di indicare i profeti non scrittori. Spesso, il profeta afferma di aver ricevuto il messaggio mediante sogni o visioni. I profeti classici sono conosciuti dal titolo nabì (portavoce di Dio) L'equivalente greco di nabì è prophetes (che significa "chi parla per un altro"). I profeti sono persone chiamate e inviate da Dio per proclamare fedelmente la Sua parola ad un uditorio contemporaneo.

Figura 88 *I profeti condannarono l'idolatria, come il culto cananeo del toro.*

I profeti sono persone chiamate da Dio

I profeti di Israele ricevono una vocazione specifica da Dio per intraprendere una missione speciale per Lui. Amos, Isaia, Geremia e Ezechiele ci raccontano la loro esperienza di vocazione e il loro mandato (Amos 7:10-15; Is. 6:1-13; Geremia 1: 4-10; Ezechiele 1:1-3:15). La vocazione li costringe ad annunciare messaggi che sono, spesso, contrari a ciò che la gente desidera ascoltare. Essendo chiamati da Dio non sono legati ad alcuna istituzione religiosa o politica e la vocazione non garantisce il loro riconoscimento immediato di profeti da parte della nazione. È molto probabile che, nella maggior parte dei casi, i profeti fossero riconosciuti come veri profeti soltanto dopo l'avverarsi delle loro profezie.

I profeti sono motivati da un forte senso di missione

I profeti sono appassionatamente preoccupati dell'elezione, del destino e della missione di Israele nel mondo. Lo scopo della loro predicazione è di ricordare alla nazione la sua identità e la sua relazione con Dio. Questo fine è evidente nei tre seguenti aspetti del messaggio profetico.

In primo luogo, il messaggio dei profeti è basato sulle tradizioni teologiche e storiche di Israele. I libri profetici hanno dei riferimenti alle potenti azioni di Dio come la vocazione e il patto con Abramo, l'Esodo, il patto del Sinai, la conquista di Canaan ed il patto di Dio con Davide. Così facendo intendevano aiutare il popolo a rivendicare la loro grande eredità teologica.

In secondo luogo, la grande preoccupazione dei profeti è la relazione di Israele con Dio. Essi si appellano ad Israele perché mostri la sottomissione a Dio mediante l'ubbidienza, il pentimento ed un culto capace di trasformare la vita.

In terzo luogo, i profeti stimolano il popolo a soddisfare i loro obblighi sociali, etici e morali nei con-fronti del prossimo. Si appellano alla nazione perché viva in modo leale al patto dimostrando cura e preoccupazione per le vedove, gli orfani e gli stranieri nella nazione.

Figura 89 I profeti dell'Antico Testamento parlavano più frequentemente di situazioni presenti che di cose future.

I profeti sono predicatori e proclamatori della Parola

Molto spesso, i profeti presentano il loro messaggio come "parola" (dabar) di Dio. Solitamente, questa "parola" tratta della condizione religiosa, sociale e morale del popolo comunicando il messaggio di Dio preoccupato del modo in cui il Suo popolo vive giornalmente. Questa concentrazione sulla condizione vitale attuale, mediante la predicazione o proclamazione, è una parte essenziale del ministero profetico. I profeti predicano sui peccati di Israele e richiamano la nazione al pentimento ed alla restaurazione della sua relazione con Dio. Sebbene la predicazione di un messaggio immediato sia una delle caratteristiche più importanti, la predizione (vaticinio) è anche una componente essenziale del messaggio profetico. Nell'Antico Testamento, la predizione è un annuncio riguardante il futuro. Nel pensiero profetico, il modo di vivere attuale di Israele dà forma al futuro della nazione. I profeti ripropongono la teologia deuteronomistica che Dio avrebbe mandato le Sue benedizioni come ricompensa della fedeltà e maledizioni a causa della loro rottura del patto (vd. Deuteronomio 28). La salvezza ed il giudizio divengono, così, parte integrante delle predizioni profetiche.

I profeti e le loro affermazioni sulla fine dei tempi

Gli oracoli sulla fine dei tempi (in greco, eschaton) trattano dell'agire di Dio nel futuro di Israele e delle nazioni del mondo (L'escatologia è lo studio degli eventi ultimi). Descrivono il futuro come "giorni a venire" o "quel giorno". Per la maggior parte, i profeti d'Israele pensano alla fine dei tempi nei termini di uno stabilimento del Suo regno di giustizia sulla terra. Predicano che Dio avrebbe portato il giudizio sui peccati di Israele. Il risultato sarebbe stato la perdita della libertà politica e religiosa, la distruzione e l'esilio di Israele in terra straniera. Tuttavia, l'esilio non sarebbe durato per sempre perché Dio avrebbe riportato indietro il Suo popolo, alla sua terra. Avrebbe posto sul trono un re ideale, dalla famiglia davidica (mashiach). Ci sarebbe stata giustizia, rettitudine e pace in tutto il paese. La nazione sarebbe divenuta fruttuosa e prospera e Dio avrebbe anche ristabilito il Suo patto con Israele. Questa prospettiva si concentra sul progetto di trasformazione terrena totale come compimento del giudizio di Dio; un insegnamento che può essere definito escatologia profetica che diviene la prospettiva dominante dei libri profetici sulla fine dei tempi.

Tuttavia, in alcuni libri profetici, troviamo anche accenni di escatologia apocalittica,[2] cioè di una diversa prospettiva sulla fine dei tempi. Secondo quest'altro pensiero, gli eventi ultimi includerebbero il giudizio universale, l'annichilimento del malvagio e la finale distruzione del male. Il risultato sarebbe la creazione di un regno celeste (un nuovo cielo e una nuova terra) per il popolo fedele di Dio. Isaia 24-27, Ezechiele 38-39 e Zaccaria 9-14 contengono alcuni elementi di questa diversa prospettiva sugli ultimi tempi. È molto probabile che l'escatologia apocalittica tragga le sue origini dalle aspettative del popolo fedele che, come loro ultima speranza di salvezza, attende l'improvvisa venuta di Dio per distruggere gli oppressori religiosi e politici. Il libro di Daniele è l'opera apocalittica più evoluta dell'Antico Testamento.

I profeti adoperano una varietà di forme per comunicare la Parola di Dio

I profeti d'Israele adoperano, spesso, delle forme letterarie (generi) per comunicare il contenuto della rivelazione che ricevono da Dio.[3] Quello più comune è lo stile di discorso del messaggero. Secondo questo stile, il profeta pronuncia la parola di Dio con la formula introduttiva "Così dice il Signore". Questo genere contiene messaggi di giudizio e di avvertimento o messaggi di salvezza.

Scopo primario dei discorsi di giudizio è di portare l'uditorio al pentimento ed alla riconciliazione con Dio mentre, quelli di salvezza portano speranza e conforto a coloro che sono sotto giudizio.

Oltre a questa forma oratoria, i profeti utilizzano una varietà di altri generi. Narrazioni o racconti di eventi contenenti dettagli storici, autobiografici o biografici (Isaia 36-39; Geremia 32-44; Osea 1:2-9; 3:1-5). Alcuni testi mostrano il dialogo tra Dio ed il profeta come forma letteraria (Geremia 15:15-21), Racconti di visioni trattano messaggi ricevuti mediante visioni (Geremia 1:11-19; Amos 7:1-9; 8:1-3; 9:1).

I

LA PROFEZIA- PRINCIPI DI INTERPRETAZIONE

- Le parole profetiche si originarono in ambienti storici particolari. Dobbiamo prestare molta attenzione all'ambiente religioso, culturale, sociale e politico della parola profetica.
- Il messaggio dei profeti è stato spesso ripreso dai vari scrittori neotestamentari. Dovremmo, perciò, provare a comprendere il modo in cui gli scrittori neotestamentari compresero ed interpretarono le parole profetiche per la comunità della chiesa primitiva.
- Collegando i testi profetici relativi al Messia davidico con Gesù dovremmo ben comprendere che cosa intendessero questi testi per l'uditorio originale.
- Dovremmo valutare le predizioni realizzate e irrealizzate alla luce della storia e della fede neotestamentaria.
- Dovremmo riconoscere l'elemento di difficoltà nella decifrazione del linguaggio figurativo, nei nomi e nei numeri misteriosi correlati agli eventi finali. Trattando con questi elementi, dovremmo provare a valutare il messaggio complessivo del testo.

Azioni simboliche sono quelle proposte in modo simbolico da un profeta per dimostrare la serietà del messaggio comunicato (Is. 20:1-5; Ger. 13:1-7; 19:1-13). Oracoli di minaccia contengono parole di terribile distruzione e rovina (Isaia 5:8-23). Mediante dispute legali, i profeti intendo-no mostrare come il popolo di Dio sia chiamato in giudizio per aver rotto il patto con Dio (Michea 6:1-16). I detti sapienziali contengono proverbi ed istruzioni utili per una giusta condotta nella società (Amos 3:3-8; Geremia 17:5-8). I canti funebri sono eulogie anticipate in previsione di una imminente distruzione e fine della società (Amos 5:2). Le parabole servono a comunicare il messaggio in forma di racconto in cui gli uditori sono coinvolti come personaggi della stessa storia (Isaia 5:1-7; Ezechiele 15-16). Gli indovinelli celano il messaggio sfidando l'uditorio a riflettere sul suo significato (Ezechiele 17:1-10).

La stesura di un libro profetico

In che modo gli oracoli di un profeta divengono un libro? Chi dà ai libri profetici la loro forma attuale? Ci volgiamo, adesso, a discutere di questi temi relativi alla formazione dei libri profetici.

Iniziamo con la comprensione, generalmente accolta, che i libri profetici sono collezioni di oracoli pronunciati, in tempi diversi dai profeti, durante il loro ministero. Ciò significa che, in seguito, il profeta o qualcun altro, abbia raccolto questi oracoli, mettendoli per iscritto. Nei libri profetici troviamo pochi esempi di composizione scritta con l'eccezione del racconto di Baruch, lo scriba che scrive su di un rotolo gli oracoli che Geremia gli detta (Geremia 36: 1-32). È molto probabile che, coloro che continuarono il ministero e l'insegnamento dei profeti (li chiamiamo "discepoli"; vd. Isaia 8:16), abbiano iniziato a scrivere le parole dei profeti per le generazioni future.

Studiosi moderni credono che la maggior parte dei libri profetici contenga revisioni estese e aggiunte di redattori successivi (editori). Aggiungono, inoltre, che ogni successiva generazione ha modificato e persino ampliato il messaggio originario dei profeti per rispondere a temi e sfide teologiche dei tempi successivi. I libri profetici sarebbero, quindi, documenti teologici composti e ricomposti in un lungo periodo di tempo durante tutta la storia di Israele. La critica redazionale tenta di isolare le successive aggiunte ed espansioni dei redattori di un libro particolare. Pur riconoscendo la possibilità di espansioni editoriali successive, pensiamo che sia importante la forma canonica attuale dei libri profetici. Nei prossimi capitoli tenteremo di concentrare la nostra attenzione sulla forma canonica finale di questi libri.

Frasi riassuntive

- La profezia in Israele era distintamente diversa da quella presente nei popoli vicini ad Israele;
- I profeti classici appartengono al periodo compreso tra l'800 ed il 450 a.C.;
- I profeti erano impegnati a dare forma alla loro nazione perché potesse essere il popolo di Dio con una missione al mondo;
- I profeti erano sia proclamatori che vaticinatori;
- I profeti parlavano della trasformazione terrena del popolo di Dio sotto il regno del re davidico come anche dell'improvvisa distruzione della terra e di tutto il male;
- Per comunicare la parola di Dio, i profeti adoperavano forme letterarie diverse;
- I libri profetici sono composti da oracoli individuali che spesso non seguono alcun ordine logico o cronologico.

Domande di riflessione

1. Leggi la storia di Elia in 1 Re 17:1-18:46 ed il messaggio di Amos in 5: 1-27. Confronta e contrasta il ministero di questi due profeti di Israele.
2. Perché è importante avere una comprensione corretta dell'escatologia che troviamo nei libri dei profeti?
3. Quale lezione traiamo dal ministero "profetico" di oggi alla luce della riflessione sulla missione dei profeti di Israele?
4. Valuta l'abilità letteraria dei profeti sia come predicatori che scrittori della parola di Dio.
5. Quali presupposti dovremmo considerare per comprendere le affermazioni sulla fine dei tempi dei profeti?

Risorse per studi ulteriori

Beegle, Dewey M., Prophecy and Prediction, Ann Arbor, Mich.: Pryor Pettengill, 1978;
Lindblom, J., Prophecy in Ancient Israel, Philadelphia: Fortress Press, 1973;
Scott, R.B.Y. The Relevance of the Prophets, New York: McMillan Publishing Company, 1973.

26. Isaia

OBIETTIVI

Lo studio di questo capitolo ti aiuterà a:
- Identificare temi specifici in Isaia che hanno importanza particolare per gli insegnamenti del Nuovo Testamento;
- Descrivere la varie parti ed il contenuto del libro di Isaia;
- Descrivere l'ambiente delle varie parti del libro di Isaia;
- Discutere i temi maggiori del libro di Isaia.

Domande da considerare durante la lettura:
- Qual è la tua concezione di Dio?
- Che cos'è il culto? Qual è l'ingrediente più importante del culto?
- Qual è la relazione tra spiritualità e responsabilità sociale?

Termini chiave:

Isaia
Uzzia
Tiglat-pileser III
Peca
Iotam
Acaz
Ezechia
Secondo Isaia
Terzo Isaia (Trito-Isaia)
La figlia di Sion
Sion
Il giorno del Signore
Il rimanente
La teologia di Sion
Shear–Jashub
La santità di Dio
Emmanuele
Oracolo dell'Emmanuele
Lo Spirito del Signore
Il Re davidico
L'apocalisse di Isaia
Il Servo del Signore
Bel-Marduk
Nebo
L'identità delServo
Nuovi cieli e nuova terra

Storia personale di Isaia

Il libro di Isaia è, indubbiamente, il più importante libro profetico dell'Antico Testamento. Sia il giudaismo che il cristianesimo lo considerano come un'opera teologica altamente significativa. Il Nuovo Testamento cita questo libro più di ogni altro libro veterotestamentario.

La frase di apertura del libro classifica il suo contenuto come visioni di Isaia ben Amoz del quale offre pochi dettagli. Il nome Isaia significa "Il Signore è salvezza". Alcuni studiosi ritengono che questa famiglia appartenesse all'aristocrazia di Gerusalemme. Il libro ci informa che era sposato ed aveva due figli (7:3; 8:3 ai quali aveva dato dei nomi simbolici che comunicavano il messaggio di Dio a Giuda. Secondo il capitolo 6, Isaia riceve la vocazione ad essere profeta nell'anno della morte del re Uzzia (742 a.C.). La frase iniziale del libro (1:1) lo identifica come profeta durante i regni di Uzzia, Iotam, Acaz ed Ezechia, tutti re di Giuda. Esperti pensano che il suo ministero durò fino al 690 a.C.

Scenario

Dio chiama Isaia ad essere profeta in un periodo critico della storia del regno del sud (Giuda). Sia Israele che Giuda sono sottoposte alla minaccia espansionistica dell'impero assiro sotto la guida di Tiglat-pileser III (745-727 a.C.). Il re di Israele, Peca, per combattere contro gli assiri, si allea con la Siria formando una coalizione. Giuda si mantiene neutrale e questo atteggiamento provoca la reazione dell'esercito siro-israelita che attacca Gerusalemme. Nel frattempo, il re di Giuda, Iotam muore, ed il figlio Acaz (735-715 a.C.) deve affrontare questa crisi. Acaz è anche militarmente pressato dagli edomiti che hanno ripreso la città di Elat (vd. 2 Re 16:5-9). I capitoli 7-8 descrivono il coinvolgimento di Isaia durante la crisi nazionale. Isaia sollecita Acaz a confidare in Dio e a non aver paura dei nemici (7:3-17).

L'assenza di fede in Acaz, tuttavia, lo spinge a chiedere aiuto all'Assiria. L'esercito assiro invade la Siria e Israele provocando la distruzione di Israele del 721 a.C. (2 Re 16: 5-17: 6). Isaia offre dei buoni consigli al successivo re di Giuda, Ezechia (715-687 a.C.) opponendosi al suo tentativo di allearsi con le nazioni vicine (cc. 20, 30). L'invasione assira di Giuda del 701 a.C. fornisce lo scenario dei capitoli 36-37. Il profeta riprende Ezechia per aver dato il benvenuto agli emissari di Merodach-Baladan di Babilonia (703 a.C.) anticipandogli che Babilonia, ben presto, avrebbe portato via le ricchezze del suo popolo in esilio (c. 39). Nel 587 a.C. Babilonia distrugge Gerusalemme e deporta gli abitanti di Giuda.

Gli oracoli dei capitoli 40-66 si concentrano sulla redenzione di Dio e sul ritorno dalla Babilonia dell'esiliato Giuda. Il giudizio, che è un tema dominante nei capitoli 1-39, è completamente assente nei capitoli 40-66. Questa sezione descrive il paese di Giuda e Gerusalemme come distrutto e spopolato. Gli oracoli nei capitoli 40-66 anticipano anche la ricostruzione e ripopolazione di Gerusalemme/Sion. Questi oracoli, perciò, riflettono una situazione storica posteriore. L'opinione di alcuni studiosi dei capitoli 40-66 non è unanime.

Figura 90 Isaia disse: "il bue conosce il suo possessore e l'asino al greppia del suo padrone ma Israele non ha conoscenza, il mio popolo non ha discernimento" (c.1:3)

Coloro che preferiscono considerare i capitoli 40-66 come l'opera di un profeta durante l'esilio babilonese titolano questa sezione Secondo Isaia. Altri ancora limitano il Secondo Isaia ai capitoli 40-55 e attribuiscono i capitoli 56-66 ad un profeta post-esilico (Terzo Isaia). Essi pongono i capitoli 56-66 nel contesto religioso e sociale dell'ultimo quarto del sesto secolo a.C.

Su questo argomento, tra gli studiosi evangelici conservatori, non c'è una posizione unanime. Alcuni preferiscono l'idea di più autori, altri ritengono che l'intero libro sia opera di Isaia, nell'ottavo secolo a.C.

Contenuto

Pur se i materiali del libro possono appartenere a due o tre diversi scenari storici, l'oggetto del nostro studio è il libro nella sua forma canonica attuale per cui lo studieremo come se fosse un testo unico. Come già detto, il tema del giudizio domina i capitoli 1-39.[1] La certezza della salvezza e della restaurazione di Sion unificano i vari oracoli nei capitoli 40-66.[2] Raggruppiamo tutti gli oracoli secondo i seguenti temi:
1. Ribellione e Giudizio (1:1-39:8)
2. Redenzione da Babilonia (40:1-55:13)
3. Salvezza universale (56:1-66:24)

LA GRAZIA DI DIO NEL GIUDIZIO

La grazia di Dio nel giudizio è la speranza della nostra salvezza. Il desiderio di Dio è che viviamo una vita libera dal potere del peccato. Svolgere pratiche religiose non salva e neanche purifica dalla peccaminosità. Quando ci pentiamo non siamo soltanto riconciliati ma anche purificati dalla colpa dei nostri peccati.

- **Ribellione e giudizio (cc. 1:1-39:8)**

La ribellione di Giuda (cc.1:1 - 5: 30)

Il libro di Isaia inizia con una descrizione della ribellione contro Dio del Suo popolo del Patto (c.1:2-9). Il giudizio di Dio si conclude con la distruzione di quasi tutte le città di Giuda, eccetto Gerusalemme (la figlia di Sion). Il profeta annuncia la volontà di Dio di riconciliarsi con il Suo popolo, rimuovendo le macchie profonde dei suoi peccati, se questi si pente e vive una vita trasformata (vv. 10-20). Chi continua a vivere da nemico di Dio è destinato alla distruzione totale (vv. 21-31). Isaia proclama che Dio redimerà Sion e da essa, sarà proclamata la Sua Legge (la Torah) per tutte le nazioni (cc.1:27; 2:1-5). Questo inno escatologico è seguito da diversi oracoli sul giorno del Signore, un giorno di terrore, distruzione e fine per tutti i presuntuosi e gli arroganti (cc. 2: 6-4:1). Mediante una parabola, il profeta raffigura Giuda e Israele come indegni di essere ancora considerati la vigna di Dio. Il popolo che avrebbe dovuto promuovere la giustizia e la rettitudine è colpevole di eccidio, violenza, avidità, autoindulgenza, materialismo, pensiero morale perverso, orgoglio e corruzione (c. 5:1-31). In questo giudizio sono anche presenti dei discorsi ed un altro oracolo contro Sion (c. 4:2-6) come rifugio per i sopravvissuti al giudizio di purificazione di Dio (il rimanente).

La vocazione di Isaia (6:1-13)

Nell'anno della morte del re Uzzia (742 a.C.), Isaia vede Dio come il Re al di sopra di ogni re e regno di questo mondo. Dio siede sul Suo trono celeste circondato dai serafini, i Suoi guardiani e messaggeri celesti. Il canto della santità di Dio dei serafini esalta la verità dell'assoluta purezza e gloria di Dio. Questa visione spinge Isaia a confessare la propria peccaminosità ed indegnità a stare davanti al Dio santo e meraviglioso. Con un atto simbolico, Dio offre perdono e purificazione ad Isaia. Ode che Dio sta chiamando qualcuno ad essere Suo messaggero e risponde senza esitazione. Dio avverte Isaia dicendogli che sebbene Giuda non avrebbe risposto al messaggio, lui avrebbe dovuto continuare a predicare fino al compimento del giudizio.

LA SANTITÀ DI DIO

La santità di Dio è un tema dominante in Isaia. Dio è "il Santo di Israele," una descrizione presente circa 26 volte in questo libro. La santità è la vera essenza di Dio. La santità significa separazione dal peccato ed include l'idea del giudizio di Dio sul peccato. La santità di Dio è anche la speranza dell'umanità. L'esperienza di Isaia del perdono e della purificazione dalla sua peccaminosità può essere anche oggi la nostra esperienza. L'Iddio santo ci chiama ad essere "lavati e purificati" dal peccato (c.1:16)

Dopo il giudizio, Dio avrebbe fatto sorgere una stirpe santa - una comunità fedele.

Giuda, Israele e Assiria (cc. 7:1-12:6)

I capitoli 7-12 appartengono, probabilmente, alla prima parte del regno del re Acaz. Acaz cade nel panico a causa dell'esercito siriano a Gerusalemme (c. 7:1-2). Isaia, accompagnato dal figlio Shear-Jashub, si incontra con Acaz rassicurandolo che il piano del nemico fallirà. Il perdurare del suo regno dipende dalla sua fede nella parola di Dio (vv.3-9). Pur se Dio è disposto a dare un segno di conferma ad Acaz, il re si rifiuta. Isaia gli offre il segno di "una giovane donna", che avrebbe dato alla luce un bambino da chiamare "Emmanuele" ("Dio con noi"). Per Acaz e Giuda questo bambino doveva essere un simbolo della presenza di Dio con il Suo popolo nonostante la loro mancanza di fede in Lui. Prima che il bambino avesse raggiunto l'età della coscienza, l'Assiria avrebbe devastato i paesi della Siria ed Israele e Giuda avrebbe vissuto momenti tragici e di dolore (7:10-8:8).

> **LA TEOLOGIA SIONISTA DI ISAIA** — **S**
>
> Sion (Gerusalemme) era la realtà concreta della presenza di Dio tra il Suo popolo. Isaia chiama Sion "la montagna del Signore" (c. 2:3) e "la città del Signore"(c. 60:14). Gli studiosi ritengono che Isaia abbia sviluppato una teologia sionista centrata sulla restaurazione di Gerusalemme. Gli scrittori del Nuovo Testamento descrivono Sion/Gerusalemme come "la Gerusalemme celeste" e la "nuova Gerusalemme", "la città dove Dio abita con il Suo popolo per sempre (Ebr. 12:22; Ap. 21:2)

Il profeta mantiene una ferma fiducia e speranza nel Dio rifiutato dal popolo. Pur se la nazione vive nelle tenebre spirituali e nella schiavitù politica, egli anticipa l'arrivo della luce e della gioia e la fine della guerra grazie ad un "bambino" che sarebbe stato il dono di Dio al Suo popolo (cc. 8:9-9:7). Il bambino si sarebbe chiamato "Consigliere ammirabile", "potente Dio", "Padre eterno" e "Principe della pace". Dio avrebbe stabilito il Suo regno di pace, un regno eterno segnato dalle qualità della giustizia e della rettitudine.

La distruzione di Israele per mano degli Assiri è il tema dei cc. 9:8-10:4.

> **IL RIMANENTE** — **T**
>
> Isaia parla spesso di un rimanente che Dio ha preservato. In alcuni testi, il rimanente si riferisce a coloro che avevano lasciato Gerusalemme, i cui nomi sono preservati per la vita (4:2-6). Altri passi descrivono il rimanente come un gruppo penitente che Dio avrebbe riportato a Gerusalemme dall'esilio. Il profeta diede al figlio il nome Shear-Jashub ("un rimanente ritornerà") per comunicare questo messaggio (cc.7:3; 10:20-23; 11:11 ss.; 27:12-13).

> ## S L'ORACOLO DELL'EMMANUELE
>
> L'oracolo dell'Emmanuele è importante sia per l'Antico che per il Nuovo Testamento. L'identità della "giovane donna" (in ebraico "almah" e nella Settanta, parthenos, cioè "vergine") è sconosciuta. Alcuni studiosi ritengono che lei fosse la sposa di Acaz. Altri ancora che Isaia stesse parlando della sua propria vita. Matteo, nel suo vangelo, pone in relazione questo oracolo con il modo in cui Gesù nacque da una vergine (Matteo 1:23).
>
> ## GOVERNO MESSIANICO
>
> Il veniente Messia e il Suo regno messianico, sono i temi dei cc. 9:2-7 e 11:1-9. Il profeta preannuncia che il re davidico ideale avrebbe veramente rappresentato Dio al Suo popolo. Come dimostra la storia di Israele, i re umani della famiglia davidica non realizzarono questa speranza. Secondo la nostra prospettiva cristiana, la piena realizzazione di questo testo è rappresentata dalla regalità di Gesù, figlio di Davide e figlio di Dio.

In questa sezione vi sono quattro oracoli, ognuno dei quali si conclude con le stesse parole sull'ira di Dio (vd. la parte finale dei versi cc. 9:12,17,21;10:4). Il profeta descrive l'Assiria come lo strumento del giudizio di Dio contro Israele e Giuda (c. 10:5-11). Dio avrebbe anche giudicato l'Assiria sollevando il peso assiro dal suo popolo (vv.12-27). Il capitolo 10 si conclude con la descrizione della marcia del nemico contro Israele e Giuda. Nel capitolo 11 vi sono due sezioni maggiori. La prima parte (vv.1-9) descrive il re davidico ("un ramo uscirà dal tronco d'Isai" [v.1]) come un sovrano ripieno di Spirito che regnerà con rettitudine. La seconda parte (vv.10-16) ripropone il tema del ritorno in vita del rimanente sotto il regno messianico. Segue un canto di ringraziamento che anticipa la venuta della salvezza (12:1-6). La nostra fonte di gioia è Dio che è la nostra salvezza e, di questo, dovremmo essere grati.

> ## LO SPIRITO DEL SIGNORE
>
> Isaia intende lo Spirito del Signore come l'agente attivo nel regno messianico. Il ministero principale dello Spirito è di apportare completezza e benessere (in ebraico, shalom) nelle nostre vite frantumate. La descrizione simbolica del lupo che vive con l'agnello (c. 11: 6-9) comunica l'idea di un ordine di vita pacifico nel regno messianico. Grazia e pienezza saranno le caratteristiche di questo regno. Soltanto lo Spirito del Signore potrà apportare questo cambiamento alle nostre vite egoiste e peccaminose.

Giudizio e salvezza universale (cc. 13:1 - 27:13)

Gli oracoli di Israele contro le nazioni si concentrano sul giudizio contro Babilonia, Assiria, Filistia, Moab, Siria, Egitto e Edom (13:1-23:18). Questo tema del giudizio di Dio sul mondo viene continuato in quella che è chiamata l'apocalisse di Isaia (24:1-27:13). Il profeta anticipa la catastrofe mondiale che ricadrà su tutta l'umanità. Dio porrà fine a tutto il male e sconfiggerà il Suo nemico. Il popolo di Dio sarà liberato dalla morte e dalla sofferenza. Dio pianterà il rimanente riunito dai quattro angoli del mondo nella Sua nuova vigna.

Sei oracoli di guai (cc. 28:1 - 33:24)

Il profeta pronuncia in questi capitoli sei oracoli di guai – profezie di rovina e distruzione – contro Efraim/Israele (c. 28:1), Ariel/Gerusalemme (c. 29:1), che nascondono il consiglio di Dio (v.15) e stipulano alleanze politiche (cc.30:1; 31:1) e di perfide distruzioni (c. 33:1). Frammisti a questi oracoli di guai vi sono anche parole sull'intenzione di Dio di porre una pietra angolare a Sion livellata con la giustizia e la rettitudine (c. 32:1). Dio, inoltre, verserà il Suo Spirito sul Suo popolo ed il paese avrà un tempo di giustizia, rettitudine, pace, tranquillità e fiducia in Lui, per sempre (c. 32:15-20). Il popolo di Dio vedrà il suo "Re nella sua bellezza" e Sion sarà ripiena di pace ed un luogo quieto dove il Suo popolo potrà abitare (c. 33:17-22).

La liberazione di Sion (34:1-39:8)

Il giudizio sulle nazioni ed il ritorno di Giuda da Sion dominano il contenuto dei capitoli 34 e 35. Il linguaggio del capitolo 35 ha molti paralleli con i versetti dei capitoli 40-55. Entrambe le sezioni (cc. 35 e 40-55) prevedono il ritorno dei prigionieri dalla Babilonia a Sion. I materiali presenti in queste due sezioni (cc. 36-39) narrano la sequenza di eventi che culmina nella parola profetica sull'esilio di Giuda in Babilonia. L'Assiria assedierà Gerusalemme durante il regno di Ezechia (701 a.C. ca.) e Sennacherib, l'imperatore assiro, intimerà ad Ezechia di arrendersi al suo esercito (c. 36:1-22). Rispondendo alla preghiera di Ezechia, Dio invierà Isaia ad annunziare la liberazione di Gerusalemme e la distruzione dell'esercito assiro (37:1-38). L'intervento di Dio nella vita di Ezechia durante la sua malattia mortale è raccontato nel capitolo 38. Il capitolo 39 tratta dell'accoglienza regale offerta da Ezechia agli emissari di Babilonia e del ripudio di Isaia dell'alleanza insana con Babilonia. Il profeta, infatti, avverte che Babilonia avrebbe portato Giuda e le sue ricchezze a Babilonia.

Adesso ci volgiamo alla seconda parte del libro, che tratta della prossima liberazione di Giuda da Babilonia e del suo ritorno a Sion (cc.40-66).

Figura 91 I rotoli del Mar Morto del libro di Isaia.

La redenzione da Babilonia (cc. 40:1-55:13)

<u>Dio, il Consolatore, sta per venire (c. 40:1-31)</u>

Con un senso profondo di urgenza ed una profonda convinzione nella potenza redentrice di Dio, il profeta annuncia ai giudei in esilio che Dio li avrebbe condotti, per un'ampia strada, nel loro paese di nascita. L'Iddio che viene come un pastore gentile a raccogliere il Suo gregge non è altri che il Creatore incomparabile in potenza e maestà. Egli è la fonte di forza per il debole e lo stanco. Nonostante fosse indebolito dalla difficoltà dell'esilio, il popolo di Dio che Lo attende, riceverà forza per il ritorno a casa.

<u>Dio modella e controlla la storia (c. 41:1-29)</u>

Usando il genere della disputa, il profeta annuncia che gli idoli delle nazioni non hanno potere di influenzare e controllare la storia. Gli eventi storici del giorno (il sorgere dell'impero persiano e la prossima distruzione di Babilonia nella seconda parte del sesto secolo a.C.) sono opera del Signore che è "il primo" e "l'ultimo" (c. 41:4). Lo scopo del Signore è la redenzione del Suo popolo.

DIO CREATORE E REDENTORE

L'annuncio della venuta di Dio Redentore è una buona notizia per l'umanità. Il fine della redenzione è portare conforto a coloro che sono schiavi del peccato. La pace viene quando si è liberi dal giudizio e la salvezza del peccatore è la volontà amorevole di Dio. Egli ha il potere di salvare perché è il Creatore dell'universo. Il profeta collega la redenzione alla creazione nei capitoli 40-45. Nessun altro dio ha il potere di creare o redimere. La potenza creatrice di Dio agisce quando riceviamo la Sua salvezza. "Se dunque uno è in Cristo, egli è una nuova creatura" (2 Cor. 5:17). Questo è il cuore della Bibbia

Il servo come individuo e come nazione (c. 42:1-25)

Nel capitolo 42, il libro di Isaia propone due figure. La prima è quella di un individuo che Dio chiama e riempie del Suo Spirito per portare giustizia al mondo intero (vv.1-4). È questo il primo di quattro poemi in Isaia che trattano della missione e del ministero del Servo del Signore. La missione del Servo è di essere una "luce per le nazioni" (v.6), per dare vista al cieco e libertà ai prigionieri (v.7). Nella seconda parte di questo capitolo, il servo è Israele, una nazione cieca e sorda che rifiuta di comprendere la parola di Dio e la Sua opera tra di loro (vv.18-25). Matteo, nel suo vangelo, pone in relazione la figura del primo servo con Gesù (vd. 12:18-21). La seconda figura viene applicata ad Israele, in esilio a motivo del rifiuto di Dio.Il Signore,

Il Redentore pieno di grazia (cc. 43:1-45:25)

Dio promette la salvezza del Suo servo, Israele, che Egli ha creato perché fosse la Sua testimonianza nel mondo. La Sua presenza avrebbe reso loro possibile affrontare anche le peggiori difficoltà della vita. Isaia annuncia il perdono di Dio al Suo popolo che aveva peccato contro di Lui. Il Suo desiderio per Israele è che lo riconoscesse come unico Salvatore. Una delle benedizioni spirituali della redenzione di Dio è il dono del Suo Spirito (43:3) che avrebbe apportato vita e vitalità al popolo redento di Dio.

Il profeta annuncia che il re persiano Ciro, sarebbe stato il "pastore" e "l'unto" di Dio liberando Giuda dalla Babilonia (cc. 44:28; 45:1,13). Le nazioni che servono gli idoli avrebbero riconosciuto Dio come Creatore e l'unico Dio che può salvare l'umanità. Isaia parla anche di Dio come Dio della vita e non del caos. La Sua volontà, per il Suo popolo, è la loro libertà dal caos procurato dagli idoli che servono.

La caduta di Babilonia (cc. 46:1-47:15)

Il giudizio su Babilonia è il tema di questi due capitoli. Il giudizio inizierà con l'umiliazione delle principali divinità di Babilonia, Bel-Marduk e Nebo. La nazione che dipende dagli idoli, dalla magia, dalla stregoneria e dall'astrologia, patirà un'improvvisa distruzione.

Fuga da Babilonia (c. 48:1-22)

Isaia descrive la salvezza di Israele che fugge da Babilonia, come "cose nuove" (v.6) che Dio compirà per il Suo popolo. Il giudizio dell'esilio è stato il fuoco purificatore per raffinare il Suo popolo. L'ubbidienza alle istruzioni di Dio apporterà la pace che scorre come un fiume. Il profeta esorta Israele a fuggire da Babilonia – il mondo del peccato e dell'idolatria – e proclama la sua redenzione al mondo intero.

Il Servo: una luce per le nazioni (c.49:1-26)

Il secondo canto del Servo (vv.1-6) descrive la vocazione del servo ancora prima della sua nascita. La sua missione è duplice: far ritornare Israele a Dio ed essere luce delle nazioni. Dio guiderà coloro che abitano nel buio e porterà conforto all'afflitto. Dio promette che non dimenticherà e non abbandonerà Sion.

Il servo: Il discepolo di Dio ubbidiente (c. 50:1-11)

Il giudizio di Dio cade su Israele a motivo dei suoi peccati e della sua mancanza di fede (vv.1-3). L'ubbidienza a Dio è necessaria per mantenere una giusta relazione con Lui. Nel terzo canto del Servo (vv. 4-9), questi è modello di fiducia ed ubbidienza per coloro che rimangono al buio (vd. v.10). Il suo compito è di pronunciare parole che confortano lo stanco e l'afflitto. Egli è ubbidiente all'insegnamento di Dio sebbene sia oggetto di opposizione ed attacco dei suoi nemici.

La prossima liberazione (51:1-52:12

Dio aveva promesso che sarebbe stato fedele alla Sua vocazione di Abraamo, antenato di Israele. Il vero autore di ogni conforto e liberazione è Dio, che promette salvezza a tutti coloro che ascoltano le Sue istruzioni. Il risultato di questa salvezza di Dio è "la gioia eterna"(51:11).

Il Servo sofferente (cc. 52:13-53:12)

Il quarto canto del Servo si concentra sulla redenzione che avverrà per le sofferenze del Servo. Il profeta raffigura il Servo come deriso e rifiutato e ferito per i peccati dell'umanità. Seppur innocente, si sottomette volontariamente alla sofferenza. Nondimeno, la Sua sofferenza porta a compimento il piano di Dio di offrire salvezza e integrità ai peccatori. Il Servo, per la Sua ubbidienza a Dio, apre la strada ai peccatori perché siano riconosciuti giusti da Dio. Il ministero del Servo include l'intercessione per le trasgressioni dell'umanità.

Dio estende la Sua grazia alla nazione in esilio (cc. 54:1-55:13)

Il profeta paragona il popolo di Israele in esilio ad una donna sterile abbandonata dal marito: Sebbene Dio sia adirato con il Suo popolo, Egli ha promesso di amarlo con un amore eterno e di mantenere il Suo patto di pace (c. 54:10). Inoltre, la Sua salvezza è per tutti coloro che lo cercano (c. 55:1). La buona notizia in Isaia c. 55:1 è che Dio non attacca un'etichetta col prezzo della nostra salvezza. Chi cerca il Signore con vero pentimento Lo troverà. Dio compirà la Sua parola e guiderà il Suo popolo esiliato nella gioia e nella pace del loro paese nativo.

La salvezza universale (cc.56:1- 66:24)

Non c'è un tema unico negli oracoli dei capitoli 56-66 di Isaia. Questi concentrano la loro attenzione sul culto e sui riti, sugli argomenti di giustizia e rettitudine morale, di restaurazione e ricostruzione di Son, del Regno di Dio, e dell'universalità della salvezza. Alcuni studiosi li considerano un prodotto di molte voci profetiche.[3] Nondimeno, sembra che il tema della salvezza per tutti coloro che sono giusti - gentili e giudei - sia l'anello di congiunzione di questi capitoli.

Il giusto culto (cc. 56:1-58:14)

La comunità postesilica includeva, probabilmente, persone che, secondo il loro modo di pensare, vivevano nel peccato, nella prevaricazione e nel settarismo (cc.56:9-12; 57: 1-21). Tuttavia, si mostravano molto religiose e praticavano i loro riti con lo scopo di piacere a Dio (c. 58:1-5). Il profeta allora annuncia che i riti non soddisfano Dio. Egli, invece, benedice coloro che promuovono la giustizia e la rettitudine e che sono di cuore contrito ed umile (cc. 56:1-3; 57:15; 58:6-7). La casa di Dio è una "casa di preghiera per tutte le nazioni, anche per coloro che una volta erano separati a motivo della Legge (c. 56:4-8). Il marchio di una vera religione non è una falsa pietà o una purezza razziale ma l'impegno ad apportare integrità nella società. Insieme ad una preoccupazione di tipo sociale, la comunità di fede deve onorare Dio con la sua attenta osservanza del sabato (c. 58:13-14)

S

L'IDENTITÀ DEL SERVO

Vi sono idee diverse sull'identità del Servo dei canti di Isaia. La domanda dell'eunuco a Filippo l'evangelista riflette l'incertezza giudaica del primo secolo d.C. sull'argomento (vd. Atti 8:26-40). Alcuni studiosi identificano la nazione di Israele con il servo. Secondo loro, Isaia parla delle sofferenze dei giudei nella loro lunga storia come parte del piano salvifico di Dio per l'intera umanità.Alcuni persino ritengono che l'olocausto faccia parte di questo scopo redentivo. Altri credono che il profeta stia parlando di se stesso. Una terza posizione popolare tra i cristiani evangelici, è che il profeta stia parlando delle sofferenze del futuro Messia – eventi che si compirono nella vita di Gesù di Nazaret. Filippo trovò nella storia del Servo "la buona notizia su Gesù"(At.8:35). La Chiesa proclama Gesù il crocifisso quale Servo sofferente di Dio mediante il quale Egli dimostra il Suo amore sofferente per l'umanità.

È Dio indifferente al grido del Suo popolo? (c.59:1-21).

Il profeta risponde a coloro che ritengono che Dio non si curi delle sofferenze del Suo popolo. Ciò che separa Dio dal Suo popolo e dal suo grido di aiuto è il peccato della nazione (vv.1-8). Il profeta, più che predicare, confessa la peccaminosità della nazione (vv. 10-15). Assicura coloro che desiderano allontanarsi dai peccati che Dio verrà come Redentore ed il Suo Spirito e la Sua parola rimarranno per sempre con loro (vv.16-21).

Dio, la luce perpetua (c. 60:1-22)

Il profeta annuncia la fine del buio e il sopraggiungere di Dio come "luce perpetua"(v. 20). Israele diverrà la luce delle nazioni. Sion, "la città del Signore" (v.14), sarà governata dalla pace e dalla giustizia. Le mura della città saranno chiamate "salvezza" e le sue porte "lode"(v. 18). Dio realizzerà il Suo piano nel tempo previsto della sua realizzazione.

La buona notizia ai poveri ed agli afflitti (c. 61:1-11)

Il canto annuncia la missione del Servo inviato dallo Spirito del Signore. Il Servo dichiara liberazione totale per i prigionieri, gli oppressi ed i derelitti. Il suo servizio tenderà a restaurare la giustizia e, quindi, inaugurare il governo sovrano di Dio sulla terra. Coloro che hanno vissuto giorni di cordoglio e pianto gioiranno con "gioia inestinguibile." Dio li rivestirà con vesti di salvezza e giustizia. Tutte le nazioni del mondo vedranno l'opera del Signore mediante il Suo servo.

***Figura 92** Preghiera di un fedele giudeo al muro occidentale.*

> # LA VERA RELIGIONE
>
> C'è una relazione essenziale tra la propria vita di fede e la coscienza sociale. Il dono di Dio per noi è la Sua Shalom – integrità e benessere che provengono dalla redenzione. I destinatari del dono della shalom devono dimostrare compassione e grazia verso gli oppressi, gli affamati e i senzatetto della società. Giacomo la definisce la "religione che è pura ed incontaminata davanti a Dio" (1:27). Paolo ammonisce dicendo ai lettori, "avendo ciascuno di voi riguardo non alle cose proprie, ma anche a quelle degli altri"(Filip.2:4)

Sion redenta (c. 62:1-12)

È possibile che gli esiliati, ritornati nella terra natia, siano rimasti delusi per i continui problemi di sopravvivenza e per le continue difficoltà interne. Il profeta preannuncia la fine di tutte queste condizioni passate e presenti. La relazione tra Dio ed Israele sarà come un matrimonio in cui Dio gioirà con la Sua sposa.

La sua sposa assumerà una nuova identità – un nome nuovo che caratterizza la passione e l'amore di Dio per il Suo popolo.

Un lamento comunitario (cc. 63:1- 64:12)

La comunità postesilica diviene cinica e scettica sulla capacità di Dio di restaurare Sion e la sua vita comunitaria. Il profeta annuncia la venuta di Dio, il Guerriero divino, con la salvezza e la vitto-ria per il Suo popolo. Isaia cc. 63:7 – 64:12 è un lamento comunitario. Il profeta intermedia per il Suo popolo e si appella alla misericordia di Dio ricordando i suoi atti passati di misericordia. Confessa i peccati del suo popolo, che sempre più è ingiusto. Il lamento si conclude con una preghiera appassionata a Dio Padre e al Vasaio di restaurare la Sua città e il Suo popolo nell'integrità.

Un nuovo cielo e una nuova terra (c. 65:1-25)

Il progetto di Dio è di restaurare l'integrità nella sua creazione ed il benessere caratterizzato dalla gioia, dalla vita lunga, dalla prosperità e dalla coesistenza pacifica. Il profeta rassicura i veri servitori di Dio che essi avrebbero ereditato la terra. Dio creerà un nuovo cielo e una nuova terra. Questo mondo non sarà soltanto restaurato ma anche trasformato. La speranza profetica qui espressa non è soltanto una forma di idealismo ma, piuttosto, una visione della realtà che soltanto Dio può realizzare.

Nessuna sostituzione per l'integrità spirituale (c. 66:1-24)

Isaia comunica alla comunità postesilica, divisa sul programma di ricostruzione del Tempio, che Dio richiede dal Suo popolo umiltà e contrizione e non un sacrificio insignificante. Dio vuole bene-dire coloro che tremano alla Sua voce, punire i Suoi nemici, ridonare la gioia, il conforto, e la prosperità di Sion riportando i giudei esiliati nella loro terra natia. La restaurazione di Dio include le nazioni (i Gentili). Sia Giudei che Gentili adoreranno Dio a Gerusalemme. Gli oracoli di Isaia si concludono con il destino eterno del malvagio nel fuoco inestinguibile. Le parole di Gesù sul destino eterno dei peccatori echeggia quelle finali di Isaia (vd. Mc. 9:42-50). Quando ci ribelliamo contro Dio, stiamo decidendo il nostro destino eterno. Il libro di Isaia si conclude con un invito implicito a scegliere la vita e non la morte e l'inferno, dove il loro "verme" non muore ed il "fuoco" brucia per sempre.

IL VANGELO DI ISAIA

Il ministero di Gesù si concentra sul dono della libertà agli oppressi ed agli stanchi, la vista ai ciechi, l'udito ai sordi, la guarigione agli ammalati ed agli indemoniati – l'integrità (shalom) a tutta l'umanità. Egli si considera il compimento di Isaia 61:1-3 (vd. Lc. 4:16-21). In Cristo, Dio pronuncia il perdono e la libertà totali – l'anno del giubileo – al nostro mondo frantumato che è nel tormento, nella schiavitù e nella disperazione. Questa è la buona notizia per noi, oggi.

Frasi riassuntive

- Varie parti del Libro di Isaia sono indirizzate alle comunità di fede che appartenevano a ambienti storici diversi;
- Il Giudizio è il tema dominante dei cc. 1-39;
- I capitoli 40-66 si concentrano sul tema della salvezza;
- Dioè il santo Dio, Creatore e Redentore del Suo popolo;
- Il rimanente, Sion, il Messia davidico ed il Servo del Signore, in Isaia, sono temi importanti;
- Gesù nella sua vita e ministero compie la missione del Servo di Isaia;
- Dio, alla fine, vendicherà il giusto e lo benedirà con l'integrità e il benessere;
- Il destino dei malvagi è un giudizio eterno.

Domande di riflessione

1. Discuti modi pratici di esprimere la fiducia a Dio quando sei sommerso da problemi di vita complessi e difficili.
2. Quale lezione impariamo dall'incontro tra Isaia e la santità di Dio? (c.6)
3. Descrivi l'immagine di Dio secondo Isaia. Fai degli esempi.
4. Discuti modi pratici di promuovere la santità ed il benessere (shalom) nella nostra società.
5. Descrivi il Servo del Signore in Isaia e sviluppa una filosofia della vita cristiana basata sul modello del Servo.
6. Discuti del significato della visione di Isaia della salvezza universale nella Chiesa e la sua missione al mondo.

Risorse per studi ulteriori

Hanson, Paul D. Isaiah 40-66. Interpretation, Louisville, Ky; John Knox Press, 1995;

Motyer, J. Alec. The Prophecy of Isaiah: An Introduction and Commentary, Downers Grove, Ill.: Intervarsity Press, 1993;

Oswalt, John N. The Book of Isaiah. Chapters 1-39. New International Commentary on the Old Testament, Grand Rapids, Eerdmans, 1986;

Seitz, Christopher R. Isaiah 1-39: Interpretation. Louisville, Ky.: John Knox Press, 1993.

27. Geremia e Lamentazioni

OBIETTIVI

Lo studio di questo capitolo ti aiuterà a:
- Riassumere l'ambiente storico del ministero di Geremia;
- Elencare gli eventi chiave nella vita di Geremia;
- Discutere i maggiori insegnamenti teologici dei libri di Geremia e Lamentazioni;
- Valutare il ministero di Geremia come profeta di grande coraggio e speranza;
- Identificare il nuovo contesto del patto e discutere il suo significato per il messaggio del Nuovo Testamento.

Termini chiave:

Anatot
Abiatar
Giosia
Ioacaz
Ioiachim
Ioiachin
Sedecia
Editori deuteronomici
Sermone del Tempio
La valle di Ben Hinnom
"Confessioni"
Shalom
Anania
"Settant'anni"
Libro della consolazione
Nuovo Patto
Babilonesi
Baruc
Ebed-Melec
Nabucodonosor
Gedalia
Ismael
Tapanes
Megillot
Nono di An
Acrostico

Domande da considerare durante la lettura:
1. Spesso Geremia viene descritto come il "profeta piangente". Perché?
2. Cosa pensano le persone di coloro che annunziano il prossimo giudizio di Dio?
3. Perché un predicatore fedele è, oggi, dibattuto se dare o no messaggio di giudizio?

Geremia

Storia personale di Geremia

Geremia (significato ebraico, "esaltato dal Signore") era figlio di Chilchia, membro della classe sacerdotale che viveva ad Anatot, un villaggio nei pressi di Gerusalemme. La sua famiglia forse discendeva da Abiatar, il sommo sacerdote di Davide che, in seguito, fu allontanato da Salomone (vd. 1 Re 2:26). Geremia cominciò il uso ministero nel tredicesimo anno del re Giosia (627 a.C.) e profetizzò fino ai giorni di Giosia, Ioacaz, Ioiachim. Ioiachin, e Sedecia. Al capitolo 16, versetto 2, leggiamo che Dio gli ordina di non sposarsi e non avere figli o figlie. Deve essere un testimone oculare della distruzione di Gerusalemme, per mano dei babilonesi, nel 587 a.C. Poco tempo dopo, viene deportato da un un gruppo di giudei ribelli in Egitto dove trascorre il resto della sua vita.

Contesto

La vocazione di Geremia avviene in un momento cruciale della storia di Giuda e della politica mondiale: l'indebolimento dell'impero assiro e l'emergenza di quello neo-babilonese sotto Nabopolassar (regnò dal 625 al 605 a.C.). Questo mutamento storico provoca cambiamenti nella situazione politica della Mezzaluna fertile. Giuda è governata da Giosia, un giovane re che progetta di liberare la nazione dalla schiavitù assira. Cinque anni dopo la vocazione di Geremia, Giosia (640-609 a.C.) inizia la riforma religiosa motivata dalla scoperta del libro della Legge (vd. cc. 2 Re 22-23; 2 Cr. 34-35). Questa riforma, però, non produce cambiamenti duraturi eccetto un rinnovato nazionalismo e orgoglio spirituale. L'instabilità politica, susseguente alla morte di Giosia (609 a.C.), fa da spina dorsale a molto del ministero di Geremia. Come notato al c.17, le condizioni religiose e politiche di Giuda peggioreranno durante il regno di Ioiachim; di conseguenza, la nazione sarà distrutta da Babilonia e il profeta assisterà a questa tragedia del 587 a.C. per mano dell'esercito babilonese.

Contenuto

Il libro di Geremia non è composto in ordine cronologico. Geremia utilizza sia la poesia che la prosa, spesso andando avanti e indietro, dall'una all'altra. Nel libro troviamo anche una certa quantità di riferimenti biografici e storici insieme a sermoni in prosa. Racconti storici presentano dei paralleli con quelli in 2 Re. I sermoni in prosa di Geremia riflettono gli insegnamenti del libro del

Deuteronomio. Alcuni studiosi attribuiscono questi sermoni agli editori deuteronomistici del libro.

Suggeriamo la seguente suddivisione del libro:
1. Oracoli di giudizio (cc. 1:1-29:32)
2. Oracoli di speranza (cc. 30:1-33:26)
3. Resoconti biografici e storici (cc.34:1-45:5)
4. Oracoli contro le nazioni (cc. 46:1-51:64)
5. Appendice storico (c. 52:1-34)

- **Oracoli di giudizio (cc. 1:1-29:32)**

La vocazione di Geremia (c.1:4-19)

L'introduzione storica e biografica del libro (vv.1-3) è seguita dal resoconto della vocazione di Geremia proposta sotto forma di tre dialoghi tra Dio e Geremia. Nel primo dialogo, Dio lo stabilisce come profeta per le nazioni (vv.4-10). Dio rivela a Geremia di averlo consacrato come profeta ancora prima della sua nascita. Geremia resiste alla vocazione perché si ritiene troppo giovane. Dio, tuttavia, gli tocca le labbra e lo munisce della Sua parola. Invia Geremiaa "sradicare, demolire, abbattere, distruggere" le attuali condizioni di corruzione "per costruire e per piantare" (v.10) un nuovo or-dine morale nel mondo (vd. anche cc. 12:14-16; 18:7-9; 24:6; 31:28,40;42:10 3 45:4). Nel secondo (vv.11-12) e nel terzo (vv.13-19) dialogo, Dio conferma a Geremia la Sua chiamata e autentica la Sua parola. Questi dialoghi avvengono nel contesto di due diverse visioni. Quella del ramo di mandorlo comunica la certezza che Dio "vigila sulla [Sua] parola per mandarla ad effetto" (v.12). La visione della pentola che bolle conferma il piano divino di causare un disastro politico su Giuda a motivo della sua malvagità (v.16).

Figura 93 Dio mostra a Geremia un ramo di mandorlo fiorito per confermare l'adempimento della Sua parola (Ger.1:11)

Sermoni sul peccato, il giudizio, l'amore ed il perdono (cc. 2:1-6:30)

Questa sezione contiene una collezione di oracoli di Geremia, tutti connessi al tema dell'apostasia di Israele e della risposta di Dio. Molti commentatori pongono questi oracoli nella prima parte del suo ministero profetico.

Geremia espone l'accusa di Dio contro Israele che ha trascurato il Suo culto (c.2:1 - 37). La nazione, nel suo insieme, segue Baal ed ha abbandonato Dio che è la sorgente di vita. Egli paragona il popolo a chi ha lasciato "la sorgente d'acqua viva" per raccogliere acqua in "cisterne screpolate che non tengono l'acqua" (v.13)

Geremia 3:1-4:4 tratta l'adulterio di Giuda ma l'idea centrale è la volontà di Dio di riportare a sé la Sua sposa adultera. Geremia invita Israele ad accettare la misericordia e l'amore di Dio e ritornare dal suo vero marito per divenire una fonte di benedizione per le nazioni.

Il giudizio è il tema dei cc. 4:5 - 6:30. Geremia avverte la sua nazione che Dio sta per compiere il Suo giudizio mediante un nemico, una nazione politica che verrà dal "nord." Il profeta soffre nel suo cuore e nella sua anima sapendo che il giudizio apporterà una terribile distruzione. L'intero universo sarebbe tornato nel caos, nel buio, nella morte e nella rovina a causa del peccato del popolo di Dio. Il capitolo 6 si conclude con la decisione di Dio di rendere Israele "un campione di prova" di Giuda. Geremia trova la nazione in una situazione di degrado oltre il punto massimo di redenzione. Il popolo di Dio non risponde ai suoi metodo di cura purificatrice e rimane corrotto ed impuro.

T

LA VOCAZIONE DI GEREMIA

La vocazione di Geremia illustra bene la libertà della grazia di Dio di chiamare chiunque Egli vuole come Suo portavoce (c. 1:5). Nella Sua sovrana libertà, Dio ci chiama ad essere Suoi servi. Raramente Egli valuta la nostra qualifica religiosa o dignità. La parola di Dio "non dire:'sono un ragazzo'(v.7), ci sfida a rivedere il modo in cui percepiamo la vocazione al ministero. Forse l'età e il genere possono impedire a Dio di chiamare una persona al Suo servizio?

T

DIO, FONTE DI ACQUA VIVA

Geremia accusa il popolo di Dio di aver abbandonato la fonte d'acqua viva seguendo idoli che non hanno dignità (c. 2:13). Solo Dio è la fonte della nostra vita e salvezza (vd. Ger. 17:13; Sl. 36:9; Is. 55:1; Gv. 4:13-14; 7:37). Dobbiamo sempre ricordare questa verità. Nel mondo niente può competere con Dio ed essere a Lui paragonato. Egli soltanto possiede le risorse più ricche per soddisfare i nostri bisogni spirituali più profondi. L'autosufficienza e la dipendenza da altri ci porta soltanto stagnazione e frustrazione.

Sermoni sulle conseguenze della corruzione di Giuda (7:1-10:25)

Il sermone del Tempio di Geremia (molto probabilmente predicato nel 609 a.C., vd. c. 26:1) è un'accusa contro il culto di Giuda (cc. 7:1-8:3). Giuda confida nelle presenza eterna di Dio e la nazione crede che il Tempio sia la garanzia sicura di questa speranza. Vive, però, in aperta violazione delle proibizioni dei dieci comandamenti. Geremia afferma che Dio abiterà con il suo popolo soltanto quando e se questi cesserà dall'opprimere lo straniero, le vedove e gli orfani. Quelli che si definivano fedeli a Dio hanno reso il Tempio una spelonca di ladri (7:11). Ecco perché sarà distrutto proprio come Dio aveva distrutto il Tabernacolo di Siloe.

Il giudizio ricade su Giuda a causa del suo ostinato rifiuto di ubbidire alla parola di Dio pronunciata tramite Mosè ed i profeti. La nazione segue altri dii, è idolatra. Quando il giudizio si abbatterà sulla nazione, la Valle di Ben Innom (Tofet), dove Giuda pratica il sacrificio dei bambini per compiacere le divinità assire, diverrà il cimitero della nazione.

Geremia descrive il suo uditorio come un popolo impenitente e ricaduto nel peccato che, invece, si ritiene saggio nel suo modo di vivere (c. 8:4-17). Il profeta piange amaramente per il peccato di Giuda e si appella alla nazione morente perché ricerchi Dio, il suo "medico" e "balsamo di Galaad"(v.22; vd. cc. 8:18-9:3). Paragona ogni abitante a Giacobbe, l'antenato noto per il suo inganno e falsità. Il giudizio purificatore di Dio sta per abbattersi sul popolo ingannevole ed il risultato sarà una totale devastazione del paese. Inoltre, questo è il destino di tutti coloro che sono "incirconcisi di cuore" (cc. 9:26; vd. 8:4-9:26). L'Iddio d'Israele è il vero Re Creatore, vivente ed eterno (c. 10:1-16). I capi di Giuda che non seguono Dio, sono i responsabili del prossimo esilio e della dispersione della nazione (vv.17-22). Il profeta soffre grandemente per la imminente distruzione di Giuda e chiede a Dio di essere misericordioso nel Suo giudizio (vv. 23-25).

Il patto di JHWH è rotto (cc.11:1-15:21)

Israele ha rotto il patto con Dio, perciò la punizione è certa. Questa sezione inizia con un annuncio delle maledizioni del patto sulla ribelle Giuda (cc. 11:1-17). Troviamo la prima di una lunga serie di lamenti (confessioni) di Geremia nei cc. 11:18-12:6.

T

IL VERO CULTO

Come altri profeti, Geremia enfatizza l'importanza di integrare la spiritualità con le sollecitudini sociali. Il vero culto non è un evento occasionale ma uno stile di vita. Chi è trasformato da Dio sta attento alle necessità degli oppressi e dei bisognosi (c.7:6) "Fame e sete di giustizia" è la caratteristica di coloro che integrano la spiritualità con le preoccupazioni sociali. (Mt. 5:6; Gc. 1:27)

> **IL PENTIMENTO**
>
> L'unico prerequisito per la salvezza è il pentimento. Il pentimento è un'azione intrapresa per sanare relazioni con genuina contrizione e il riconoscimento della propria colpa (cc. 3:12,14, 19,22: 4:1). Il pentimento sprigiona la potenza guaritrice di Dio e ridona salute ai peccatori che sono incurabilmente ammalati. Il pentimento cancella la sentenza di morte su di noi e ci prepara ad accogliere pienamente la grazia di Dio che viene mediante Cristo.

La gente della sua città natale progetta di ucciderlo ma Egli consacra la sua vita a Dio il quale lo rassicura dicendogli che avrebbe punito i suoi nemici. Il profeta si lamenta della prosperità del malvagio. Dio stimola Geremia a rafforzarsi nella sua battaglia personale in modo da poter affrontare, nel resto della sua vita, crisi anche più severe. Geremia proclama che i capi di Giuda sono responsabili della desolazione della vigna di Dio (cc. 12:7-17). L'umiliazione di Giuda è il tema del capitolo 13. Con un atto simbolico, Geremia annuncia che Giuda non è più l'oggetto dell'orgoglio e della gioia di Dio. Il giudizio dell'esilio avrebbe portato umiliazione e dolore sulla famiglia reale di Giuda e sulla città di Gerusalemme. Il peccato di Giuda è divenuto una condizione ereditaria come il nero della pelle dell'etiope o le macchie di un leopardo. Il vero rimedio per questa depravità è la guarigione e la purificazione che Dio offre alla nazione (vv.23-27).

Il capitolo 14 inizia con un annuncio sulla severa siccità. Geremia confessa il peccato della nazione e cerca la misericordia ed il perdono di Dio. Dio annuncia a Geremia che né l'intercessione e neanche i riti avrebbero cambiato le sue idee. Il profeta rappresenta nuovamente la nazione e confessa il suo peccato ponendo la propria fiducia di salvezza solo in Dio che è l'unico a inviare la pioggia e a salvare la nazione dalla siccità. Il capitolo 15 continua il tema dell'intercessione (vv.1-4). Dio ha già condannato il Suo popolo alla distruzione e nessuno, neanche Mosè e Samuele, potranno persuadere Dio a cambiare i Suoi pensieri.

Geremia 15:20-21 è un'altra "confessione" del profeta. Si considera un fallimento per cui è sia scoraggiato che presuntuoso. Si chiede se potrà veramente confidare in Dio che sembra comportarsi in modo ingannevole con lui. La risposta di Dio a Geremia è una sfida aperta a camminare sulla via giusta rimanendo fedele alla vocazione di Dio.

Peccato, giudizio e grazia (cc. 16:1-17:27)

Dio ordina a Geremia di non sposarsi e non avere la gioia di una vita familiare. Questa esperienza personale simboleggia la fine di tutte le occasioni gioiose nel paese, poiché Dio ha tolto la sua shalom dal Suo popolo (c. 16:1-9). Tuttavia, vi sarà grazia alla fine del giudizio. Dio riporterà il Suo popolo nel paese di origine dalla terra d'esilio (vv.10-15).

Geremia considera l'idolatria come il segno dell'influenza potente del peccato sulla vita del Suo popolo (c. 17:1-4). Il profeta pronuncia la condanna di Do su coloro che lo hanno dimenticato. Raffigura il giusto come colui che prospera come un albero piantato vicino all'acqua (vv.5-8; vd. Salmo 1). Geremia avverte il malvagio dicendo che Dio, che vede il suo cuore corrotto e malvagio, avrebbe apportato il giudizio (Geremia 17:9-13). Nei versi 14-18 troviamo un'altra "confessione" del profeta con un appello alla protezione da coloro che lo perseguitano. Geremia sfida Giuda a dimostrare la sua fedeltà a Dio mediante la consacrazione alla legge del sabato (vv.19-27).

La sovranità di Dio (cc. 18:1-20:18)

Dio invia Geremia dal vasaio dove egli riceve una parola sull'assoluta sovranità di Dio e la Sua libertà di dare forma e determinare il destino delle nazioni (c. 18:1-12). Adoperando l'immagine del vasaio che plasma nuovamente l'argilla guastata, Geremia afferma che Dio è libero di cambiare i suoi programmi riguardanti Giuda e le nazioni. Il popolo scelto da Dio è minacciato di distruzione perché è corrotto ed ha rifiutato il piano di Dio a suo favore.

Geremia descrive l'imminente esilio come conseguenza dell'idolatria di Giuda che ha dimenticato Dio (vv.13-17). Il capitolo 18 si conclude con un'altra confessione in cui il profeta invoca il giudizio divino contro coloro che provano a zittirlo (vv. 19-23,vd. v.18). il profeta compie un atto simbolico rompendo un fiasco a pezzi per mostrare la determinazione di Dio a distruggere Gerusalemme (c. 19: 1-13). Il luogo di culto abbandonato (Gerusalemme) sarà distrutto e quello scelto da loro, per i loro sacrifici (la valle di Ben Hinnon), diventerà un campo di sepoltura.

I capi religiosi che ritengono il Tempio indistruttibile, arrestano Geremia mettendolo ai ceppi (v.14-20:6). Geremia si lamenta dicendo che Dio lo ha ingannato con la Sua parola perché è divenuto un oggetto di scherno e di risate (vd. la "confessione" al c. 20:7-12). Sa anche che, se rifiuterà di essere un profeta di Dio, il fuoco purificatore della parola di Dio lo consumerà. L'ulteriore "confessione" (vv. 14-18) è molto più simile al lamento di disperazione di Giobbe (Giobbe 3). La vita è divenuta impossibile perciò Geremia maledice il giorno della sua nascita.

Re indegni e altri capi (cc.21:1-23:40)

Questa sezione contiene due parti: gli oracoli nella prima parte sono diretti contro i re che hanno regnato su Giuda negli ultimi

Figura 94 Geremia descrive Dio come il vasaio...Israele come l'argilla(c.18:1-10)

giorni della sua storia (cc. 21:1-23:8). La seconda parte di questa sezione comprende accuse di Geremia contro coloro che, illegittimamente, pretendono assumersi il ruolo profetico per profitto personale (c. 23:9-40). Quando il re Sedechia ricerca la parola di Dio durante l'assedio babilonese di Gerusalemme, Geremia suggerisce, sia a lui che alla nazione, di arrendersi ai babilonesi. Il giudizio di Dio ricade sulla famiglia reale perché non ha agito con giustizia verso gli stranieri, gli orfani e le vedove del paese. Geremia annuncia pure che Dio porrà sulla nazione un "germoglio giusto" della casa di Davide per stabilire una nuova relazione tra Dio ed il Suo popolo (vv.1-8).

Geremia pronuncia il giudizio contro coloro che proclamano false profezie e contro i sacerdoti che abusano del loro ufficio (vv.9-40). Egli accusa ancora i falsi profeti di mancanza di lealtà a Dio per aver annunciato visioni e sogni che provenivano dal loro cuore.

Costruire e piantare (c. 24:1-10)

La visione di due canestri di fichi simboleggia il piano di Dio per coloro che sono rimasti nel paese e per coloro che sono andati in esilio. Chi è rimasto, non ha futuro. L'esilio del 597 a.C. è, infatti, la via preparata da Dio per il futuro di Giuda. Dio restaurerà, costruirà e pianterà la comunità esiliata nella sua terra natia ricevendo da Dio il dono di un cuore ubbidiente, in una nuova relazione pattuale con Lui.

L'ira di Dio sui malvagi (25:1-38)

Per 23 anni Geremia predica instancabilmente a Giuda, richiamando continuamente la nazione al pentimento. La nazione rifiuta sia il messaggero che il suo messaggio. La pazienza di Dio finisce ed Egli invia Babilonia, una nazione pagana, a manifestare la Sua ira contro Giuda. L'ira di Dio si rivolge anche contro tutte le nazioni empie e malvagie del mondo.

DIO, IL VASAIO DIVINO

Geremia raffigura Dio come un vasaio divino che viene a noi nella sovrana libertà della grazia. Il messaggio nella casa del vasaio dimostra come il nostro destino ultimo dipenda dal modo in cui rispondiamo a Dio. Dicendogli "sì" Dio ci guiderà al compimento del Suo piano per la nostra vita. Dicendogli "no", come fece Giuda (vd. v.12), avremo solo morte e distruzione. Pur se Dio è il nostro vasaio, anche noi svolgiamo un ruolo nella definizione del nostro destino, secondo la nostra risposta positiva o negativa alla Sua volontà operante nella nostra vita. La buona notizia è che i peccatori sottoposti al giudizio di Dio possono sperare nella grazia e nella misericordia e, se si pentono, ricevere una nuova opportunità di vita.

Geremia sotto giudizio (c. 26:1-24)

Il capitolo 26 descrive le conseguenze del sermone nel Tempio di Geremia (vd. c. 7:1-15). Il popolo si indigna perché il profeta ha parlato della distruzione del Tempio e chiede la sua morte. Durante il conseguente processo, alcuni ufficiali reali ed alcuni anziani parlano in favore di Geremia, citando il discorso di Michea, di circa un secolo prima, sulla distruzione di Sion. Alla fine, la vita di Geremia è risparmiata.

La controversia sul giogo di Babilonia (cc. 27:1-28:17)

Questa narrazione comprende due sezioni: l'atto simbolico di mettere al collo un giogo di legno per annunciare la prossima cattività babilonese ed il susseguente messaggio al re Sedechia (c. 27:1-22) ed il suo scontro con Anania, il falso profeta che tenta di screditare il messaggio di Geremia (c. 28:1-17). Geremia pone sul collo delle catene e dei gioghi per comunicare a Giuda che la sottomissione a Babilonia equivale a sottomettersi alla volontà di Dio. Anania, un falso profeta, gli toglie il giogo e lo spezza dichiarando che, nello stesso modo, Dio spezzerà il giogo di Babilonia. Dio rivela a Geremia che Anania sta affermando il falso e che, perciò sarà punito.

Lettera agli esuli (c.29:1-32)

Geremia invia una lettera ai giudei esiliati a Babilonia nel 597 a.C. In questa lettera spinge la comunità in esilio a non perdersi d'animo. Descrive il tempo del giudizio come il tempo in cui costruire e piantare se stessi tra i pagani. Essi devono pregare per il benessere dei loro oppressori. Dio ha stabilito un tempo ("settant'anni") per la punizione degli esuli. Allo scadere di questo tempo, Egli tornerà a loro. Dio offre loro un futuro se invocano il Suo nome e Lo cercano con tutto il cuore.

- **Oracoli di speranza (cc. 30:1-33:26)**

Gli studiosi titolano i capitoli 30-33 come Libro della Consolazione o libro della Speranza. In questa sezione, vari oracoli sono collegati dal tema comune della restaurazione di Israele. L'offerta del conforto di Dio si realizzerà nel futuro. Geremia parla della restaurazione di Israele

T

> **IL NUOVO PATTO**
>
> Dio realizza la Sua promessa di un nuovo patto mediante Gesù, il Figlio. La Cena del Signore ricorda alla Chiesa il "sangue del patto, sparso per molti" (vd. Mc. 14:24; 1 Cor. 11:25). Il nuovo patto è un patto di amore divino, grazia e perdono che dà speranza al nostro mondo peccatore.

come di un evento escatologico (fine dei tempi). Dio restaurerà Israele ed il regno davidico ed il patto con Dio sarà ristabilito. L'amore di Dio per Israele è eterno ed Egli risolleverà la nazione. La parte più importate del libro della Consolazione è l'annuncio di Geremia di un nuovo patto di Dio con Israele (c. 31:31-34). Il vecchio patto è stato rotto, ma l'intenzione di Dio rimane la stessa. Egli offrirà un'ulteriore opportunità stabilendo nuovamente se stesso come Dio di Israele e Israele come Suo popolo. Il patto è nuovo nel senso che il cuore sarà il depositario dell'insegnamento di Dio (Torah). Geremia predice che le istruzioni che Dio porrà nel cuore condurranno il popolo di Dio a conoscerLo in modo intimo. Un'altra dimensione di questo nuovo patto è la promessa che Dio perdonerà e dimenticherà i peccati del Suo popolo.

Geremia compra una proprietà dal cugino Canameel poco prima della caduta di Gerusalemme per soddisfare il suo diritto di successione e riscatto del campo (vd. c.32). Mediante questa compra-vendita legale, il profeta comunica il messaggio che sarebbero tornati a vivere normalmente nel paese. Pur se Dio stava cedendo la città a Babilonia, egli avrebbe riportato il Suo popolo indietro dall'esilio. Il tema della restaurazione continua nel c. 33. Dio restaurerà il trono davidico con un sovrano giusto e retto ("un germoglio di giustizia", v.15) ed il culto di Israele sarà guidato da un sacerdozio levitico.

- **Racconti biografici e storici (cc. 34:1-45:5)**

Una lezione sulla fedeltà al patto (cc. 34:1-35:19)

Geremia propone il re Sedechia e Giuda come esempi di infedeltà al patto (c. 34). Nel tempo dell'assedio babilonese di Gerusalemme, il popolo aveva

rinnovato il patto con Dio e, in ubbidienza alla Legge di Mosè, aveva liberato gli schiavi giudei. Tuttavia, a pericolo scampato, cambia idea schiavizzandoli. Per questo modo di agire infedele e falso, Geremia dichiara che la nazione è sotto le maledizioni del patto. Il capitolo successivo contrasta l'ipocrisia di Giuda con la lealtà dei Recabiti (v.35). Geremia offre del vino ai recabiti ma essi lo rifiutano perché il loro antenato Gionadab figlio di Recab, aveva comandato ai suoi figli di non bere vino. Geremia esorta Giuda ad imparare dai Recabiti una lezione di fedeltà. Il giudizio di Dio sta per abbattersi sulla continua disubbidienza del patto del Sinai.

Figura 95 Baruc scrisse le parole del profeta Geremia

Ioiachim brucia il libro (c. 36:1-32)

Verso il 606 a.C. Baruc, scriba di Geremia, mette per iscritto le parole che Geremia gli detta – il contenuto dei suoi primi 22 anni di predicazione sul peccato di Giuda e l'imminente giudizio. Baruc legge il rotolo alla gente che si reca al Tempio per adorare. Lo rilegge agli ufficiali reali ed ai principi che suggeriscono a Baruc e ed al profeta di nascondersi per la loro incolumità. Un ufficiale reale legge il rotolo al re Ioiachim che lo taglia e getta nel fuoco chiedendo di arrestare sia Baruc che Geremia. Dio però li protegge e Geremia detta nuovamente le stesse parole a Baruc che prepara un altro rotolo al quale, in seguito, verranno aggiunti molti altri oracoli.

Geremia in prigione (cc. 37:1-38:28)

Nel 597 a.C. i babilonesi impongono un re fantoccio su Giuda, Sedechia, che non dimostra alcun rispetto per la parola di Dio. Quando Geremia viene messo in carcere con l'accusa di diserzione a favore del nemico, Sedechia chiede segretamente a Geremia informazioni sul piano di Dio. Geremia replica che lo stesso re sarebbe stato deportato a Babilonia. Geremia viene gettato in una cisterna ma Ebed-Melec, un servo etiope del re, lo salva da morte sicura. Rimane nel cortile della prigione fino all'invasione babilonese.

La caduta di Gerusalemme ed altri eventi correlati (cc. 39:1 - 44:30)

Il racconto della caduta di Gerusalemme nelle mani dell'esercito di Nabucodonosor (c. 39) include il destino fatale di Sedechia. I babilonesi uccidono i suoi figli e lo deportano in Babilonia con il resto della nazione. Offrono, invece, la libertà a Geremia e un viaggio sicuro verso Babilonia ma egli sceglie di rimanere in Giuda con i poveri che erano rimasti.
I babilonesi scelgono Gedalia come governatore della Giudea. Mesi dopo, Ismaele ed i suoi segua-ci uccidono Gedalia e prendono come ostaggi molte persone. I sostenitori leali di Gedalia, temendo la vendetta dei babilonesi, progettano di fuggire in Egitto. Geremia prova a dissuaderli consigliando loro di rimanere nel paese. Promette loro che Dio ricostruirà questa comunità rimasta e che abiterà nel paese. Essi invece, costringono, con la forza, Geremia ad andare con loro in Egitto. La comunità si stabilisce a Tapanes. Mentre sono in Egitto, Geremia profetizza la morte e la distruzione dei giudei fuggiti in Egitto (cc. 43:8 - 44:30)

Un messaggio a Baruc (c. 45: 1-5)

Forse Baruc, per l'essere stato uno scriba fedele ed un amico leale di Geremia, si aspetta grandi cose da Dio. Dio gli dice di non aspettarsi molto perché sta mandando il male sul mondo intero. Tuttavia, gli promette di preservarlo durante la guerra.

- **Oracoli contro le nazioni (cc. 46:1-51:64)**

Questi capitoli contengono parole profetiche di giudizio contro l'Egitto (c. 46:1-26), la Filistia (c. 47:1-7), Moab (c. 48:1-47), Ammon (c. 49:1-6), edom (vv.7-22), Damasco (vv. 23-27), Chedar e Asor (vv. 28-33), Elam (vv.34-39) e Babilonia cc. 50:1-51:64). C'è un breve oracolo di salvezza indirizzato ad Israele nel c. 46: 27-28.

Nei suoi oracoli contro le nazioni, Geremia esalta la sovranità di Dio su tutte le nazioni. Dio è incomparabile e nessuna nazione può sfidare la Sua autorità. Il peccato principale di queste nazioni è la loro idolatria ed il rifiuto di riconoscere il Dio di Israele (c. 50:17-18). Sebbene Dio usi le nazioni come Suoi strumenti di giudizio contro Israele, anch'esse saranno giudicate. Infine, il piano di Dio di restaurazione includerà non soltanto Israele ma anche le nazioni che Egli ha giudicato.

- **Appendice storica (c. 52:1-34)**

Questo capitolo riassume la storia della distruzione di Gerusalemme e l'esilio di Giuda (vd. il racconto parallelo in 2 Re 24:18-25:30) presentando la tragedia della distruzione della città santa come il risultato dell'ira di Dio (Geremia 52:3). Il capitolo si conclude con una nota riguardante il rilascio dalla prigione di Ioiachin grazie al re babilonese Evil-Merodac.

Il libro di Geremia inizia con una parola di giudizio (c.1:14-16) ma, nella conclusione troviamo l'anticipazione del rilascio della nazione esiliata. Il fine ultimo della predicazione profetica è l'annuncio della grazia di Dio e la speranza della salvezza ai peccatori. In questo senso, questo ultimo capitolo è una conclusione adatta al libro di Geremia.

Lamentazioni

Viviamo in una cultura che ha perso la capacità di piangere ed esprimere la sofferenza emotiva profonda per una morte improvvisa o una distruzione. Ci è difficile, perciò, comprendere la profonda agonia, la sofferenza ed il mondo frammentato dipinto dal libro delle Lamentazioni. Il lamento, in forma poetica, faceva parte della tradizione religiosa e letteraria del mondo antico.[1] Il libro delle Lamentazioni ci introduce in un mondo che sapeva bene come esprimere il dolore e come affrontare la realtà dell'afflizione e della sofferenza quando accadevano tragedie terribili.

Autore e Contesto

Lamentazioni fa parte degli Scritti (Ketubiim), la terza divisione del canone ebraico. Questo libro, insieme a Cantico dei cantici, Rut, Ecclesiaste ed Ester compone cinque rotoli (Megillot). Alcune parti di Lamentazioni viene letto il nove di Av, giorno di lutto in ricordo della distruzione del Tempio di Gerusalemme da parte dei romani, nel 70 d.C. Versioni antiche come la Settanta o la Vulgata attribuiscono Lamentazioni a Geremia posizionandolo subito dopo il libro di Geremia. Le affermazioni introduttive, sia della Settanta che della Vulgata, citano la caduta di Gerusalemme e la cattività di Giuda come l'occasione per la scrittura di Lamentazioni. Questa tradizione è seguita dalla Bibbia inglese. La maggior parte degli studiosi considera questo libro l'opera di uno scrittore anonimo, testimone oculare, della tragedia del 587 a.C.

Contenuto

Il libro è formato da cinque poemi ben composti e strutturati che utilizzano una ricca e variegata quantità di metafore. Ogni poema, eccetto l'ultimo, è costruito come un acrostico, adoperando le 22 lettere dell'alfabeto ebraico. Seguendo la caratteristica dei canti funebri, i pensieri dell'autore sono spesso disordinati e si muovono da un tema all'altro in modo discontinuo e frammentato. Tuttavia, la struttura acrostica dei poemi mostra anche l'intenzione dell'autore di soffermarsi sui dettagli della tragedia in modo sistematico e attento, senza sorvolare sul problema del dolore e della sofferenza.

- **Nessun conforto per Gerusalemme (c. 1:1-22)**

L'autore lamenta la desolazione di Gerusalemme e riconosce la verità che la dissacrazione pagana della Città Santa e del Tempio è la diretta conseguenza dei peccati e dell'impurità del popolo di Dio. Dio ha ritirato la Sua presenza lasciando Israele senza riposo e conforto. Il poeta invita la na-zione ad ammettere che Dio è giusto in tutto quello che fa esortandolo a confessare la sua ribellione contro di Lui.

- **L'ira di Dio (c. 2:1-22)**

L'autore considera la distruzione del Tempio e di altri simboli della santità di Dio come un segno dell'ira di Dio contro il Suo popolo che non è più santo per il Suo Dio. Questi, inoltre, non comunica più mediante la Legge e le visioni profetiche. Tuttavia, se essi torneranno alla Sua presenza con un cuore rotto e con lacrime di pentimento, Dio avrà pietà di loro.

- **Un lamento personale (c. 3:1-66)**

Come Giobbe, l'autore si lamenta con Dio per la sua sofferenza. Diversamente da Giobbe, però, è convinto che la sua sofferenza e quella della nazione siano causate dai loro peccati. Nondimeno, spera ancora nel grande amore di Dio, nella Sua compassione e fedeltà. Nella sofferenza, proclama che Dio è buono invitando il suo popolo ad attendere, nella quiete, la Sua salvezza. Il vero carattere del popolo di Dio è meglio rivelato dalla paziente attesa del Signore (vd. Rm. 5:3-5). Il poeta esorta il popolo a confessare il proprio peccato, a riconoscere la sua colpa davanti a Dio per poter nuovamente godere del Suo inesauribile amore.

- **Il salario del peccato (c. 4:1-22)**

Il poeta ricorda al popolo che sta pagando un terribile prezzo per il suo peccato. Durante la care-stia causata dall'assedio babilonese, persino le madri non provano più compassione per i loro figli. La responsabilità di questa tragedia è dei profeti e dei sacerdoti che non hanno dato la giusta guida e direzione.

- **Una preghiera di misericordia (c. 5:1-22)**

Ancora una volta, il poeta riconosce il peccato come la prima causa delle attuali sfortune del popolo di Dio. La comunità è giudicata a causa dei peccati della generazione precedente e di quella presente. Il lamento si conclude con un appello accorato per la restaurazione del popolo di Dio. Il poeta è sicuro che il Re Eterno e Signore Sovrano non rifiuterà un peccatore penitente e non sarà adirato per sempre con lui.

LA TEOLOGIA DELLA SOFFERENZA

Questo breve libro ricorda alla comunità cristiana le tragiche conseguenze della rottura del patto con Dio. Pur se la sofferenza del popolo di Dio è il suo tema maggiore, dobbiamo porla nel suo giusto contesto. L'ira di Dio è riversata su coloro che sono stati infedeli con Lui. Sebbene il libro non offra alcuna chiara soluzione al problema della sofferenza nel mondo, troviamo qui delle linee guida pratiche per affrontare il dolore personale e collettivo.

La sofferenza non è un affare privato. L'autore ci esorta a parlare apertamente del dolore e dell'agonia e del caos che circondano la nostra esistenza umana. È questo, il modo coraggioso di affrontare la sofferenza. Dobbiamo trovare il tempo per esaminare, riflettere e fare i conti con il dolore, come anche per pregare, confessare e cercare il perdono di Dio. Alla fine, quel che ci sostiene nel nostro dolore sono la fedeltà e l'amore di Dio che ci circondano in mezzo ai problemi ed alle tribolazioni della vita (c. 3:23,32; Romani 8:28, 38-39).

Frasi riassuntive

- Dio chiamò Geremia ad essere un profeta durante gli anni finali dell'esistenza politica di Giuda.
- Geremia predicò un messaggio di giudizio con passione e lacrime.
- Geremia si appellò al popolo di Dio perché si pentisse dai suoi peccati.
- Geremia parlò della necessità di integrare la spiritualità con le preoccupazioni sociali.
- Geremia definì il cuore umano come corrotto e malvagio.
- Geremia descrisse Dio come l'Iddio misericordioso che avrebbe restaurato il Suo popolo dal suo esilio.
- Geremia anticipò il nuovo patto di Dio con Israele.
- L'autore di Lamentazioni riconosceva il peccato come la causa della distruzione di Gerusalemme implorando la misericordia di Dio.

Domande di riflessione

1. In che modo, oggi, tendiamo a dimenticare Dio? In quali aree della nostra vita ciò è vitale?
2. Discuti del fatto che Dio è dalla nostra parte. Quali sono le condizioni perché ciò si verifichi?
3. Discuti sul modo in cui poter integrare la spiritualità con le preoccupazioni sociali odierne.
4. Quali lezioni impariamo da Geremia predicatore ripieno di passione per Dio?
5. In che modo manteniamo la speranza ed il coraggio in mezzo al dolore ed alla disperazione?

Risorse per studi ulteriori

Feinberg, Charles L. Jeremiah: A Commentary, Grand rapids, Zondervan, 1982

Harrison, R.K. Jeremiah and Lamentations. Tyndale Old Testament Commentaries, Downers Grove, Ill.: Intervarsity Press, 1973

Thompson, J.A. The Book of Jeremiah. The New International Commentary on the Old Testament. Grand Rapids: Eerdmans, 1980.

28. Ezechiele

OBIETTIVI

Lo studio di questo capitolo ti aiuterà a:

- Comprendere l'ambiente storico del ministero di Ezechiele;
- Descrivere il contenuto del libro di Ezechiele;
- Rapportare il significato del messaggio di Ezechiele al Nuovo Testamento;
- Descrivere gli insegnamenti chiave di Ezechiele.

Termini chiave:

Ezechiele
Buzi
Kebar
Figlio dell'uomo
"L'idolo della gelosia"
Tammuz
Monte Seir
Gog
Magog

Domande da considerare durante la lettura:
1. Descrivi le sensazioni di dislocamento da casa, dalla chiesa e dalle tradizioni religiose importanti per te.
2. Che cosa diresti ad una persona che non ha speranza per il futuro?
3. Quali sono alcune delle tue convinzioni riguardanti la fine del tempo?

Storia personale di Ezechiele

Il libro di Ezechiele inizia offrendo delle brevi informazioni sul profeta. Il nome Ezechiele significa "Dio dà forza". Il padre era Buzi, forse un membro molto influente del sacerdozio gerosolimitano. Ezechiele fu uno tra i 10.000 giudei condotti in esilio, in Babilonia, nel 597 a.C., dall'esercito di Nabucodonosor (vd. 2 Re 24:14). Si stabilì presso il fiume Chebar in un luogo chiamato Tel Abib (c. 3:15). Era sposato e la moglie morì nel 587 a.C., un segno per la gente della caduta di Gerusalemme (c. 24:15-17)

La chiamata di Dio fu rivolta ad Ezechiele nel quinto anno della cattività (593 a.C.). È molto probabile che "il trentesimo anno" (c.1:1) si riferisca alla sua età, quando egli poté entrare nel sacerdozio. La chiamata di Dio lo portò dall'essere un sacerdote a divenire un portavoce di Dio. Dal 593 al 587 a.C., profetizzò sull'imminente giudizio di Dio. Dopo la distruzione di Gerusalemme del 587 a.C. annunciò il piano di Dio di restaurare la Sua città ed il popolo. La sua ultima profezia è datata all'incirca nel 571 a.C. (c. 29:17).

Ezechiele descrive in modo vivace le attività di Gerusalemme mentre è ancora in esilio in Babilonia (cc. 8:1-18; 11:1-13). Il libro riporta che egli vide queste cose quando lo Spirito lo trasportò a Gerusalemme da Babilonia. Alcuni studiosi affermano che in realtà, non andò mai a Babilonia e che il suo ministero si svolse a Giuda ma non c'è nessuna prova evidente per accogliere questa idea.

Contesto

Il ministero di Ezechiele si svolse nel periodo più buio della storia di Giuda. Giuda continuò la sua testarda resistenza alla parola di Dio persino dopo l'esilio dei cittadini migliori nel 597 a.C. Anche coloro che assunsero la guida si dimostrarono corrotti e malvagi. Il re Sedechia si arrese alla pressione politica e si alleò con l'Egitto per combattere contro Babilonia. I capi offrirono false speranze di ricostruzione della città al popolo di Gerusalemme (c. 11:1-15). Il culto idolatra ed i riti pagani continuarono persino nei cortili del Tempio (c. 8:1-18). Inizialmente Ezechiele si rivolse alla nazione testarda e ribelle avvertendola dell'imminente distruzione della città e della deportazione del popolo di Babilonia (cc. 1-24).

La caduta di Gerusalemme del 587 a.C. è lo scenario degli oracoli di restaurazione nei capitoli 33-48. I babilonesi devastano il paese deportando la nazione a Babilonia. Durante l'ultima parte del suo ministero, Ezechiele prepara spiritualmente la nazione alla redenzione di Dio.

Contenuto

Alcuni studiosi dubitano dell'unità del libro di Ezechiele. Credono che vi siano state molte aggiunte da parte di altri editori. Il libro, nella sua forma presente, tuttavia, ha una struttura ben bilanciata, un'uniformità di stile e di linguaggio ed una chiara sequenza cronologica.[1] Eccetto per i versetti di apertura, il libro è scritto in stile autobiografico. Riconosciamo, allora, che è il prodotto di Ezechiele, il profeta.

Lo schema seguente riflette la maggior parte del libro:
1. La vocazione e missione di Ezechiele (cc. 1:1-3:27)
2. Oracoli di giudizio contro Giuda (cc. 4:1-24:27)
3. Oracoli contro le nazioni (cc. 25:1-32:32)
4. Promessa di restaurazione (cc. 33:1-39:29)
5. La nuova Gerusalemme (cc. 40:1-48:35)

- **La vocazione e missione di Ezechiele (cc. 1:1-3:27)**

La chiamata di Ezechiele avviene mediante una visione sovrannaturale nella quale egli vede Dio seduto sul trono su di un palco sostenuto da quattro creature semi-umane e semi-animali. Ezechiele vede anche quattro ruote piene di bagliore e sfolgoranti, una accanto ad ogni creatura. Il movimento delle creature e delle ruote, in ogni direzione, è completamente sotto il controllo dello Spirito. Ezechiele nota che il carro di Dio si muove in ogni direzione senza essere limitato dalle vie terrene. Il profeta non riesce a descrivere adeguatamente e in dettaglio la gloria maestosa di Dio seduto sul Suo trono. Coglie solo un briciolo della radiosità e dello splendore di Dio. Turbato, timoroso e sbigottito, cade sulla faccia, di fronte alla santa presenza di Dio. Dio si rivolge a Ezechiele chiamandolo "figlio d'uomo" (c. 2:1) invitandolo a parlare alla gente di Giuda, una nazione ribelle e testarda.

FIGLIO D'UOMO S

Dio si rivolse ad Ezechiele chiamandolo, per circa 90 volte "figlio d'uomo". Questo termine si riferisce ad Ezechiele come essere mortale, parte dell'umanità. In Daniele c. 7:13 e c. 8:17, questo termine designa una figura angelica. Nel periodo intertestamentale, questa designazione divenne un titolo messianico. Gesù adoperò frequentemente questo titolo per suggerire, probabilmente, sia la Sua natura umana che il Suo ruolo messianico.

> **IL CARRO DEL TRONO DI DIO**
>
> La visione di Ezechiele del carro del trono di Dio rivela la prospettiva teologica che la presenza di Dio non è limitata ad un luogo particolare. Al tempo di Ezechiele, gli israeliti pensavano che Dio rimanesse entro i confini della città santa. Per Ezechiele, quindi, fu un qualcosa di incredibile sperimentare la presenza di Dio in terra straniera, in un luogo impuro, in mezzo al peccato ed al giudizio. Dio è dinamico e la Sua presenza può essere sperimentata indipendentemente da chi siamo o dove viviamo nel mondo d'oggi. Anche se il peccato separa l'umanità dalla santa presenza di Dio, il Dio santo e pieno di grazia visita i peccatori offrendo loro la salvezza. È questo il mistero della grazia di Dio.

Lo avverte non solo della difficoltà della sua missione ma anche della necessità di essere ubbidiente alla vocazione. Dio comanda ad Ezechiele di mangiare il rotolo per esprimere, simbolicamente, la sua ubbidienza. Ciò avrebbe significato la contaminazione con un oggetto impuro. La Parola di Dio, però, è scritta sul rotolo. Ezechiele deve allora, consumarlo lo stesso, digerirlo ed assimilarlo. L'ubbidienza alla strana richiesta di Dio è necessaria perché lui possa essere un portavoce fedele di Dio. Quando ubbidisce, la Parola gli è dolce come il miele. Pur se l'ubbidienza a Dio non è sempre facile, il risultato è una piena soddisfazione e realizzazione di vita.

Dio sceglie Ezechiele come sentinella di Israele. Il suo compito è di avvertire i malvagi invitandoli a cambiare la loro vita. Deve anche avvertire il giusto perché non pecchi. Che la gente risponda o no alla Parola di Dio, Ezechiele deve comunicare fedelmente il messaggio, altrimenti, sarà ritenuto responsabile per la morte dei peccatori. Dio dice anche ad Ezechiele che il popolo lo legherà con corde per mostrare il rifiuto della sua predicazione. Dio, allora gli impedirà di parlare, rendendolo muto. Il suo periodo di silenzio durerà per sette anni e mezzo, fino alla caduta di Gerusalemme (vd. c. 33:21-22). Durante questo periodo di silenzio avrebbe parlato soltanto per comunicare la parola di Dio.

- **Oracoli di giudizio contro Giuda (cc. 4:1-24:27)**

Azioni simboliche (cc. 4:1-24:27)

Ezechiele compie quattro azioni simboliche per comunicare il destino di coloro che vivono a Gerusalemme: 1. Raffigura l'assedio della città con un diagramma su di un mattone; 2. Giace come un paralitico per un totale di 430 giorni; 3. Mangia cibo impuro; 4. Si rade il capo e la barba.[2] I dettagli di ogni azione mostrano la severità del giudizio di Dio sui peccatori. Gerusalemme, il centro del mondo, è divenuta più corrotta delle nazioni pagane intorno. La punizione dei peccatori avrebbe soddisfatto la giusta pretesa divina di giustizia e, sia Israele che le nazioni avrebbero compreso che Dio aveva attuato il Suo giudizio.

La fine di tutte le abominazioni (6:1-7:27)

Dio annuncia il Suo giudizio sulle montagne perché queste rappresentano il luogo dell'idolatria di Giuda e la impura alleanza con la religione cananea. Ezechiele anticipa che quei pochi che scamperanno il giudizio riconosceranno che Dio ha veramente adempiuto la Sua parola. L'idolatria si è infiltrata, nella società, ad ogni livello, incluso il Tempio. Il giudizio farà cessare tutto il male e tutte le pratiche abominevoli del culto di Israele.

La gloria di Dio abbandona il Tempio (8:1-11:25)[3]

Figura 96 Dio chiese a Ezechiele di mangiare il rotolo con le paroledi giudizio (3:1-2)

Le visioni in questi capitoli avvengono nel 591 a.C. Il messaggio principale è l'abbandono della gloria di Dio da Gerusalemme a motivo dell'abominazione e dell'idolatria della città. Lo Spirito porta Ezechiele a Gerusalemme in una visione soprannaturale e lì si imbatte nell'idolatria nel Tempio. Vede "l'idolo della gelosia" nella corte esterna. Alcuni studiosi pensano che fosse l'idolo di Ascera, una delle divinità femminili maggiori della religione cananea. Gli anziani del popolo sono coinvolti nel culto degli animali e le donne in quello di Tammuz, la divinità mesopotamica della vegetazione. Nella corte interna, 25 uomini adorano il sole.

Nelle visioni Ezechiele senteil comando divino rivolto agli incaricati di uccidere gli idolatri. L'eccidio deve iniziare nel santuario e così la città è purificata mediante il fuoco. Ancora una volta Egli vede il carro del trono di Dio, le creature viventi e le ruote come nella visione iniziale (c.1), pronto ad abbandonare la città. La parte finale della visione include il confronto tra i capi compiacenti che avevano fatto deviare il popolo. Egli li rimprovera pronunciando il giudizio di Dio su di loro. Mentre nella visione profetizza, uno dei capi di nome Benaia muore a Gerusalemme e ciò conferma l'autenticità della visione di Ezechiele.

AZIONI SIMBOLICHE T

A volte, Ezechiele, come altri profeti, comunica la parola di Dio mediante azioni insolite. Osservando le azioni simboliche, il suo uditorio impara che i prossimi giorni saranno di invasione nemica, esilio, perdita della libertà, distruzione e morte. Perché Ezechiele compie queste strane azioni? Pensiamo che egli sottomise persino il suo corpo a Dio per essere adoperato a Sua volontà e accettò la realtà del giudizio sperando, così, di salvare i peccatori dalla imminente distruzione.

> **T "CONOSCERANNO CHE IO SONO IL SIGNORE"**
>
> Ezechiele adopera frequentemente la frase "conosceranno che io sono il Signore" per descrivere lo scopo del giudizio di Dio e della prossima salvezza. Conoscere Dio significa sperimentare la realtà di Dio in modo personale. L'invito che la parola di Dio ci rivolge è di riconoscerlo come nostro Salvatore, un'esperienza possibile in Cristo che soffrì e morì per noi (vd. il desiderio intenso dell'apostolo Paolo in Filippesi 3:10-11)

Ezechiele è preoccupato per la parola finale di giudizio di Dio e si appella a Lui perché non distrugga il Suo popolo. Dio risponde con un piano futuro a favore dicoloro che sono sotto giudizio. Promette loro di restaurare il popolo esiliato nel loro paese dando loro il dono di un cuore nuovo e di un nuovo spirito. Dio rimuoverà il cuore ribelle sostituendolo con un cuore di carne e ristabilirà anche il Suo patto con Israele. Le visioni si concludono con l'abbandono della gloria di Dio dalla città. La gloria di Dio si ferma sui monti ad est della città (il Monte degli ulivi). L'abbandono di Dio rende la città vulnerabile e indifesa davanti all'armata invadente di Babilonia.

Altre azioni simboliche (12:1-28)

Secondo l'istruzione di Dio, Ezechiele prepara il suo bagaglio per l'esilio e scava un buco nel muro della sua casa e fugge di notte. Questa azione intende comunicare il messaggio che, nello stesso modo, Giuda andrà in esilio. Ezechiele annuncia che lo stesso re Sedechia proverà a fuggire attraverso un buco nel muro ma sarà deportato a Babilonia dove morirà (vd. anche Geremia 39:4-7). Nella seconda azione simbolica, Ezechiele mangia il pane e beve dell'acqua con timore e tremore per comunicare il messaggio che il paese soffrirà una terribile violenza e distruzione. Il popolo di Giuda sapeva già, da tempo, del giudizio. Mediante due proverbi popolari, esprime il suo scetticismo e dubbio che Dio porti ad effetto le Sue minacce. Ezechiele

> **T UN CUORE NUOVO ED UNO SPIRITO NUOVO**
>
> La promessa di un cuore nuovo ed uno spirito nuovo (vd. anche Ezechiele 18:31; 36.26) è il rimedio di Dio per la malattia del peccato che piaga l'umanità d'oggi. La nostra ribellione contro Dio si radica nella condizione peccaminosa del nostro cuore. Un nuovo cuore significa la fine della nostra condizione ribelle e l'inizio di una vita conforme alla parola di Dio Un nuovo spirito intende un'attitudine di ubbidienza amorevole verso Dio (Matteo 22:27; cf. Deuteronomio 6:5). Dio realizza questa promessa adesso mediante il Suo Spirito Santo che fa tutto nuovo in Cristo (2 Corinzi 5:17)

risponde con un suo proverbio avvertendo il popolo che Dio compirà la Sua parola durante la sua vita.

Falsa profezia e idolatria (cc. 13:1-14:23)

Sia Geremia che Ezechiele affrontano dei falsi profeti che pronunciano parole accomodanti di pace e prosperità. Il popolo crede a queste parole e rifiuta i veri profeti di Dio. Ezechiele annuncia il giudizio di Dio su tutti i falsi profeti, maghi e divinatori per la loro pratica di incoraggiare i malvagi e scoraggiare i giusti del paese. Ezechiele si appella alla nazione idolatra perché faccia tacere la malvagità e si rivolga a Dio. Ricorda alla nazione che non possono presumere di essere salvati per la presenza dei giusti nel paese. Se Noè, Daniele e Giobbe – i tre grandi esempi di vita giusta in Israele, fossero stati nel paese, soltanto loro si sarebbero salvati per la loro giustizia. Il destino dei malvagi è la distruzione.

Tre parabole (cc. 15:1-17:24)

Ezechiele illustra il giudizio di Dio ed il futuro di Giuda mediante tre parabole. Paragona Israele alla vite nella foresta (c.15). La qualità della vite dipende dalla qualità del frutto che produce. Israele, la vigna scelta da Dio, è divenuta inutile; perciò, Dio, distruggerà il Suo popolo come il legno inutile della foresta (vd. Matteo 3:8-10).

La seconda parabola (c.16) riassume la storia spirituale di Gerusalemme. Anche se inizialmente una città cananea senza alcun futuro, Dio mostra il Suo favore verso Gerusalemme scegliendola come Sua sposa. Purtroppo la città scelta da Dio, a causa dell'idolatria, è divenuta infedele. Ezechiele annuncia, allora, il giudizio di Dio sulla sposa infedele. La parabola si conclude con la promessa che Dio restaurerà nuovamente la città stabilendo un nuovo patto con essa.

La terza parabola (c.17) tratta della ribellione del re Sedechia contro Babilonia e le sue conseguenze. Sedechia rappresenta il massimo dell'indecisione e dell'infedeltà. Ezechiele preannuncia a Sedechia, che cerca aiuto dall'Egitto, che morirà a Babilonia. La narrazione si conclude con la promessa che Dio porrà sul trono di Davide un re messianico ideale.

L'anima che pecca morrà (18:1-32)

Un proverbio popolare "I padri hanno mangiato uva acerba ed i denti dei figli si sono allegati" (v.2) intende dire che Dio sta punendo i figli per i peccati dei loro antenati. Ezechiele afferma la verità che ognuno, singolarmente, è responsabile davanti a Dio. Egli punisce individualmente per i peccati personali e non per quelli dei propri avi. Il giusto vivrà ed il malvagio morirà. Il profeta ricorda agli esiliati che essi devono osservare il patto anche a Babilonia. Li esorta a pentirsi, a smettere di peccare ed a ricevere l'offerta di "un nuovo cuore ed uno spirito nuovo." Dio non ha piacere nella morte di un peccatore e questa è la grande verità in Ezechiele c.18. Una consacrazione intenzionale a cessare di avere a che fare con il mondo del peccato è la chiave per ricevere il dono della vita che Dio ci offre. La volontà di Dio per la Sua creazione è la vita, non la morte (c. 18:32; vd. Giovanni 3:16)

Un lamento sui re di Giuda (19:1-14)

Ezechiele si lamenta per il destino disastroso dei re giudei Ioacaz, Ioiachin e Sedechia. Sia Ioacaz che Ioiachin periscono a causa delle loro malvagità. Sedechia ben presto perderà ogni potere e sarà esiliato. Nessuno di questi re garantirà una buona guida per Giuda.

La risposta di Dio ai peccati di Israele (20:1-24:27)

La risposta di Dio al peccato del Suo popolo è privarli del Suo consiglio. Ezechiele descrive l'imminente invasione babilonese come Dio che brandisce la spada contro il Suo popolo che, per tutta la sua storia, ha contaminato se stesso con l'idolatria. Adoperando i nomi di Oola per la Samaria e Ooliba per Gerusalemme, Ezechiele descrive Israele al nord e Giuda, al sud, come due sorelle che vivono nell'idolatria. Dio punisce Samaria per i suoi peccati e avverte la sorella minore, Giuda, che ha agito peggio della maggiore, che dovrà patire il giudizio per mano dei babilonesi.

Quando i babilonesi assediano Gerusalemme il 15 gennaio del 588 a.C., Ezechiele propone l'allegoria della pentola bollente e due oracoli di minaccia per comunicare il messaggio che l'ira di Dio sta per compiersi. La pentola bollente simboleggia l'intensità del giudizio che sta per realizzarsi. Gerusalemme ha rifiutato l'offerta di Dio di purificazione per cui, nella Sua ira, Egli non ha altra scelta che bruciare la città e distruggere la scoria arrugginita e la sporcizia che riempie la città.

Dio avverte Ezechiele della morte della moglie ordinandogli di non fare alcun cordoglio. La sua morte è un segno che Dio sta per cedere il Suo orgoglio e la Sua gloria – il Tempio - alla distruzione per mano dei babilonesi. Dio dice pure ad Ezechiele che un fuggiasco gli avrebbe recato la notizia della distruzione di Gerusalemme e che sarebbe diventato muto.

Figura 97 Dio descrive Israele come pecore senza pastore (Ez. 34:1-6)

- **Oracoli contro le nazioni (cc. 25:1-32:32)**

Gli oracoli di giudizio di Ezechiele contro i popoli vicini di Israele segue lo schema già notato in Isaia e Geremia. Le nazioni citate da Ezechiele sono Ammon, Moab, Edom, Filistia, Tiro, Sidone ed Egitto. Tiro (cc. 26:1-28:19) e l'Egitto (cc. 29:1-32:32) ricevono l'attenzione maggiore nei discorsi di giudizio di Israele. Nel mondo antico, entrambe le nazioni erano simbolo di benessere e gloria. Si gloriavano della loro ricchezza e potenza. Ezechiele predice che Dio avrebbe inviato Nabucodonosor, re di Babilonia, per distruggere Tiro e l'Egitto a causa del loro orgoglio e della loro arroganza.

- **Promessa di restauro (cc. 33:1-39:29)**

La sentinella di Dio (c. 33:1-33)

Dio, ancora una volta, sceglie Ezechiele come sua sentinella per avvertire Israele delle sue scelte di vita o di morte (vd. anche c.3:17-21). Questa volta il compito è di dare un avvertimento finale prima della caduta di Gerusalemme. Persino all'ultim'ora, Dio offre al popolo l'opportunità di pentirsi ed essere salvato. Ezechiele afferma che il pentimento apporterà salvezza al malvagio nonostante la profondità del suo peccato. Ricorda anche al giusto che ha la responsabilità di mantenersi giusto. Dio, infatti, lo ritiene responsabile se rinnegherà il giusto vivere.

Ezechiele riceve la notizia che Gerusalemme è caduta (587 a.C.). Questa notizia segna la fine del suo mutismo. Il popolo rimasto nella terra di Giuda dopo l'invasione babilonese pretendeva il suo possesso pur non manifestando alcun sentimento di pentimento, anzi, continuando a peccare nello stesso modo dei deportati. Ezechiele lo avverte della distruzione mediante la spada perché il piano di Dio è di rendere il paese totalmente desolato.

Il buon pastore (c.34:1-31)

Ezechiele incolpa i pastori di Israele (i capi religiosi e politici) di non aver saputo ben guidare il popolo di Dio. Il profeta annuncia che lo stesso Dio raccoglierà il Suo gregge disperso dai pastori infedeli, lo libererà e porterà nei Suoi buoni pascoli. Dio sarà il loro pastore. Inoltre, lo stesso popolo sarà giudicato per la sua condotta antisociale e la sua attitudine incurante del prossimo. Dio stabilirà il Suo regno messianico sul Suo gregge ed il popolo abiterà in pace e sicurezza nel regno ideale di Dio ripieno di benedizioni e prosperità.

LA CONDUZIONE FEDELE

La conduzione fedele è la responsabilità di tutti coloro che sono chiamati in una posizione di guida. Quando le guide sono preoccupate e persino ossessionate da interessi e benefici personali, il popolo ne paga il prezzo. Secondo il modello biblico di guida, un capo è, primo di tutto e soprattutto, un servo. Nella Bibbia, l'immagine del "pastore" comunica l'idea di auto-donazione e abnegazione, qualità necessarie per coloro che aspirano ad essere guide del gregge di Dio. Le parole di Gesù "chiunque vorrà essere grande fra voi, sarà vostro servitore" (Marco 10:43), sono un ricordo appropriato per le guide cristiane di oggi (Vd. Marco 10:35-45).

DIO, IL BUON PASTORE

La venuta di Dio come buon pastore è una delle più grandi promesse nell'Antico Testamento. Questa promessa è radicata nella tradizione pattuale del Sinai. Mediante il patto, Dio divenne Pastore di Israele ed Israele divenne il gregge del suo pascolo (vd. Salmo 23:1; 100:3). Ezechiele annuncia che questa esperienza si realizzerà nella vita del popolo di Dio. Gesù disse: "Io sono il Buon Pastore"(Giovanni 10:14). Mediante Cristo abbiamo il privilegio di vivere sotto la cura attenta e la provvidenza di Dio nostro Pastore.

Oracolo contro Edom (c. 35:1-15)

Ezechiele cita nuovamente Edom per pronunciare il giudizio di Dio. Si riferisce a questo paese chiamandolo Monte Seir, la regione montuosa e rocciosa del Mar Morto. Edom aveva una lunga storia di odio contro Israele. Durante l'invasione babilonese di Gerusalemme, non aveva dimostrato alcuna pietà. Ezechiele predice che Dio avrebbe reso Edom un luogo desolato.

Il ristabilimento di Israele (c. 36:1-38)

Nella Sua ira, Dio ha punito Israele ed il popolo subisce il giudizio a causa della sua idolatria e della profanazione del nome santo di Dio. Ma Dio li raccoglierà dai Paesi dell'esilio e restaurerà la santità e la credibilità del Suo santo nome. Ezechiele annuncia che Dio purificherà Israele dalla sua impurità dando un cuore nuovo ed uno spirito nuovo. Il patto sarà ristabilito ed il popolo vivrà in condizioni benedette e prosperose.

> **LA TEOLOGIA DELLA PURIFICAZIONE** [T]
>
> L'idea di una purificazione divina è una parte importante della comprensione della restaurazione secondo Ezechiele. La Legge mosaica prescriveva la necessità della purificazione rituale dall'impurità per poter riammettere un individuo come membro della santa comunità di Israele (vd. Levitico 14:52; Numeri 19:11-22). Ezechiele preannuncia che Dio stesso purificherà il Suo popolo spargendo acqua pura su di esso. La santità del popolo di Dio non sarà più determinata da un atto cerimoniale ma dall'azione propria di purificazione di Dio. Inoltre, egli collega questa purificazione al dono di un cuore nuovo ed un nuovo spirito. L'oggetto della purificazione divina è il cuore umano reso impuro dal peccato e dall'impurità. Un cuore puro ha motivazioni pure, attitudini giuste ed amore per Dio ed il prossimo. Pietro descrive l'esperienza della Pentecoste come l'aver "purificato i loro cuori mediante la fede" (At. 15:6-9; vd. anche 2:1-4). L'opera di grazia di Dio nella nostra vita include non soltanto la nostra redenzione dal peccato ma anche la purificazione dei cuori per il sangue di Gesù Cristo (Ebrei 9:13-14; 1 Giovanni 1:7-9). La Bibbia ci invita a vivere una vita santa appropriandoci di questo dono per mezzo della fede in Gesù Cristo.

Vita ai morti (c. 37:1-28)

L'uditorio di Ezechiele e forse lo stesso profeta, pensavano che la restaurazione di Israele sarebbe stata difficile se non impossibile. Dio assicura ad Ezechiele di possedere la necessaria potenza per realizzare questo progetto mediante una visione, quella della valle piena di ossa secche. Le ossa secche e sparse intendevano l'assoluta impossibilità di una nuova vita. Dio, invece, mostra ad Ezechiele la Sua potenza di portare vita dove c'è morte e distruzione. Questa visione ridà speranza ad Israele a fiducia nella restaurazione dall'esilio e il recupero della loro nazione. Ezechiele preannuncia che sia Giuda che Israele saranno riuniti sotto il potere davidico.

Gog e Magog (38:1-39:29)

Questi due capitoli sono di difficile interpretazione per la mancanza di comprensione delle identità di Gog e Magog e delle molte nazioni elencate come nemiche di Israele. Non sappiamo se fossero nazioni esistenti nel settimo e sesto secolo a.C. Anche Apocalisse 20:8 menziona questi nomi per cui, forse, simboleggiano tutte le potenze malvage del mondo ostili ai piani e ai propositi di Dio. Lo scenario di questi capitoli è la fine dei tempi e, quindi, gli oracoli sono di

LA VALLE DELLE OSSA SECCHE

La visione della valle delle ossa secche ci aiuta a comprendere due aspetti chiave della fede biblica. Dio ha il potere di dare vita a coloro che sono morti nei loro peccati. Il peccato ci separa da Dio e ci conduce alla morte spirituale. La visione anticipa la realtà della potenza di Dio che ci rende "vivi in Cristo" (Efesini 2:4; vd. vv.1-5) Inoltre, la visione offre il fondamento anticotestamentario della nostra fede nella risurrezione dei morti. Fino all'esilio, Israele pensava che la morte fosse la fine di ogni esistenza. Questa visione, insieme al suo compimento storico, diede alla comunità post-esilica la base per sviluppare il concetto della risurrezione. Paolo parla del Gesù risorto come "primizia di tutti coloro che dormono" (I Corinzi 15:20)

natura escatologica. Il messaggio è che, alla fine dei tempi, vi sarà una battaglia finale tra Dio e le forze del male del mondo. Dio sconfiggerà e distruggerà le forze antagoniste al Suo popolo redento. Trionferà sulle potenze del male nel mondo. La sepoltura di queste forze significa la fine ultima e la scomparsa del male. La vittoria di Dio culminerà in una celebrazione ed Egli magnificherà il Suo nome in tutta la creazione. Il mondo intero saprà che Egli è il Signore.

- **La nuova Gerusalemme (cc. 40:1-48:35)**

Questi capitoli finali descrivono le visioni di Ezechiele di Israele dopo i giorni della sua restaurazione e la sconfitta dei nemici. La prima parte della visioni contiene dettagli elaborati del Tempio, norme e regole per varie offerte e sacrifici. Nella seconda parte, Ezechiele considera i confini del paese e la sua suddivisione in varie tribù israelitiche. Per questa sezione, è molto importante la visione di un fiume che scorre dal Tempio dando vita e produttività al paese. Le visioni si concludono con la descrizione della città di Gerusalemme e le sue dodici porte, ognuna delle quali ha il nome di una tribù di Israele. La città avrà un nuovo nome "il Signore è lì" (Yahwe Shamah).

I. INTERPRETAZIONE DI EZECHIELE 40-48

Non c'è consenso tra i cristiani sul significato e sull'interpretazione di Ezechiele 40-48. Queste visioni si sono già avverate con la restaurazione dei Giudei esiliati nel loro paese di origine e con la ricostruzione del Tempio? Alcuni cristiani pensano così. Altri credono che una realizzazione letterale di queste visioni avverrà soltanto alla seconda venuta di Gesù Cristo e all'edificazione del Suo regno. Altri ancora pensano che queste visioni si stanno avverando, in senso spirituale, nella vita della Chiesa, oggi. Vi sono ancora altre interpretazioni. Ezechiele 40-48 offre la comprensione del profeta del Regno di Dio dalla prospettiva della sua esperienza religiosa e secondo la tradizione sacerdotale precedente. Il Tempio, il sacerdozio ed i sacrifici, e la dimora delle 12 tribù attorno a Gerusalemme, fanno tutti parte del concetto tradizionale ebraico del governo sovrano di Dio. Quando confrontiamo questi capitoli con Apocalisse 20-22, troviamo dei paralleli ed anche alcuni elementi chiave mancanti.[4] Nell'Apocalisse non troviamo alcuna forma di preoccupazione terrena simile a quella di Ezechiele – il Tempio, il sacerdozio, i sacrifici ed altro ancora. Il veggente dell'Apocalisse vede la realtà del Regno di Dio e del Suo ultimo governo dalla prospettiva della sua esperienza e delle sue tradizioni della Chiesa primitiva. La venuta di Gesù ha inaugurato una nuova era dell'attività di Dio nella storia dell'umanità. Il Regno di Dio viene stabilito per la predicazione del vangelo. La Chiesa adesso attende con trepidazione la seconda Venuta e la presenza eterna di Dio con il Suo popolo. La Nuova Gerusalemme, che la Chiesa anticipa, non è una città terrena ma celeste. Questa Nuova Gerusalemme farà parte dei nuovi cieli e nuova terra in cui non vi sarà più il male, né lacrime, sofferenza e dolore (vd. Apocalisse 21:1-4). Ciò che Ezechiele vide in modo opaco, come in uno specchio, il veggente dell'Apocalisse lo raffigura vivamente per la Chiesa come la realtà che attende tutto il popolo di Dio.

Frasi riassuntive

- Ezechiele era un sacerdote che, insieme al popolo di Giuda, fu esiliato a Babilonia nel 597 a.C;
- La vocazione pervenne ad Ezechiele con una visione sovrannaturale della gloria di Dio;
- Ezechiele annunciò il giudizio di Dio e la distruzione di Gerusalemme fino al 586 a.C;
- Ezechiele annunciò la restaurazione di Dio dopo la caduta di Gerusalemme;
- Ezechiele enfatizzò la responsabilità individuale di vivere una vita giusta;
- Dio promise di tornare come il Buon Pastore per restaurare Israele;
- Dio promise di dare una nuova vita alla nazione esiliata, di purificarla e dare un nuovo cuore ed un nuovo spirito;
- Gli insegnamenti escatologici di Ezechiele includono la sconfitta finale dei nemici di Dio e l'instaurazione di Gerusalemme come città di Dio.

Domande di riflessione

1. Ezechiele descrive Giuda come nazione testarda e ribelle. Qual è la condizione spirituale della nostra nazione oggi? Quali sono le aree nella nostra vita dove noi dimostriamo resistenza alla Parola di Dio?
2. Ezechiele afferma che Dio non vuole la morte del malvagio. Che cosa ci dice di Dio? Che speranza e sfida troviamo in questa parola per il malvagio?
3. Descrivi Dio come Buon Pastore nella tua vita personale.
4. Descrivi i vari modi in cui possiamo sperimentare la potenza di vita di Dio oggi.
5. Qual è la differenza tra un cuore di pietra e uno di carne? In che modo un cuore puro fa la differenza oggi?

Risorse per studi ulteriori

Greenberg, Moshe, "The Vision of Jerusalem in Ezekiel 8-11: A Holistic Interpretation, "in The Divine Helmsman: Studies in God's Control of Human Events, Presented to Lou H Silberman. New York: KTAV, 1980;
Howie, C.G. "The Date and Composition of Ezekiel, "Journal of Biblical Literature. Monograph Series IV, 1950;
Taylor, John B. Ezekiel. An Introduction and Commentary. Downers Grove, Ill.: Intervarsity Press, 1969;
Weavers, John W. Ezekiel: The New Century Bible. Grand Rapids: Eerdmans, 1969.

29. Daniele

OBIETTIVI

Lo studio di questo capitolo ti aiuterà a:
- Descrivere la natura della letteratura apocalittica ed il modo in cui approcciarti ad essa;
- Comprendere il messaggio del libro di Daniele;
- Familiarizzare con i maggiori eventi del periodo ellenistico a Giuda.

Domande da considerare durante la lettura:
1. Quali paure e preoccupazioni hanno i credenti nei riguardi di una cultura ostile?
2. Dov'è indirizzata la storia umana?
3. Chi controlla veramente le sorti di una nazione?

Termini chiave:

Scritti apocalittici
Daniele
Antioco Epifane IV
Dario
Ciro
Nabucodonosor
Belsazzar
Maccabei
Alessandro il Grande

Nell'Antico Testamento, Daniele è un libro unico nel suo genere. Pur se incluso nella letteratura profetica gli studiosi lo classificano come scritto apocalittico. La Bibbia ebraica lo pone nella sezione degli Scritti, separandolo dalla letteratura profetica.

Di cosa tratta la letteratura apocalittica? Il termine proviene dal vocabolo greco apocalisse che significa "rivelazione" o "svelamento." Lo scritto apocalittico si concentra sulla rivelazione del futuro, in modo particolare riguardo alla fine della storia umana. Caratteristiche specifiche di questa letteratura includono:
1. Linguaggio simbolico e immagini surreali
2. Visioni del futuro condotte dagli angeli
3. Forte contrasto tra il secolo presente malvagio e la futura buona età
4. Predizione di un intervento finale di Dio nella storia umana
5. Paternità falsamente ascritta ad un personaggio famoso
6. Storia scritta in forma profetica

Nell'Antico Testamento, il linguaggio apocalittico è presente anche in Isaia 24-27, Ezechiele 38-40 e Zaccaria 9-14. Gli studiosi definiscono Daniele e l'Apocalisse come libri apocalittici. Tra il terzo ed il secondo secolo, Giudei e cristiani, produssero un buon numero di altri scritti apocalittici che non furono accolti nella Scrittura canonica.

Gli studiosi ritengono che gli scritti apocalittici, siano emersi nel contesto di intense persecuzioni religiose che causavano disperazione e angoscia nei credenti. Il male nel mondo sembrava aver preso il sopravvento sui fedeli. Questi scritti intendevano rinnovare la speranza ed incoraggiare gli oppressi anticipando loro la verità della vittoria finale di Dio sul male. L'enfasi di un tale tipo di letteratura è chiara. La salvezza sta per giungere. Dio rimane in carica e decreterà la fine del male in questo mondo. Riscatterà i santi e creerà un nuovo regno sulla terra. Gli scritti apocalittici non offrono soltanto speranza ma sfidano i credenti a rimanere fedeli a Dio durante la crisi.

Sebbene Daniele condivida molte caratteristiche con i libri apocalittici non canonici, alcuni studiosi credono che egli sia l'autore reale di questo libro. Pensano, inoltre, che non sarebbe stato canonizzato se fosse stato scritto sotto un falso nome. Per la stessa ragione, molti credono pure che Daniele contenga vera profezia predittiva. La diversa prospettiva dipende dall'idea che sia ha sulla data di composizione del libro.

Data

Gli studiosi continuano a dibattere sulla data dello scritto di Daniele. Alcuni lo considerano un prodotto del sesto secolo a.C., altri pensano che il libro appartenga al secondo secolo a.C. Chi lo considera come un documento del secondo secolo crede che sia stato scritto intorno al 165 a.C. per incoraggiare i Giudei durante la rivolta dei Maccabei.

A tal riguardo, degno di nota è il crescente interesse del libro su questo periodo storico e l'appropriatezza di alcuni suoi temi chiave alla gente che viveva in questo tempo storico. Il capitolo 11 offre dei dettagli importanti sul regno di Antioco Epifane IV. Inoltre, alcuni dettagli dei periodi babilonesi e persiani appaiono strani o persino poco accurati.

Si presume che il libro di Daniele prenda il nome da un grande eroe della fede giudaica. Chi condivide questa posizione considera il suo contenuto più storico che predittivo. Gli studiosi credono che lo scrittore di questo genere letterario sia di tradizione profetica antica poiché considera Dio come Colui che stabilisce il Suo regno sovrano nel mondo. Nell'analisi finale, lo scrittore preserva e sostiene le convinzioni teologiche dei suoi predecessori, i grandi profeti di Israele.

Chi sostiene la data del sesto secolo a.C. suggerisce che sia Daniele che qualche altro scritto, abbiano composto il libro. Nel secondo caso, si crede che il libro sia stato composto subito dopo la morte di Daniele. Si afferma che le sue profezie siano predizioni genuine degli imperi persiani e greci e oltre ancora. Ogni imprecisione storica dei periodi babilonese e persiano possono essere spiegati ed i temi ed il messaggio del libro trattano non soltanto del sesto secolo ma anche della comunità giudaica del periodo persiano e greco.

DIFFICOLTÀ STORICHE IN DANIELE

Alcuni specialisti dubitano della precisione storica di Daniele, in special modo nei riguardi degli imperi babilonese e persiano. Queste presunte imprecisioni, tuttavia, hanno delle risposte adeguate.

Daniele 5:31 cita Dario il Medo come colui che conquistò Babilonia. Altre fonti citano Ciro il persiano come il conquistatore di Babilonia. Alcuni studiosi suggeriscono che il nome Dario il Medo sia il nome speciale dell'intronizzazione di Ciro. Infatti, 6:28 potrebbe essere tradotto "Daniele prosperò durante il regno di Dario, cioè, il regno di Ciro il persiano."

Un'altra difficoltà storica è la pazzia di Nabucodonosor al c. 4:32-33. Ciò sembra ben adattarsi a quanto sappiamo sia storicamente avvenuto con uno dei suoi successori, Nabonide. Tuttavia, dalle cronache del regno di Nabucodonosor, manca un periodo di oltre 30 anni, dei quali non conosciamo dettagli vitali. Sembra che egli avesse sofferto di una grave malattia proprio prima della morte.

Nel passato, molti studiosi ritenevano che il nome di Baldassar come re di Babilonia al c.5 fosse inesatto. Nell'archivio babilonese si cita Nabonide come ultimo re. Attualmente, però, specialisti riconoscono che Baldassar fu coreggente con il padre, Nabonide. Inoltre, Nabonide si assentò per circa 10 anni lasciando il regno nelle mani del figlio per cui, proprio Baldassar era re di Babilonia al momento della sua caduta.

> # I
>
> ## LETTERATURA APOCALITTICA
> ## PRINCIPI ERMENEUTICI
>
> Poiché la letteratura biblica apocalittica appartiene ad un genere particolare, aggiungiamo alcune linee guida per la lettura e l'interpretazione del testo:
> - Dai la dovuta attenzione al contesto storico. Chiediti quale significato avessero le immagini, i termini ed i temi per l'uditorio originale.
> - Considera il genere letterario. Ricorda le caratteristiche principali ed i temi della letteratura apocalittica. Cerca significati simbolici, e non letterali, di numeri ed immagini.
> - Dai la dovuta attenzione al contesto letterario. Nota i passi paralleli ed interpreta le idee di un passo alla luce del passo corrispondente. Comprendi quanto non conosci alla luce di quanto già conosci.
> - Considera il contesto canonico. Confronta idee e stile di altre visioni apocalittiche presenti in Isaia, Ezechiele, Zaccaria e Apocalisse.
> - Ricordati dei tuoi limiti. Concentrati sui passi chiari e lascia quelli più oscuri fin quando non avrai delle informazioni adeguate. Alcune cose non le comprenderemo mai in questa parte di paradiso.

Coloro a favore della data del sesto secolo non credono che l'aver scritto il libro sotto un falso nome avrebbe reso il libro tanto autorevole da essere considerato parte della Scrittura. Per il lettore moderno questo aspetto sembra sottostimare la validità del documento. La data del secondo secolo fa sorgere la domanda sul posto assegnatogli nel canone ebraico. Alcuni specialisti credono che il giudaismo non avrebbe accolto un libro non appartenente al periodo della profezia in Israele.

Fortunatamente le risposte a queste domande e le preoccupazioni non influenzano il messaggio essenziale del libro. Le verità teologiche rimangono invariate. Le problematiche hanno più a che fare con l'idea della profezia predittiva nella Bibbia.

Daniele l'eroe

Daniele (significa "Dio è il mio giudice") era un più giovane contemporaneo di Geremia ed Ezechiele. Era appena un ragazzo quando i babilonesi assunsero il controllo della regione di Giuda nel 605 a.C. I babilonesi lo esiliarono insieme ad altri giovani promettenti per servire il regno di Babilonia. Gli diedero il nome babilonese di Baltazzar (il nome significa "Bel protegga la sua vita").

Daniele possedeva il dono dell'interpretazione dei sogni ed era reputato un uomo di eccezionale sapienza. In Babilonia, ricopriva un ruolo di alto livello ed era a capo dei sapienti della città (c. 2:48) ed il terzo nel governo del regno (c. 5:29). In seguito, divenne uno dei tre amministratori dell'impero persiano (c. 6:2). Ciò significa che egli assistette ad alcuni dei più importanti cambiamenti nella storia politica dell'antico vicino oriente – il sorgere e la caduta di Babilonia e l'emergere della Persia. L'ultima data presente nel libro è "il terzo anno del re Ciro, re di Persia", cioè, all'incirca, il 535 a.C. (c. 10:1) Avrà avuto oltre 70 anni quando servì i persiani.

Contenuto

Il libro di Daniele si compone delle due seguenti parti:
1. Storie di Daniele (1:1-6:28)
2. Visioni di Daniele (7:1-12:13)

Le due sezioni progrediscono storicamente, dalla data più antica a quella più recente. Una particolarità del libro è la sezione in aramaico, 2:4-7:28. Non sappiamo perché l'autore abbia sospeso l'uso dell'ebraico a favore dell'aramaico per continuare la trattazione di questa sezione. Le storie di questa porzione del libro riflettono un contesto storico babilonese. Sembra, perciò, che l'autore abbia adoperato l'aramaico, la lingua di Babilonia, per dare maggiore autenticità a queste storie.

Storie di Daniele (1:1-6:2)

I primi sei capitoli comprendono storie selezionate tratte dalla vita di Daniele e dei suoi amici. Sono storie di eroi ma il loro scopo non è quello di esaltare Daniele ma il controllo di Dio su ogni aspetto della vita umana. Il messaggio principale è chiaro: Dio è sovrano sul mondo, quindi, il Suo popolo può affrontare ogni rischio rimanendogli fedele. Queste storie seguono uno schema comune. Ognuna inizia con una prova che si conclude con una liberazione divina. Tre storie (vd. cc. 1, 3 e 6) si concentrano su una prova della fede nella quale valori biblici si confrontano con una cultura ostile. Le altre tre storie (vd. cc. 2, 4 e 5) sono un esame di interpretazione. Si sfida Daniele per valutare se riesce a spiegare quanto Dio gli ha rivelato mediante segni e sogni.

I capitoli 2, 3 e 6 propongono tre esempi di coloro che, coraggiosamente, mantengono le loro convinzioni durante la prova della loro fede. In queste storie, Daniele ed i suoi amici devono affrontare situazioni rischiose per la loro incolumità nel caso non mantengano la fede. Senza compromessi, la conseguenza sarebbe il rifiuto della corte reale (c.1) e la morte nella fornace accesa (c.3) o nella fossa dei leoni (c.6). In ogni caso essi scelgono di rimanere fedeli e di confidare in Dio; rifiutano di contaminarsi mangiando cibo dal tavolo del re e inginocchiandosi davanti ad un idolo o cessando di pregare il loro Dio. La loro fedeltà viene ricompensata. Dio libera i servi fedeli e rivela la Sua potenza unica. Il risultato finale è che il re più potente della terra riconosce la sovranità del Dio di Israele. Il re persiano confessa "…è il dio vivente che dura in eterno; il suo regno non sarà mai distrutto e il suo dominio durerà sino alla fine."(6:26).

I SOGNI NEL MONDO ANTICO

Nel mondo antico i sogni erano ritenuti molto importanti. Si credeva fossero una via mediante la quale Dio comunicava con la gente. Egiziani, assiri, babilonesi e greci avevano istruito degli specialisti nell'arte dell'interpretazione dei sogni. Questi esperti servivano, come Daniele, da professionisti consiglieri del re. Alcuni dei loro scritti includevano istruzioni per l'interpretazione dei sogni, regole dietetiche per i sogni e una lista dei sogni avverati.[1]

I sogni sono menzionati molte volte nella Bibbia. Tra coloro che udivano il messaggio di Dio mediante i sogni troviamo Giacobbe (Genesi 28:12-15), Salomone (I Re 3:5-15), profeti (Geremia 23:25-28), Giuseppe (Matteo 1:20; 2:13,19,22), i maghi alla nascita di Gesù (Matteo 2:12), la moglie di Pilato (Matteo 27:19) e Paolo (Atti 16:9; 18:9; 23:11; 27:23-24).

I due grandi interpreti di sogni nella Bibbia furono Giuseppe e Daniele. Giuseppe interpretò i sogni dei suoi amici in prigione e del faraone (Genesi 40:5-22; 41:1-38). Daniele fu chiamato ad interpretare due sogni di Nabucodonosor (Daniele 2:1-47; 4:1-19). In entrambi i casi le interpretazioni conferiscono onore a Dio.

La verità di quest'affermazione è il tema centrale del capitolo 2. Nabucodonosor sogna una grande statua composta da quattro metalli. Daniele interpreta il sogno per la potenza di Dio (2:27-28): sorgeranno sulla terra quattro regni ma nessuno di loro sopravvivrà. Al contrario, invece, il regno di Dio "non sarà mai distrutto, e non cadrà sotto il dominio di un altro popolo (c.2:44).

L'identificazione precisa di questi quattro regni non è l'argomento principale. Ciò che importa è che i regni umani non durano mentre il regno di Dio, rimane per sempre. Il capitolo 7 considera nuovamente quest'immagine e questo tema.

I capitoli 4 e 5 ripropongono il tema del c. 2. Contengono le storie di due re orgogliosi che sono umiliati davanti al Dio d'Israele. Entrambi i re ricevono messaggi divini che richiedono un'interp retazione. Nabucodonosor ha un sogno (c.4) e Baltazzar vede una mano che scrive su di un muro (c.5). Daniele decifra i messaggi che preannunciano l'umiliazione di entrambi. Il risultato finale è il compimento della predizione e la conferma della sovranità di Dio. Il potere dei re terreni cessa quando Dio lo ordina.

Figura 98 *Daniele decifra la scrittura sul muro.*

- **Le visioni di Daniele (7:1-12:13)**

I sei capitoli finali di Daniele propongono quattro visioni del profeta. Sono esposte in ordine cronologico con una concentrazione crescente sui dettagli dell'Impero greco. Tendono ad evidenziare gli stessi temi delle storie precedenti.

Il capitolo 7 offre una visione, che Daniele vede in sogno, durante il primo anno del re Baltazzar (550 a.C.) l'anno in cui Ciro il persiano inizia la sua rivolta contro l'impero dei Medi. Daniele vede quattro bestie che sorgono dal mare ed il trono di Dio pronto per il giudizio.

Il significato della visione è interpretato da un essere celeste. Le quattro bestie rappresentano quattro regni (v.17), ed il trono di Dio rappresenta il dominio di Dio sulla terra (v.27). In questo contesto Daniele vede il Messia veniente che stabilisce il suo regno. Lo descrive come "uno simile ad un figlio d'uomo" (v.13) che viene sulle nuvole. Tutti, in seguito, riconosceranno il suo dominio. Il passo non identifica i regni sulla terra per nome per cui gli specialisti suggeriscono diverse possibilità senza che vi sia, però, un ampio consenso. Qualsiasi sia l'identificazione di questi regni, il punto essenziale rimane indiscusso. I regni umani sorgono e crollano ma Dio avrà sempre la vittoria finale. La visione nel capitolo 8 si concentra su due dei quattro regni citati al capitolo 7. Questa visione data, più o meno, del 547 a.C. durante la conquista di Ciro l'espansione del suo impero. In questa visione Daniele scorge due animali, un montone ed un capro. Secondo l'interpretazione di Daniele, il montone rappresenta l'impero Persiano e il capro quello Greco (vv. 20-21). La visione prediceva la conquista dei persiani da parte dei greci. L'impero greco si sarebbe poi diviso in quattro stati ed uno dei successivi governatori avrebbe oppresso il popolo di Israele e dissacrato il Santuario. Tutto questo avvenne. Il generale greco Alessandro Magno conquistò la Persia nel 331 a.C. ed il suo regno, alla sua morte, fu diviso in quattro parti. Uno di questi

S

NABUCODONOSOR

Nabucodonosor fu il re babilonese più importante e potente che regnò dal 605 al 562 a.C. Figlio del fondatore dell'impero babilonese, Nabopolassar, sposò Amitis, la figlia del re dei Medi. I suoi successi come generale dell'armata babilonese preparano la sua ascesa al trono alla morte del padre. Durante il suo lungo regno, continuò ad espandere l'impero babilonese spingendo i confini fino alla moderna Turchia e l'Egitto. Queste conquiste gli procurarono ricchezze e gli consentirono di realizzare progetti edilizi come i famosi giardini pensili. Adorava Marduk, il dio di Babilonia, come anche altre divinità maschili e femminili. La Bibbia menziona il suo nome 90 volte. Daniele lo descrive come re orgoglioso ed arrogante e ciò concorda con quanto viene detto in altre fonti.

quattro regni, l'impero Seleucide, assunse il controllo di Giuda opprimendo il suo popolo. Uno dei suoi re, Antioco IV Epifane, nel 168 a.C., conquistò il Tempio introducendovi il culto pagano.

La terza visione di Daniele (vd. c.9), avvenne verso il 539 a.C. In quell'anno Ciro conquistò Babilonia e l'esilio si concluse. I Giudei furono liberi di poter ritornare a casa, a Gerusalemme. Daniele riconobbe che quella predizione di Geremia di 70 anni di dominio babilonese (609-539 a.C.) si era compiuta. Pregò, allora, una preghiera di adorazione e confessione.

In risposta alla sua preghiera, Daniele ebbe una visione sulla venuta di un "unto, un capo" (c. 9:25). Il tempo della sua venuta è segnato da "settanta settimane"(v.24). Il significato preciso di questa frase è difficile da determinare. Gli studiosi offrono varie interpretazioni ma nessun calcolo aritmetico offre una soluzione soddisfacente. Ciò che sembra chiaro è che si frapporrà un lungo periodo di tempo tra il decreto della restaurazione di Gerusalemme e la venuta del Messia. Alla sua venuta, Egli sarà "soppresso" e vi sarà una grande sofferenza (v.26). Queste predizioni si avvereranno alla morte di Gesù ma potranno avere ulteriori compimenti prima del ritorno di Cristo.

La visione finale di Daniele è esposta nei capitoli 10-12. Avviene durante il terzo anno del regno di Ciro (536 a.C.). In questo tempo, il primo gruppo di giudei tornato a Gerusalemme, inizia a restaurare il paese (Esdra 1). La visione di Daniele esprime alcune delle intense problematiche che la nuova comunità avrebbe affrontato. Si concentra, in modo dettagliato, sull'oppressione dei Giudei sotto i Seleucidi, nel secondo secolo a.C.

L'IDENTITÀ DEI QUATTRO REGNI

Una delle sfide nell'interpretazione di Daniele è l'identificazione dei quattro regni citati nei capitoli 2 e 7. Il primo, v.38 del capitolo 2, è chiaramente identificabile con Babilonia. Gli altri tre sono diversamente identificabili. A questo riguardo, vi sono due linee di pensiero: un gruppo identifica i quattro regni come Babilonia, Media, Persia e Grecia; l'altro come Babilonia, Persia, Grecia e Roma. Molti studiosi credono che il regno di Dio emergerà dopo questi quattro regni. Se l'Impero Romano rappresenta il quarto regno, ciò si accorderebbe con la venuta di Gesù durante il governo romano. Se, invece, il quarto regno rappresenta quello greco, allora il regno di Dio sarebbe quello della dinastia Asmonea, stabilita dai discendenti dei Maccabei. Il testo non suggerisce necessariamente che il regno di Dio debba venire dopo la distruzione di quelli umani. La frase curiosa, di 2:44, "al tempo di questi re" indica che il regno di Dio può sorgere in mezzo a questi regni. Il senso del testo sarebbe: mentre i regni umani sorgono e cadono, il regno di Dio rimane. Questa è una verità per sempre.

Nel capitolo 11:21-45, è chiaramente previsto il regno tirannico di Antioco Epifane IV (175-164 a.C.). Il suo regno sarebbe stato crudele e tormentato. Daniele, però, vede la fine dell'oppressione e la liberazione proveniente dal cielo. Ancora una volta, il regno di Dio trionfa.

Alcuni studiosi credono che le visioni dei capitoli 7-12 trattino anche della fine della storia umana. Pensano che, nonostante queste visioni siano già state realizzate nel secondo secolo a.C., ci sarà un futuro compimento finale. Il testo si riferisce al "tempo della fine" (cc. 8:17,19;11:35,40). Il libro dell'Apocalisse, nel Nuovo Testamento, trae molte immagini da Daniele ricollocandole al tempo della fine dell'umanità quando Gesù Cristo ritornerà (vd. Apocalisse 12:3-4; 13:1; 14:14;16:18). Questo esprime la qualità telescopica della profezia biblica che si focalizza, simultaneamente, sul futuro immediato e lontano. Secondo questa prospettiva, il sovrano crudele del capitolo 11, personifica non soltanto Antioco Epifane IV ma anche l'Anticristo alla fine dei tempi. Le sofferenze e le guerre descrivono gli ultimi giorni come anche quelli dei Maccabei. Il libro anticipa il giudizio e la vittoria finale di Dio contro il male e la instaurazione del regno ultimo di Dio sul mondo.

Frasi riassuntive

- Daniele fu statista ed interprete di sogni;
- Il libro di Daniele appartiene al tipo di letteratura noto come scritti apocalittici;
- Vi sono due posizioni sulla data di composizione di Daniele, il sesto ed il secondo secolo a.C.;
- Daniele è un libro attentamente strutturato e formato da storie e visioni;
- Le visioni di Daniele si focalizzano in modo crescente sul periodo dei Maccabei;
- Il messaggio più importante di Daniele è che Dio, alla fine, trionferà, perciò il Suo popolo può scommettere sulla sua fedeltà.

Domande di riflessione

1. Quali sono alcuni esempi moderni di esami severi di fedeltà nella storia della chiesa cristiana?
2. Mentre attendiamo che il regno sovrano di Dio si instauri nella Seconda Venuta, i cristiani che tipo di vita dovrebbero vivere (adopera esempi tratti da Daniele)?
3. Che cosa afferma il libro di Daniele sulle potenze oppressive del mondo odierno?

Risorse per studi ulteriori

Baldin, Joyce G. Daniel: An Introduction and Commentary. Tyndale Old Testament Commentary, Downers Grove, Ill.: Intervarsity Press, 1978;

Murphy, Frederick J. Introduction to Apocalyptic Literature, Vol.7 of the New Interpreter's Bible, Nashville:Abingdon Press, 1995;

Smith-Christopher, Daniel L. Daniel: Introduction, Commentary, and Reflections.Vol. 7 of the New Interpreter's Bible, Nashville:Abingdon Press, 1995;

Towner, Shelby W. Interpretation: A Bible Commentary for Teaching and Preaching: Daniel. Louisville, Ky.: John Knox Press, 1984.

30. Osea, Gioele, Amos e Abdia

OBIETTIVI

Lo studio di questo capitolo ti aiuterà a:
- Riassumere l'ambiente storico dei ministeri di Osea, Gioele, Amos e Abdia;
- Descrivere gli insegnamenti fondamentali di Osea, Gioele, Amos e Abdia;
- Descrivere il contenuto dei libri di Osea, Gioele, Amos e Abdia.

Domande da considerare durante la lettura:
1. Cos'è un amore incondizionato?
2. Descrivi l'ubbidienza radicale.
3. Quale relazione c'è tra culto e vita comune?
4. Quale conseguenza produce il serbare l'odio?

Termini chiave:

Osea
Efraim
Geroboamo II
Baal
Gomer
Izreel
Lo-Ruama
Bet-Aven
Gioele
La valle di Giosafat
Amos
Tecoa
Betel
Ghilgal
Giustizia
Rettitudine
Abdia
Edomiti
Sela

Osea[1]

Il libro di Osea è ben conosciuto per le sue espressioni appassionate e intense dell'amore di Dio, dell'ira, dell'agonia e della disperazione. Propone una teologia profonda e un approccio coraggioso alla comprensione di Israele del suo patto con Dio.

Storia personale di Osea

Il libro introduce Osea come figlio di Beeri. In ebraico, il nome (oshea) significa "salvezza". Gli specialisti credono che facesse parte del Regno di Israele (Regno del Nord). I suoi oracoli sono rivolti contro Israele che egli spesso chiama Efraim, dal nome della tribù più importante. La storia di Osea indica che era sposato ed aveva tre figli ai quali aveva dato dei nomi simbolici per rivelare il giudizio di Dio su Israele.

Contesto

Il verso di apertura (c.1:1) parla dei regni di Uzzia, Iotam, Acaz e Ezechia, re di Giuda, e Geroboamo II, re di Israele, come scenario del ministero di Osea. Questi inizia il suo ministero durante i giorni di Geroboamo II (forse intorno al 750 a.C.) e continua fino al 722 a.C. È un periodo di grande instabilità politica, assassinio di governanti ed un'imprevedibile politica estera in Israele.

Durante il ministero di Osea, la condizione sociale di Israele è deplorabile. Il libro di Osea denuncia chiare evidenze di corruzione, violenza, omicidio, furto, falsità e altri segni della frantumazione della struttura economica e sociale di Israele (vd. cc. 4:1-3; 6:7-9; 7:1-7; 10:13; 12:7-8). Il profeta giudica tali condizioni come la conseguenza del totale disinteresse per le richieste morali ed etiche di Dio. La religione di Israele è corrotta a causa dell'idolatria, del culto a Baal, ritenuto il dio della fecondità e produttività agricola, del bestiame e dei figli. Il popolo offre sacrifice partecipa ad orge sessuali e ubriacature mediante le quali credeva di poter beneficiare della potenza procreativa di Baal. Persino i sacerdoti di Israele promuovono questo tipo di idolatria nel paese.

Contenuto

Il libro di Osea può essere diviso nelle seguenti parti:
1. Osea, Gomer ed i figli (cc. 1:1-3:5)
2. Peccato, giudizio e pentimento (cc. 4:1-8:14)
3. Il risultato del giudizio (cc. 9:1-10:15)
4. Israele - il figliol prodigo di Dio (c. 11:1-11)
5. Un invito al pentimento (cc. 12:1-13:16)
6. La promessa di guarigione e amore (c. 14:1-9)

MATRIMONIO DI OSEA CON GOMER

Il matrimonio di Osea con Gomer è un enigma. Spesso si chiede "Come può un Dio santo chiedere a Osea di sposare una prostituta?" Forse dovremmo chiederci "Quale dovrebbe essere la nostra risposta quando Dio ci chiede qualcosa di inusuale o non ortodosso?" Il Dio di Osea agisce in modo non convenzionale e contro tutte le attese tradizionali. Lo stesso Osea impazzisce e cade in delirio per Dio (c. 9:7). Potremmo concludere dicendo "uno strano Dio ed uno strano profeta." Nondimeno, troviamo qui l'esempio antico-testamentario di un'obbedienza radicale alla voce radicale di Dio. Gesù disse: "Se uno vuole venire dietro a me, rinunzi a se stesso, prenda la sua croce e mi segua" (Marco 8:34)

- **Osea, Gomer ed i figli (cc.1:1-3:5)**

Il libro di Osea inizia con il comando divino ad Osea di sposare una donna proveniente da una famiglia di prostitute. Il matrimonio di Osea con Gomer può essere stato un mezzo mediante il quale Dio ha parlato ad Israele tramite il profeta. Grazie a questa ubbidienza radicale allo strano comando di Dio, il profeta può proclamare il messaggio dell'infedeltà di Israele a Dio, il suo partner del patto. I nomi dei figli comunicano il severo Suo giudizio contro Israele. Izreel ("Dio disperde") simboleggia la fine politica dello stato di Israele. Lo-Ruama ("nessuna compassione") significa che Dio non mostrerà più pietà per Israele. Lo Ammi ("non il mio popolo"), simboleggia la fine del patto di Dio con Israele. Pur avendo pronunciato il Suo giudizio contro Israele, Egli promette anche di restaurare e ristabilire la relazione pattuale con il Suo popolo. Questi crede che Baal sia il dispensatore della sua prosperità.

Dio, perciò, toglierà ad Israele le Sue benedizioni e punirà la nazione per essere andata dietro ad altri dii. Dopo il giudizio, tuttavia, restaurerà il suo popolo con il quale si fidanzerà per sempre (c. 2:1-23).

Il progetto divino di restaurare Israele è il messaggio che sottostà all'atto di compera della moglie che si è allontanata (c. 3). Sebbene lo abbia lasciato per andare dietro ad altri amanti, Osea la compra, la riporta a casa e le impedisce di prostituirsi ancora. Similmente, Dio toglierà ad Israele la sua libertà politica e religiosa.

- **Peccato, giudizio e pentimento (cc. 4:1-8:14)**

Osea annuncia l'accusa legale contro Israele perché, nel paese, c'è infedeltà, mancanza di lealtà pattuale e di conoscenza personale di Dio. L'idolatria e il culto di Baal sono presenti dovunque per cui il profeta annuncia il giudizio di Dio su tutta la nazione. Osea afferma che Dio tornerà al Suo popolo, con compassione e grazia, se il popolo lo cercherà econfesserà il suo peccato. Questa offerta rimarrà inascoltata dalla nazione sempre più malvagia. Nonostante sia peccatore, il popolo pretende di conoscere Dio.

- **Il risultato del giudizio (c.9:1-10:15)**

Il giudizio di Dio condannerà Israele all'esilio in Assiria. Il popolo non ascolta la voce profetica e continua nella sua idolatria. Osea, beffardamente, chiama Betel ("la casa di Dio") e Bet –Aven ("casa di iniquità"). Egli annuncia vergogna e disonore per i suoi sacerdoti e per il re di Samaria.

- **Israele – Il figlio prodigo di Dio (c. 11:1-11)**

Nonostante Dio abbia liberato il figlio Israele dalla schiavitù, rialzandolo con tenerezza e compassione, questi si ribella contro l'amore del Padre per cui merita la morte. Dio, tuttavia, nella Sua compassione, non lo condanna alla distruzione (vd. Deuteronomio 21:18-21). Egli è "Dio – il Santo" in mezzo al Suo popolo. Troviamo qui l'espressione più chiara della grazia meravigliosa di Dio per i peccatori che non meriterebbero altro che la morte.

- **Un invito al pentimento (cc. 12:1-13:16)**

Osea incoraggia il popolo a ritornare a Dio ed a cercare il Suo favore, come Giacobbe, suo antenato aveva cercato Dio a Betel. Il popolo di Dio deve mostrare amore, applicare la giustizia e confidare in Dio. Israele non si cura affatto di quel Dio che lo ha tratto fuori dall'Egitto. Si dimentica di Colui che ha provveduto per lui. Osea avverte tutti dicendo che morte e distruzione cadranno su chi non mostra alcuna gratitudine per Dio; nessunopotrà liberare un popolo destinato alla distruzione e rovina.

> **T**
>
> ### IL DIO DI OSEA
>
> Osea descrive Dio come un marito che ama e perdona, un Padre compassionevole e pieno di grazia e il Guaritore del suo popolo. Queste metafore ci aiutano a scoprire l'enormità della grazia di Dio ed il Suo amore per l'umanità peccatrice. Giovanni, l'autore dell'omonimo vangelo, riassume il mistero dell'amore di Dio nella frase: "Perché Dio ha tanto amato il mondo, che ha dato il Suo unigenito Figlio" (Giovanni 3:16). Qui troviamo la speranza di un mondo estraniato da Dio.

> **PENTIMENTO** **T**
>
> Osea insegna che il pentimento deve essere una via di vita per il popolo di Israele. È evidenza di una fede attiva – fede che ci fa persistere nel desiderio di piacere a Dio. Dove non c'è un pentimento genuino, l'amore per Dio è come "una nuvola del mattino"(c.6:4) e la fede è fraudolenta. Il pentimento genuino, invece, ci permette di offrire l'offerta di lode delle nostre labbra – un continuo "sacrificio di lode" a Dio nel nome di Gesù Cristo." (Osea 14:2; Ebrei 13:15)

- **La promessa di guarigione ed amore (c. 14:1-9)**

Gli oracoli di Osea si concludono con l'invocazione ad Israele di abbandonare le sue vie di vita peccaminosa. Osea prega riconoscendo la colpa della nazione e la misericordia di Dio come unica fonte di salvezza della nazione. Anticipa, così, la risposta guaritrice e amorevole di Dio alla penitenza della nazione. Israele diventerà prosperoso efruttifero per la cura attenta di Dio. Il verso finale del libro di Osea è una frase sapienziale. Esorta a discernere e a camminare secondo le vie di Dio. Il giusto comprenderà che la via del Signore è una via di vita ma anche una pietra di inciampo per i peccatori.

Gioele

Questo piccolo libro fornisce ai discepoli il fondamento antico-testamentario per gli eventi che avvenuti nel giorno della Pentecoste (Gioele 2:28-32; Atti 2:17-21). L'apostolo Paolo trova nella profezia di Gioele la promessa della salvezza per tutti coloro che invocano il nome del Signore (Gioele 2:32; Romani 10:13).

Storia personale di Gioele

Il libro introduce Gioele come figlio di Petuel (c. 1:1). Il nome di Gioele si trova anche altrove nell'Antico Testamento, ma è difficile stabilire l'identità del profeta. Il nome significa "Jahvé è Dio". Si presume che fosse un cittadino di Giuda. I suoi oracoli sono indirizzati al popolo di Giuda.

Contesto

Nel libro manca un riferimento specifico al tempo del ministero di Gioele. Gli studiosi hanno proposto varie date per il suo ministero, tra il nono e la metà del quarto secolo a.C. Anche se vi sono ancora alcuni che indicano una data pre-esilica, la maggior parte degli studiosi pone il libro di Gioele nel periodo post-esilico, tra il 500 e 350 a.C.

Contenuto

Il seguente è uno schema del libro:
1. Lamento per le calamità naturali (c.1:2-20)
2. L'esercito di Dio sta per arrivare (c. 2:1-11)
3. Invito al pentimento e la risposta di Dio (c.2:12-27)
4. Restaurazione spirituale (c. 2:28-32)
5. La valle della decisione (c. 3:1-21)

Gli oracoli di Gioele sono contenuti in tre capitoli nelle traduzioni italiane (il capitolo 2:28-32 in inglese equivale al c. 3:1-5 in ebraico). Gioele 3:1-21 (italiano) è 4:1-21 in ebraico. Alcuni studiosi ritengono che 2:28-3:21 (italiano) sia un'aggiunta posteriore al libro da parte di un altro scrittore. Noi la consideriamo una parte essenziale del messaggio del profeta. Questa seconda parte descrive l'opposto della cattiva sorte di Giuda e la continua opera di Dio a favore del Suo popolo, incluso lo spargimento del Suo Spirito su ogni persona.

- **Lamento per le calamità naturali (c.1:2-20)**

Il libro di Gioele inizia con un avvertimento agli anziani e a tutte le persone a preservare, per le generazioni future, il ricordo dell'invasione delle locuste che devastarono il paese (c. 1:2-3). I versi 19-20 affermano, implicitamente, che una severa siccità ha colpito il paese. Gioele esorta il popolo a piangere e a lamentarsi per la rovina e distruzione delle colture, della frutta e dei pascoli che il popolo e il bestiame necessitava per vivere.

- **L'esercito di Dio sta per arrivare (c.2:1-11)**

Una piaga di locuste fornisce al profeta le parole e le immagini guerriere per descrivere l'intensità del "giorno del Signore", il giorno del giudizio di Dio, su tutti i Suoi oppositori. Nessuno potrà resistere al giorno terribile perché Dio sarà alla guida del Suo esercito.

- **Invito al pentimento e la risposta di Dio (c.2:12-27)**

Questa sezione inizia con il richiamo di Dio a Giuda perché ritorni a Lui con tutto il cuore, con digiuni, pianto e lamento. Per ottenere la compassione e la grazia di Dio, il pentimento deve essere un atto della volontà umana e non soltanto un rito esteriore. Il profeta invita i suoi uditori a consacrarsi a Dio che promette di restaurare e benedire il paese.

> **LA PROMESSA DELLO SPIRITO**
>
> Il nostro pentimento con un cuore spezzato e contrito, è necessario per poter sperimentare le benedizioni spirituali di Dio. La promessa dello spargimento dello Spirito è, oggi, una realtà. Lo Spirito verrà sui primi cristiani nel giorno della Pentecoste e continuerà a raggiungere la nostra vita non solo per trasformarci ma anche per equipaggiarci, come Suoi portavoce, fino ai nostri giorni. Gioele ci esorta a vivere in novità di vita mediante Cristo e la potenza dello Spirito Santo mentre aspettiamo la Sua seconda venuta.

- **Restaurazione spirituale (c. 2:28-32)**

Dio, inoltre, promette di spargere il Suo Spirito su tutto il popolo. Gioele anticipa l'opera dello Spirito che abilita il popolo di Dio a parlare (profezia) per Dio. Collega, quindi, lo spargimento dello Spirito all'approssimarsi del "giorno del Signore." Pur se il giorno del Signore sarà di giudizio, Gioele preannuncia che Dio salverà, dalla Sua ira e dal Suo giudizio, tutti coloro che Lo invocheranno.

- **La valle della decisione (c. 3:1-21)**

Il capitolo finale del libro di Gioele contiene molti oracoli di giudizio contro le nazioni nella "valle di Giosafat (vv.2, 12) chiamata anche la "valle della decisione" (due volte al v. 14). Sono nomi simbolici che si riferiscono alla realtà del giudizio finale di Dio sul malvagio. Dio siederà per giudicare tutte le nazioni e reclamerà Gerusalemme come Sua santa dimora. Il popolo di Dio godrà del Suo perdono e della Sua benedizione.

Amos

Gli studiosi credono che Amos sia il primo profeta canonico di Israele. Fino al XIX secolo non ricevette molta attenzione sia nella tradizione giudaica che in quella cristiana.[2] Nell'ultimo secolo, il libro è divenuto una fonte biblica primaria per gli evocatori della giustizia e della rettitudine nel mondo. Oggi, sentiamo persino autorità secolari far riferimento all'appassionata vocazione per la giustizia sociale di Amos: "Scorra piuttosto il diritto come acqua e la giustizia come un torrente perenne! (Amos 5:24).

Storia personale di Amos

Il libro contiene solo due brevi riferimenti alla situazione personale di Amos (cc. 1:1; 7:14-15). Secondo il c.1:1, Amos è un pastore (noqed) di pecore di Tecoa, un villaggio a circa 12 miglia a sud-est di Gerusalemme. Secondo il c.7:14-15 era un mandriano (boqer) e un coltivatore di sicomori. Sembra verosimile che possedesse del bestiame, forse pecore e buoi. Quest'ultima vocazione include, forse il compito di far maturare artificialmente il frutto verde dei sicomori per farlo diventare dolce e commestibile. Pur se cittadino del regno del sud, Dio lo chiama ad essere profeta in Israele, il regno del Nord.

Contesto

Amos 1:1 indica che il suo ministero si svolse durante il regno di Uzzia, re di Giuda (783-742 a.C.) e di Geroboamo II, re di Israele (786-742 a.C.). Il testo indica anche una data più precisa per Amos: "due anni prima del terremoto" (c. 1:1, vd. anche Zaccaria 14:5). Gli studiosi lo connettono ad un fortissimo terremoto che distrusse Azor verso il 760 a.C. Il ministero di Amos, dunque, daterebbe tra il 763/762 a.C. Non sappiamo per quanto tempo lo abbia svolto; forse, durò soltanto un anno[3].

Amos si reca nel regno del nord quando è al suo apice militare e di prosperità economica sotto Geroboamo II (2 Re 14:23-29). Gli oracoli di Amos denunciano il fatto che la prosperità economica non è di alcun beneficio al povero. I poveri sono trattati come merce – vittime dello sfruttamento economico, dell'abuso sessuale, della corruzione legale e giuridica e degli errori giudiziari. Alla violenza e all'oppressione dilagante nel paese, fa da contrattare un risveglio di interesse per le feste religiose ed i riti. Betel e Gilgal sono centri di idolatria che promuovono falsi culti e falsa fiducia nella presenza di Dio con loro. Le parole di Amos al popolo sono, quindi, indirizzate a chi non riesce a comprendere come debba esistere una giusta relazione tra culto e vita quotidiana.

Figura 99 Amos, prima di essere profeta, era un pastore.

> **DIO, GIUDICE UNIVERSALE**
>
> Dio è il giudice sovrano di tutta l'umanità. La violenza contro gli esseri umani è violenza contro Dio. Da Amos impariamo che Dio è coinvolto nei nostri affari quotidiani. Egli è fortemente preoccupato del modo in cui trattiamo gli altri. Come ai giorni di Amos, il nostro mondo è pieno di oppressione, schiavitù, pulizia etnica, crimini di guerra e attività terroristiche. Dio giudicherà tutti coloro che peccano contro di Lui, non importa se riconoscono o no la Sua sovranità

Contenuto

Il libro di Amos può essere suddiviso nelle seguenti parti:
1. Introduzione (c.1:1-2)
2. Giudizio sui vicini di Israele (cc. 1:3-2:3)
3. Giudizio su Giuda e Israele (c. 2:4-16)
4. Oracoli di giudizio contro Israele (cc. 3:1- 6:14)
5. Le visioni di Amos (cc.7:1-9:10)
6. Ricostruzione e restaurazione (c.9:11-15)

- **Introduzione (c.1:1-2)**

L'oracolo di apertura annuncia i temi del libro di Amos. Amos considera Dio come Dio del giudizio che pronuncia la Sua parola di giudizio dal Suo Tempio a Gerusalemme.

- **Giudizio sui vicini di Israele (cc. 1:3-2:3)**

Amos pronuncia il giudizio di Dio sulle nazioni vicine ad Israele (Siria, Filistia e Fenicia, Edom, Ammon e Moab). Queste nazioni soffriranno molte forme di giudizio per i loro crimini di guerra ed il comportamento crudele. In ogni caso, eccetto l'oracolo indirizzato a Moab, Israele è la vittima del crimine di queste nazioni. Le nazioni che non mostrano alcuna misericordia con le altre non riceveranno alcuna pietà da parte di Dio.

- **Giudizio contro Giuda ed Israele (c. 2:4-16)**

Amos identifica il peccato di Giuda come rifiuto delle istruzioni (Torà) del Signore. I peccati di Israele, regno del nord, includono la schiavitù, l'oppressione, la grossolana immoralità sessuale, l'ingiustizia, il totale disinteresse del povero e l'indifferenza alle passate azioni salvifiche di Dio. Essi vanno oltre ogni limite della giusta condotta morale nella società.

> **T**
>
> **GIUSTIZIA E DIRITTO**
>
> La preoccupazione per la giustizia (mishpat) e il diritto (sedeqa), è un tema chiave nel libro di Amos. Pratichiamo la giustizia quando compiamo le prescrizioni del patto verso gli altri. La "Giustizia" è il frutto della nostra giusta relazione con gli altri. Amos ci ricorda che le nostre vite dovrebbero mostrare sempre evidenza di "fame e sete" di giustizia e diritto. Gesù fu un vero amico degli emarginati e delle persone rifiutate dei Suoi giorni. Quando la giustizia e il diritto scorreranno come un fiume perenne nella nostra vita comunitaria, allora avremo assolto le pre-condizioni per un culto accettevole (vd. c. 5:24)

- **Oracoli di giudizio contro Israele (cc. 3:1-6:14)**

In questa sezione vi sono numerosi oracoli, per lo più brevi giudizi di condanna contro Israele.

Israele non è riuscito a vivere secondo i principi della sua elezione e del patto con Dio. Adoperando molti detti proverbiali, Amos afferma che, raramente, Dio ha fatto qualcosa senza averlo prima rivelato ai suoi profeti. Il popolo compiacente, idolatra ed oppressivo che accoglie donnearistocratiche della Samaria, sarà totalmente distrutto per il giudizio divino.

Amos crede che il giudizio di Dio sia inevitabile perché non c'è pentimento e fede nella vita religiosa giudaica. Avverte Israele che i sui santuari sono ormai destinati alla distruzione. Amos è convinto che anche in quest'ultima ora Dio sarà benevolo con il suo popolo se questi cercherà "il Signore …il bene e non il male" (c.5: 6, 14). Amos dichiara il "Giorno del Signore" come un giorno di tenebre e terrore. Dio richiede la giustizia e la rettitudine più delle festività, della musica e delle offerte.

- **Le visioni di Amos (cc. 7:1-9:10)**

Le visioni delle piaghe delle locuste, del fuoco, del filo a piombo, e del paniere di frutta, e del santuario continuano il tema del prossimo giudizio. Le prime due visioni (locuste e fuoco) raffigurano la totalità del giudizio. Amos intercede presso Dio affinché abbia misericordia del Suo popolo. La visione del filo di piombo comunica il messaggio che Israele ha fallito perché non si è adeguato ai principi divini richiesti alla nazione del patto. Dio non può risparmiare una tale nazione nel Suo giudizio. Amasia, il sacerdote, proibisce ad Amos di parlare nel santuario di Betel intimandogli di ritornare a casa sua. Amos risponde che pur non appartenendo ad una famiglia di profeti, Dio lo ha tratto fuori dal suo lavoro imponendogli di parlare ad Israele. Un vero profeta non può essere messo a tacere da nessuno, neppure dalla più alta carica religiosa!

> **T**
>
> **C'È UN FUTURO PER ISRAELE?**
>
> C'è un futuro per Israele? Amos ne è sicuro! La nazione che sarà confrontata con la sua "fine" avrà un futuro glorioso. Il giudizio, infatti, non annulla i disegni di Dio. Dio continuerà a realizzare i Suoi piani per la salvezza dell'umanità. Le parole di Amos sulla "fine" puntano ad un nuovo inizio nella storia della salvezza. Questo inizio è ciò che la Chiesa proclamò con la venuta di Gesù Cristo nel mondo (vd. At. 15:15-18)

La visione del paniere di frutta comunica il messaggio che "la fine era giunta" per Israele. Come il frutto maturo è pronto ad essere raccolto, Israele è "maturo" per il giudizio. Il giudizio di Dio sarà... la totale assenza della Sua parola dal Suo popolo (8:11). Conseguentemente, nessun luogo nell'universo potrà essere un posto sicuro per i peccatori.

- **Ricostruzione e restaurazione (9:11-15)**

Il libro si conclude con la speranza per il futuro. La promessa del libro è che, dopo il giudizio,
Israele sarà ricostruito, restaurato, tornando ai giorni della prosperità e della benedizione di Dio.

Abdia

Storia personale di Abdia

Abdia è il libro più breve dell'Antico Testamento. Nella Bibbia, si trova spesso il nome Abdia (che significa "il servo del Signore") e le sue forme correlate. Il libro non ci fornisce alcuna notizia della sua famiglia e della sua vocazione.

Contesto

L'assenza di chiari riferimenti ad eventi storici, rende difficile collocare Abdia in un ambiente specifico. Alcuni specialisti, basandosi sul racconto della ribellione di Edom contro Giuda, hanno suggerito, come data di composizione, il nono secolo a.C. (vd. 2 Re 8:20-22). Altri pongono il libro nella metà del V secolo a.C., durante l'occupazione del Negev per mano degli Edomiti.[4] La maggior parte degli studiosi ritiene che i versi 11-14 si riferiscano all'invasione babilonese di Giuda e Gerusalemme. Ciò porrebbe il libro intorno al 587 a.C. o in un tempo molto prossimo.

Il profeta parla dell'orgoglio e dell'arroganza degli Edomiti che serbavano un continuo odio contro il popolo di Israele. Discendenti di Esaù, fratello di Giacobbe, vivevano nelle terre a sud del Mar Morto, una regione circondata da deserti e da montagne. L'ostilità tra Edom ed Israele si era mantenuta nel tempo. Sebbene Abdia si rivolga a tale popolo con una parola di giudizio, qui troviamo pure parole di conforto per gli oppressi e per coloro che si trovano in esilio nell'attesa di un intervento liberatore di Dio che li riporti nel loro paese.

Figura 100 La città nabatea di Petra che molti studiosi identificano con Sela, uno dei centri degli Edomiti (Abdia 3).

Contenuto

L'oracolo di Abdia contro Edom è contenuto in un capitolo. L'autore presenta il messaggio del libro come "visione di Abdia". Questi annuncia il piano divino di rendere Edom insignificante nel mondo a motivo del suo orgoglio, della sua arroganza e della sua falsa fiducia in se stesso. La capitale Sela (che, in ebraico, significa "roccia") era circondata da monti rendendo la città sicura e protetta come una fortezza. Pur se gli edomiti si sentivano al sicuro e inattaccabili da armate nemiche, Dio aveva decretato la sua distruzione ed umiliazione. Il peccato principale di Edom era il suo continuo odio verso Israele. Quando il nemico aveva invaso Gerusalemme, Edom era rimasta a guardare, impassibile, senza alcuna pietà. Ancor peggio, gli edomiti si erano alleati con i nemici per saccheggiare e distruggere la città. Abdia annuncia che Edom e le nazioni riceveranno da Dio lo stesso tipo di distruzione che essi avevano inflitto a Giuda. Il "Giorno del Signore" sarebbe stato un giorno di salvezza per Giuda ed Israele. Quando la morte e la distruzione avrebbero regnato su Edom, vi sarebbe stata liberazione sul monte Sion. Abdia conclude il suo messaggio con la speranza fiduciosa che il regno del Signore, alla fine, si stabilirà sul mondo intero.

COME DUNQUE VIVREMO? [T]

Il comportamento malevolo di Edom contro Israele era il prodotto della sua rabbia repressa e del suo testardo rifiuto di perdonare il peccato di Giacobbe, antenato di Israele. Per gli Edomiti, risentimento e vendetta divennero un modo di vivere. Abdia ci ricorda della verità che Dio ci riterrà responsabili di ogni nostra attitudine poco amorevole ed inospitale nelle nostre relazioni sociali e familiari. Il regno di Dio è un regno di compassione e di vita piena della Sua grazia. Egli stabilirà questo Suo regno mediante il giusto giudizio dei peccatori. L'Apocalisse riecheggia questa convinzione: "Il Regno del mondo è passato al nostro Signore e al Suo Cristo ed egli regnerà nei secoli dei secoli."(Apocalisse 11:15)

Frasi riassuntive

- Osea paragona Dio ad un marito amorevole e misericordioso;
- Dio condanna Israele perché ha spezzato il patto con Dio;
- Osea esorta Israele al pentimento ed a cercare la restaurazione e la guarigione di Dio;
- Gioele adopera l'immagine dell'attacco delle locuste e della siccità per avvertire dell'intensità del prossimo giudizio;
- Gioele anticipa la restaurazione spirituale di Israele e lo spargimento dello Spirito di Dio su tutto il popolo;
- Amos descrive Dio come il Giudice sovrano di tutte le nazioni;
- Amos invoca la giustizia sociale come prerequisito per l'accoglienza da parte di Dio, del culto d'Israele;
- Amos sfida Israele a cercare Dio come fonte di vita;
- Abdia crede che, alla fine, Dio stabilirà il Suo regno e decreterà la fine dell'odio e dell'orgoglio nel mondo.

Domande di riflessione

1. Discuti su modi pratici di dimostrare fedeltà e consacrazione nella relazione con Dio e con gli altri.
2. Basandoti sul libro di Osea, descrivi l'amore di Dio.
3. Cosa significa "invocare il nome di Dio" e quali benedizioni Dio riversa su coloro che invocano il Suo nome??
4. Elenca la maggiori atrocità umane nel mondo degli ultimi 50 anni e discuti su che cosa potrebbe dirci Amos sul giudizio.

Risorse per studi ulteriori

Gowan, Donald E. The Book of Amos: Introduction, Commentary, and reflections, vol. 7 of The New Interpreter's Bible, Nashville:Abingdon Press, 1996;

Limburg, James. Interpretation: A Bible Commentary for Teaching an Preaching: Hosea-Micah, Louisville, Ky: John Knox Press,1988;

Mays, James L. Amos. The Old Testament Library. Philadelphia: Westminster Press, 1969.

31. Giona, Michea, Naum e Abacuc

OBIETTIVI

Lo studio di questo capitolo ti aiuterà a:
- Riassumere gli ambienti storici di Giona, Michea, Naum e Abacuc;
- Descrivere il contenuto dei libri di Giona, Michea, Naum e Abacuc;
- Discutere sugli insegnamenti teologici maggiori di Giona, Michea, Naum e Abacuc.

Termini chiave:

Giona
Gath-Hefer
Ninive
Michea
Moreset
Teofania
Betlemme efrata
Naum
Elcos
Assurbanipal
Nabopolassar
Abacuc
Babilonesi

Domande da considerare durante la lettura:
1. Qual è la tua attitudine nei confronti di coloro che appartengono ad altre razze, religioni o denominazioni?
2. In che modo adori Dio?
3. In che modo affronti i momenti critici della tua vita?

Giona

Giona, ha veramente trascorso tre giorni e tre notti nel ventre del pesce? I lettori di questo libro molto particolare, si lasciano spesso irretire dal dibattito sulla interpretazione letterale della storia di Giona. Vi invitiamo, invece, ad ascoltare il messaggio del libro e a non essere troppo preoccupati dalla storicità di alcuni dettagli che non possiamo provare o disapprovare con certezza.

Storia personale di Giona

La frase di apertura (c.1:1) identifica Giona come il figlio di Amittai. In 2 Re 14:25, leggiamo che Giona figlio di Amittai, profetizzò sulla ricostruzione dei confini di Israele durante il regno di Geroboamo II. Il villaggio di Gath-Hefer era situato a sud-ovest del Mar di Galilea. Alcuni studiosi ritengono che sia stato lo scrittore a dare il nome di Giona al personaggio di questo libro. Il Vangelo di Matteo conferma l'autenticità di Giona quale profeta di Ninive vd. c.12:41)

Contesto

Il libro manca di riferimenti a qualche evento che potrebbe aiutarci a collocare Giona in un periodo specifico della storia. Basandoci su 2 Re 14:25, possiamo datarlo nell'ottavo secolo, tra il 786 e 746 a.C.

Gli studiosi assegnano varie date alla composizione del libro, dall'ottavo al terzo secolo a.C.[1] Il libro presume l'esistenza di Ninive come città grande malvagia. I babilonesi distrussero Ninive, la capitale dell'Assiria, nel 612 a.C. Il ministero di Giona sembra essersi svolto prima del sorgere dell'Assiria come impero potente sotto Tiglat-pileser III nella parte finale dell'ottavo secolo.

Figura 101 *Iafo, il porto della città da cui Giona salpò verso Tarsis (1:3).*

Contenuto

La storia di Giona è come un dramma contenente le seguenti scene:
Scena 1: Giona disubbidisce a Dio (c.1:1-16)
Scena 2: Giona nel ventre del pesce (c. 1:17-2:10)
Scena 3: Giona si reca a Ninive (c. 3:1-10)
Scena 4: L'ira di Giona e la risposta di Dio (c. 4:1-11)

- **Giona disubbidisce a Dio (c. 1:1-16)**

Il libro inizia con la disubbidienza di Giona al comando di Dio di andare a predicare nella città di Ninive. Egli parte per Tarsis a bordo di una nave, nella direzione opposta a Ninive. La tempesta marina spinge i terrorizzati marinai, dopo aver tirato a sorte, ad identificare in Giona il responsabile della calamità naturale. Giona riconosce la sua colpa e dice ai marinai che il mare si acquieterà se lo getteranno fuori bordo. Pur timorosi ed esitanti, essi fanno come Giona ha loro suggerito e la tempesta si placa ed il mare si calma. I marinai adorarono Dio.

- **Giona nel ventre del pesce (c. 1:17-2:10)**

Accade qualcosa di inatteso. Un grande pesce ingoia Giona. Non possiamo speculare troppo sull'identità di questo pesce né possiamo semplicemente ritenere questo evento come una commedia. Gesù, al suo uditorio incredulo, lo descrive come un "segno" (Matteo 12:38-40). Nel ventre del pesce, Giona offre una preghiera di ringraziamento a Dio per averlo salvato. Promette di mantenere la promessa fatta in cambio della salvezza. Dopo tre giorni e tre notti il pesce lo vomita fuori.

IL SILENZIO DI GIONA

La storia di Giona si conclude con la domanda rivoltagli da Dio alla quale egli non risponde. Pur avendo ricevuto la grazia misericordiosa di Dio, Giona non ritiene che anche altri avrebbero meritato riceverla e non si lascia commuovere dall'opera meravigliosa della Sua grazia. Si adira e si preoccupa solo delle cose che gli avrebbero recato conforto. Quando Dio gli pone la grande domanda, c'è silenzio – nessuna risposta rabbiosa, nessun tentativo di fuga, soltanto un freddo silenzio.

Il libro di Giona ci invita a liberarci dalla nostra piccola visione del mondo e dai pregiudizi accogliendo l'idea che il vangelo di Gesù Cristo è per tutta l'umanità. "Vedendo la folla ne ebbe compassione" (Matteo 9:36). Il solo modo per rompere il silenzio di Giona è prendersi cura del mondo peccatore.

- **Giona si reca a Ninive (c. 3:1-10)**

La parola di Dio giunge a Giona con lo stesso ordine ma questa volta egli va e predica un breve messaggio di giudizio. Pur se avrebbe dovuto camminare per tre giorni attraverso la città, gli basta solo un giorno per annunciare il suo messaggio. Sorprendentemente, questa città pagana risponde positivamente al suo messaggio e la notizia giunge persino al palazzo del re che decreta un digiuno ed un tempo di preghiera per tutta la città. Dio risponde al pentimento dei niniviti con compassione. Cancella il Suo giudizio di condanna e salva la città dalla distruzione.

- **L'ira di Giona e la risposta di Dio (c. 4:1-11)**

La salvezza di Ninive fa infuriare Giona il quale confessa che proprio la compassione e la misericordia per coloro che meritavano la punizione era stato il motivo della sua fuga a Tarsis; adesso che Dio ha cambiato idea, desidera morire. La sua reputazione di profeta è stata messa in dubbio e ciò è molto grave. Infatti, la punizione per un falso profeta è la morte (vd. Deuteronomio 18:18-22). Si allontana, perciò, dalla città per vedere se una calamità si sarebbe abbattuta su di essa. Dio, allora, fa crescere una vite che dà ombra a Giona proteggendolo dall'intenso calore. Il giorno seguente un verme distrugge la vite e Giona si adira nuovamente per la sua fine. Dio risponde chiedendogli spiegazione della sua preoccupazione per una vite che non aveva né piantato né coltivato. Gli chiede se non ritenga giusto che Dio dimostri preoccupazione per un popolo che non ha alcun discernimento morale? Il libro si conclude senza una risposta da parte di Giona.

Michea

Il profeta Michea è ben conosciuto per le sue parole sulla richiesta divina di giustizia, gentilezza e umiltà nel cammino con Dio. La tradizione cristiana conosce anche la frase di Michea riguardante la venuta del Messia da Betlemme Efrata. In questo breve libro, troviamo anche una critica decisa all'oppressione e all'ingiustizia, e l'esortazione profetica alla giustizia e alla rettitudine nella comunità di fede.

Storia personale di Michea

Eccetto per il nome di Michea di Moreset (c. 1:1) conosciamo veramente poco della persona del profeta. Il suo nome significa "chi è come Jahvé?" Proveniva dalla città di Moreset, distante circa 30 chilometri da Gerusalemme. Michea si autodefinisce come un profeta ripieno "di forza, dello Spirito del Signore" (c.

3:8) che Dio aveva suscitato per dichiarare ad Israele il suo peccato e la sua trasgressione.

Non c'è consenso sulla paternità degli oracoli presenti nel libro la cui forma finale è attribuita a Michea di Moreset. Alcuni studiosi, tuttavia, credono che soltanto alcune porzioni del libro appartengano a Michea. I capitoli 4-7 dovrebbero appartenere a tempi posteriori, incluso un periodo del tardo esilio e post-esilio.

Contesto

La frase iniziale (c. 1:1) indica che Michea fu profeta durante i giorni di Iotam, Acaz e Ezechia, re di Giuda. Possiamo datare il suo ministero tra il 742 e 687 a.C. Durante il processo di Geremia, quando Michea di Moreset predice la distruzione di Sion (Geremia 26:17-19), alcuni anziani, rilevano come i re Ezechia e Giuda cerchino il favore di Dio. Questo testo, perciò, conferma l'ambiente storico del suo ministero che include il regno del re Ezechia (vd. 1:1).

Vari oracoli indicano che Michea profetizza quando la società è corrotta e le autorità colpevoli di oppressione e di abuso di potere. I potenti del paese non solo pianificano il male ma lo attuano. La gente si crogiola nella falsa sicurezza che la presenza di Dio avrebbe sempre garantito sicurezza e protezione. I falsi profeti ed i sacerdoti corrotti ingannano e confondono il popolo sulle richieste di Dio. Michea condivide la stessa preoccupazione degli altri profeti dell'ottavo secolo a.C. (Amos, Osea e Isaia)

Contenuto

Il libro di Michea si divide nelle seguenti parti:
1. Accusa di Dio contro Samaria e Gerusalemme (c. 1:2-16)
2. Giudizio sui capi corrotti (c. 2:1-13)
3. La vera conduzione (c. 3:1-12)
4. La restaurazione di Sion (c. 4:1-5:4)
5. Sconfitta dell'Assiria e dei nemici di Israele (c. 5:5-15)
6. Processo di Dio contro Israele (c. 6:1-16)
7. Il lamento e la preghiera di Michea (c. 7:1-20)

- **Accusa di Dio contro Samaria e Gerusalemme (c. 1:2-16)**

Gli oracoli contro Michea iniziano con l'annuncio che Dio è il giudice dell'umanità. Il profeta proclama la manifestazione di Dio (teofania) accompagnata da un terribile e devastante effetto sulla terra. È questa la conseguenza diretta dell'idolatria di Samaria e Gerusalemme. Egli si lamenta per l'imminente distruzione e invita il suo uditorio a mostrare segni di lutto e dolore per la loro perdita.

- **Giudizio sui capi corrotti (c. 2:1-13)**

Al momento del disastro, i potenti del paese che opprimono e defraudano le vittime impotenti, saranno privati di ogni loro ricchezza. Il paese essendo un dono di Dio al Suo popolo, avrebbe dovuto motivare la gioia e la benedizione. L'esilio sarà, allora, la conseguenza della loro violenza sull'eredità di Dio. I falsi profeti ordinano a Michea di non annunciare tali brutti eventi perché sicuri che Dio non è adirato. Al popolo ed ai suoi falsi profeti che profetizzano per vino e birra, viene preannunciata la punizione dell'esilio dal loro paese.

In mezzo a cosi dure parole di giudizio, Miche proclama il piano di Dio che vuole salvare e riunire il Suo rimanente dall'esilio. Come un pastore raccoglie il suo gregge, così Dio raccoglierà il Suo popolo che si sarà a Lui sottomesso.

- **La vera conduzione (c. 3:1-12)**

I capi di Israele hanno pervertito la giustizia e commesso atti impietosi di crudeltà contro il popolo di Dio. Al momento del giudizio, anche se questi peccatori invocheranno il Suo nome, Dio si nasconderà da loro. Similmente, disgrazia cadrà sui falsi profeti che predicano la pace (shalom) come mezzo di guadagno. Il marchio del vero profeta è il coraggio di predicare la Parola di Dio anche quando chi ascolta non vuole udire. Michea è convinto di essere un profeta di Dio ripieno del Suo Spirito. Non teme di dichiarare ai capi di Israele il loro peccato. Per questi peccati, Michea annuncia che Dio distruggerà Sion rendendola un luogo desolato e in rovina.

- **La restaurazione di Sion (4:1-5:4)**

Le parole di Michea 4:1-3 si trovano pure in Isaia 2:2-4. Sion sarà restaurata da Dio e le nazioni vi si recheranno per cercare l'istruzione di Dio (Torah). Michea afferma che l'esilio di Giuda fa parte del piano di Dio per la sua salvezza. Gerusalemme sarà accerchiata e il nemico toglierà il suo re ma Dio restaurerà la sua antica gloria. Dio promette che un re verrà da un piccolo paese insignificante chiamato Betlemme Efrata. Questo sovrano li guiderà e sarà fonte di pace per il Suo popolo.

- **Sconfitta dell'Assiria e dei nemici di Israele (5:5-15)**

La liberazione divina del paese dall'armata invadente dell'Assiria è il cuore del messaggio di c. 5:5-6. Michea vede il sorgere di varie potenze politiche che avrebbero causato la fine dell'Assiria. Dio, tuttavia, renderà Israele una benedizione ed una fonte di timore nel paese del suo esilio. I versi 10-15 trattano della distruzione delle nazioni che confidano nelle proprie risorse praticando l'idolatria e la divinazione.

UN RE DA BETLEMME

Matteo, autore del Vangelo, comprende la nascita di Gesù come compimento di MIchea 5:2. Michea incoraggia il popolo dei suoi giorni a fronteggiare la realtà della punizione intensa e severa senza speranza in una futura salvezza. I nostri peccati ci separano da Dio ed il risultato è il nostro esilio e l'assenza delle benedizioni di Dio dalla nostra vita. La buona notizia per noi è che Cristo, il "re" da Betlemme, viene come "nostra pace" – fonte di vita e speranza per coloro che vivono in conflitto ed ostilità, "senza speranza e senza Dio nel mondo." (Efesini 2:1-22)

- **Processo di Dio contro Israele (6:1-16)**

Michea adopera un genere processuale (disputa legale) per comunicare il giudizio di Dio contro Israele. I monti sono testimoni di questa controversia tra Dio ed Israele. Dio vuole sapere come e perché è divenuto un peso per il Suo popolo. Li esorta a ricordare la loro liberazione dall'Egitto e la Sua guida nel loro cammino nel deserto. Israele risponde alle accuse di Dio con domande sarcastiche e con perplessità su ciò che potrebbe piacere a Dio. Michea risponde in modo semplice: ciò che Dio richiede dal Suo popolo gli è già noto – vivere secondo giustizia, gentilezza/ lealtà al patto ed umiltà davanti a Dio. Il profeta annuncia la rovina completa di Israele perché la nazione manca di queste qualità essenziali per vivere secondo il patto.

- **Il lamento e la preghiera di Michea (7:1-20)**

L'ultimo capitolo del libro contiene l'espressione addolorata e triste del profeta per la condizione peccaminosa del suo popolo. Questo capitolo contiene anche la speranza del profeta. La nazione è totalmente corrotta per i vicini ingannevoli, la violenza e l'odio anche all'interno della famiglie. Gerusalemme, seppur caduta, si rialzerà. Dio la porterà fuori dai giorni bui alla luce per mostrare la Sua giustizia davanti alle nazioni. Michea conclude i suoi oracoli con una preghiera a Dio perché ritorni ad essere il pastore di Israele. Riafferma, così, la sua fede in Dio come Dio impareggiabile, che perdona ed ha compassione, un Dio che getta i peccati del Suo popolo "nelle profondità del mare" (7:19). Michea è sicuro che Dio rimarrà fedele al Suo patto con gli antenati di Israele.

Figura 102 Queste rovine di un'antica città in Israele ci ricordano le parole di giudizio "Sion sarà arata come un campo" (3:12).

LA GRANDE RICHIESTA DI DIO

Il nostro cammino quotidiano con Dio è più importante del nostro tentativo di fare le cose giuste mediante riti particolari. Michea ci invita a vivere una vita appropriata al popolo di Dio. Giustizia, onestà, equità, lealtà al patto e fedeltà sono importanti qualità di vita cristiana. La vita vissuta in questo mondo deve anche divenire un cammino quotidiano con Dio nell'umiltà e gratitudine. Quando pratichiamo queste qualità troviamo libertà dalle domande sulla nostra dignità, sui meriti personali, e la nostra capacità di salvarci mediante le opere. Il risultato sarà fiducia e dipendenza dalla Grazia salvifica e dal perdono di Dio.

Naum

Il libro di Giona mostra un Dio compassionevole per il popolo di Ninive che si pentì quando udì il messaggio di giudizio. Il libro di Naum propone un'altra immagine di Ninive e della risposta di Dio alla crudeltà ed alla violenza nel mondo.

Storia personale di Naum

Si conosce poco della persona di Naum. Il nome appare nell'introduzione al libro ed anche nel vangelo di Luca come antenato di Gesù (c. 3:25).

Il significato del nome è "consolazione" o "colui che conforta". Il profeta è chiamato l'Elcosita. L'esatta collocazione di Elcos è sconosciuta.[2]

Alcuni studiosi identificano la città con il sito originario di Capernaum (che significa "città di Naum") collocata all'angolo nord-occidentale del mar di Galilea. Poiché il messaggio del libro intende offrire consolazione a Giuda, molti studiosi ritengono che Naum fosse giudeo.

Figura 103 Le rovine di una sinagoga del IV secolo a Capernaum (nota come Kaphar Naum, cioè "villaggio di Naum"), forse luogo di nascita o di ministero di Naum

Contesto

Il messaggio del libro che è una predizione sull'imminente devastazione di Ninive, ci induce a pensare che Naum abbia pronunciato il suo oracolo durante la dominazione assira di Giuda (c. 3:18). Gli specialisti collegano la descrizione della cattura di Tebe [No-Amon in ebraico, vd. vv. 8-10] (vv.8-10) con l'invasione assira di Tebe, la capitale dell'Egitto, per mano di Assurbanipal nel 663 a.C. La potenza assira declinò dopo la morte di Assurbanipal (627 a.C.). L'impero neo-babilonese emerse sulla scena politica come suo maggiore contendente durante il regno di Nabopolassar (635-605 a.C.). Ninive, l'oggetto dei discorsi di giudizio di Naum, fu distrutta dalle forze unite dei babilonesi, dei Medi e degli Sciti nel 612 a.C. L'oracolo di Naum contro Ninive appartiene a questo periodo di cambiamenti storici repentini. Possiamo datare questo ministero in un periodo di tempo compreso tra il 663 ed il 612 a.C.

Contenuto

Il libro di Naum può essere suddiviso nelle sezioni seguenti:
1. L'ira e la bontà di Dio (c. 1:2-15)
2. Preparativi per la battaglia (c. 2:1-13)
3. Guai alla città sanguinaria (c. 3:1-19)

- **L'ira e la bontà di Dio (c. 1:2-15)**

Il libro inizia con un annuncio sull'imminente vendetta di Dio e sulla Sua potenza di Creatore capace di portare a compimento quanto annunciato. Coloro che complottano contro Dio non possono pensare di poter riuscire nel loro intento. Egli distruggerà Ninive senza lasciare che qualcuno possa ancora portare il Suo nome (v. 14). Tuttavia, i fedeli non hanno motivo di temere perché possono sempre confidare nella fedeltà di Dio. Egli libererà Giuda dall'oppressore. Naum esorta Giuda a guardare e a vedere "i piedi di un messaggero che porta buone notizie, che annuncia la pace!" ai suoi cittadini (v.15

DIO E NINIVE T

In Naum troviamo un cambiamento drammatico del modo in cui Dio tratta Ninive. Il Dio compassionevole del libro di Giona è qui rappresentato come un Dio adirato e vendicativo. Il suo piano è di spazzare via, dalla faccia della terra, la città di Ninive che rappresenta la violenza di un popolo nel mondo. Dio la tratterà secondo il Suo giudizio. Tuttavia, Egli sarà sempre un rifugio per coloro che subiscono violenze per mano dei nemici di Dio. È questo il pensiero consolante che Naum proclama, per noi, oggi.

- **Preparativi per la battaglia (c. 2:1-13)**

Naum avverte Ninive esortandola a prepararsi alla battaglia perché Dio sta per inviare un'armata contro la città, per distruggerla. Adoperando un linguaggio e delle metafore tratte dalla terminologia militare, descrive l'apparizione dell'armata invadente (vv.3-4). I niniviti potranno adoperare le loro forze migliori per fermare gli invasori ma questi saccheggeranno la città e porteranno i suoi abitanti in esilio. La forza dell'Assiria sarà spezzata perché Dio è contro la nazione (vv.11-13).

- **Guai alla città sanguinaria (c. 3:1-19)**

Naum afferma che malee sventura attendono i niniviti. L città, nota come sanguinaria e saccheggiatrice, sarà ripiena di cadaveri. Dio manifesterà la sua vergogna e sporcizia. La città andrà in rovine e nessuno la rimpiangerà. Ninive subirà il destino di Tebe, una città che credeva di essere protetta e difesa dal Nilo. Le truppe di Ninive saranno incapaci e impossibilitate a proteggere la città dall'imminente devastazione. Il libro si conclude preannunciando al re assiro che subirà una ferita mortale. Coloro che egli ha oppresso impietosamente, si rallegreranno della sua caduta.

Abacuc

Questo libretto ha ispirato milioni di credenti. Molti hanno trovato nella fede coraggiosa di Abacuc un incoraggiamento a continuare a confidare in Dio nonostante le severe avversità ed i problemi esistenziali (vd. c. 3:17-19). Le parole del profeta "ma il giusto per la sua fede, vivrà" (c. 2:4), sono divenute la pietra angolare dell'insegnamento paolino sulla giustificazione per fede (Romani 1:17; Galati 3:11)

Storia personale di Abacuc

Il libro non presenta alcuna informazione biografica su Abacuc. Il suo nome appare nel c. 1:1 e c. 3:1. In entrambi i testi è identificato con il titolo di "profeta". Il Suo nome è anche presente nella lingua accadica è si riferisce ad una pianta da giardino. Ciò ha indotto alcuni studiosi a considerarlo un non-israelita che ha adottato la fede giudaica.[3] Gowan propone l'idea che fosse un profeta del Tempio che pronunciava oracoli e componeva canti di adorazione nel Tempio di Gerualemme.[4]

- **Contesto**

Il libro manca di riferimenti specifici ad eventi e persone. I versi di apertura denunciano una crescita esponenziale della malvagità e della violenza e la totale inosservanza della legge e della giustizia nel paese (c.1:1-4). La frase "io sto per suscitare i Caldei" (v. 6) ci aiuta a datare il libro nel settimo secolo a.C. Buon parte degli specialisti ritiene che i Babilonesi siano i potenti Neo-babilonesi che assunsero il controllo della regione Siro-palestinese intorno al 605 a.C. Come Geremia, suo contemporaneo, il profeta Abacuc interpreta l'invasione babilonese come giudizio di Dio contro Giuda.

Contenuto

Il libro di Abacuc può essere suddiviso nelle seguenti parti:
1. Perplessità di Abacuc (c. 1:1-2:1)
2. La risposta (c. 2:2-4)
3. Minaccia all'oppressore (c. 2:5-20)
4. Preghiera di Abacuc (c. 3:1-19)

"FIN QUANDO, O SIGNORE?"

La domanda di Abacuc, "fin quando, Signore?" È una legittima espressione di fede perché Dio è buono e giusto. Tali domande, espressione della nostra intima agonia, confermano la nostra fede in Dio che è la sola fonte di forza ed aiuto per i poveri e per le persone ferite del mondo. Egli è sovrano e non permetterà che il male trionfi sul Suo regno. Abacuc ci stimola a parlare con Dio del nostro dolore, della sofferenza, violenza e ingiustizia del mondo d'oggi.

LA VENUTA DI DIO

Dio non risolse la crisi di Abacuc e non gli rivolse neanche parole di conforto. Se le cose devono peggiorare, che serve Dio nella nostra vita? A che serve la nostra fede? Il conforto che troviamo in questo libro è che Dio agì. Dio venne incontro ad Abacuc nel bel mezzo del suo lamento e della sua crisi di fede. La venuta di Dio che si ripete spesso in questo libro, è la vera risposta divina ed anche il nostro conforto quando ci troviamo nelle difficoltà.

Figura 104 Torre di guardia. Abacuc afferma che starà sopra una torre attento alla parola del Signore (c. 2:1)

- **Perplessità di Abacuc (cc. 1:1-2:1)**

Abacuc vive in un tempo di veloce moltiplicazione della malvagità tra il popolo di Dio. Violenza e distruzione sono presenti dovunque.

Il profeta si lamenta con Dio per le atrocità esprimendo la sua frustrazione. Ritiene, infatti, che Dio stia permettendo tutte queste cose perché non c'è un evidente giudizio divino contro il malvagio. La risposta di Dio ad Abacuc è che egli sta "suscitando i Caldei" (v. 6), un popolo più crudele ed impetuoso dei Giudei. Abacuc comprende, allora, che Dio giudicherà Giuda mediante i babilonesi. Nondimeno, non capisce perché l'Iddio santo e puro debba adoperare una nazione malvagia per punire Giuda, pur se questa è meritevole di condanna. Chiede conto a Dio del Suo silenzio mentre il malvagio distrugge il giusto. Abacuc decide di agire come una sentinella nell'attesa della risposta di Dio.

- **La risposta (c. 2:2-4)**

La risposta di Dio ad Abacuc contiene l'istruzione a "scrivere la rivelazione" ("visione") perché sia resa pubblica mediante messaggeri profetici (c. 2:2) La "rivelazione" è la risposta di Dio; essa si realizzerà in un tempo stabilito. Nel frattempo, Abacuc deve essere esempio di giustizia attendendo il compimento della parola di Dio e rimanendoGli fedele.

- **Minaccia all'oppressore (c. 2:5-20)**

Abacuc pronuncia una serie di "guai" contro l'impero babilonese. Il profeta parla del giudizio contro i malvagi

LA FEDE TRIONFANTE DI ABACUC

Abacuc con determinazione, decise di vivere una vita trionfante nonostante l'aumento del male nel mondo. Scelse di vivere non "alla meno peggio" ma, piuttosto, in modo attivo, propositivo e produttivo. Era certo che Dio avrebbe realizzato i Suoi piani. Vivere fedelmente in tempi difficili è un marchio di giustizia nella relazione con Dio. Secoli dopo, Paolo citerà le parole di Abacuc: "il giusto per fede vivrà" (Romani 1:17)

babilonesi che edificano il loro impero rubando, estorcendo, saccheggiando e spargendo sangue e violenza.

- **Preghiera di Abacuc (c. 3:1-19)**

Il capitolo finale è come un salmo, con il titolo e delle istruzioni al direttore del coro (vv.1, 19) Per la maggior parte, questo capitolo è una descrizione elaborata della manifestazione di Dio (teofania). Alcuni studiosi considerano questo capitolo un inno apocalittico aggiunto dagli ultimi editori.[5] Noi riteniamo che sia una composizione personale di Abacuc che offre al libro un'appropriata conclusione.[6] Il profeta inizia con una preghiera seguita da una descrizione della maestà e dello splendore di Dio caratteristica di un Dio guerriero potente e liberatore. Il profeta ritiene che Dio interverrà per distruggere le forze malvage in risposta alle domande sul problema del male e dell'ingiustizia nel mondo. La visione dell'intervento di Dio offre ad Abacuc lo stimolo per vivere ancora con pazienza e speranza nella certezza della verità della Parola di Dio. Inoltre, egli si sente incoraggiato a trovare gioia e conforto nel Suo Salvatore Dio, pur sapendo che le forze del male avrebbero violentemente assalito il suo paese e distrutto ogni cosa. Per quanto ne sappiamo, la vita per Abacuc continuerà ad essere difficile ed incerta. Dio, però, gli si presenterà nuovamente ed il profeta, comprenderà la fedeltà della presenza di Dio. La presenza di Dio in noi e con noi ci permette di affrontare le difficoltà della vita con un senso di gioia e vittoria. Tale gioia proviene da una relazione basata sulla convinzione che "né morte né vita…né alcun'altra creatura potranno separarci dall'amore di Dio che è in Cristo Gesù, nostro Signore." (Romani 8: 38-39)

Frasi riassuntive

- Giona, seppur con riluttanza, ubbidisce alla voce di Dio, recandosi a Ninive dopo che il suo tentativo di sfuggire alla Sua voce era fallito;
- Dio manifesta la Sua compassione quando i niniviti si pentono della loro malvagità;
- Michea proclama il giudizio di Dio e la restaurazione di Sion, la venuta di un re da Betlemme quale pastore del popolo di Dio;
- Secondo Michea, il significato del culto si riassume nel praticare la giustizia, nell'amorevole gentilezza e nell'agire umile con Dio;
- Naum proclama il giudizio di Dio su Ninive e la salvezza di Giuda;
- Abacuc, sebbene si lamenti con Dio per la propagazione del male, crede che Dio porrà fine a tutto il male;
- Abacuc si rallegra in Dio in mezzo alle intense calamità che affliggono Giuda.

Domande di riflessione

1. Suggerisci modi significativi di dimostrare la cura di Dio per il mondo sottoposto al giudizio per il peccato e la malvagità.
2. Confronta e contrasta il culto al tempo di Michea con quello d'oggi. Che cosa direbbe Michea delle forme contemporanee di culto cristiano?
3. Abbiamo il diritto di giudicare coloro che sono nemici di Dio? Spiega la tua risposta.
4. Che cosa dovrebbe fare il cristiano in un mondo che sembra sottomesso al potere della violenza e della malvagità? Illustra la tua risposta adoperando la vita di Abacuc.

Risorse per studi ulteriori

Allen, Leslie C., The Books of Joel, Obadiah and Micah. The New International Commentary on the Old Testament, Grand Rapids: Eerdmans, 1976;

Gowan, Donald L., The Triumphant Faith in Kabbakuk. Atlant: John Knox Press, 1976;

Mays, James L., Micah: A Commentary, The Old Testament Library. Philadelphia: Westminster Press, 1976.

Smith, Ralph L., Micah-Malachi, Word Bible Commentary, Waco:Word Books, 1994

32. Sofonia, Aggeo, Zaccaria e Malachia

OBIETTIVI

Lo studio di questo capitolo ti aiuterà a:
- Riassumere la situazione storica dei ministeri di Sofonia, Aggeo, Zaccaria e Malachia
- Descrivere il contesto dei libri di Sofonia, Aggeo, Zaccaria e Malachia
- Discutere gli insegnamenti teologici di Sofonia, Aggeo, Zaccaria e Malachia.

Termini chiave:

Sofonia
Cusi
Aggei
Dario il grande
Zorobabele
Giosuè
Zaccaria
Il Signore degli eserciti
Apocalittica
Peso
Il Messia
Santità
Malachia
Disputa immaginaria

Domande da considerare durante la lettura:
1. Perché l'Antico Testamento pone una così grande enfasi sul giudizio universale di Dio?
2. Perché c'è così tanto interesse nella costruzione di chiese?
3. Dio si aspetta che il Suo popolo contribuisca all'edificazione del Suo regno anche in mezzo a difficoltà economiche?
4. Come si può mantenere viva la passione per Dio quando le attività religiose diventano noiose?

Sofonia

La storia personale di Sofonia

Il titolo introduce Sofonia come figlio di Cusi. La genealogia successiva collega la sua ascendenza ad Ezechia. Alcuni studiosi ritengono che questo sia il re Ezechia. In questo caso, farebbe parte della famiglia reale davidica e membro influente dell'aristocrazia gerosolimitana. Cusi significa "Etiope" suggerendo un'origine africana del profeta. Il libro di Geremia cita, spesso, un sacerdote dal nome di Sofonia (Geremia 21:1; 25:29: 37:3; 52:24) ritenendolo una persona importante ed un messaggero del re Ezechia a Geremia. Alcuni specialisti identificano questo sacerdote con Sofonia, il profeta.[1] Il nome Sofonia significa "Jahvé nasconde/protegge."

Contesto

Il verso di apertura (c. 1:1) indica che Sofonia profetizza durante il regno di Giosia, re di Giuda (640-609 a.C.) La data precisa, però, non è conosciuta. Alcuni studiosi ritengono che abbia profetizzato prima del 622/621 a.C. mentre altri pongono il suo ministero dopo quella data. L'oracolo di Sofonia contro Ninive, capitale dell'Assiria, indica che egli profetizza prima della caduta di Ninive del 612 a.C. Una data prima del 622 a.C. sembra più logica poiché troviamo parole forti di giudizio contro coloro che adorano Baal ed altre divinità pagane (c. 1:4-13).[2] Ciòsignifica che il ministero di Sofonia potrebbe coincidere con i primi giorni di quello di Geremia che iniziò nel 627 a.C.

Contenuto

Lo schema del libro di Sofonia è il seguente:
1. Il giorno del Signore (c. 1:1-2:3)
2. Oracoli contro le nazioni (c. 2:4-15)
3. Contro Gerusalemme (c. 3:1-8)
4. Salvezza per tutti (c. 3:9-20)

- **Il giorno del Signore (c. 1:1-2:3)**

L'oracolo introduttivo si concentra sul tema del giudizio di Dio su tutto il mondo. Sulla terra, tutto sarà sottoposto al giudizio di Dio. Il linguaggio qui adoperato indica l'opposto dell'azione creatrice di Dio esposta in Genesi 1. Segue poi, una serie di accuse di idolatria ed apostasia contro i cittadini di Giuda. Sofonia parla del "giorno del Signore" come del "giorno del sacrificio del Signore", adoperando il linguaggio del rituale del culto. La comunità del culto, che accoglieva idoli stranieri, sarà la vittima sacrificale. Nel giorno del giudizio,

Dio si presenterà come un guerriero; il profeta, perciò, invita la nazione peccatrice e, in modo particolare, gli "umili del paese," a cercare Dio. Egli spera che, cercando Dio nella giustizia e nell'umiltà, Egli si convinca a risparmiarli dalla rovina e dalla distruzione.

- **Oracoli contro le nazioni (c. 2:4-15)**

Sofonia pronuncia il giudizio contro i filistei, Moab, Ammon, Cus e l'Assiria. Queste nazioni saranno giudicate per la loro ostilità contro Dio e Giuda, il Suo popolo.

- **Contro Gerusalemme (c. 3:1-8)**

Sofonia definisce Gerusalemme una città di oppressione, ribellione e impurità, una città dove non c'è alcuna evidenza di una relazione pattuale con Dio. Gli abitanti della città e i suoi capi non sanno riconoscere la giustizia di Dio operante tra di loro. Dio, perciò, distruggerà non soltanto Giuda ma anche le nazioni, poiché il popolo di Dio è diventato simile ad ogni altro popolo del mondo.

- **Salvezza per tutti (c. 3:9-20)**

Sofonia conclude il suo oracolo con la promessa che Dio purificherà "le labbra del popolo" (v. 9) rendendolo capace di cercare nuovamente il Suo nome. Troviamo, qui, la speranza che il popolo, una volta oggetto dell'ira di Dio, troverà il Suo favore ottenendo la salvezza. Dio restaurerà Gerusalemme ed il rimanente realizzerà la presenza e l'amore di Dio.

Aggeo

Cosa si può fare per motivare la gente ad agire per il regno di Dio? Sentiamo, spesso, questa domanda pronunciata dai responsabili delle nostre chiese. Aggeo, affronta questa sfida durante la parte iniziale del periodo post-esilico. Il suo ministero durerà soltanto per pochi mesi ma egli sa bene come stimolare le persone a lavorare per il Signore.

Storia personale di Aggeo

Il libro non offre molti dettagli su Aggeo, eccetto la sua identità di profeta. Secondo la tradizione giudaica egli visse in esilio a Babilonia ed era di età avanzata quando pronunciò le parole di questo libro. Il nome Aggeo, significa "la mia festa". Nacque, probabilmente, durante una delle feste annuali di Israele.

Il Suo interesse per la ricostruzione del Tempio suggerisce che egli facesse parte della famiglia sacerdotale. Aggeo data i suoi messaggi nel secondo anno del regno di re Dario il grande, re di Persia. Secondo il calendario moderno, egli pronunciò i suoi oracoli tra il 29 agosto e il 18 dicembre del 520 a.C. Sebbene il Suo ministero sia durato meno di quattro mesi, riteniamo possibile che egli abbia pronunciato altri oracoli che non sono contenuti in questo libro.

Contesto

La conquista di Babilonia per mano del re persiano Ciro apre la via al ritorno in patria dei giudei esiliati in Babilonia (vd. Esdra 1-6) Coloro che tornarono a casa verso il 538 a.C., posero le fondamenta del Tempio tra grandi feste e in un clima di ottimismo. Ben presto, però, sorsero degli ostacoli che scoraggiarono gli esuli rimpatriati. L'opposizione politica e le difficoltà economiche costrinsero i Giudei a fermare i lavori di ricostruzione. La gente cominciò a dedicarsi di più alla costruzione delle proprie case per cui le fondamenta del Tempio rimasero ferme per oltre 18 anni. Il secondo anno del regno di Dario il grande (520 a.C.) segnò l'inizio di una nuova era di prosperità e stabilità nell'impero persiano. Aggeo ritenne, probabilmente, che questa situazione offrisse ai suoi connazionali giudei l'opportunità di completare la ricostruzione del Tempio.

Contenuto

I messaggi di Aggeo sono oracoli regali indirizzati al governatore Zorobabele ed a Giosuè, sommo sacerdote. Sono, più che altro, discorsi che intendono incoraggiare e motivare. Si posso schematizzare nel seguente modo:
1. Primo messaggio e risposta (c. 1:1-15)
2. Secondo messaggio (c. 2:1-9)
3. Terzo e quarto messaggio (c. 2:10-23)
4. Primo messaggio e risposta (c. 1:1-15)

UNIVERSALITÀ DELLA SALVEZZA

Il piano salvifico di Dio è per tutta l'umanità. Nel lontano passato, Dio aveva promesso ad Abraamo che, tramite la sua famiglia sarebbero state benedette tutte le famiglie del mondo (Genesi 12:3). Questa universalità della salvezza è un tema importante in tutti i profeti. La promessa della salvezza include quella della Sua purificazione da tutte quelle impurità che potrebbero impedirci di adorare Dio con tutto il cuore, l'anima e le forze.

Figura 105 La ricostruzione del tempio fu la preoccupazione principale di Aggeo e Zaccaria.

- **Primo messaggio e risposta (c. 1:1-15)**

Il messaggio di apertura di Aggeo sfida il popolo a riflettere sulla sua presente situazione per rivalutare le sue priorità. Aggeo afferma che la crisi economica corrente è dovuta al fatto che il popolo non ha messo Dio al primo posto. Il Tempio in rovina comprova il suo continuo rifiuto di dare priorità a Dio. Aggeo, allora, lo esorta ad onorare Dio proprio ricostruendo il Tempio. La risposta dei capi e del popolo è immediata. Essi cominciano a ricostruire il Tempio e Dio risponde al loro impegno con parole amorevoli di conforto quali "io sono con voi" (v.13).

- **Secondo messaggio (c. 2:1-9)**

All'immediata ripresa della costruzione del Tempio, segue un periodo di grande scoraggiamento. Il compito si dimostra troppo grande e le risorse per ricostruire secondo le dimensioni del tempio di Salomone sono, semplicemente, non disponibili. Aggeo incoraggia il popolo con la parola del Signore dicendo che, un giorno, la gloria del Tempio che stanno costruendo sarà ben maggiore di quella del Tempio di Salomone. Ciò avverrà quando, circa 500 anni dopo, il lungamente atteso Messia, Gesù, con la Sua presenza, onorerà proprio questo Tempio.

- **Terzo e quarto messaggio (c. 2:10-23)**

Nel terzo messaggio, Aggeo comunica al popolo che ha ragione di ben sperare sulla buona riuscita del prossimo raccolto. La sua ubbidienza nella ricostruzione del Tempio apporterà loro delle grandi benedizioni. Il Tempio in rovina, infatti, aveva contaminato anche il terreno che era rimasto improduttivo. L'iniziativa della costruzione del Secondo Tempio, ha aperto una nuova era di benedizioni divine per il popolo.

Nel quarto messaggio, indirizzato a Zorobabele (vv. 20-23) Aggeo conferma le speranze messianiche di Israele. Da discendente di Davide, Zorobabele è un simbolo del disegno divino riguardante il Messia. Un giorno, in modo inaspettato, Dio inaugurerà il Suo regno sulla terra e il trono davidico sarà ridato al suo legittimo erede.

> **T**
>
> ### DISASTRO NATURALE
>
> Aggeo dimostra che vi è un legame tra giudizio di Dio e disastro naturale. Nell'Antico Testamento c'è una connessione diretta tra prosperità naturale e vitalità spirituale. Dio trattiene la pioggia o manda un disastro quando il popolo è disubbidiente ed è, questo, un modo in cui Dio esprime il Suo giudizio. La Bibbia, tuttavia, non indica mai che ogni danno materiale è prodotto dal peccato. Il libro di Giobbe afferma chiaramente che un disastro può avvenire per altre ragioni. Come la prosperità non indica sempre spiritualità (vd. Matteo 5:45) così un disastro non è sempre dovuto ad un giudizio di Dio. Situazioni disastrose offrono al popolo di Dio il contesto in cui poter valutare la propria relazione con Dio.

Figura 106 Vista del Monte del Tempio e del Duomo della Roccia.

Zaccaria

I primi cristiani trovarono in Zaccaria una fonte importante per la comprensione di Gesù e la fine della storia dell'umanità. Gli scrittori dei vangeli lo citano più di ogni altro profeta per meglio spiegare gli eventi della settimana finale di Gesù. L'apostolo Giovanni, quando compone il libro dell'Apocalisse, dipende molto dalle descrizioni pittoresche di Zaccaria per meglio descrivere le scene delle sue visioni.

> **T**
>
> ### JHWH Sabaoth
>
> Aggeo, Zaccaria e Malachia mostrano una marcata preferenza per il nome divino di JHWH Sabaoth ("il Signore degli eserciti"). Dei 237 riferimenti dei profeti, 91 volte questi puntualizzano le loro profezie utilizzando questo nome. È un nome che enfatizza la potenza e la sovranità di Dio e le Sue risorse terrene e celesti per realizzare il Suo scopo. I profeti adoperano l'appellativo per ricordare al loro uditorio che Dio può affrontare ogni situazione. Pur potendo dubitare della sovranità di Dio a motivo dell'umiliazione prodotta dalle potenze straniere, i profeti dichiarano che Egli è ancora saldamente al controllo del Suo mondo.

Storia personale di Zaccaria

Zaccaria è un contemporaneo di Aggeo ma mentre questi offre le motivazioni iniziali per ricostruire il Tempio, Zaccaria è responsabile del proseguimento dei lavori. I suoi messaggi offrono il necessario incoraggiamento a continuare il progetto di costruzione. Il nome Zaccaria ("il Signore si ricorda") è un nome biblico alquanto comune; infatti, oltre 20 diverse persone hanno questo nome, inclusi alcuni re di Israele. Il libro lo identifica come "figlio di Berechia, figlio d'Iddo" (c.1:1,7).

Secondo Neemia 12:4, un sacerdote di nome Iddo ritornò a Gerusalemme insieme a Zorobabele. Questi, allora, potrebbeessere il nonno di Zaccaria che è anche citato come capo della famiglia di Iddo in Neemia 12:16. Le prospettive sacerdotali di Zaccaria sono palesemente visibili in tutto il libro. Il suo messaggio evidenzia uno stretto legame con la tradizione profetica, poiché segue attentamente le sottolineature e le immagini del libro di Ezechiele.

Alla luce delle date citate nel libro (1:1,7; 7:1) riteniamo che Zaccaria svolge il suo ministero negli anni 520-518 a.C. quando la costruzione del Tempio fu rilanciata dei giudei. Non sappiamo per quanto tempo svolse il suo ministero; gli ultimi capitoli del libro sembrano indicare che il suo ministero profetico continuò per un certo numero di anni dopo il completamento del Tempio nel 515 a.C.

Contesto

Zaccaria sostiene la comunità rinnovando continuamente la sua visione. Le ricorda, inoltre, che la ricostruzione del Tempio è veramente importante e potrà certamente riuscirci. L'ambiente storico di Zaccaria cc. 9-14 non può essere facilmente determinato perché non sono citate date e le allusioni storiche permettono interpretazioni diverse.

AUTORE DEL LIBRO DI ZACCARIA **S**

Molti studiosi dubitano dell'unità del libro di Zaccaria. I capitoli 9-14 non contengono date specifiche dei messaggi. Il loro contenuto e vocabolario sono chiaramente diversi dai capitoli 1-8.

I capitoli 9-14 (noti come secondo Zaccaria) mostrano anche molte rassomiglianze con gli scritti apocalittici. Per la seconda parte del libro, gli studiosi suggeriscono diversi autori e date. Infatti, c'è molta continuità tra i capitoli 1-8 e 9-14. I punti di contatto non sono soltanto tematici ma anche strutturali. Il libro dimostra una coesiva unità letteraria. In mancanza di prove stringenti, sembra ragionevole credere che i capitoli 9-14 siano parte integrante del libro di Zaccaria. Forse fu scritto alla fine della sua vita, durante l'ultimo quarto del quinto secolo a.C.

Riteniamo, tuttavia, che i messaggi furono pronunciati qualche tempo dopo il completamento del Tempio. Il popolo sembra aver continuato a porsi delle domande sull'adeguatezza della loro visione di Dio e sui Suoi scopi.

Contenuto

Il messaggio di Zaccaria può essere così suddiviso:
1. Invito al pentimento (c. 1:1-6)
2. Otto visioni (cc. 1:7-6:8)
3. Un atto simbolico (c. 6:9-15)
4. La gioia dell'era messianica (c. 7:1-8:23)
5. Trionfo dell'età messianica (cc. 9:1-14:21)

- **Invito al pentimento (1:1-6)**

Il libro inizia lanciando uno sguardo al passato prima di volgersi al futuro. Zaccaria ricorda al popolo i peccati dei suoi antenati e la loro punizione. Lo fa per stimolarli a volgersi a Dio.

- **Otto visioni (cc. 1:7-6:8)**

Zaccaria descrive le caratteristiche principali dell'età messianica in una serie di otto visioni. Queste sono: Dio controlla il mondo, Dio ha cura del Suo popolo, il suo popolo è sconfitto dai nemici, la malvagità viene eliminata e i capi scelti da Dio sono potenziati. Queste visioni confermano la legittimità della ricostruzione del Tempio e assicurano il suo completamento. Nella prima visione (c. 1:7-17) Zaccaria vede dei cavalli che percorrono la terra per affermare la sovranità di Dio sul mondo intero. Dio dichiara le sue intenzioni di ricostruire Gerusalemme ed il Tempio. La seconda e la terza visione (1:18.21 e 2:1-13) si concentrano sul giudizio contro i nemici del popolo di Dio e sul piano divino di abitare a Sion.

La quarta e la quinta visione (c. 3:1-10 e c. 4:1-14) enfatizzano il provvedimento divino di rafforzare i capi del popolo. Quelli attuali (Giosuè e Zorobabele) rappresentano l'agente ideale di salvezza, il Messia. Dio innalzerà il Suo servo, "il ramoscello" e realizzerà il Suo piano non mediante la potenza e la forza degli esseri umani ma mediante il Suo Spirito.

La sesta e la settima visione (5:1-4 e 5:11) sono dichiarazioni di guerra al peccato. Si porrà fine alla falsità, al furto ed alla malvagità. L'ottava visione (c. 6:1-8) conferma il governo sovrano sopra il Suo mondo mediante l'immagine di cavalli che scorrazzano sulla terra. Lo Spirito di Dio riposa su ognuno dei paesi dei Suoi nemici.

- **Un atto simbolico (6:9-15)**

Zaccaria deve comporre una corona e porla sul capo del sommo sacerdote Giosuè. Così facendo, egli conferma l'esistenza di uno stretto legame, in Israele, tra il mondo della politica e quello spirituale. Giosuè anticipa la fusione di questi due ruoli nel Messia futuro.

- **La gioia dell'era messianica (cc. 7:1-8:23)**

I capitoli 7-8 sono una collezione di messaggi che segnalano la gioia che accompagna la nuova era. I capi religiosi si chiedono se il pianto ed il digiuno, per la distruzione del Tempio, debbano ancora continuare. Zaccaria risponde domandando il motivo del loro digiuno. Digiunano per Dio o per se stessi? Ricorda loro che le sofferenze dell'esilio sono state causate dal loro rifiuto di applicare la legge di Dio alla vita quotidiana. Zaccaria li rassicura dicendo cheDio ha cura del Suo popolo ed è lì presente. Per questo motivo, il digiuno diviene una fonte di gioia per il popolo di Dio. Con delle immagini, egli rinnova la speranza della nuova era in cui le nazioni desidereranno unirsi ai Giudei per adorare Dio nel Tempio di Gerusalemme.

- **Trionfo dell'età messianica (9:1-14:21)**

Zaccaria cc. 9-14 ci conduce oltre il progetto di ricostruzione del Tempio. Questi capitoli espandono le immagini del regno di Dio introdotte nei primi otto capitoli. Con immagini e linguaggio apocalittico, il profeta descrive qui le lotte dolorose ed il trionfo finale del regno messianico. Questi capitoli contengono due ben equilibrate sezioni di materiale: i capitoli 9-11 e capitoli 12-14. Ogni sezione è introdotta come un "peso" o un "oracolo" (in ebraico massa'). Questo termine indica il senso dell'obbligo che il profeta sente quando deve comunicare un messaggio da parte di Dio. Il primo "peso" (c. 12) inizia con l'affermazione della conquista finale dei nemici di Israele e la preservazione del Tempio.

Figura 107 Il monte degli ulivi. Zaccaria dice che quando il Signore verrà starà sul monte degli Ulivi (14:4).

> # IL MESSIA
>
> Zaccaria raffigura il Messia mescolando le idee di altri profeti. Il Messia sarà un ramoscello trionfante della linea davidica che rivestirà anche ruoli sacerdotali come Servo. Sarà umile e verrà in pace per guidare il suo popolo come un Buon Pastore. Subirà il rifiuto prima del suo trionfo finale. Un tale quadro si confà con la vita di Gesù. Non è difficile comprendere perché i primi cristiani si volsero al libro di Zaccaria per meglio comprendere il Messia.
>
> ## LA SANTITÀ IN ZACCARIA
>
> Zaccaria mostra un vivo interesse nella santità. Non è l'unico libro della Bibbia che adopera il termine "terra santa" in riferimento alla terra di Israele (c. 2:12). Ancor più significativa è la visione di Zaccaria del carattere santo del regno messianico. In quel giorno, il centro del regno, il monte del Tempio a Gerusalemme, sarà chiamato "monte santo" (c. 8:3). Allora la santità caratterizzerà tutta la vita del regno. Persino comuni pentole da cucina e campane sui cavalli saranno sacri come i vasi del tempio (c. 14:20-21). Il regno messianico sarà un regno santo che ben si addice al carattere del Dio santo.

Allora verrà il Messia che stabilirà il Suo regno e consoliderà la sua vittoria. Dio, il Buon Pastore, che porterà unità ed altre benedizioni al popolo, avrà cura del nuovo regno. Il popolo rifiuterà la compassione del pastore. Di conseguenza, il giudizio cadrà su di loro. L'enfasi del secondo "peso" (cc.13-14) è posta sul Regno messianico finale di Dio. Nei giorni finali, Dio conquisterà le nazioni e proteggerà Gerusalemme. Dio promette un versamento del Suo Spirito di grazia sul Suo popolo quando si pentirà ricevendo il perdono per averLo rifiutato. Questa sezione si conclude con una visione del regno finale di Dio su tutta la terra. Nell'era messianica, tutti e tutto saranno sacri a Dio, e tutte le nazioni adoreranno il Signore come Re.

Figura 108 Ulivi centenari. Zaccaria vide in visione due ulivi (4:3).

> # I
> ## DIFFICOLTÀ NELL'INTERPRETAZIONE DELLE IMMAGINI DI ZACCARIA
>
> Molte delle immagini di Zaccaria lasciano il lettore perplesso su specifici ambienti storici e significati. Alcune di queste difficoltà includono l'identificazione dei cavalieri, delle corna, dei fabbri (c.1), dei sette occhi sulla pietra(3:9). Particolarmente elusiva è anche l'interpretazione dei tre pastori e del pastore indegno del c.11. Nel c.4 in una delle più significative visioni del libro, il lettore è in difficoltà nel definire la relazione esistente tra le varie immagini. Alla luce del messaggio del passo biblico, rimane incerto il modo in cui i due alberi di ulivo si relazionano al candelabro dai sette tubi. Dio è la fonte di potenza dei suoi progetti (v.6), tuttavia gli alberi di ulivo che forniscono olio alla lampada sono Giosuè e Zorobabele (v.14). Tutto questo ben si confà alla natura del materiale escatologico (degli ultimi tempi) Gli autori, spesso, non si preoccupano di localizzare ogni immagine nel tempo e nello spazio. Propongono immagini di realtà future senza alcun riferimento all'ambiente storico. Si muovono liberamente tra il presente ed il futuro senza indicare chiaramente i punti di transizione. In questo tipo di letteratura, esperienze presenti sconfinano in significati futuri. Questo è proprio il caso di Zaccaria.

Malachia

Malachia è l'ultimo libro dei profeti scrittori. È l'appropriata conclusione della letteratura profetica poiché, secondo il suo proprio stile, richiama molti dei più rilevanti temi degli altri libri profetici.

La storia personale di Malachia

Sappiamo veramente poco di Malachia. Non ci viene fornita alcuna linea genealogica e manca una chiara identificazione degli eventi storici o dei capi politici. Nell'antico Testamento non si fa alcuna menzione di Malachia. Il nome significa "mio messaggero" e non è tipicamente ebreo. Alcuni lo ritengono un appellativo generico e non un nome proprio suggerendo un'interpretazione simile a quella del termine al c. 3:1. In quel caso, "il mio messaggero" identifica la persona che preparerà la via del veniente Signore. Tuttavia, la forma di 1:1 è tipica delle introduzioni dei libri profetici. Comunque, nel nostro caso, riteniamo che Malachia sia il nome proprio del profeta.

Figura 109 La porta d'oro nota come la porta Orientale di Gerusalemme.

Contesto

L'ambiente del ministero di Malachia sembra molto simile a quello di Esdra e Neemia, intorno alla metà del quinto secolo a.C. È difficile determinare se Malachia preceda o segua Esdra e Neemia. Riteniamo che il suo ministero si sia svolto verso il 460 a.C. poco prima dell'arrivo di Esdra. Alcuni membri della restaurata comunità giudea erano divenuti oziosi nel culto e nella pratica dei doveri religiosi. Tra le altre cose, il libro suggerisce che la comunità si sia dovuta confrontare con tematiche quali debole conduzione spirituale, pratiche matrimoniali e divorzio, ingiustizia, offerta della decima e rispetto del Sabato. L'uditorio di Malachia sembra aver perso la speranza e i suoi sforzi religiosi sembrano ormai futili.

Contenuto

Malachia adopera un artificio retorico chiamato "disputa immaginaria." Questa tecnica adoperata anche da altri profeti, propone un ragionamento argomentativo tra Dio e il popolo. Lo schema tipico è il seguente: (1) Dio espone il suo caso al popolo, (2) il popolo risponde con una domanda e (3) Dio risponde con un messaggio di sfida. Il libro consiste di sei dispute immaginarie che trattano di differenti, seppur correlati, temi di vita comunitaria. Essi sono:
1. Disputa sull'amore del Signore (c.1:1-5)
2. Dispute sulla debole conduzione spirituale (c. 1:6-2:9)
3. Disputa sulla mancanza di fede (c. 2:10-16)
4. Disputa sulla giustizia nel paese (cc. 2:17-3:5)
5. Disputa sulle decime e le offerte (c. 3:6-12)
6. Disputa sul culto futile (c. 3:13-4:6)

- **Disputa sull'amore del Signore (c. 1:1-5)**

Gli uditori di Malachia non credono che Dio li ami. Dio risponde, allora, con un esempio tratto dalla storia passata di Israele. L'elezione di Giacobbe, da parte di Dio, è un chiaro atto di amore. Israele è ancora oggetto di cura ed amore da parte di Dio. Edom, discendente da Esaù, fratello di Giacobbe, non ha, invece, un futuro. Il futuro che Dio promette ai discendenti di Giacobbe, è una dimostrazione dell'amore di Dio.

- **Dispute sulla debole conduzione spirituale (cc. 1:6-2:9)**

I capi spirituali di Giuda sono responsabili della corruzione e della mancanza di spiritualità nel culto. Essi disonorano Dio e violano il Suo patto. Il rimedio di Malachia per una tale religione a metà è l'impegno ad onorare Dio. Egli afferma che Dio deve, almeno, ricevere l'onore dovuto ad un padre, un insegnante, o un governatore. Malachia esorta i sacerdoti ed i Leviti ad onorare Dio perché così Egli sarà onorato tra le nazioni del mondo.

- **Disputa sulla mancanza di fede (c. 2:10-16)**

La relazione disfunzionale tra il popolo e Dio causa dei problemi anche tra la gente. Uomini sposano donne che adorano divinità pagane e divorziano dalle loro mogli giudee con le quali avevano stabilito un patto matrimoniale. Malachia afferma che Dio odia una tale infedeltà. Tali azioni mostrano una frattura nell'impegno pattuale. Il popolo di Dio deve essere un popolo integro e fedele nella sua relazione di vita più importante.

- **Disputa sulla giustizia nel paese (cc. 2:17-3:5)**

Il popolo non crede che Dio sia giusto e corretto perché il malvagio sembra prosperare mentre il giusto soffre. La risposta di Dio è la dichiarazione che un giorno Egli aggiusterà ogni cosa. Il Messia verrà a portare giustizia e giudicherà tutti come un "fuoco raffinatore" che toglie le impurità dall'argento puro. Gli scrittori del Nuovo Testamento identificano "il messaggero" di 3:1 con Giovanni Battista (Matteo 11:10; Marco 1:2; Luca 7:27). Gesù, quindi, è "il Signore che voi cercate" e il purificatore del Suo popolo (Malachia 3:1).

- **Disputa sulle decime e le offerte (c. 3:6-12)**

Malachia invita il popolo al pentimento. Dio li rassicura che se torneranno a Lui Egli ritornerà da loro. Il dono delle decime e delle offerte è un segno tangibile di ritorno a Dio. La decima è ciò che appartiene a Dio per cui, non darla, significa derubarLo. Malachia nota una stretta correlazione tra il dare a Dio e la benedizione poiché l'attenzione alle cose di Dio produce benedizione.

- **Disputa sul culto futile (cc. 3:13-4:6)**

La disputa finale è sul senso di inutilità del servizio a Dio che ha colto il popolo che non ritiene più importante far parte del popolo di Dio. Dio risponde invitandolo ad alzare lo sguardo oltre le circostanze presenti al giorno futuro quando ogni giustizia sarà compiuta. I malvagi saranno consumati dal fuoco purificatore del giudizio di Dio mentre coloro che temono e rispettano Dio godranno della potente protezionedel "sole della giustizia" che sorge "con la guarigione nelle sue ali" (4:2). Questo giorno sarà preannunciato. Dio, infatti, promette di inviare Elia per preparare la Sua prossima venuta. Gli scrittori del Nuovo Testamento identificano questo precursore con Giovanni Battista (Matteo 11:14; 17:12; Marco 9:11-13; Luca 1:17)

MALACHIA LIBRO CONCLUSIVO DELL'ANTICO TESTAMENTO

Malachia, con la sua enfasi sul ruolo del profeta quale messaggero di Dio, serve da adeguata conclusione ai Profeti, Infatti, riassume le varie enfasi degli altri profeti. Malachia ed altri profeti dell'Antico Testamento ci dicono e ricordano ancora, la nostra responsabilità verso Dio che ha stipulato un patto con noi tramite Gesù Cristo. L'amore di Dio per noi è un fatto indiscutibile. Egli è fortemente interessato nel modo in cui ci manteniamo fedeli a Lui e nel modo in cui lo adoriamo e lo onoriamo con la nostra devozione. Egli desidera integrità nel rapporto con gli altri. La restaurazione di una relazione con Dio, che è un tema chiave in Malachia e in altri profeti, è adesso possibile per noi per la fede in Gesù Cristo. È questa la "Buona Notizia" che ci attende nel Nuovo Testamento.

Frasi riassuntive

- Sofonia annuncia il giudizio di Dio su tutti i malvagi ma la salvezza e purificazione su coloro che Lo cercano
- Aggeo e Zaccaria, contemporanei, esortano il popolo a ricostruire il Tempio.
- Aggeo sottolinea come la ricostruzione del Tempio sia un segno della priorità di Dio.
- Zaccaria dice alla gente che, riscostruendo il Tempio, partecipano all'era messianica e che Dio avrebbe provveduto le risorse necessarie per farlo.
- L'era messianica è caratterizzata dalla santità, dalla gioia e dal trionfo finale di Dio sul male.
- Malachia riprende coloro che dubitano dell'amore di Dio divenendo oziose nella loro vita spirituale.

Domande di riflessione

1. Perché la ricostruzione del Tempio dimostra che Dio viene messo al primo posto nella nostra vita?
2. In che modo un visione dell'era messianica ci aiuta ad affrontare i problemi di vita quotidiana?
3. Perché onorare Dio è così importante per la nostra vita spirituale?

Risorse per studi ulteriori

Baldwin, Joyce G., Haggai, Zechariah, Malachi: An Introduction and Commentary, Tyndale Old Testament Commentaries, Downes Grove, III: Intervarsity Press, 1972;

Benneth, Robert A, The Book of Zephaniah: Introduction, Commentary and Reflections, Vol.7 of the New Interpreter's Bible, Nashville: Abingdon Press, 1996;

March, Eugene W., The Book of Haggai: Introduction, Commentary and reflections, Vol 7 of the New Interpreter's Bible, Nashville: Abingdon Press, 1996;

Ollenburgerm Ben C., The Book of Zechariah: Introduction, Commentary and Reflections, Vol.7 of the New Interpreter's Bible. Nashville: Abingdon Press, 1996;

Smith, Ralph L. Micah-Malachi. Word Biblical Commentary.Waco: Word Books, 1984.

Appendice

La storia del Giudaismo dal 331 al 63 a.C.

Solitamente, gli storici considerano l'anno 400 a.C. come la data finale della storia dell'Antico Testamento. Il periodo compreso tra tale anno e la nascita di Gesù è comunemente chiamato periodo inter testamentario. Proponiamo adesso un breve schema di questo tempo tra i due Testamenti per preparare il lettore alle storie neotestamentarie.

Con la sconfitta finale degli eserciti persiani del 331 a.C., una vasta regione, dal mare Egeo fino alle rive del fiume Indo, cadde sotto il controllo di Alessandro il Grande. Di conseguenza, la situazione del Medio Oriente mutò totalmente. La conquista di Alessandro si proponeva di apportare unità culturale e politica a questa vasta parte del mondo. Discepolo di Aristotele e assertore convinto della superiorità della cultura greca, riteneva che ogni luogo conquistato doveva essere ellenizzato, cioè, doveva incorporare idee e pratiche greche nella propria cultura. Un risultato importante del fervore di Alessandro fu che il greco divenne la lingua internazionale del Medio Oriente.

Figura 110 Moneta di Antioco Epifane.

Alla morte di Alessandro nel 323 a.C., i suoi generali combatterono tra di loro per il controllo del vasto impero. Quando la situazione si schiarì, nel 301 a.C., la Siria e la Mesopotamia rimanevano sotto il controllo di Seleuco, mentre l'Egitto era controllato da Tolomeo. Le terre di Giuda e Samaria servivano da cuscinetto tra questi due regni essendo, inizialmente, sottomesse all'impero tolemaico.

Il centro di questo impero era Alessandria d'Egitto, una città di totale cultura greca. Tra la popolazione, viveva un gruppo di Giudei che, nella metà del terzo secolo a.C., iniziò la traduzione dell'A.T. in greco. Questa traduzione, la Settanta, offrì, al popolo di lingua greca che viveva in tutto il bacino del Mediterraneo un accesso immediato all'Antico Testamento.

Sotto i Tolomei, Giuda fu libera di praticare le sue tradizioni culturali. Molte città e persone adottarono idee e pratiche greche ma il culto tradizionale del Dio d'Israele, al Tempio di Gerusalemme, fu mantenuto indisturbato. Nel 198 a.C., quando i Seleucidi incorporarono Giuda nel loro regno, la situazione cambiò notevolmente. I Seleucidi erano molto più determinati ad ellenizzare il loro impero. A Gerusalemme costruirono un teatro ed una palestra, insieme ad altre istituzioni, a conferma di una crescente ellenizzazione. Nel 168 a.C. l'imperatore seleucide Antioco IV vietò il culto e le pratiche religiose del Giudaismo, adoperando il Tempio come luogo di sacrificio al dio Giove.

> ## ANTIOCO IV EPIFANE
>
> Il despota più tirannico seleucide fu Antioco IV Epifane che regnò dal 175 al 164 a.C. Assunse il titolo di Epifane perché si riteneva "dio manifesto." Lo storico romano Polibio, tuttavia, sembra essere più accurato quando lo soprannomina Epimane, cioè "folle". Il suo regno fu pieno di guerre, sospetti e intrighi su ogni fronte. Non riuscendo a conquistare l'Egitto dopo alcuni tentativi sanguinosi, provò a rendere più saldo il suo dominio sulla Palestina. Nel 168 a.C., di sabato, attaccò Gerusalemme e trucidò molti dei suoi abitanti. Poi, secondo 2 Maccabei 6:1, ordinò ai Giudei "di abbandonare la Legge di Dio." Pose un altare nella corte del Tempio ed offrì un sacrificio a Giove. Ciò è "l'abominazione della desolazione" di cui parla Daniele 9:27 e 11:31.

La politica seleucide contro il Giudaismo provocò la rivolta dei Maccabei. Mattatia, un sacerdote che si era ritirato da Gerusalemme, viveva in un piccolo villaggio a circa 30 chilometri a nord-ovest della capitale. Pieno d'ira, aggredì ed uccise un soldato greco che, venuto nel suo villaggio, costringeva gli abitanti ad offrire un sacrificio ad un dio pagano. Mattatia ed i suoi cinque figli (Giovanni, Simone, Giuda, Eleazer e Gionatan) dovettero fuggire sulle montagne della Giudea. Altri giudei ribelli si unirono a loro e dalle montagne condussero delle azioni di guerriglia contro i soldati greci. Mattatia morì in battaglia e Giuda assunse il comando, in seguito conosciuto con il soprannome di "martello" perché combatteva a martellate contro i soldati greci. Ben presto l'intera famiglia fu conosciuta come i "Maccabei". I ribelli giudei riuscirono a sopraffare le truppe seleucidi e ad ottenere l'indipendenza di Gerusalemme e delle sue aree circostanti. Nel 164 a.C. le forze dei Maccabei riconquistarono Gerusalemme ed il Tempio che purificarono e riconsacrarono al culto del Dio d'Israele. L'evento è ancora oggi commemorato annualmente con la Festa delle Luci o Hanukkah.

Nelle battaglie successive, Eleazer e Giuda furono uccisi. Gionatan, loro successore, divenne il nuovo Sommo Sacerdote e Governatore della Giudea. Tempo dopo, l'esercito greco lo uccise mentre si dirigeva, per una missione diplomatica, in Siria. Simone prese il suo posto e riuscì ad unificare i vari elementi del giudaismo. Nel 140 a.C. divenne Sommo Sacerdote ed Etnarca della Giudea. Inizia, così, la dinastia Asmonea che regnerà su Giuda fino al 63 a.C. Suoi successori riuscirono ad espandere gradualmente i confini dello stato includendo le regioni della Galilea, l'Idumea e Moab. Il governo dei re Asmonei fu contrassegnato da intrighi e sospetti mentre lottavano per conquistare il potere ed il prestigio. Ciò causò la fine del fragile regno.

Dopo la morte della regina asmonea SalomèAlessandra, fazioni contrapposte che sostenevano i suoi due figli, lottarono per il controllo dello stato. Entrambe chiamarono in aiuto i Romani. Pompeo, che aveva consolidato il potere romano in Siris, intervenne con le sue truppe e Giuda perdette la sua libertà di governo. Come amministratore fu nominato Ircano II, ma il vero potere era detenuto da un idumeo, Antipatro. Sarà il figlio di Antipatro, Erode, che in seguito regnerà con il pugno di ferro riuscendo a mantenere la pace nella regione prima della nascita di Gesù Cristo.

Il periodo greco produsse degli sviluppi importanti nel Giudaismo. Per contrastare le influenze negative che spesso accompagnavano l'ellenizzazione, sorse un gruppo chiamato gli Hasidim. Questi invocavano il ritorno alle norme della Legge di Mosè. In seguito, nel Nuovo Testamento si incontrerà un gruppo fuoruscito da questo ambito, quello dei Farisei. Un altro gruppo reazionario fu quello degli Esseni. Questi si erano allontanati nel deserto della Giudea per protesta contro la corruzione del Tempio di Gerusalemme causata dagli Asmonei. Uno di questi gruppi si stabilì a Qumran, presso il Mar Morto, e produsse innumerevoli copie dei libri dell'Antico Testamento nascondendole incaverne. Questi rotoli, noti come i Rotoli del Mar Morto, furono scoperti nel 1948 d.C.

Un terzo sviluppo nel Giudaismo di questo tempo fu la composizione della letteratura apocalittica. Questo tipo di letteratura sposta le speranze del popolo di Dio dall'età presente al mondo futuro. Ispirati dai libri anticotestamentari di profeti quali Ezechiele e Zaccaria, le opere prodotte assunsero grande valore nei periodi di crisi nazionale, come durante la rivolta dei Maccabei. L'interesse nei confronti di questa letteratura si è mantenuto fino al tempo del Nuovo Testamento ed è servito da base per la comprensione, dei cristiani, della persona di Gesù.

Conclusione

Abbiamo viaggiato con il popolo di Israele dall'inizio della sua esistenza fino alle decadi precedenti la nascita di Gesù di Nazaret. Nella storia d'Israele e nell'interazione tra Dio e l'umanità abbiamo intravisto continuamente l'agire della grazia. Lo scopo glorioso di Dio nella vocazione di Abraamo era quello di benedire tutta l'umanità tramite la sua famiglia. Troviamo, però, anche figli di Abraamo coinvolti in situazioni di crisi e travaglio, costretti a vivere con sogni infranti e senza una chiara comprensione della loro missione nel mondo. La Giudea divenne ancora una volta una provincia sottoposta ad un potere straniero. All'interno dello stesso Giudaismo, emersero fazioni religiose differenti con prospettive diverse sul destino di Israele nel mondo. Fu proprio in questo ambiente di dominio politico straniero, di conflitto e crisi nel Giudaismo, come anche di disperazione tra il popolo, che Dio inviò il Figlio Gesù. Questa è la storia del Nuovo Testamento.

Note

Capitolo 1

1. Per un'idea più ampia della comprensione del tempo e della storia in Israele, vd. G. Von Rad, Old Testament Theology, vol. 2, trad. M.G.Stalker (New York: Harper and Row Publishers, 1965), 99-112.
2. Per una comprensione wesleyana dell'ispirazione della Scrittura, vd. H. Ray Dunning, *Grace, Faith and Holiness* (Kansas City, Beacon Hill Press of Kansas City, 1988), 65-73.

Capitolo 2

1. Vd. John J.Collins, "Dead Sea Scrolls," vol.2 *The Anchor Bible Dictionary* (New York:Doubleday, 1992), 83-101. Da ora in poi abbreviato ABD.
2. Per un'eccellente trattazione della storia della trasmissione dell'Antico Testamento, vd. Shemaryahu Talmon, "The Old Testament Text," in *Qumran and the History of the Biblical Text*, ed. Frank M. Cross and Shemariahu Talmon (Cambridge, Mass.: Harvard University Press, 1975), 1-41.
3. Vd.Harry Y. Gamble, "Canon," vol. 1, ABD, 837-61.

Capitolo 3

1. Herbert Danby, *The Mishna: Translated from the Hebrew with Introduction and Brief Explanatory Notes* (london: Oxford Univeristy Press, 1933), 103,112.
2. "The First Epistle of Clement" in "*The Apostolic Fathers with Justin Martyr and Irenaeus: An American Edition*. Ed. A Cleveland Coxe (reprint ed. Peabody, Mass.: Hendrickson Publishers, 1995), 8.
3. Per una panoramica, vd. Edgar Krentz, *The Historical-Critical Method* (Philadelphia:Fortress Press, 1975).
4. "The Epistle of Barnabas" in *Apostolic Fathers*, 142.
5. Per una panoramica, v. Norman Habel, *Literary Criticism of the Old Testament* (Philadelphia: Fortress Press, 1971)
6. Per una buona panoramica, vd. Gene M.Tucker, *Form Criticism of the Old Testament* (Philadelphia:Fortress Press, 1971)
7. Hermann Gunkel, *The Psalms: A Form Critical Introduction*, trans. Thomas M.Horner (Philadelphia: Fortress Press, 1967)
8. Martin Dibelius, *From Tradition to Gospel* (New York: Charles Scribner's Sons, 1965. Rudolph Bultmann, *The History of the Synoptic Tradition* (New York: Harper and Row, 1963.
9. Vd. Norman Perrin, *What is Redaction Criticism*? (Philadelphia: Fortress Press, 1969)
10. Vd. J.A.Sanders, *Canon and Community: A Guide to Canonical Criticism* (Philadelphia: Fortress Press, 1984)

Capitolo 4

1. Vd. "Akkadian Myths and Epics," trans. E.A. Speiser in James Pritchard, *Ancient Near Eastern Texts relating to the Old Testament*. 3rd ed. (Princeton, N.J.: Princeton

University Press, 1969), 68. Da ora in poi abbreviato ANET. Ristampato con permesso della Princeton University Press.

Capitolo 5

1. Per il testo completo di quest'epica, vd. Pritchard, ANET, 60-72.
2. Per una panoramica sulle varie intepretazioni della settimana della creazione, vd. Henri Blocher, *In the Beginning:The Opening Chapters of Genesis* (Downer's Grove, Ill.: InterVarsity Press, 1984), 39-59.
3. Per una comprensione teologica dell'immagine di Dio, vd. *Dunning, Grace, Faith and Holiness*, 150-61.
4. Vd. Il testo completo di quest'epica in Pritchard, ANET, 72-99

Capitolo 6

1. Vd. Gerhard Von Rad, *Deuteronomy: A Commentay*, trans. Dorothea Barton (Philadelphia:Westminster Press, 1966), 84.

Capitolo 8

1. Vd. Victor Hamilton, *Handbook on the Pentateuch* (Grand Rapids: Baker Book House, 1982), 165-66, per un possibile legame tra le piaghe 1, 2, 4, 5, 7, 8, 9, 10 e le varie divinità egiziane.
2. Vd.Childs, *Exodus*, 232-37 per un riassunto eccellente della storia dell'interpretazione dell'Esodo e del passaggio del Mar Rosso negli scritti giudaici e cristiani.

Capitolo 9

1. Vd. Il Codice di Hammurabi in Pritchard, ANET, 163-80. Permesso di ristampa dalla Princeton University Press.
2. Sul tema dei paralleli tra il patto del Sinai e gli antichi trattati ittiti, gli specialisti anticotestamentari sono divisi. Vd. D.J. McCarthy, *Treaty and Covenant* (Rome antecedente a quello post-esilico, 1963) per un panorama su questo dibattito.
3. Vd.Hamilton, *Handbook*, 213-21, per un'analisi delle leggi del codice del patto ed i codici non biblici.

Capitolo 10

1. Yehezkel Kaufmann, *The Religion of Israel* (Chicago:University of Chicago Press, 1960) e J.Milgrom, *The Anchor Bible:Leviticus 1-16* (New York:Doubleday, 1991) sono tra i sostenitori dell'origine del libro del Levitico all'inizio del settimo secolo.
2. Vd. Baruch Levine "il significato delle leggi dietetiche" nel *The JPS Torah Commentary*: Leviticus (Philadelphia: Jewish Publication Society, 1989), 243-44.
3. Jacob Milgrom elenca 26 forti motivi e 23 suggerimenti a sostegno delle sue affermazioni che il materiale sacerdotale del libro appartiene ad un periodo molto antecedente a quello post-esilico.

Capitolo 11

1. Per una trattazione dettagliata a sostegno della data più antica del settimo secolo a.C. vd. C,Craigie, *The Book of Deuteronomy:The New International Commentary*

on the Old Testament (Grad Rapids:Wm.B.Eerdmans Publishing Company, 1976), 24-32.

Capitolo 12

[1] Martin Noth è responsabile di aver introdotto molti dei concetti relativi alla storia deuteronomistica nella discussione sugli studi biblici. Il suggerimento di un'edizione esilica e pre-esilica della storia deuteronomistica è stato proposto da Frank Moore nel *Canaanite Myth and Hebrew Epic: Essays in the History of the Religion of Israel* (Cambridge, Mass. Harvard University, 1973). Una breve panoramica dello sviluppo della storia deuteronomistica è offerta da William J.Doorly, in *Obsession with Justice: The Story of the Deuteronomists* (New York:Paulist Press, 1994).

[2] Vd. La cronologia in Edwin R.Thiele, *The Mysterious Numbers of the Hebrew Kings: A Recostruction of the Chronology of the Kingdom of Israel and Judah*, Revised edition (Grand Rapids: Eerdmans, 1965) and Albright, William F., *From Stoneage to Christianity* (New York: Doubleday, 1957).

[3] Vd.Martin Noth, *The History of Israel* (New York:Harper and Brothers, 1960), 68-84 e M.Weippert, "Canaan, Conquest and settlement of" supp. Vol. *Interpreter's Dictionary of the Bible,* Abingdon Press, 1976), 125-30.

[4] Norman Gottwald, *The Hebrew Bible: A Socio-Literacy Introduction* (Philadelphia:Fortress Press, 1985), 272-76. Vd.anche Gottwald Tribes of Yahweh: A Sociology of the Religion of Israel, 1250-1050 B.C.E. (Maryknoll, N.Y. Orbis Books, 1981).

[5] Per il testo intero di "Hymn of Victory of Merne-Ptah" (nota anche come stele di Israele), vd. Pritchard, ANET, 376-79

Capitolo 13

[1] Vd. John Day, "Canaan, Religion of" in vol.1, ABD, 831-37.

Capitolo 15

[1] Vd. R. W.Corney, "Zadok the Priest," vol. 4. Nella *Interpreter's Dictionary of the Bible* (Nashville:Abingdon Press, 1962), 928-29., per varie proposte sul ruolo di Zadok nella storia di Israele.

Capitolo 16

[1] Secondo 1 Re 9:16, il faraone dell'Egitto diede Gezer come dono di nozze alla figlia che diede come sposa a Salomone. Bright crede che il faraone, mediante questa inusuale relazione matrimoniale, tentava di rendere Salomone un suo alleato perché i faraoni egiziani solitamente non davano le figlie come spose a degli stranieri. Vd. John Albright, A History of Israel, 4th ed. (Louisville, Ky: John Knox Press 2000), 212

[2] Vd.il testo intero della iscrizione della Pietra Moabita in Pritchard, ANET, 320-21.

[3] Questa cronologia è basata sulla ricostruzione della storia di Israele di John Albright, vd. Bright's Chronological Charts nel suo su citato A History of Israel. Altri schemi cronologici datano la divisione del regno nel 930 a.C. Vd. Edwin R.Thiele, The Mysterious Numbers of the Hebrew Kings. A reconstruction of the Chronology of the kingdoms of Israele and Judah (Grand Rapids: Eerdmans, 1965).

Capitolo 17

1. Per un'eccellente valutazione dell storia di Israele e Giuda narrata in 2 Re, vd. Bright, 240-330.
2. Vd. Bright, Chronological Charts nell'appendice della *A History of Israel*.
3. Pritchard, ANET, 287-88. Ristampa permessa dalla Princeton University Press.

Capitolo 18

1. Per un buon riassunto della situazione dei Giudei in Giuda e Babilonia, vd. Peter H. Ackroyd, *Exile and Restoration: A study of Hebrew Thought of the Sixth Century B.C.* (Philadelphia: Westminster Press, 1968),20-38.
2. Gli specialisti sono divisi sulle date della distruzione finale di Gerusalemme da parte dell'armata babilonese. Alcuni datano l'evento al marzo del 586 a.C.
3. Vd.Pritchard, ANET, 316. Ristampa permessa dall Princeton University Press.

Capitolo 19

1. Vd. R.K. Harrison, *Introduction to the Old Testament* (Grand Rapids, eerdmans, 1969), 1153-57 per una discussione dettagliata sulla paternità e data delle Cronache.
2. Per un panorama sulle genealogie veterotestamentarie, vd. Robert R.Wilson, "Genealogy Genealogies,", vol.2 ABD, 929-33.

Capitolo 20

1. Vd. Harrison, *Introduction to the Old Testament*, 1145-49 per uno studio dettagliato sulla data del ministero di Esdra e Neemia.
2. Vd. ibid., 1087-90 per una discussione dettagliata sui problemi della data e della paternità di Ester.

Capitolo 21

1. Le lezioni di Lowth sulla Poesia sacra ebraica (1753) evidenziano come il parallelismo sia la caratteristica essenziale della poesia ebraica. Robert Lowth, Lectures on the Sacred Poetry of the Hebrews, 2 voll., trad. G.Gregory (1787; ristampa, New York, Garland, 1971).
2. Vd. Il testo integrale delle istruzioni di Amen-em-Opet in Pritchard, ANET, 421-24. Ristampa permessa dalla Princeton University Press.
3. Vd. The Babylonian Theodicy, un poema sulla sofferenza umana in forma di dialogo tra chi soffre ed un amico, in Pritchard, ANET, 601-4.

Capitolo 22

1. Vd. Il testo integrale dell'Admonition of Ipuwer in Pritchard, ANET, 441-44. Ristampa permessa dalla Princeton University Press.
2. Vd. ANET, 434-37
3. Vd. ANET, 601-4
4. Vd. L'eccellente introducione al genere letterario ed ai paralleli, nel commento di John Hartley, The Book of Job: New International Commentary of the Old Testament (Grand rapids: Eerdmans, 1988).
5. Per una discussione sulla data e paternità di Giobbe, vd. Robert Gordis, The Book of God and Man: A study of Job (Chicago: University Press of Chicago Press, 1965), 209-18.

Capitolo 24

[1] Rivedi il capitolo 21 sulla sapienza, in modo aprticolare la sapienza nel contesto internazionale e Proverbi e le *Istruzioni di Amen-em-Opet*.

[2] Vd. Elizabeth R.Achtemeier, "Righteousness in the OT", vol. 4 of *Interpreter's Dictionary of the Bible* (Nashville:Abingdon Press, 1962), 80-85.

[3] Vd.James L.Creenshaw, "Ecclesiastes, Book of "vol. 2 ABD, 271-280.

[4] Il libro rappresena, secondo la maggior parte degli studiosi, il più recente ebraico nella Bibbia. Robert Gordis, citando la relazione tra il libro apocrifo di Sapienza di Ben Sirach (Ecclesiaste) e Qohelet, propone la data del 250 a.C. come quella di composizione del Qohelet. Robert Gordis, *Koheleth-The Man and His World* (New York:Schocken Books, 1968), 67.

[5] Vd. l'Epic of Gilgamesh in Pritchard, ANET, 64. Ristampa permessa dalla Princeton University Press.

[6] Per una dettagliata panoramica della storia dell'interpretazione del Cantico dei cantici ecc. Marvin H.Pope, *Song of Songs: A New Translation with Introduction and Commentary*, in The Anchor Bible (New York:Doubleday, 1977), 88-229.

[7] Ibid., 210.

Capitolo 25

[1] Per una panoramica generale dei profeti e della profezia fuori da Israele, vd. J. Lindblom, *Prophecy in Ancient Israel* (Philadelphia: Fortress Press, 1973), 6-46, per una discussione dettagliata della profezia nel Vicino Oriente Antico, vd. H.B. Huffmon, "Prophecy in the Ancient Near East." Supp. Vol. *Interpreter's Dictionary of the Bible* (Nashville: Abingdon Press, 1976), 697-700. Vd. James B. Pritchard (ed.) ANET, per le traduzioni di materiale profetico dell'Egitto e della Mesopotamia.

[2] Uesta classificazione si basa sull'opera di Paul.D. Hanson, The Dawn of Apocalyptic (Philadelphia Fortress Press, 1975) in cui si nota come l'escatologia apocalittica in Israele sia emersa dall'escatologia profetica.

[3] Per un eccellente studio delle varei forme di discorso profetico, vd. Claus Westermann, *Basic Forms of Prophetic Speech* (Philadelphia: Westminster Press, 1967).

Capitolo 26

[1] Christopher B. Setz offre una buona analisi della struttura teologica di questi capitoli nel suo *Isaiah 1-39 Interpretation* (Louisville:John Knox Press, 1993), 15-18

[2] Vd. Paul D. Hanson, *Isaiah 40-66.Interpretation* (Louisville: John Knox Press, 1995). 1-4, 185-192 per una panoramica del possibile ambiente storico e della relazione tra Isaia 56-66 e Isaia 40-55.

[3] Hanson mantiene l'idea che gli oracoli in Isaia 56-66 riflettono lotte comunitarie interne che aggravarono le condizioni religiose, economiche e sociali e intense polemiche contro i sacerdoti sadochiti determinati a ritornare ai rituali del tempio del periodo pre-esilico. Vd. Isaia 40-66, 185-200.

Capitolo 27

[1] Vd. I testi di lamento dalla mesopotamia antica in ANET, 458.

Capitolo 28

1. Herbert G.May cita 47 frasi trovate frequentemente in tutto il libro, che indicano come il libro provenga da un singolo autore. Vd. Il suo commentario, *The Book of Ezekiel, vol. 6 of The Interpreter's Bible* (Nashville:Abingdon Press, 1956), 50-51.
2. Vd.varie interpretazioni di queste azioni simboliche in Ralph H. Alexander, *Ezekiel, vol.6, Expositor's Bible Commentary* (Grand Rapids, Zondervan Publishing House, 1986) 769-71; John B. Taylor, *Ezekiel, in Tyndale Old Testament Commentaries* (Downers Grove, Ill., InterVarsity Press, 1969), 74-85; Walther Eichrodt, *Ezekiel: A Commentary*, Trans. Cosslett Quin (Philadelphia: Westminster Press, 1970), 80-91.
3. Per una trattazione sulla composizione dei cc. 8-11, vd. Eichrodt, *Ezekiel*, 112-19.
4. Vd. Discussione su una serie di punti di contatto tra Ezechiele 40-48 in Alexander, *Ezekiel*, 937-52.

Capitolo 29

1. Vd. Leo Oppenheim, *The Interpretation of Dreams in the Ancient Near East* (Philadelphia:American Philosophical Society, 1956).

Capitolo 30

1. Vd. Questa posizione espressa da James L.Mayes, *Hosea. A Commentary* (Philadelphia: Westminster Press, 1969), 24-25.
2. Donald E. Gowan, *The Book of Amos*, vol. 7 della *New Interpreter's Bible* (Nashville:Abingdon Press, 1996), 340.
3. Vd. James L. Mays, *Amos: A Commentary* (Philadelphia: Westminster Press, 1974), 2
4. Vd. Samuel Pagan, *The Book of Obadiah, vol. 7 del New Interpreter's Bible* (Nashville: Abingdon Press, 1996), 436.

Capitolo 31

1. Vd. Phyllis Trible, "Jonah." Nel vol. 7 del New Interpreter's Bible (Nashville: Abingdon Press, 1996), 466, nota 8 per i riferimenti bibliografici alle varie date su Giona proposte dagli studiosi.
2. Vd. O. Palmer Robertson, *The Books of Nahum, Habbakuk and Zephaniah*, nel *The New International Commentary on the Old Testament* (Grand Rapids: Wm. B. Eerdmans Publishing Company, 1990), 32 e Ralph L. Smith, *Micah – Malachi, in Word Biblical Commentary* (Waco: Word Books, 1984), 63 per varie ipotesi sulla casa di Naum.
3. Vd. Smith, *Micah –Malachi*, 93, per un riassunto delle varie leggende e posizioni sull'identità di Abacuc.
4. Donald E.Gowan, *The Triumph of Faith in Habakkuk* (Atlanta: John Knox Press, 1976), 14.
5. Theodore Herbert, *The Book of Habakkuk,vol, 7 of The New Interpreter's Bible* (Nashville: Abingdon Press, 1996), 654.
6. Vd. Robertson, *Books of Nahum, Habakkuk, and Zephaniah*, 39.

Capitolo 32

[1] Vd. Smith, *Micah-Malachi*, 121, per questa posizione proposta da Donald I. Williams in *Journal of Biblical Literature 82* (1963), 85-88.

[2] Vd. Smith, *Micah – Malachi*, 121-23 per un'analisi estesa delle varie proposte per la data del ministero di Sofoia. Egli preferisce una data intorno al 627 a.C.

www.ingramcontent.com/pod-product-compliance
Lightning Source LLC
Chambersburg PA
CBHW061949240426
43669CB00053B/2971